リスクとの闘い

日銀政策委員会の10年を振り返る

Suda Miyako
須田美矢子

日本経済新聞出版社

はじめに

2001年4月1日に日銀審議委員となった私は、再任されたため2期10年間、日銀の最高意思決定機関である政策委員会のメンバーとして、退任する2011年3月末まで、様々な政策決定に携わってきた。

改めてこの10年を振り返ると、審議委員に決まったときに小宮隆太郎先生から電話があり、いくつかアドバイスをいただいたことを今でも思い出す。その一つは、学者と政策決定者とでは要求される資質が異なり、経済学者として優れた人が政策決定者としても優れているわけではないということであった。そのほかの視野を広く持つようにとのアドバイスも含め、学者の世界しか知らない世間知らずの私に、学者の延長で物事を考えていては審議委員は務まらないとおっしゃりたかったのだと思う。

私はそれまで、国際金融や国際マクロ経済を専門分野とする経済学者として、実体経済の解明と政策論を主たる研究テーマとしていたが、私にとってこれは後知恵の学問であった。過去のデータを振り返り、実体経済の動きをまず把握し、自分の分析目標と実体経済の構造から判断して適切だと思う理論を採択する。そしてその理論で実体経済の動きが説明できるかどうかを検証し、政策とのかかわりを分析し、政策を批判的に検討する、というのが私の分析のスタイルであった。研究対象はその時どきで人々も関心を持っているテーマを選んだが、分析の中心は過去の政策の評価・批判にあった。

このようなスタイルで分析をやってきた者にとって、実際の金融政策をフォワード・ルッキングに分析・評価していくのは、それまでとは大きな違いであり、非常に難しいことであった。私の10年間の任期を振り返ってみると、グローバル化の進展や新興国の台頭、情報革新や証券化商品の広がり、企業のガバナンスの変化、少子高齢化の進展など構造変化がある中で、9・11米国同時多発テロ、リーマン・ショック、欧州ソブリン危機、そして3・11東日本大震災など、めったに起こらないとされていたこと――いわばテールリスク――が内外でなんと多く実際に起きたことか。一言でいえば、こうしたリスクの顕現化によって経済・物価は大幅に落ち込み、足許・先行きともに不確実性が高まる中で、政策対応に追われた10年間だった。大事に至らずとも、地政学的リスクが気になった時も何度かあった。まさにリスク――人々に経済的な影響を及ぼす不確実性――との闘いであった。

このように金融・経済情勢がめまぐるしく変化する中で、計量的に算出した過去の平均的な姿を単純に先行きに当てはめて予測をしても、それが実際に役立つとは限らない。また、理論でしばしば仮定するように、人々の先行き予想は定常均衡に向かって収束していくという単純化は現実的ではなかった。人によって予想は異なるし、様々なニュースに反応して大きく振れることもあって、それを簡単にコントロールできるものではなかった。さらに、政策を行う上で非常に大事な信認の維持は、既存の理論で簡単に取り扱える問題ではなかった。市場動向、日々出てくる指数や先行きを示すサーベイデータや内外の政策変更をチェックし、金融市場や経済・物価情勢に関する足許の変化から、先行きに対するインプリケーションを的確に読み取り、リアルタイムでそれらを金融政策運営で活かしていく――こうした実務は、言葉でいうほど簡単ではなかった。

それにもかかわらず、内外を問わず著名な学者が望ましい政策論を断定的に展開しているのを見聞きすると、なぜそのようなことが簡単にいえるのかというのが率直な感想であった。それに加えて、その取り上げられ方に、もっと大きな問題を感じていた。

浜田宏一先生は、若いころに書かれた著書の中で、「経済学者が経済政策の具体的問題に介入することが多くの危険を伴うものであることは、古くから指摘されているところである。…中略…ある経済政策と他の経済政策との優劣を比較することは究極的には価値判断の問題である。…中略…われわれが二つの政策の効果の比較から、その優劣の比較に移るとき、ウェーバー流にいえば、われわれの発言は経済学者としての発言から一市民としての発言へと変わっているのである」（浜田宏一『経済成長と国際資本移動』東洋経済新報社、1967年、191ページ）と述べられているが、そのとおりだと思う。

経済学の理論は価値判断をなるべく避けることを前提に組み立てられているので、優劣を決められないことが多い。現在の金融政策をめぐる問題は、まさに経済学だけで評価できるような単純なものではなく、何をするにもコストとベネフィットがあり、その優劣について価値判断を伴うものであることは間違いない。つまり政策担当者は経済学者とちがって、みずからの価値判断によって決断せざるを得ない。著名な経済学者の提案＝望ましい普遍的な政策提言のようにとらえられることに、私自身、違和感を持たざるを得なかった。

私の10年間の日銀審議委員としての経験を著書として世の中に出したいという思いは、2011年3月末に審議委員の任期を終えて退任してからずっと持ち続けてきた。それには学者から政策担当者になって、その両者のちがいを実感し、学者とはちがう仕事であることをわかってもらいたかったということがまずあった。

また、私は日本銀行法が改正されるにあたって、新日銀法の枠組みを決めた報告書「開かれた独立性を求めて」を作った「中央銀行研究会」のメンバーであった。三度目の正直で1997年にようやく改正された日銀法のもと、日本銀行の新たな政策委員会が「開かれた独立性」を文字通り実現することを期待した。思いがけず新法施行から3年後に審議委員に任命され、政策委員会の一員として、その実現にみずからが関わることになった。このような経験者は私だけであり、新日銀法に対する思い入れは人一倍強く、金融政策だけでなくその他の重要事項の決定にも真剣に取り組んだ。この10年間の経験を語ることで、政策は委員会制度で多数決で決めていることや「開かれた独立性」の重要性をわかってほしいということもあった。

かつては十年ひと昔といわれ、金融政策決定会合の議事録は公表される10年後には過去のものとなっていて、学者以外あまり関心がないだろうと思っていた。しかし、実際は10年後であっても現在に通じるところが多々あり、メディアの関心も依然として高い。これまでのところ、10年間政策委員を経験したものは私のみであるが、10年間の経験は、今後に役立つところがあると自負している。この点も動機の一つであった。

ちなみに私は2003年2月14日の決定会合で、以下のような意見（抄）を述べている。これは本書に貫かれている考え方でもある。


「実効ある金融政策を期待したい」という政府の声をしばしば見聞きする。どのような資産であれ、金融政策の実効性を高めるには、かなりの量の購入が必要だ。世の中では、「日銀は、デフレ脱却のため、徹底的に長期国債を買い進め、財政政策をサポートすべきである」、「こうした行動がインフレ予想の醸成に繋がれば、流動性の罠からも脱却できる」といった主張もなされている。こうした主張は、一見すると、「国債を消化し、期待形成にうまく働きかけることによって流動性の罠から脱却する可能性を高め、しかも、結果的には実質的な債務削減に貢献する」という「一石三鳥」の妙案のようにも聞こえる。

しかし、こうした考え方を突き詰めると、わが国の経済政策運営において、「政府債務の削減」を優先し、「物価の安定」を犠牲にするというポリシー・ミックスを選択することを意味しているように思う。これがインフレ予想を高めるとすれば、それは、「この政策を続けていけば、いずれ日銀は物価のコントローラビリティを失う」という連想による可能性が高い。すなわち、「徹底的な金融緩和」によって、民間部門のデフレ期待を一掃できたとしても、そこでインフレ期待が一定にとどまっていることは想定しにくいように思う。

一部の経済学者は、「日銀にはインフレ率を2％程度に抑える能力がある」と簡単に言う。確かに、長期国債の売却や売出手形オペによって資金吸収を図ることはできる。その際に実体経済にどのような影響が及ぶかとか日銀が大きな損失を被る可能性があるという重要な問題を脇に置くとしても、こうした状況で、国債の円滑な消化は可能なのかという、もう一つの重要な問題に直面せざるを得ない。

先日、財政制度等審議会に提出された財務省の試算によれば、新規財源債の発行見込み額は、平成18年度には42・9兆円まで増大。（18年度想定の）名目成長率が2・5％、消費者物価上昇率が1％となれば、金融政策として、長期国債を大幅に買い続けることは想定できない。その際に、国債をどのように円滑に消化するのか、という問題を考えると、国民に受け入れられるようなマイルドなインフレのもとでの財政再建が非常に困難であることがわかる。

長期国債買い切りオペの位置づけ、銀行券の上限の問題などを含め、実効ある金融政策のあり方を、こうした展望の中で考えていく必要がある。また、最近、俄かに関心が集まっている「財政政策との合わせ技」論についても、一つ間違えると、「財政再建を棚上げするべきである」という主張とも重なり合う惧れもある。

私は、既に、金融・財政両面で総需要拡大政策が限界に直面し、将来の高い経済成長による税収増が見込めない現状では、マイルドなデフレの克服においても、また、財政再建においても、アグレッシブな金融緩和に頼るよりも、規制緩和等構造改革を進めること、政府・日銀が協力し合って、インフレ期待よりも成長期待を高めることが王道であると考えている」

2011年3月末、退任にあたっての言葉を日銀のイントラネットに載せた。そこで「やや気が早いとしかられそうですが、今回の大地震後の世界をあえて展望すると、今後もリスク対応が重要なテーマになりそうです。ただ、想定される状況に応じて、いくつかの選択肢を議論し、その効果と副作用をしっかりと頭に入れておくことは可能です。リスクの顕現化を想定すること自体大変気が重くなる作業ですが、こうした検討作業をあらかじめ少しでも実施しておけば、実際リスクが顕現化した状況でも、余裕をもった冷静な対応につながります。このことは仕事に限ったことではないと思いますので、皆さんも是非心がけてほしいと思います。かつて私が山口県宇部市に住んでいた折、所属していたガールスカウトで、日頃から『備えよ常に』と唱えていました。最後にこの言葉を皆さんに贈りたいと思います」と述べた。これは金融政策についてもいえることで、日本をめぐるテールリスクが顕現化した後にどのようなことが起こり、それにどう対応するかをより具体的に考えておく必要がある。この点、今後私が取り組むべき課題だと思っている。

退任の挨拶の最後には、「無事に10年間の任期を終えることができ、皆さんのサポートを本当に感謝しています。ありがとうございました」と手書きの感謝の言葉を載せてもらった。本書をまとめるにあたって、後知恵にならないように、当時の発言を重視することにしたが、当時、様々な原稿をまとめるにあたって、また金融経済情勢や政策を議論する相手として、日銀の役職員には非常にお世話になった。ここでは毎日お世話になった須田チームのメンバー以外、一人ひとり名前をあげることは避けるが、イントラネットに載せた感謝の言葉をここで再び繰り返しておきたい。サポート本当にありがとうございました。

政策委員会のメンバーには意見が異なっても同じ時期に苦労をともにした仲間意識があった。守秘義務があるので、なかなか自由にものが言えなかったが、メンバー間では、好きなことを言い合え、息抜きもでき、感謝している。須田チームのメンバーであり、歴代スタッフである柴山卓也、平家達史、愛宕伸康、土屋裕明さん、歴代秘書である浅川律子、倉知由紀子、池本陽子さんには本当にお世話になった。あなたたちの支援がなければ10年間を無事に終えて、このようなかたちで本書をまとめることができなかったと思う。また日銀退任後、キヤノングローバル戦略研究所（ＣＩＧＳ）の福井俊彦理事長や甲南学園の吉沢英成理事長には、本書をまとめる上で落ち着いた環境を与えて下さったことをありがたく思っている。またＣＩＧＳや下山陽一前部長をはじめ三菱商事財務部の皆さんには、研究会や講義などを通じて、退任後も内外経済や政策動向をフォローし続けるインセンティブを与えて下さったことに感謝したい。

本書の文献づくりはＣＩＧＳの白井大地さんが引き受けてくれた。また、名前はあげないが、草稿をチェックしてくれた日銀職員もいる。忙しい中、時間を割いてくれたことに感謝したい。もちろん本書のありうべき誤りはすべて著者の責任である。

本書の編集を担当していただいた日本経済新聞出版社の増山修さんからのプレッシャーは大きかったが、それがあったからこそ、このようなかたちで本をまとめることができた。終わってみれば、ありがたい叱咤激励であったし、編集者としてのプロフェッショナルな仕事ぶりにも感謝したい。

日銀での仕事はその間蓄積したものを世の中にお還しして一段落という思いが強かったが、本書によってそれがどの程度達成されたかは定かではない。それでもどうにか一冊の本にまとめることができ、責任がいくぶんなりとも果たせたかなと安堵している。

私が審議委員に就任した当時、高校生だった娘も今では結婚し、社会人7年目になる。母親としての時間を十分とれなかったが、よき相談相手に育ってくれた。私の忙しさを目の当たりにして、積極的に家事を手伝ってくれるようになった主人は、退任後も本書の作成過程で最大限の協力をしてくれた。決定会合の終了を待って父親が亡くなるということもあった。今は亡き両親と主人・健人と娘・麻里子に本書を捧げたい。

２０１４年３月

須田　美矢子

リスクとの闘い

目次

第1章　経済・物価の動向と金融政策――10年間の概観

1　経済成長率とインフレ率　10年間の推移

(1)　不況感漂う中の戦後最長の景気拡張

日銀法が改正され、新日銀法となって、日本銀行の政策決定プロセスは大きく変わり、日銀出身者以外が過半数を占める政策委員会で、金融政策が決定されることとなった（第2章、第3章を参照）。私がその政策委員会のメンバー（審議委員――より一般的な言い方をすると政策委員）になったのは2001年4月1日であった。審議委員を務めた2011年3月までの10年間は、グローバル化、新興国の台頭、情報革命といった世界的な構造変化が進行中で、経済の把握が難しい状況にあった。そうした中で、めったに起こらないようなショックに次々に見舞われ、様々なリスクや高い不確実性の中で政策対応に追われた10年だった。今後も金融環境が非常に緩和的な状況がかなり続くと考えられるので、様々なショックがかたちを変えて襲ってくるだろう。政策を行う上ではこれからも不確実性、テールリスクを意識せざるを得ないだろう。

図１－１　実質経済成長率（暦年　対前年比）

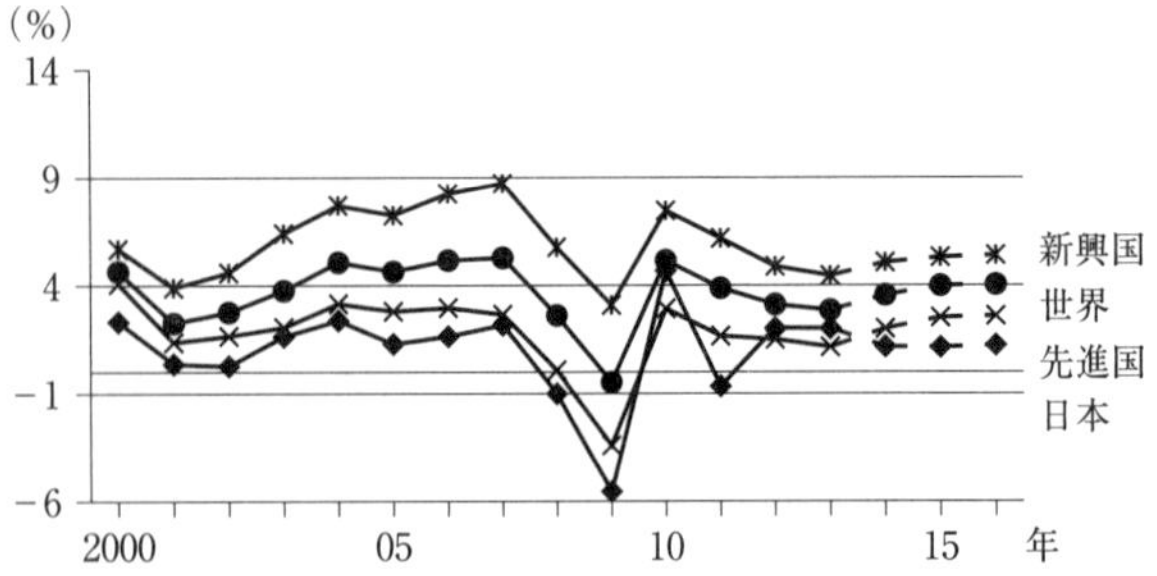

出所：IMFデータ

図１－２　消費者物価インフレ率（暦年　対前年比）

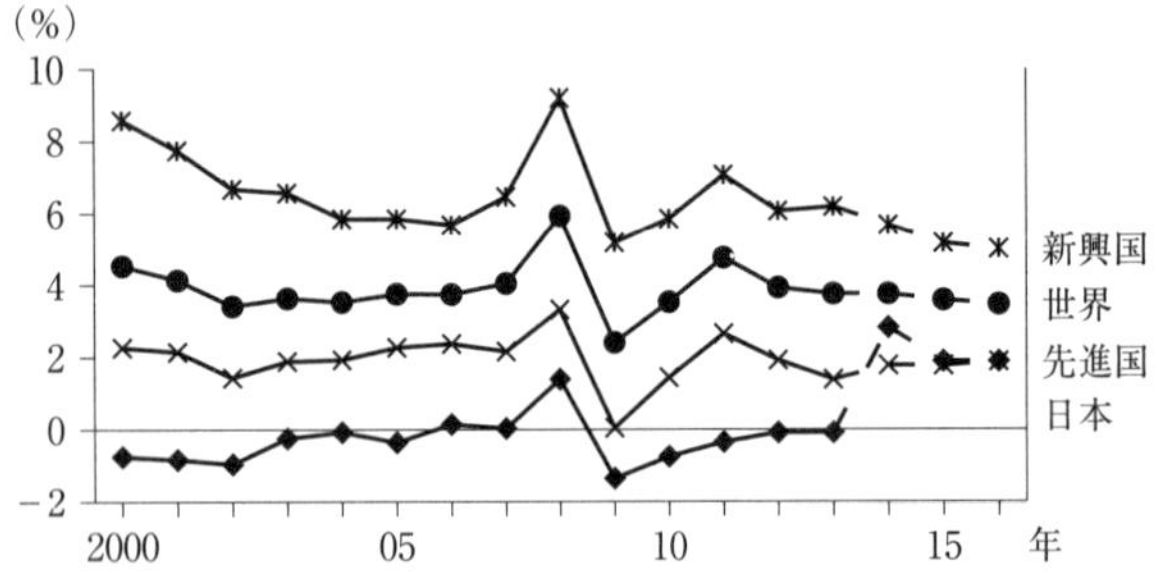

出所：図１－１に同じ

本章ではこの間の経済物価がどのようであったかを簡単にみておくとともに、この間に行った政策についても概観し、次章以降のテーマについても言及しておく。

この間の経済成長率、消費者物価（平均、対前年比）の推移は図1－1および図1－2のとおりである。日本の経済成長率、インフレ率がその他の諸国よりも低く、そして物価上昇率が1％に達した時期は1年（2008年）しかなかった。内閣府の景気循環によると、デフレ不況は2002年1月で終わり、それから08年2月まで、73カ月という戦後最長の景気拡張期が続いた。その後、世界同時不況が到来したが、それも09年3月までであった。したがって、この意味ではこの10年は、結果的には景気拡張期がかなり続いた時期であったということになる。

しかし、潜在成長率が低下し、賃金が伸びておらず、国民にとって景気がよい時期であったという実感はほとんどなかった。人口が流出したり、公共投資が削減されている地方では特にそうであった。また、四半期ベースでみると、経済成長率の変動が大きく、安定的でなかったことも景況感に影響を与えていたであろう。

図から得られるもう一つの特徴は、成長率、インフレ率がその他諸国のそれとパラレルに動いていたということである。これは各国経済の相互依存が強まっていることを示しているが、それに加えて、グローバル経済が主として共通のショックの影響を受けたからであった。

また、日本で景気拡張期が長く続いたのは、海外でもグレート・モデレーションといわれたように、大きなショックが生じることなく安定的であったからであった。グローバルショックで主なものは、審議委員就任前に起こった米国ＩＴバブル崩壊、米国住宅バブル・サブプライム問題から発生した金融危機、そして欧州ソブリン危機である。このことは国内の自律的な動きがあまり強くなかったということでもある。実際、海外とのパラレルな動きは、２０１１年3月11日の東日本大震災後にはみられなくなった。

(2) 調整局面から景気拡大へ

私が審議委員に就任したのは、ＩＴバブルが崩壊し、米国の景気が一段と減速した時期で、日本経済はＩＴ関連を中心に輸出・生産が大きく減少し、調整局面入りしたころであった。その後も景気は厳しさを増していったが、そうしたときに２００１年９月に米国で同時多発テロ事件が起こり、経済の先行きについての不透明感が増した。12月には日銀「金融経済月報」で「景気は悪化している」としたが、悪化のテンポが和らぎ始めたのは02年４月で、下げ止まったのは夏であった。その後、世界経済をめぐる不確実性が高い中、横ばい圏内の動きが続いた。

日本経済についての悲観的な見方が大きく変わったのは、イラク情勢をめぐる地政学的リスクやＳＡＲＳ問題などの不透明感が薄れてきた２００３年半ばであった。金融経済月報の上では03年10月にようやく横ばい圏内から脱出し、米国と東アジア経済の回復に伴う輸出増、企業収益の改善に伴う設備投資増に牽引され、緩やかな回復へ転じた。雇用面へ好影響が波及するには時間がかかり、雇用者所得が下げ止まったのは04年半ばであった。

当時、日本経済について、私がどのようにみていたかを04年４月沖縄での金融経済懇談会（以下「金懇」と略称）での挨拶（須田［２００４ｂ］）からみてみると、景気は改善しているものの、先行きは必ずしも霧が晴れている状態ではなかった。「循環的な回復がどの程度長続きするかということと、過剰債務や過剰雇用、金融システム面の弱さなど構造的な問題の解決への道筋がどの程度みえつつあるか」ということを意識しながら、主エンジンである米国経済やアジア経済がどうなるか、また、しっかりとした景気回復となるには内需が重要であるが、企業の設備投資が非製造業まで拡がるか、消費にかかわる所得環境がどうなるか、などについて考えている。

企業については、株主重視の姿勢、視野の短期化もある中で、黒字主体となっても収益を高めるのに、より確実なコストカットに傾斜してきたが、それがどのように変わるかに関心を示している。後ろ向きのコストカットが続く場合、その一連の流れとして、賃金抑制姿勢が続くことになるが、今後も増益を維持するために、さらなる賃金抑制を招くとしたならば、雇用・所得環境に悪影響を及ぼしかねないことを懸念している。実際には、この時期は賃金・雇用環境が急速に改善しており、これは杞憂であった（後出図1－14を参照）。

2004年6月の金融経済月報では「緩やか」がとれ、7月には「企業活動や企業収益から雇用面への好影響を伴いつつ回復している」と判断した。その後ＩＴ調整もあったが、05年12月までその判断が続き、06年1月には「着実に」回復を続けているとし、06年7月には緩やかに「拡大している」とした。拡大という言葉は需給ギャップがプラスに転化したと判断したことを意味する。緩やかに拡大しているという判断は、基調としてという言葉が07年12月についたものの、ベア・スターンズの問題が発生した08年3月まで続いた。

(3) 急速で大幅であったリーマン・ショックの影響

2008年4月からは「わが国の景気は減速している」としたが、これは「エネルギー・原材料価格高の影響」が主因であった。輸出減速がみられるようになった8月に「停滞している」と下方向に判断が強められ、リーマン・ショック後の10月末に「停滞色が強まっている」、12月に「悪化している」、09年1月に「大幅に悪化している」となり、それは09年4月まで続いた。その後09年5月から夏にかけて下げ止まり、9月から持ち直しに転じた。

リーマン・ショック後の景気の悪化スピードが速かったことがこの月報の冒頭表現の変化からもうかがえるが、リーマン・ショック後10月には展望レポートの見通し期間を1年延長して出す必要があった。先行きはまったくわからなかったが、経済が持つ自律的な反発力を念頭に置いて、見通しをつくるしかなかった。このように厳しい環境下でつくった見通しであったが、驚くべきことに、回復に向かうプロセスにおいて見通しが大きくはずれることはなかった。

景気の持ち直しから「海外経済の改善を起点として、緩やかに回復」と変更されたのは2010年の5月であるが、その後円高の進行もあり、同年10月には緩やかに回復しつつあるものの、「海外経済の減速や為替円高による企業マインド面への影響などを背景に、改善の動きが弱まっている」と下方修正した。そしてこの改善テンポが鈍化した状態からの脱出がみえ始めたのは、退任間近の2011年2月であった。

(4) 10年間の成績表：及第点は無理？

ここで日本の経済物価について10年間の年度単純平均値をみてみると、実質経済成長はマイナス4・1%~2・3%の範囲で、平均0・66%であり、名目成長率はマイナス4・6%~1・5%の範囲で、平均マイナス0・56%であった。消費者物価対前年度比はマイナス1・7%~1・1%の範囲で、平均マイナス0・24%であり、コア指数（消費者物価総合、除く生鮮食品）はマイナス1・6%~1・2%で、単純平均マイナス0・27%であった。非常にマイルドだといえ、平均値では物価は下落しており、政策委員として物価安定のもとでの持続的経済成長を求めて日夜がんばっていたものの、私の10年間の成績は及第とはいえない。

ただ、この間、インフレ率は総合で2006年度から08年度の3年間、コア指数で05年度から08年度の4年間は、わずかであってもプラスであった。決してずっとデフレが続いていたわけではない。不良債権問題に終止符を打ち、需給ギャップも改善し、生産・所得・支出のプラスの循環が働き、物

図１－３　日本の国債利回り

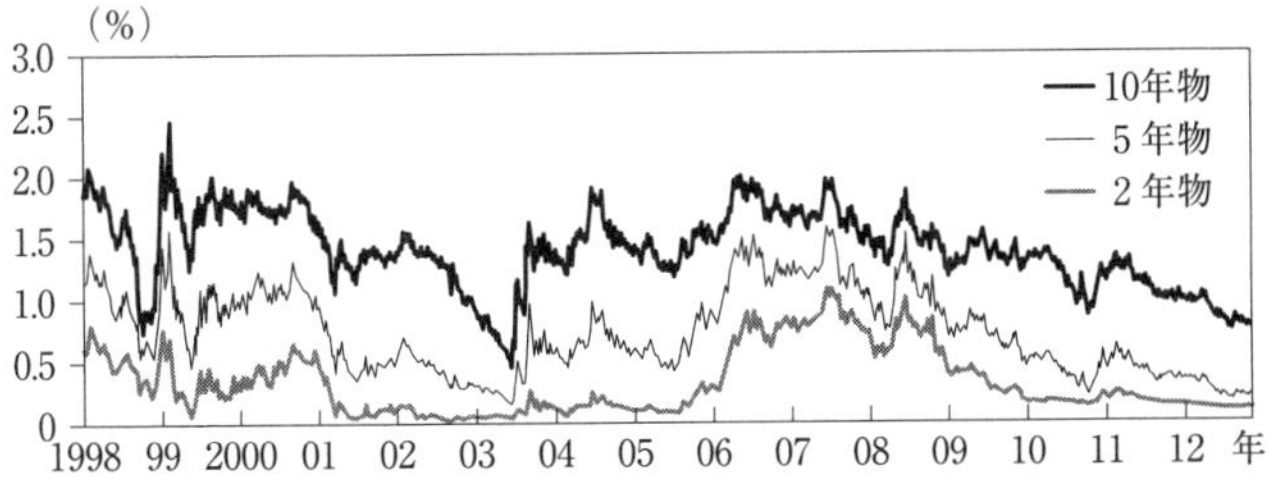

資料：Bloomberg
出所：日本銀行「展望レポート」2012年10月

図１－４　円ドル・円ユーロ相場

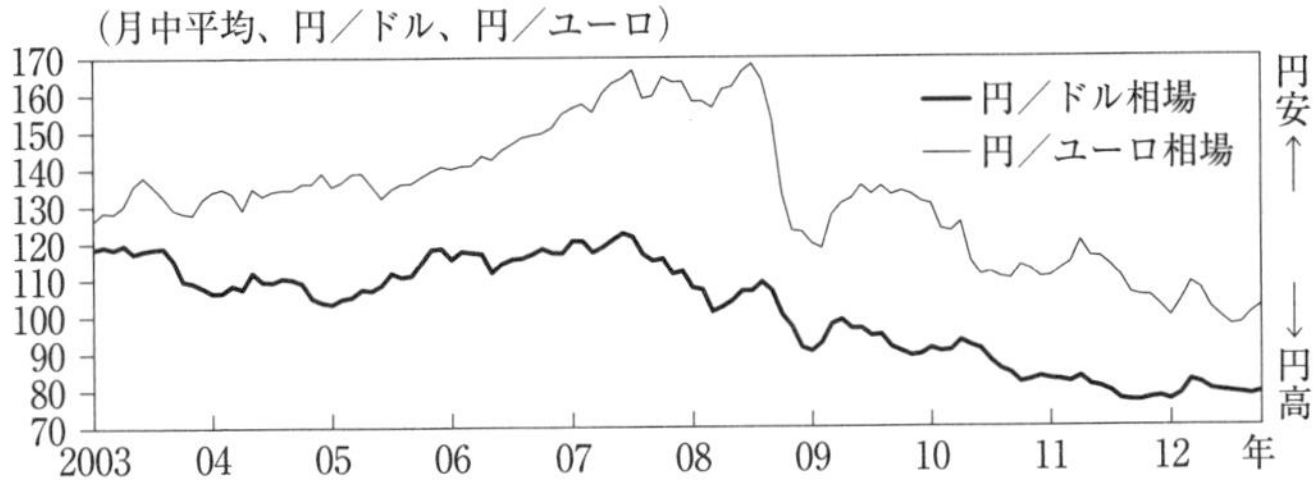

出所：図１－３に同じ

価も上昇基調に向かいつつあったが、サブプライム問題の悪化、そしてリーマン・ショック、欧州ソブリン危機、東日本大震災などが立て続けに起こり、前向きの動きが途絶えてしまった。

(5) 市場動向

この間の市場動向を示したのが、図１－３～図１－６である。もちろん市場はその時どきで大きく動いているが、２００７年前半までは株価は上昇基調であり、為替は円安基調にあった。しかし年央以降、サブプライム関連証券化商品の格下げや金融機関の損失拡大懸念などから、サブプライム問題の波及の程度に関する不透明感の高まり、リスク回避度の高まりから、株価は大きく下落、

図１－５　日本の株価の推移

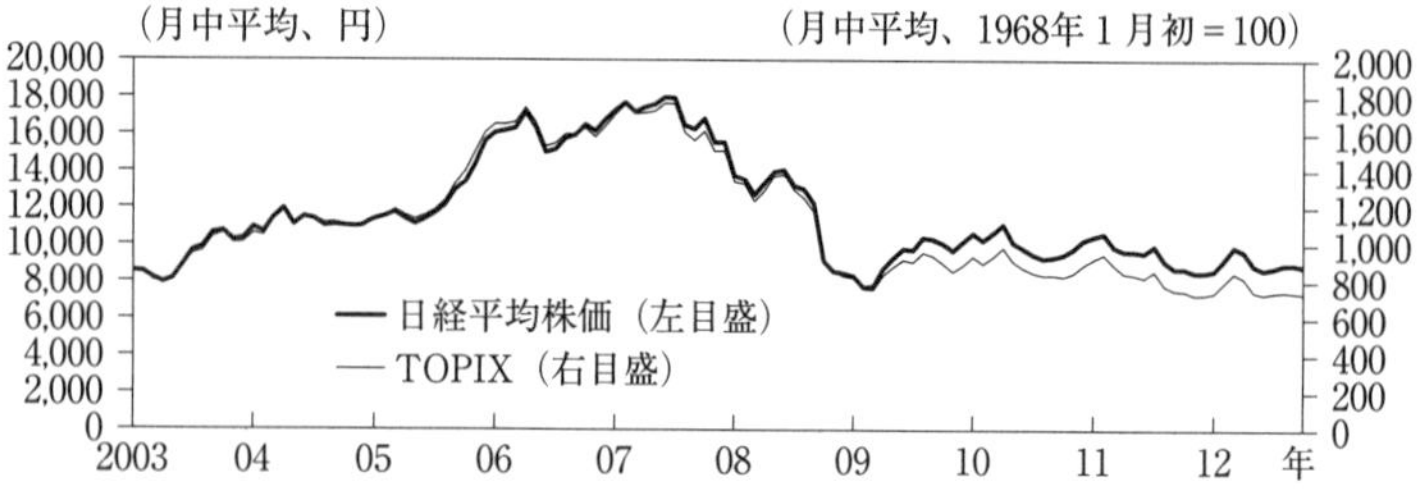

出所：図１－３に同じ

図１－６　実質為替レート

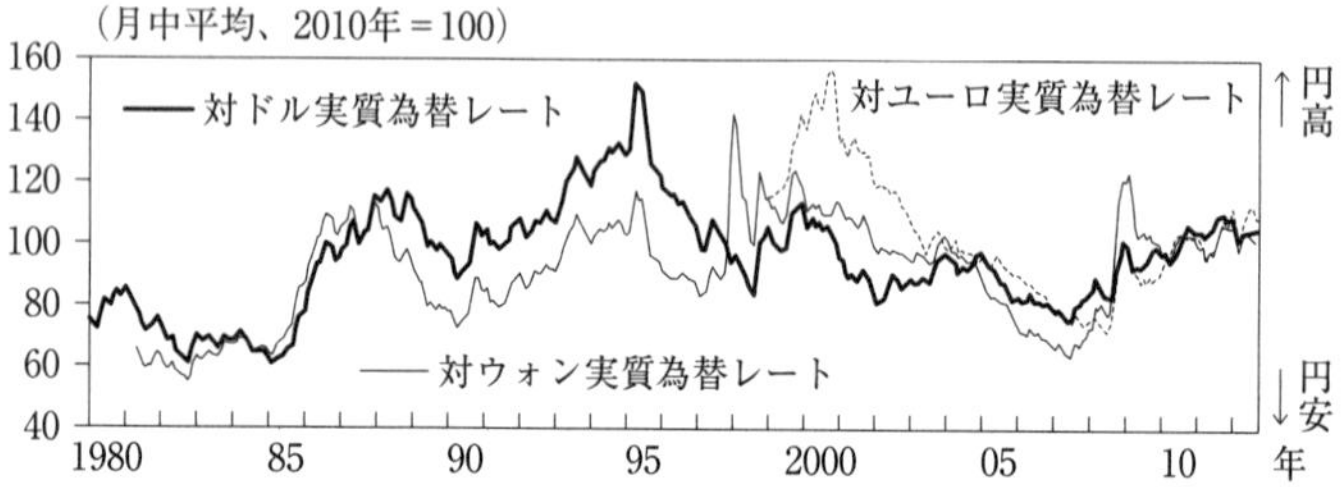

注：「円の対象通貨建て名目為替レート×（日本の消費者物価指数／対象国・地域の消費者物価指数）」で算出。各国・地域の消費者物価指数は総合指数を使用。

資料：IMF「World Economic Outlook」、財務省「貿易統計」、BIS、日本銀行、CEIC、総務省「消費者物価指数」、Bloomberg等

出所：図１－３に同じ

為替市場ではポジションの巻き戻しで円高・ドル安に転化した。

長期金利も低下基調となった。円高・株安になると、金融緩和を求める声が大きくなったり、マインドが大きく変わったりするので、気になる動きではあった。なお、実質為替レートは名目為替レートほどトレンドはないことにもっと注目することが必要だ。実質輸出にかかわるのは名目ではなく実質だからである。為替レートが物価の調整を引き起こす限りにおいて、輸出数量への効果は減殺される。

図1－7　日銀当座預金残高と無担O/Nレートの推移

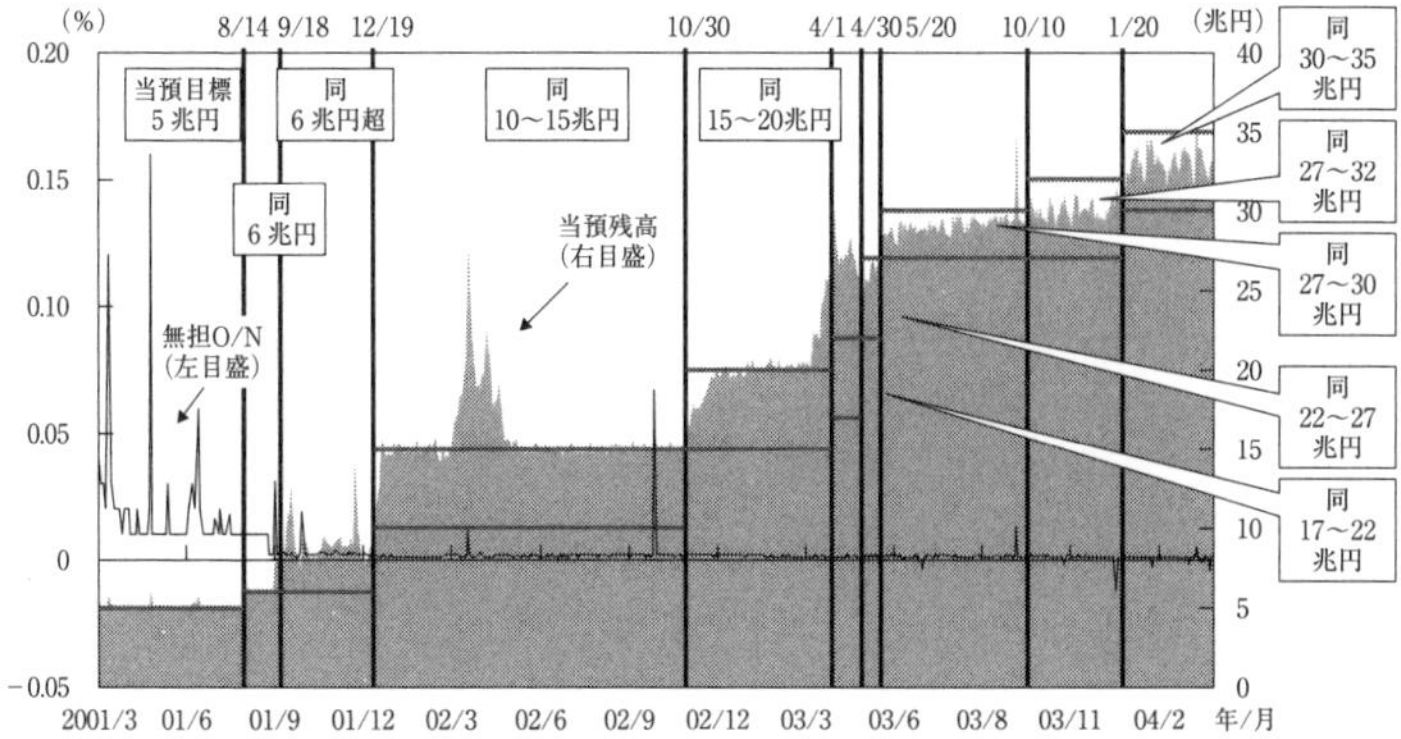

出所：須田（2004b）

2　量的緩和政策とその解除

ここで景気拡大期までの金融政策についてみておこう。第4章でとりあげる量的緩和政策は私の審議委員就任直前の2001年3月19日に導入されたが、それは最初の任期であった06年3月に解除された。その後3カ月程度をかけて量を落とした後、同年7月にゼロ金利に別れを告げ、翌07年2月に再度利上げされ、政策誘導金利である無担保オーバーナイト物コールレートは0・5%となった。夏ごろには三度目の利上げをいつ行うかが市場の話題になっていた。しかしそれはサブプライム問題の悪化で実行に移されることはなかった。

(1)　量的緩和の拡大

量的緩和時代の当座預金残高の拡大とオーバーナイト物コールレートの推移は図1－7のとおりである。コールレートの刻み幅が0・01%から0・001%に変更されたので、2001年9月からオーバーナイト金利は限りな

表１－１　決定会合声明文（抄）

●2001年８月14日　５兆円➡６兆円 （調整の広範化や物価低下圧力がさらに強まるおそれなど、）経済物価情勢のきびしい展開と先行き見通しを踏まえると、金融面から景気回復を支援する力をさらに強化することが必要かつ適当と判断 ●2001年９月18日　６兆円➡６兆円を上回ること （米国における同時多発テロ発生後、）金融市場の安定を確保するとともに、金融緩和のより強力な効果浸透を図る観点から、今回の措置を実施することが適当と判断 ●2001年12月19日　６兆円を上回ること➡10～15兆円程度 （エンロン社や青木建設など内外企業の破たん等でリスク回避姿勢が高まる中、）金融市場の安定的な機能を確保し、金融面から景気回復を支援する効果を確実なものとするため ●2002年10月30日　10～15兆円程度➡15～20兆円程度 （世界経済を巡る不透明感や不良債権処理加速の影響など、景気の先行きを巡る不確実性が高まっており、）金融市場の円滑な機能の維持と安定性の確保に万全を期すことによって、金融面から景気回復を支援する効果を確実なものとすることが適当と判断した。 ●2003年３月５日（４月１日より）15～20兆円程度➡17～22兆円程度 日本郵政公社の発足に伴うもの。 ●2003年４月30日　17～22兆円程度➡22～27兆円程度 （郵政公社による当座預金残高や、SARSの影響など）経済金融情勢に関する不確実性を踏まえ、当座預金残高の目標値の引き上げを通じて、金融市場の安定確保に万全を期し、景気回復を支援する効果をより確実なものとすることが適当と判断した。 ●2003年５月20日　22～27兆円程度➡27～30兆円程度 （不確実性が高い中りそな問題の発生で、）経済金融情勢に関する認識を踏まえ、金融市場の安定確保に万全を期す趣旨を明確にするため、当座預金残高の目標値の引き上げを行うことが適当と判断した。 ●2003年10月10日　27～30兆円程度➡27～32兆円程度 （最近の景気回復に向けた動きをより確実なものとすることに資するとして、）金融調節の柔軟性を高め、流動性供給面から機動的に対応する余地を広げる観点から（上限を引き上げ） ●2004年１月20日　27～32兆円➡30～35兆円 デフレ克服に向けた日本銀行の政策スタンスを改めて明確に示し、今後の景気回復の動きをさらに確かなものとする趣旨から、当座預金残高の目標値の引き上げを行うことが適当と判断した。

出所：日本銀行「金融政策に関する決定事項等」（日銀ホームページ）から著者作成。

くゼロに近づいている。

量的緩和政策移行後、当座預金残高の誘導目標量は2001年8月から04年1月にかけて5兆円程度から30～35兆円程度まで、日本郵政公社発足に伴う2兆円増（03年4月1日より）を除いて、8回増額された。増額の理由は、表1－1にあるように、経済物価見通しに関する不確実性の増大、見通しの下振れ、ないしは下振れリスクの高まり、あるいは金融システム対応が主であった。

先行き不透明感の高まりをもたらした要因は、米国同時多発テロをはじめ、りそな問題やSARS問題であった。経済が想定よりも上振れるようになってからは、量拡大の理由は「最近の景気回復に向けた動きをより確実なものとする」「デフレ克服に向けた日本銀行の政策スタンスを改めて明確に示（す）」ためであった。

私は8回のうち、最後の3回は反対に回った。2003年5月、りそな問題が発生したときには、資金需要がどの程度になるかわからなかったし、また市場に落ち着きがみられたことから、残高を増やすよりも「なお書き」（本則以外の付帯事項）で対応するほうが望ましいと考え、反対したのである。また、金融政策はその時どきに得られた情報を最大限利用して、最適な政策決定を行っていると自負していた。したがって、金融政策の変更を考えるのは、もともと変更が最適なものとして織り込まれている場合は別にして、前回会合以降得られた情報をもとに、見通しが変更されるか、下振れ・上振れリスクが高まっている場合であった。少なくとも上振れ気味のときに、「景気回復の動きをさらに確かなものとする」とか「日本銀行の政策スタンスを明確にする」という趣旨で、緩和と受け止められるような政策をとることは、その後の政策がどういうときに変更されるか自分自身を含めてわからなくなることなどから、反対した。

表１－２　金融政策年表

年	月	金融政策運営方針	資産買取り等	長国買入れ	透明性向上その他
2001	3	量的緩和政策施行			
	8	量拡大局面入り　5⇒6兆円		⇒6千億円	
	9	6兆以上			
	12	⇒10～15兆円		⇒8千億円	
02	2	なお書き追加		⇒1兆円	(10月　株式買入れ)
	10	⇒15～20兆円		⇒1.2兆円	
03	2	なお書き追加			
	3	4月から17～22兆円、なお書き			
	4	⇒22～27兆円、なお書き	資産担保証券買入れ検討		
	5	⇒27～30兆円、なお書き	6月　同上買入れ決定		
	10	⇒27～32兆円、なお書き			透明性の強化
04	1	⇒30～35兆円、なお書き、量拡大終了			(9月　株式買入れ終了)
05	4				展望対象期間延長
06	3	量的緩和政策終了、コールおおむねゼロ			新たな金融政策運営の枠組み
	7	オーバーナイト・コールレート0.25%へ			
07	2	⇒0.5%			
08	7				情報発信の充実
	9		米ドル資金供給オペ導入		
	10	⇒0.3%	固定金利米ドル供給オペ導入		補完当座預金制度の導入
	11		企業金融円滑化策検討		
	12	⇒0.1%	企業金融特別オペ導入、CP買入れ検討	⇒1.4兆円	長国ゾーン別買入れ導入
09	1		社債買入れ検討		(2月　株式買入れ再開)
	3			⇒1.8兆円	
	10		CP、社債買入れ完了		
	12		固定金利オペ導入		「理解」の明確化
10	2		米ドル資金供給完了		
	3		企業金融特別オペ完了、固定金利オペ増額		
	4		成長基盤強化支援資金供給検討（6月決定3兆）		(株式買入れ終了)
	5		米ドル資金供給オペ再導入		
	8		固定金利オペ増額、6カ月物導入、総額30兆円		
	10	包括的な金融緩和政策　⇒0～0.1%	資産買入れ等の基金導入、買入資産5兆円、基金総額は固定オペ30兆円を含め35兆円程度		「理解」の明確化

11	3		⇒買入資産10兆円、基金総額40兆円程度		

2011年４月以降

年	月	金融政策運営方針	資産買取り等	その他
2011	4			被災地金融機関を支援するための資金供給オペレーションを導入
	6		成長基盤強化支援資金供給の拡充（３兆円→３兆5000億円）	
	8		10兆円増額（総額50兆円）	
	10		５兆円増額（総額55兆円）	
12	2		10兆円増額（総額65兆円）	「中長期的な物価安定の目途」の導入
	3		成長基盤強化支援資金供給の拡充と期限の延長（３兆5000億円→５兆5000億円）	被災地金融機関支援供給の期間を延長
	4		５兆円増額（総額70兆円）	
	7			「固定金利オペ」の区分撤廃。国庫短期証券とCP等の買入れの入札下限金利を撤廃
	9		10兆円増額（総額80兆円）	長期国債と社債等の買入れの入札下限金利を撤廃
	10		11兆円増額（総額91兆円）	
	12		10兆円増額（総額101兆円）	貸出し増加を支援するための資金供給を導入
13	1		「期限を定めない資産買入方式」の導入（2014年初めから、毎月13兆円程度資産買入れ	「物価安定の目標」の導入
	4	「量的・質的金融緩和」の導入。マネタリーベースが年間約60～70兆円増加	長期国債保有残高が年間約50兆円増加かつ平均残存期間が７年程度となるよう買入れ。ETFは年間１兆円、J-REITは年間300億円買入れ。CP約2.2兆円、社債約3.2兆円残高維持	

出所：表１－１に同じ

(2) 長期国債の買切りオペの増額

政策委員会で当座預金目標の増額を決定しても、金融機関がゼロ金利で当座預金残高を積み上げるかどうかについて自信がなく、年表（表１－２）に示されているように、最初のうちは長期国債の買入れを量の増額決定とともに増やした。月４千億円から始まって、２００２年10月には月１・２兆円、長期国債を買入れることとなった。その後次第に長期国債の購入を増やさなくても当座預金残高を増やすことが可能となり、福井総裁の時代には一度も買入れを増やさなかった。

なお、量的緩和政策時代の買入国債の残存平均期間が短かったことについて、日銀が意識的に行ったとの指摘もみられたが、この残存期間は日銀ではなく、売り手が決めている。このときは短い残存期間のものを売りたいというのが売り手の希望であったということである。

実際、金利の見通しなどでどのような残存期間のものがオペに入るかわからないので、その不確実性をなくすために、日銀は後に（08年12月）、ゾーン別買入れを導入した。したがって残存期間は、ある程度見通せるようになったが、ゾーンの範囲内でどの期限のものが入るかは売り手次第であり、その点には変わりはない。

量の拡大に終わりを迎えるころ、政策委員の関心は透明性の強化に向かった。出口を意識するようになり、量的緩和政策を維持する期間についてのコミットメントである「消費者物価が安定的にゼロ％以上」を明確化した（第5章参照）。この際、必要条件である消費者物価インフレ率の閾値をどの程度にするか、議論があった。私のように最小限を求める者と、もっと高い水準を求める者の両方がいた。足許はゼロ以上、先行きはプラスとすることで、お互いが歩み寄った。

また、出口が近づくまでは、政策誘導目標の量がしっかりと供給できないという可能性が高まり、それにどう対応するかが議論された。目標残高引下げ議案も出たが多数とならず、実際は残高目標の「程度」で、また「なお書き」を用いて一時的な残高目標未達を認めることとした。

(3) 新たな金融政策運営の枠組みの導入

2006年3月に量的緩和政策を解除するとともに、日銀は「新たな金融政策運営の枠組み」を導入した（第5章参照）。それまであった金融政策についてのコミットメントがなくなることから、金融政策をどのように運営していくか明確にすることが必要だと考えたからだ。この枠組みの導入とともに初めて物価安定の数値を公表した（第8章参照）。それ以降、物価の安定を念頭に置いて、経済物価見通し（第一の柱）と上振れ・下振れリスク（第二の柱）を判断・評価し、金融政策についての考え方を示すという枠組みはずっと維持された。

今日、金融政策の先行きについての情報発信については、フォワード・ガイダンスといわれ、海外中央銀行でも関心が高い。つまり、市場とのコミュニケーションを通じて金融政策の先行きについての不確実性をどう減らしていくかが内外の中央銀行・市場の関心事となっている。第9章で示すように、政策手段が限られる中で、政策委員会の思いが伝わらないもどかしさを感じつつ、どう情報発信していくかが私にとってもずっと重要な課題であった。

3　不確実性を高めた諸要因

事後的に経済物価の動きをみていくのは簡単であるが、リアルタイムで毎回政策を決定しなければならないものにとって、高い不確実性は本当に悩みの種であった。それはショックだけではない。先ほどの沖縄での金懇（2004年4月）での考察にも含まれていたが、以下では10年間の決定会合を通して、不透明感が強く、ずっと悩みの種であったいくつかの要因を取り上げておきたい。

(1) 構造改革の遅れ

日本のバブル崩壊後、債務・雇用・設備の過剰問題を抱える中で、グローバル化の進展と競争激化、IT革新、中国の台頭、少子高齢化の進展など日本経済をめぐる環境や日本経済の構造が変化しつつあった。それへの対応がどこまで進展しているのか、不透明の中で、雇用・所得や設備投資の先行きなどについて判断を迫られた。いくつか変化の兆しがみられ、特に波及効果の強さ、広がりをチェックする上で構造改革の進展に期待することもあった。

構造改革の遅れが大きな問題であることは、政策委員になってすぐに強く意識することになった。年に2回のペースで日本全国を説明・意見交換のために回ったが、2002年5月の長野での金懇での挨拶（須田［2002c］）の表題は「構造改革と金融政策：変化の胎動と期待」であった。企業の前向きの動きの芽はみられるので、それが大きくなっていくことを期待していた。実際、企業自身が抱える過剰な設備・雇用・債務は削減されていったが、企業が前向きな動きを強めるところまでいかなかった。また国民が抱く閉塞感が政権交代につながったとの評価から、新政権が国民の期待に応えることができるかどうか、まさに「期待」をもってみていたが、そうはならず、構造改革が進まない中で、次第に私の想定する期待成長率は下方修正され、先行き弱気の見方に変わっていった。

輸出企業の競争力にも懸念を抱き、円安になっても輸出の増え方は大したことないのではと思うようになった。世界に占める日本の輸出のウエートは減少傾向にあり、ものによっては非価格競争力も失いつつあったからである。円安で価格競争力が少々回復しても、輸出増にどの程度つながるのか、主として企業収益が上昇するだけではないのか。解答はまだ得られていないが、そのような考えが強まっていった。

グローバル化が進み、競争が高まる中で、雇用をはじめ様々なところで二極化が進み、マクロの数値と全体のマインドとの間にギャップを感じることも多かった。

いずれにしても金融環境を非常に緩和的な状況にしているにもかかわらず、リーマン・ショック後特に設備投資が伸びていない。規制緩和に代表される構造改革が進展しないことが、金融政策の有効性が高まらない重要な要因の一つとの思いを強めることになった。後に述べるように、潜在成長率が高まらないから、ショックに弱い経済であり、そうであるからこそ期待成長率が高まらず需要も増えない、したがってデフレもなかなか解消しないと理解しているが、潜在成長率についての不確実性は依然として大きい。

(2)　ＩＴサイクル

米国ＩＴバブル崩壊からの回復がいつになるかというのが私の最初の重要課題の一つであったが、事後的にはともかくもＩＴサイクル（半導体などの出荷・在庫変動）について先行きを予想するのは至難の業であった。もともと潜在成長率が低い中で、生産の変動がトレンドの変化を示すことになるかどうか、リアルタイムでの判断を難しくしたのがＩＴサイクルであった。それはグローバルな動きであり、ＩＴの中身によっても動きが異なっているし、技術進歩が速く企業の浮き沈みも激しいので、調整の長さと深さについて判断が非常に難しかった。

(3) グローバル金融経済

新興国のウエートが高まり、新興国経済もしっかり把握する必要があったが、それは簡単ではなかった。先進国との相互依存関係の把握もむずかしかった。貿易では相互依存関係は理解しやすいが、資金の流れやそれがもたらす新興国への影響、新興国経済からの反射効果は、なかなかわからなかった。

商品市場の動きも同様だ。この時期に限ったことではないが、資産価格の動きはどこまでがファンダメンタルズか理解するのは難しい。しかも、それがグローバルな広がりを持つようになったので、事態の把握の難しさは増大した。問題が移っていくこともあるので、限られた時間内で、グローバル経済金融の把握とその日本への影響を把握するのは簡単ではなかった。

4 戦後最大の金融危機

内外の金融経済状況を十分に把握できない中で、大きなショックが起こるとダブルパンチである。9・11（米国同時多発テロ）や3・11（東日本大震災）は突然のショックであり、当初はその影響がまったくわからないというかたちのショックで、心理的なダメージは非常に大きかった。ただ、それほど時間をかけずにその原因や規模が明らかになった。東日本大震災が起こってすぐに、私にとって最後の決定会合が行われたが、震災そのものの影響がどの程度かは、阪神淡路大震災の影響を参考にして、ある程度規模感を持つことができた。もっとも計画停電、原発の問題は不確実要因として残ったが、時間を経てショックの影響が予想外に拡大していくということはなかった。

他方、２００８年９月のリーマン・ショックに代表される、サブプライム問題に端を発した米国発金融危機や10年５月顕現化したギリシャ危機を発端とする欧州ソブリン危機は、なかなかその実態がわからず、問題が顕現化するまでに時間がかかり、また想定以上に問題が持続し、かつショックが拡大していった。金融、実体経済と財政の三者間の相乗作用も問題を大きくした。

(1)　米国発金融危機

今回の世界的な金融危機では、米国の住宅バブルが証券化商品によって各国に散布され、その破裂の影響が流動性問題を通じて一気に、そして世界中に拡がったところに大きな特徴がある。当初、米欧における住宅価格や証券化商品の価格下落は、それまでの行き過ぎの一時的な調整――ヘルシーコレクション――であり、世界経済の拡大基調に大きな影響は出ないだろうというのが、政策担当者、市場参加者の共通の認識であった。

しかしヘッジファンドの損失発生や大手格付機関による証券化商品の格下げが相次ぐ中、２００７年８月９日に発生したパリバ・ショック（ＡＢＳファンド３本の凍結）を契機として、サブプライムローン証券化商品のリプライシング問題に金融機関の流動性調達難の問題が加わり、金融資本市場に大きな振れが発生した。その後政策対応もあって一時は小康状態にあったが、次第に金融機関のバランスシート・資本不足問題にまで深刻化していった。住宅価格や証券化商品価格の下落に伴う金融機関の損失発生や、ヘッジファンドの破綻が続いた。

２００８年３月のベア・スターンズ救済によって、米当局は大きな金融機関は潰さないだろう――

too big to fail——というムードが一時は拡がり、同年夏ごろは、サブプライム住宅ローン問題よりも、むしろ原油をはじめとする原材料価格の高騰のほうに注目が集まった。このため、欧州中央銀行（ＥＣＢ）やスウェーデンのリクスバンクのように、一部には利上げ基調を維持した中央銀行もみられた（図１‐８参照）。

しかし、９月にＧＳＥ（政府支援機関）２社（フレディマックとファニーメイ）の公的管理への移行に続き、リーマン・ブラザーズの連邦破産法第11条の適用申請、バンカメ（Bank of America）によるメリルリンチ買収、ＡＩＧ公的支援など、大きなイベントが相次ぎ、それを契機に、市場では米欧金融機関の信用力に対する疑心暗鬼が一気に拡がり、投資家のリスク回避姿勢は急速に高まった。政府・連邦準備理事会（ＦＲＢ）は危機の波及を止めるべく、市場が注目する企業を助けることを余儀なくされ、後に金融規制が強められる一つのきっかけとなった。

リスク資産から安全な国債や現金に資金を移す動きが強まり、株価が急落したほか、ＣＰや社債のスプレッドが急拡大した。また、短期金融市場では、資金の出し手が資金放出姿勢を慎重化させたため、流動性リスクプレミアムが拡大した。

カウンターパーティ・リスクに対する意識が急激に高まるとともに、それまで過大に造成されていたポジションを解消する動き（デレバレッジング）がグローバルに強まった。その結果、金融機関や投資家のバランスシートが痛み、リスクテイク余力が大きく低下したため、金融環境が一段とタイト化した。また、多くの市場で流動性が低下し、価格発見機能が大幅に低下した。

日本においても、２００８年10月後半から11月にかけて、金融資本市場の緊張感が一気に高まり、ＣＰや社債では市場機能が著しく低下した。企業金融面では、キャッシュ・イン・フローが大幅に減

図１－８　各国の政策金利

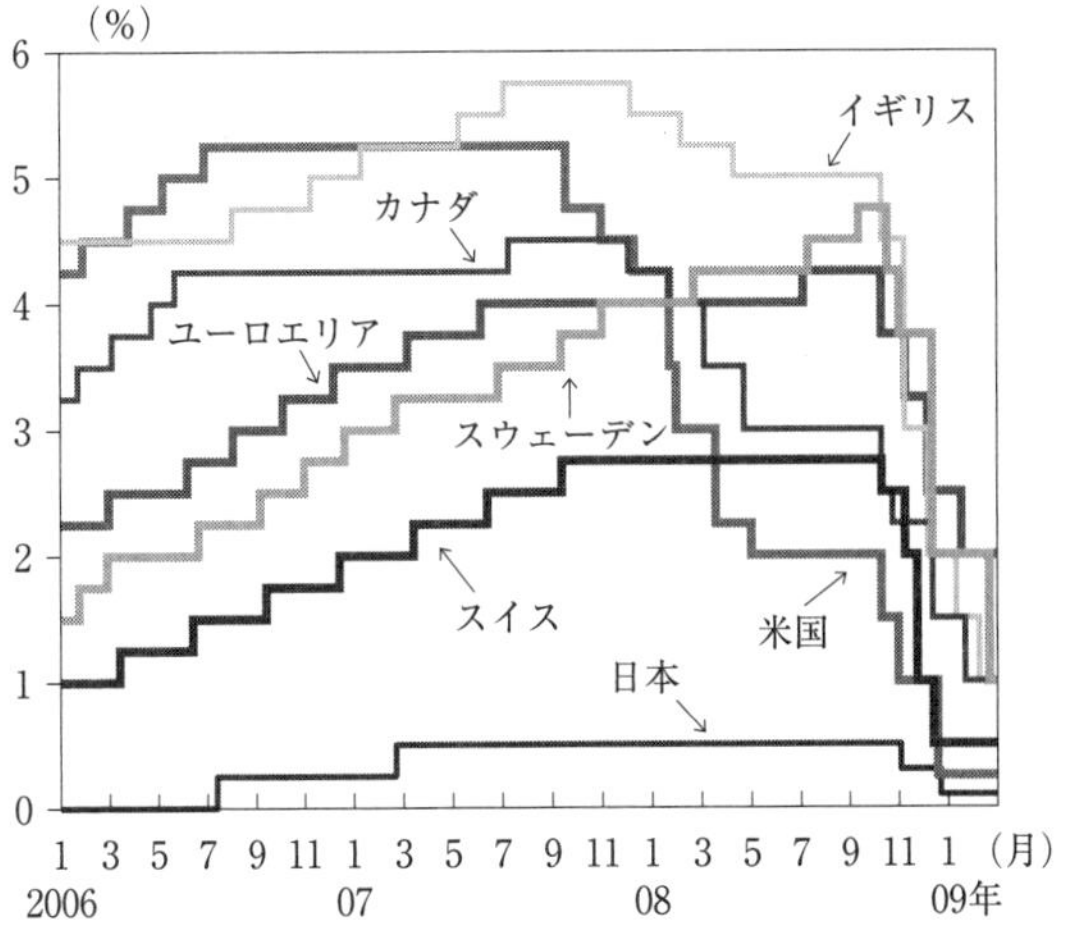

出所：須田（2009c）

少したことから、企業の運転資金需要が急速に高まった。

こうした金融のタイト化と市場機能の低下は、世界各国の実体経済にも冷や水を浴びせた。それが投資家や金融機関の資産内容をさらに劣化させることによって一段と金融をタイト化させるという、金融と経済の負のフィードバック・ループが急速に強まった。このような現象が、短期間のうちに世界で同時に発生した。

こうした事態に対処するため、各国中央銀行では、様々な思い切った措置を機動的に講じた。まず、多くの国が政策金利を大幅に引下げた（図１－８参照）。このほか、潤沢な流動性供給のための整備や工夫を行い、自国通貨での大量の資金供給はもとより、主要国中銀間の協調で、為替スワップを通じたドル資金の供給も開始した。

具体的には、ＦＲＢは、担保や対象を広げてタームものの資金を供給し（ＴＡＦ）、プライマリーディーラー向けに資金を供給し（ＰＤＣＦなど）、MMF向けに流動性を供給するなど流動性供給に努めた。CPやエージェンシー債、エージェンシーMBS債、長期国債を買入れるとともに、消費者や中小企業向けローンの証券化商品を担保にノンリコース・ローン貸出（TALF、政府が信用補完）、個別企業向けファシリティ創設などで対応した。

日本銀行も、2009年にかけて資金供給の積極化、適格担保範囲の拡大、国債買現先オペの拡充、長期国債買入増額など、潤沢に資金を供給するとともに、誘導目標と同じレートで民間企業債務担保の範囲内で無制限に資金供給を行うことができる企業金融支援特別オペの導入、CPや社債の買入れ、プルーデンス面では保有株式買入れ再開、劣後ローン供与などの措置を行った[1]（第6章参照）。

(2) 大きかった日本経済の落ち込み

このような対策にもかかわらず、金融と実体経済の負のフィードバック・ループを背景とする世界経済の急減速が、輸出をメインエンジンとする日本経済を急速に失速させたが、この落ち込みは、金融危機の震源である米国と比べても、激しいものであった。その背景には、世界経済の成長やグローバル化によって支えられた2002年以降の景気拡大を通じて、グローバル需要の変動が日本経済に与える影響度が高まったという構造的な側面が指摘できる。

具体的には、(1)景気拡大を牽引した輸送機械、電気機械類、一般機械の鉱工業生産に占めるウエートが高く、(2)それらの業種を中心に、近年、輸出比率が高まっていたこと、(3)部品や素材の国内調達比率が高く、輸出の変動が国内生産に与える影響が高いこと、の三点だ[2]。さらには、為替円高や、新興国、資源国を含めた世界経済全体の減速ペースがあまりに急すぎ、企業の間に先がみえないという不安感が急速に高まる中で、過剰在庫や過剰設備を抱えたくないという意識が強く働いたという心理的な側面も大きいように思われる。

実際、実質輸出は10～12月になって急落し、前期比二桁の過去最大のマイナス幅となった。１月も前月比マイナス二桁と、大幅な落ち込みとなった。最も弱さが目立ったのは自動車販売だ。10～12月期に２割を超える大幅減となった後、09年に入っても３割程度の大幅な落ち込みが続いた。日本も輸出の急落を通じて、これまでに経験したことのないほどの劇的な景気下振れを余儀なくされた。

以上のような内外需要の弱さを背景に、10～12月の鉱工業生産指数は前期比二桁減と、現在公表されている接続指数で遡れる１９５３年以降初めての大きさとなった後、１月も前月比二桁減となった。出荷・在庫バランスも、出荷の大幅な落ち込みを受けて、悪化した。このように、日本経済は、崖から深い谷に転げ落ち、霧の濃いぬかるみの中を彷徨っている状態がしばらく続いた。

(3)　欧州ソブリン危機

２００９年10月、ギリシャでは新政権によって財政赤字の09年見通しが大幅に修正され、同国の統計に対する信頼性と財政規律に対する疑念が高まる中、ギリシャのソブリンリスク・プレミアムは拡大傾向をたどった。様々な対策が打たれたが、その後も財政赤字額の再訂正、大手格付機関によるギリシャ国債の大幅格下げ、同国内でのデモ激化に関する報道等が相次ぎ、４月下旬から５月初にかけて、ギリシャのソブリンリスク・プレミアムは急激に拡大した。それをきっかけに各国の株価が急落し、為替相場も激しく変動した。

２０１０年５月６日には、ＮＹダウが、取引時間中としては過去最大の下げ幅を記録した。こうした事態に対し、EU加盟国、IMFによる支援、ECBによる対策（「証券市場プログラム」の発動、固定金利・全額供給方式の3カ月物、6カ月物オペ）、米ドル資金供給オペの再開が決定された。また、ギリシャ政府も、財政再建策の強化を表明した。こうした一連の措置を受けて、市場の緊張は、徐々に和らいでいったものの、翌年にはイタリア、スペインにもソブリン問題が波及した。

そもそも財政赤字の拡大は、リーマン・ショック後の急激な景気悪化に対して、大規模な財政負担を伴う政策で対応した国が共通して抱える問題である。それが為替変動による域内貿易を通じた景気調整機能が働かず、厳しい財政規律が求められるユーロという単一通貨圏において、一気に表面化した。したがって、その解決には長い時間と、厳しい財政再建に伴う痛みが生じる可能性があり、市場では、イベントの発生次第で楽観悲観を繰り返しながらも引き続きPIIGS（ポルトガル、イタリア、アイルランド、ギリシャ、スペインの5カ国）のソブリン・リスクや、それらの国々に対するエクスポージャーの大きい金融機関の信用リスクが意識され続けた。EU統合の枠組みに向けて道半ばであり、今日でもまだ問題はくすぶっている。

5　日銀批判の再登場

(1)「デフレ」という言葉をめぐって

リーマン・ショック後、金融政策が万能薬でないことを米英の通貨当局者は思い知ることとなるが、海外では日銀への理解が深まる一方で、日本では震源地でないにもかかわらず経済物価の落ち込みが大きく、米国に比べて緩和が足りないとの評価になり、政治的な対日銀批判が強くなった。

第7章で示すように、不確実性が高いもとでは漸進主義による金融政策が望ましいと考えていた。現在でもそうだ。ただ金融危機が悪化するリスクがある中、そうすると対応が遅れすぎる懸念があり、それを市場が織り込む可能性もあるので、いざとなったら思い切った政策対応をする用意があると発信していたが、量的緩和の経験から、それは量で勝負することではなかった。しかし、批判の内容は、マネーの供給が不十分である、アグレッシブな緩和をやるべき、国債を大量に購入するべき、インフレーション・ターゲティングを採用するべき、日銀法を改正するといったものであり、10年前に聞かれたのとまったく同じ批判にさらされることになった。

また、展望レポートに示されている政策委員の2009年度の消費者物価（除く生鮮食品）対前年比の見通しは、08年7月の中間評価の時点では1％強の予想であったのが、09年1月にはマイナスの見通し（実績値はマイナス1・6％）となり、10年度の見通しもマイナスとなった。09年10月に初めて出された11年度もマイナスの見通しが示され、デフレ議論が盛んとなった。09年11月20日、政府は月例経済報告で、日本経済は「緩やかなデフレ状況にある」とし、いわゆるデフレ宣言を行った。これに対して日銀の政策委員の多くが当時、デフレという言葉を使うことに慎重であったため、デフレを認めたがらない、デフレを許容しているとの批判を生じさせた（第2章、第9章参照）。

また、結果的に再びデフレになったので、量的緩和政策からのイグジット（退出）も早すぎたとの批判も出るようになった（第5章参照）。

なお、インフレーション・ターゲティングの採用はずっと大きなテーマであったが、第8章で述べるように、この10年間に正式に採用しようがすまいが、日銀の政策運営の枠組みは「制限された裁量政策」へ収斂したので、このこと自体は自分の中では重要なテーマではなくなっていった。問題はコミュニケーション・ポリシーとして目標値を掲げることが望ましいかどうかということであったが、これについての結論は、私には出すことはできなかった。アグレッシブな政策については第10章でとりあげる。

(2) 包括的な金融緩和政策に向けて

2009年12月1日には、ドバイ政府系企業の債務繰り延べ問題の表面化（ドバイ・ショック）などを背景とする国際金融資本市場の不安定化や、デフレ報道の高まりに伴うマインドの悪化懸念に対処するため、日本銀行では臨時会合を開き、固定金利方式の共通担保資金供給オペレーション（固定金利オペ）を導入した。さらに、10年3月、8月（臨時会合）には、ターム物金利の一段の低下を促すため、固定金利オペによる資金供給額を大幅に増額した。

こうした一連の措置を受け、ターム物レートは低下を続けた。そして10月には、「わが国経済が物価安定のもとでの持続的成長経路に復する時期は、後ずれする可能性が強まっている」との判断を下し、包括的な金融緩和政策を導入した（第6章参照）。これは①金利誘導目標の変更②「中長期的な物価安定の理解」に基づく時間軸の明確化③資産買入れ等の基金の創設から成り、基金には長期国債に加えETFやJ-REITといったリスク性資産が含まれた。

2011年3月、東日本大震災の発生後、リスク性資産をメインに買入資産を5兆円増やした。いずれの場合にも、私はそれまでの日銀券ルールを実質的には破ることになる、基金による長期国債買入れには副作用のほうが大きいとして反対した[3]。

図1－9　マネタリーベースとマネーストック

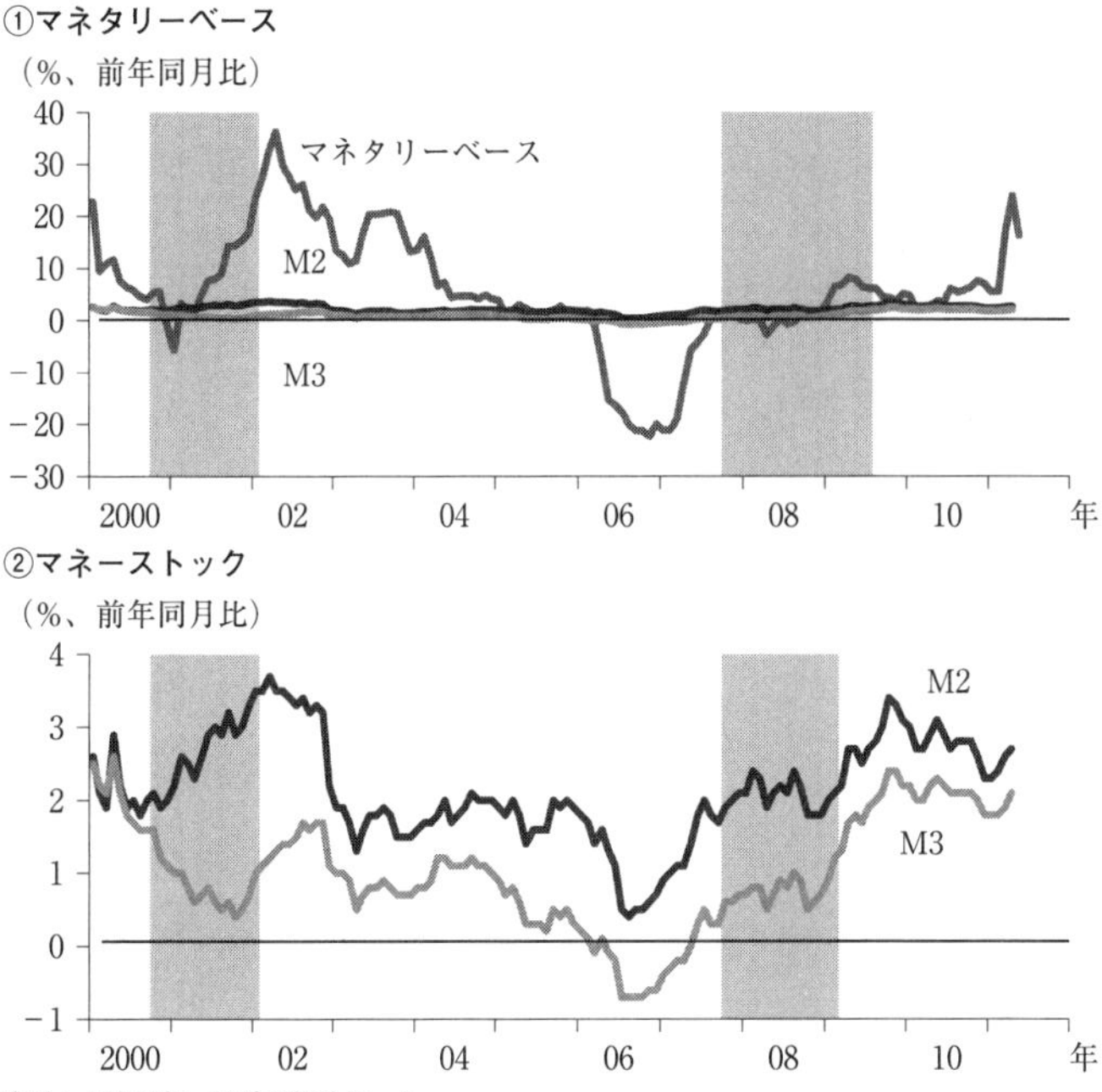

資料：日本銀行　時系列統計データ

私が退任した後の金融政策は年表（表1－2）に示しているが、その後基金は次々と増額された。2013年1月には物価安定目標を2%と定めるとともに、「期限を定めない資産買入方式」の導入を決めた。黒田総裁のもとでの日銀は量的・質的金融緩和政策を採用し、白川時代とは比較にならないほど大量の国債購入、資金供給を行うことを全会一致で決めた（表1－2参照）。

なお、この10年間のマネーの動きは図1－9のとおりであった。当座預金残高は大きく増やしたが、マネーストックの増大にはまりつながっていない。またそれと物価や成長率との関係をみると（図1－10）、マネーと物価・実体

図1－10　量的緩和採用時〈2001年3月〉と10年後との比較

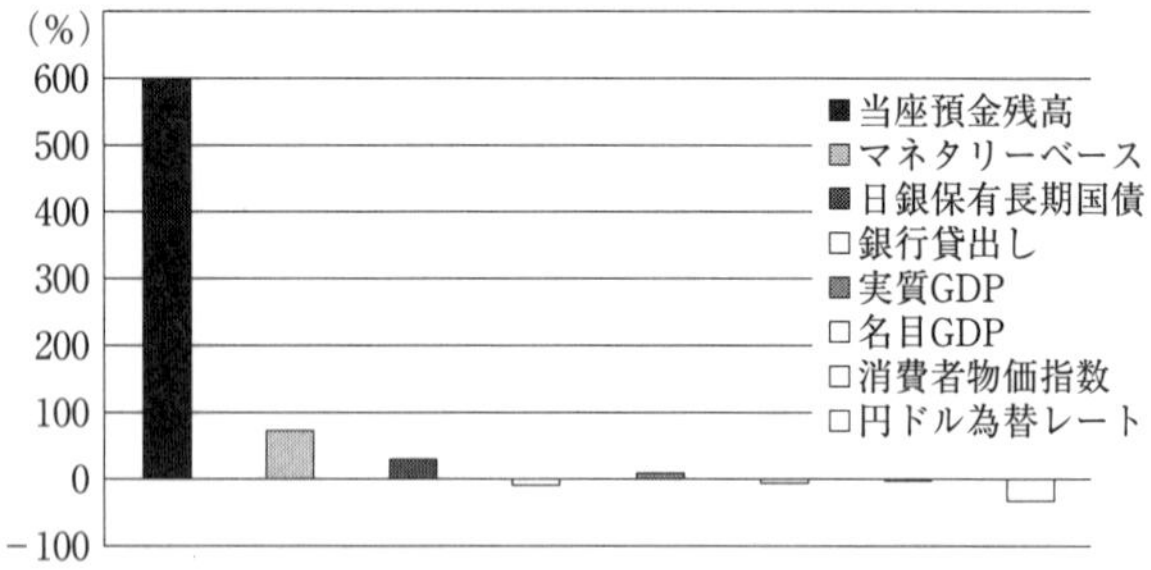

出所：日本銀行、内閣府、総務省

図1－11　中央銀行のバランスシートとインフレ：日米比較

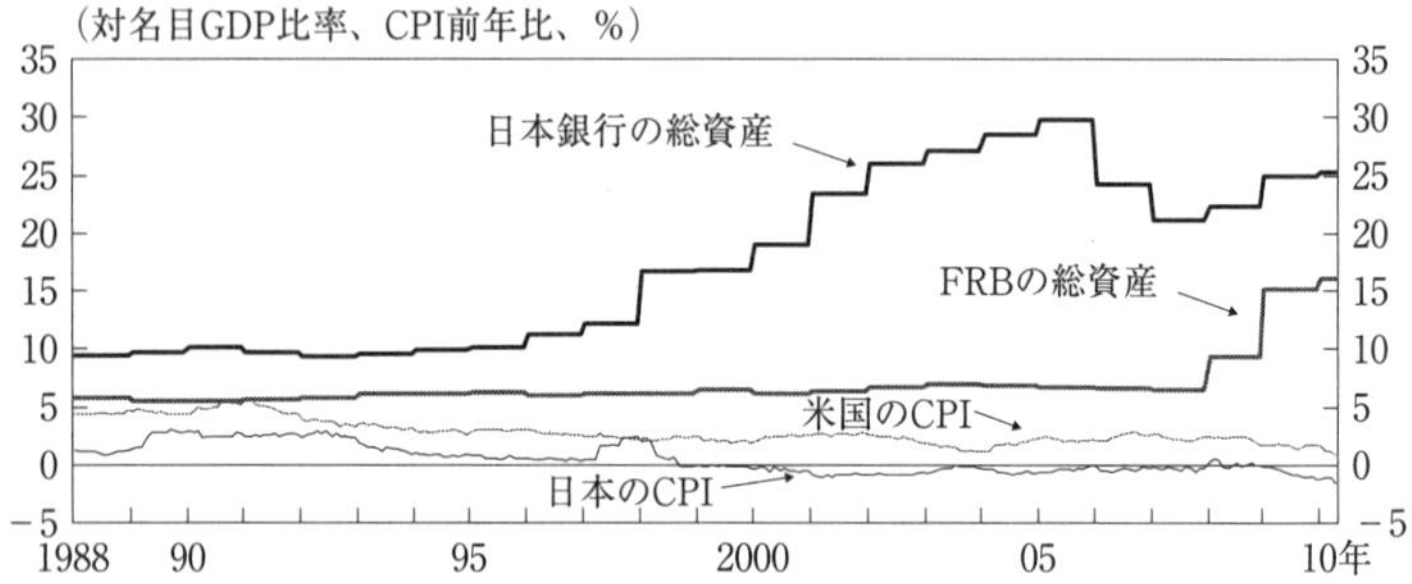

注：CPIは食料品及びエネルギーを除く総合指数。
出所：FRB、日本銀行、Bureau of Economic Analysis（米国）、総務省

経済の間に強力な関係があるようには思えない。また、しばしば言及されることのある中央銀行のバランスシートについても（図1－11）、インフレ率との間になんらかの関係があるようにはみえない。

これらの図（図1－9～図1－11）の評価は読者に任せたい。マネーを増やしても効果がほとんどないと読むのか、少しはあるのだからもっと出せというのか。コストがなければそれは正しいだろうが、問題はそれに伴うコストをどうみるかである。

6　なぜデフレが持続したのか

なぜ物価はなかなか上がらないのか。一つはデフレ均衡にあるとの考え方である（第7章参照）。この場合には、これまで日本銀行が行ってきた漸進主義ではだめで、そこから抜けるにはアグレッシブな政策が必要になる。今の黒田日銀総裁はそのような考え方の持ち主のようだ[4]。

他方、これまで説明したように、米国のサブプライム問題が悪化するまで経済は拡大していたし、前向きに循環していた。需給ギャップもプラスとなった。物価見通しもある程度のプラスを見込める状況であった。しかし日本経済は頑強ではなく、強いショックを受け止めることができず、需給ギャップは大きく落ち込んでしまった。そしてインフレ率も、資源価格の下落や大幅円高の影響が大きいものの大幅マイナスになってしまった。このように考えると、ショックに強い経済構造にすることがデフレに再び陥らないために、最も重要な政策に思える。

また、成長期待が高まれば、まずは需要が出てきて超過需要になり、物価が上昇する。現在は、構造改革も足踏み状態にある。構造改革についてはもう10年以上同じようなことを言っているし、第1次安倍内閣も主張していた。第2次安倍政権では第一の矢に金融政策が位置づけられたが、デフレ脱却の主たる矢は第三の矢の成長戦略であって、第一の矢は補助でしかないのではないか――。デフレ問題を考え続けてきて、結局はこのような考えに到達した。以下、このような考えに到達した背景をもう少し詳しく述べておく（第6章参照）。

図1‐12は需給ギャップと消費者物価（除く生鮮食品）対前年度の推移を示している。両者に相関

図1－12　需給ギャップと消費者物価指数（総合除く生鮮食品）

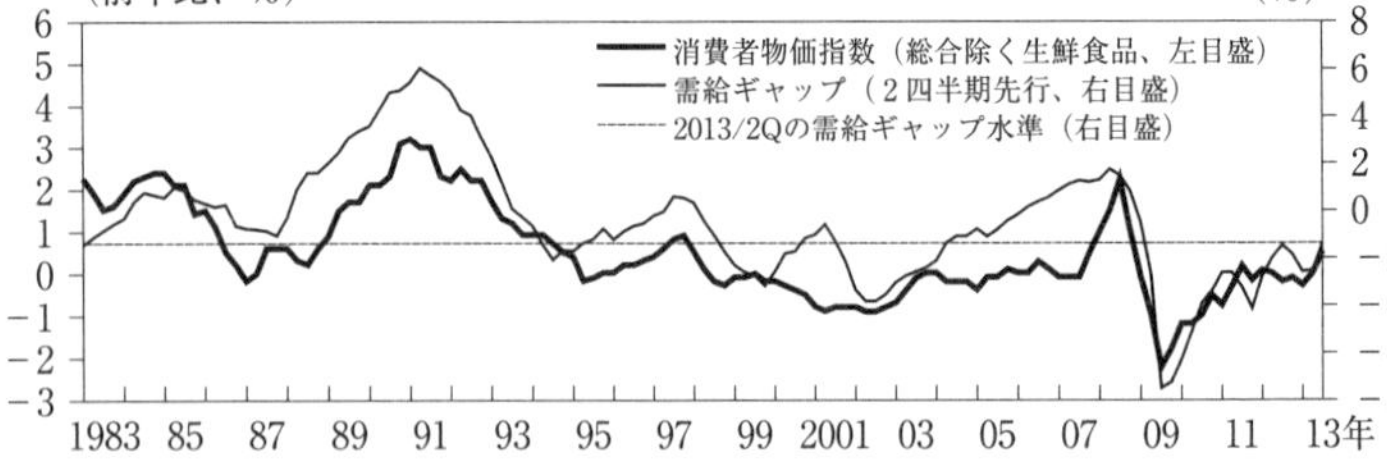

注：1. 消費者物価指数の前年比は、消費税調整済み。
　　2. 需給ギャップは日本銀行調査統計局の計算値。具体的な計測方法については、日銀レビュー「GDPギャップと潜在成長率の新推計」（2006年５月）を参照。

出所：日本銀行「経済・物価情勢の展望」2013年10月

図1－13　総合（除く生鮮食品）の要因分解

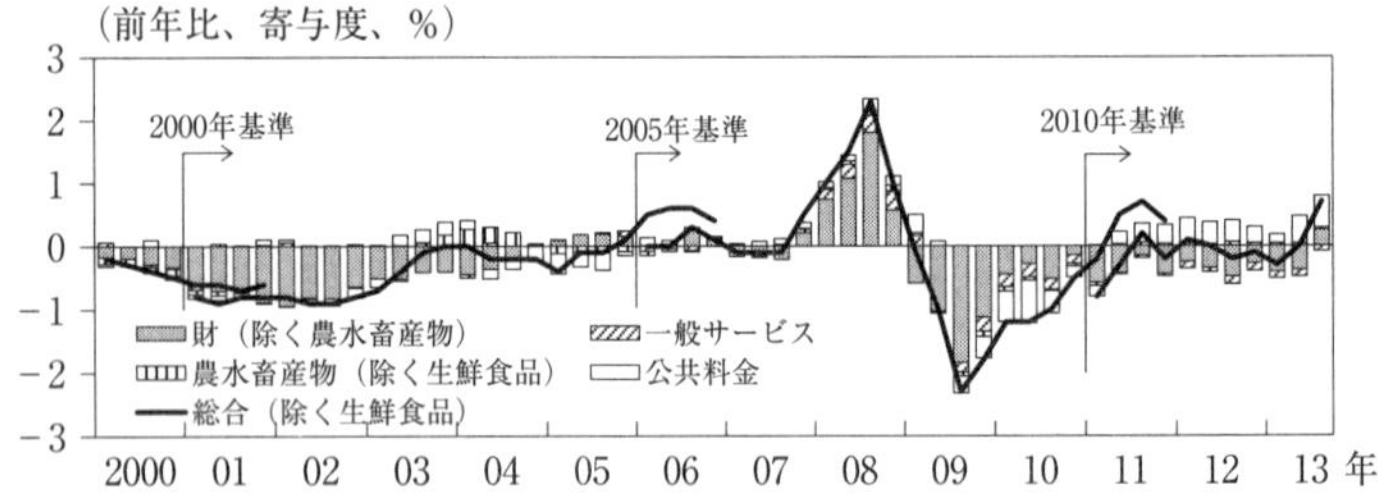

出所：図1－12に同じ

関係があり、デフレが続いたのはマイナスの需給ギャップが続いたことが背景にあることは明らかだ。したがって、インフレ率が安定的にプラスになるには需給ギャップが改善することがまず必要になる。ただ、図1－13にあるように、現在の物価上昇のかなりの部分が需給に直接関係しない公共料金による部分であることには注意が必要である。需給ギャップが同じであっても資源価格の動きや為替レートの動き、つまり公共料金でインフレ率は変化するからである。

それでは長期にわたって負の需給ギャップが続いた理由は何であろうか。その背景には「負

図1－14　政府債務の歴史的推移

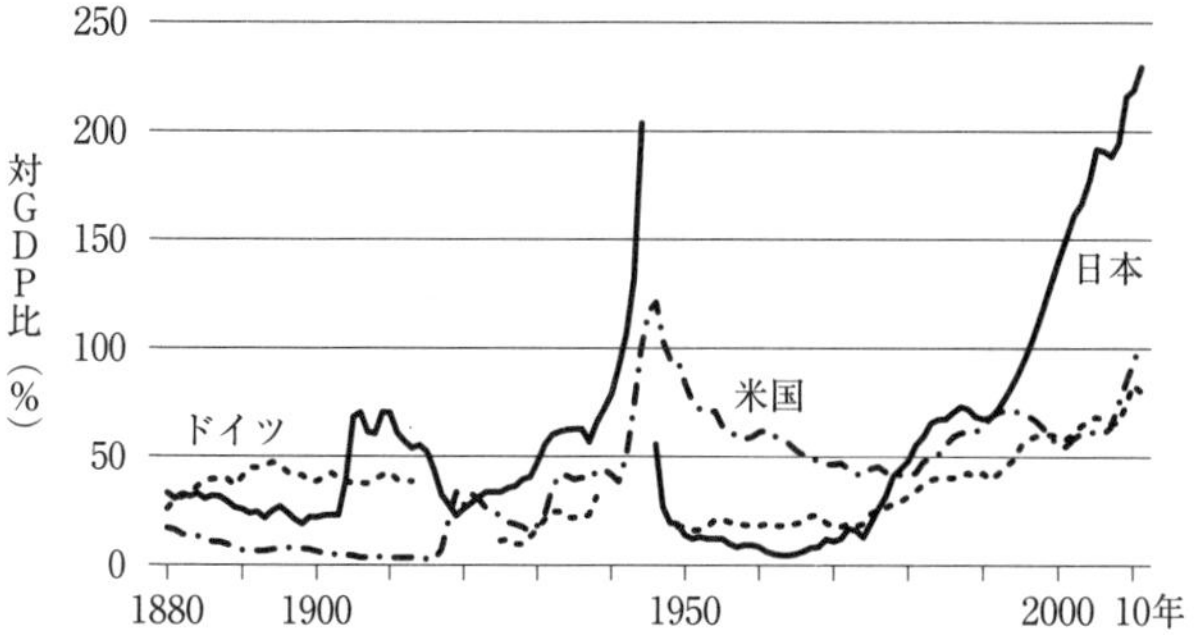

資料：IMF「Historical Public Debt Database」

の生産性ショック」があったと考えられる。日本経済は、1990年代後半以降、グローバル化、IT革命、少子高齢化といった大きな構造変化に見舞われたが、日本の企業や金融機関は、バブル崩壊後、後ろ向きの調整に追われていたこともあって、構造変化にうまくアジャストできず、こうした動きが潜在成長率の低下傾向をもたらしたと考えられる。この間、マクロ政策面からのサポートも期待できず、それどころか財政状況の悪化（図1－14参照）は社会保障に対する将来不安を生じさせ、需要を減らし潜在成長率への下押し圧力にさえなった可能性がある。金融緩和政策にも緩和余地はほとんどなかった。

将来の成長率に対する期待が下がると、人々は消費や投資支出に現時点で慎重になる。需要はすぐに削減されるが、供給サイドの調整には時間がかかるので、このような場合には需要減の方が大きくなって、需給ギャップが悪化し、物価に下落圧力が働くことになる。

こうした中、企業の収益重視の姿勢は高まり、企業は雇用者所得の調整で収益を確保する姿勢を強めた。日本の場合、欧米と比較してみて（図1－15参照）、賃金による調整が大きく、ユニット・レイバー・コストが低下し、これが物価にも下押し

図1－15　日米独の雇用・賃金調整

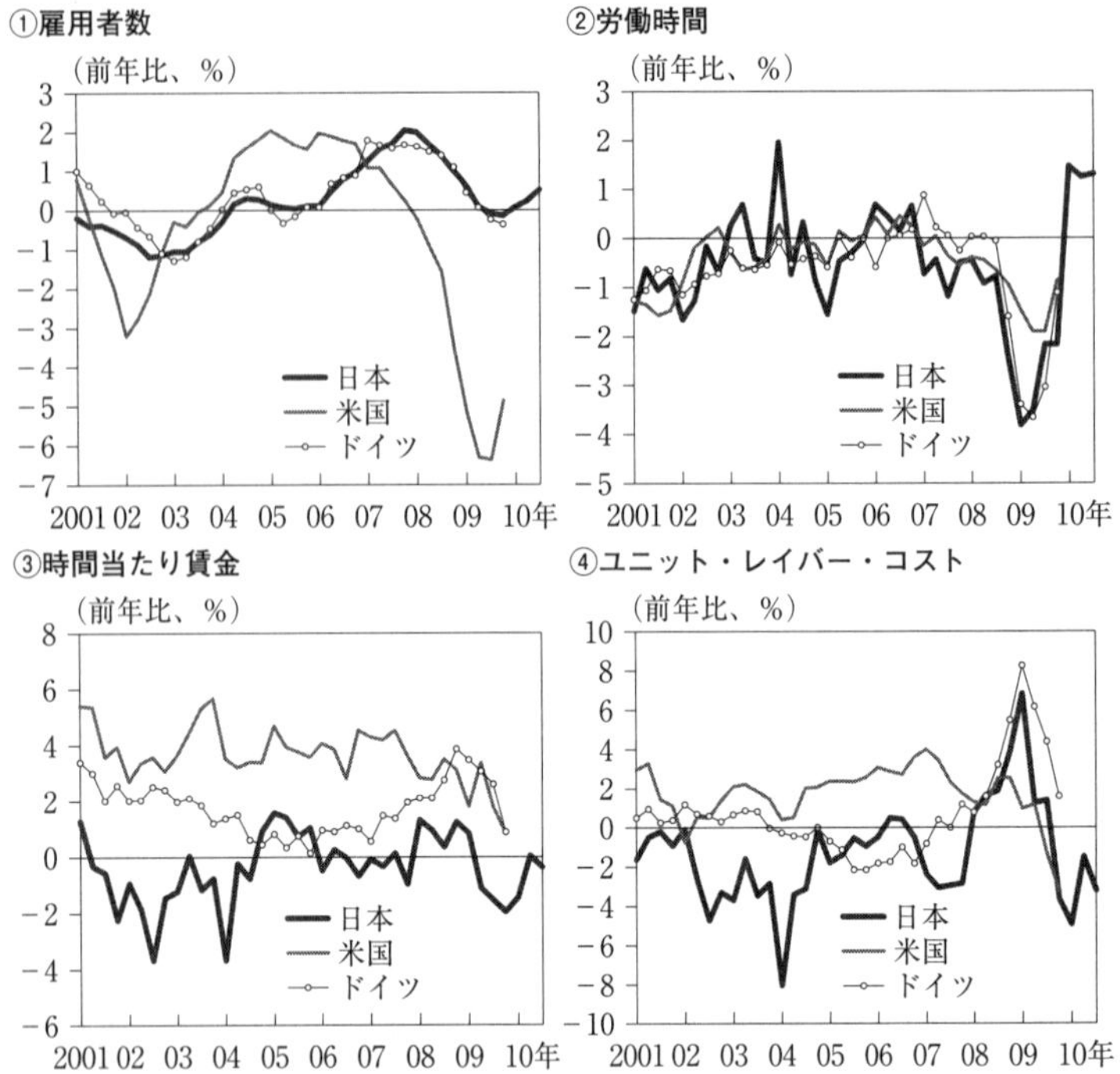

注：ユニット・レイバー・コスト＝雇用者報酬/実質GDP
資料：内閣府、厚生労働省、BEA、BLS、Eurostat
出所：須田（2010a）

圧力となった。サービスはコスト的に賃金ウエートが高いので、賃金の低下はサービス価格の動きを欧米のそれと乖離させることとなった。

また、現実のインフレ率が予想インフレ率にも影響を与えるが、潜在成長率の低下が物価に下押し圧力を与えると考えると、それが予想インフレにも影響を与えることになる。このように考えると、結局、様々な外的ショックのもとで潜在成長率が低下してきたこと、また、それに対する慎重な見方が需要やインフレ予想も停滞させ、デフレの主な背景となっている可能性が高いと考えられる。

先行きについても、少子高齢化による潜在成長率の低迷は今後も続く可能性が高い。これが、人々の期待成長率をより一層低下させるようであれば、それは物価にとって下振れ圧力となる。

以上のことから、物価安定のもとでの持続的な成長を実現していくためにも、潜在成長率を引上げていくことが、きわめて重要な課題といえる。デフレ脱却のみならず、図1－14にあるように、すでに戦時を越えた非常に大きな財政債務問題を抱えている日本にとって、債務問題改善のためには成長を高めることが必要であり、成長を高める政策はこの点からも望ましいと考えている。

7　成長戦略の重要性

日銀が資金供給量を増やせても、それが金融機関の口座にただ積み上がっていくだけ、あるいはポートフォリオ・リバランス効果がなかなか顕現化しない中で、どうすれば金融政策の効果が発揮されるかを、私はずっと考えてきた。10年間ずっと頭の中にあり、以上述べたようにその重要性をより強く意識するようになったのが、量的緩和政策採用時の声明文で指摘された構造改革である。つまり、「今回の措置（量的緩和政策）が持つ金融緩和効果が十分に発揮され、そのことを通じて日本経済の持続的な成長軌道への復帰が実現されるためには、不良債権問題の解決を始め、金融システム面や経済・産業面での構造改革の進展が不可欠の条件である」ということである。痛みを伴う構造改革によって、様々な分野から資金需要が生まれ、緩和的な金融環境のメリットがようやく活かされることになる。

金融政策の工夫ももちろん欠かせない。少しでも波及効果が高まるようにと様々な政策を行った。金融システムが頑強でないときには、不良債権問題を抱えた金融機関が積極的にリスクをとって企業活動をサポートすることは考えられなかった。したがって、緩和政策を行いながらも、金融システムの安定化を図り、金融仲介機能が発揮できるようにすること、つまりマクロ・プルーデンスの視点からの対策も考えた。

第6章で示すように、2004年、金融システム不安が残存している中で、資産担保証券の買入れの検討を行い実施した。ただ、りそな問題がクリアされて以降、急速に金融システム不安が遠のき、バランスシートから資産を切り離す必要がなくなったことなどから、実際には、ほとんど使われなかった。しかし、証券化商品の知名度向上、ないしは市場育成のためにいくらかは役立ったと思う。

それよりも前の2002年には、通常会合で株式購入も決めた。これは株価支持ではなく、株式の保有を制限する法律ができたため、金融機関はバランスシートから株式を外す必要が出てきたが、それをサポートするべく、買入れを決定した。日銀は不良債権処理を促すために「不良債権問題の基本的な考え方」(02年10月11日)を出したが、このときに、日銀もリスクをとって訴えることで、この問題を真剣に考えていることを示したいと考えた。

成長基盤強化支援も同様であり、日銀みずからがリスク(金利リスク)をとることによって、成長に資する分野はどこか金融機関・企業が本気で考え、リスクをとって投資を実行してほしいという強い思いを訴えたかった。今後も成長基盤強化支援策を粘り強くやって、生産性を上げるにはどうすればよいか、皆がそれぞれの視点から考え続け実行に移すようサポートしていくことへの思いは今も変わらない。

これは本来の金融政策とはいえないが、通常の金融政策の効果が限定的になり、また米国が資産買入額を減少していくこと（テーパリング）を始めたことからもわかるように、資産買入れを拡大する政策のコストも大きくなっていること、財政ファイナンスに近づくことなどを考えると、目立つ政策ではないが成長基盤強化支援のような地道な政策をやっていくしかない、というのが日銀を退任するまでに私が持つようになった、金融政策についての考え方であった。

［注］

（1）日本銀行の措置については、「2008年秋以降の金融危機局面において日本銀行が講じた政策」（日本銀行ホームページ）、各国中央銀行の政策については日本銀行企画局（2009）を参照。

（2）この間の生産・輸出の落ち込みについて、詳しくは、日本銀行「金融経済月報」2009年2月20日「BOX最近の鉱工業生産の大幅な減少について」、遠藤・平形（2010）を参照。

（3）反対理由については各会合の議事要旨（2010年10月4～5日、2011年3月14日）を参照のこと。

（4）黒田（2013）参照。

第2章　新日銀法の制定――独立性と透明性をめぐって

1　新日銀法施行までの道のり

(1)　独立性と透明性――中央銀行研究会に参加

1970年代前半の狂乱物価、80年代後半のバブル期など、金融政策は政府の政策である為替政策などに引きずられ、それが失敗につながったとの見方がかなり根強く存在する。70年代初めは円切り上げによるデフレ懸念や円再切り上げ阻止という政治の強い姿勢の下にあったし、バブル期には株価や地価など資産価格が上昇し、マネーストック（かつてはマネーサプライと呼んでいた）も増え、物価上昇懸念が日銀から発せられていたが、実際に物価が上昇することがなかったこともあって、利上げが強く主張されなかった。中央銀行の独立が必要だとの認識は、財政ファイナンスによる高インフレの経験を含め、各国におけるこのような歴史的な失敗の経験から積み上げられたものである。中央銀行が独立している国のほうが経済のパーフォーマンスがよいとの結果が理論的にも実証的にも示されるようになり[1]、グローバルスタンダードになっていった。そして中央銀行の独立性が中央銀行、ひいてはその国の信認の重要な構成要素となるようになった。

90年代半ばには日本版ビッグバンと称される行財政改革も行われ、日銀法も新しい時代に合ったものにすべく、こうした環境の中で改正への取り組みが始まった。それまでの日銀法は戦時中に設定されたもので、戦後、昭和36年、40年と二度にわたって改正が試みられたがうまくいかず[2]、20世紀末にようやく「三度目の正直」で実現した。

新日銀法の枠組みは1996年夏に設置された中央銀行研究会[3]で決められた。7月31日に第1回会議が行われ、独立を認めるからには説明責任があるということから、11月12日の第10回会議においてまとめられた報告書「中央銀行制度の改革―開かれた独立性を求めて―」(1996)では、独立性と透明性を二つの柱とすることが決定した。

日本国憲法は、立法権、行政権、司法権を三つの独立した機関である内閣、国会、裁判所に委ね、それらが相互に抑制し合い、バランスを保つことにより、権力の濫用を防ぐ「三権分立」の原則を定めている。

中央銀行の独立といっても四番目の権力にはなり得ない。ただ、最低限どこまで内閣や国会の関与を認めれば憲法上問題なしとできるかについては、日本銀行の業務を行政の一部と位置づけるかどうかなどで議論が分かれており、学者の間でも明確ではない。したがって、どの範囲まで日本銀行が独自で決定できるか必ずしも明確ではない中で、各論においても各委員は政府や国会からどの程度独立が認められるか距離感を推し量りながら、議論を重ねていった。

金融政策の独立性は強く意識され、金融政策を独立に決定できる環境を整備することが必要という観点から、様々な事項について独立を強めるかたちで改正の必要性を指摘した。他方でどの分野で政府や国会の関与があったほうがよいかという点については、任命や予算・決算についてどこまで政府や国会に関与させるのがよいのか議論が行われた。

任命については政府の関与が必要ということで意見の一致をみたが、それ以外については委員会でも明確な結論は出なかった。たとえば総裁を含め政策委員全員を国会同意にかけるほうがよいかどうかについては、そうすることで欠員の可能性があるから総裁についてはそれまでどおり国会同意はいらないのではないかという意見を私は述べたが、そのようなみっともないことを国がやることはあり得ないとの意見も出た。同意を得ておいたほうが、独立して金融政策が運営できるとの意見もあった。どこかでしっかり国会・政府を関与させないと、日銀と政府・国会とには様々な関わりがあることから、結局はいろいろな場面で圧力がかかり得るし、それが金融政策の独立性にも影響を与え得るということを意識しつつ、政府・国会からの距離を考えていった。

予算決算については国の関与は少なくしてもよいのではとの意見もあったが、他方、どこかでチェックされることは避けられないので、その範囲が限定されるべくしっかりと制度化しておいたほうがよいのでは、といった議論もあった。このように、政府や国会の関与を認める際にも、中央銀行の行動を制約するためというよりも、独立性を強化するためにという視点から議論が行われた。

以下では本書の議論全体にかかわることなので、金融政策の独立性にかかわる重要な点について、新日銀法の成立過程とともに説明する。

(2) 日本銀行の目的は物価安定と金融システムの安定

物価の安定

中央銀行研究会では、日本銀行の金融政策の最も重要な目的は物価の安定を図ることとしたが、法律上はそのような書き方となっていない。日本銀行の目的は日銀法第一条に記され、その一項で、銀行券の発行と金融政策を行うこととされている。金融政策の「目的」については第二条にあり、「目的」という言葉はすでに使われているので「理念」が用いられ、「物価の安定を図ることを通じて国民経済の健全な発展に資することをもって、その理念とする」と記されている。

この第二条について指摘しておきたいことが二点ある。一つは「物価の安定」としたこと、もう一つは、物価の安定は究極的な目標ではなく、その前提条件であるということである。

前者については、もう一つの候補が「通貨価値の安定」であった。これは国内物価の安定だけでなく対外的な価値の安定も含んでおり、為替レートの問題が直接入ってくる点で物価の安定と異なる。過去の二度の改正案では通貨価値の安定のほうが用いられていた。ところが、日銀法改正の直接のきっかけの一つに、バブルのときに引締めができなかったことが指摘されており、金融政策の失敗の理由は、1987年2月ルーブル合意[4]以降、為替レートを現状で安定化させようという姿勢が強まっていたため、利上げができなかったことだという認識が、研究会では非常に強かった。したがって、主要な考え方は、為替レートのために金融政策を行ってはならないというものであった。

金融政策の目的を「通貨価値の安定」とすると、金融政策は為替に対しても責任を負うことになる。物価と為替レートの動きは必ずしも同じ方向ではないので、一つの金融政策で物価と為替レートの安定という二つの目的を達成することは不可能であり、また失敗しかねないということで、研究会では物価安定に限るべきだとされた。そして、為替政策は政府の専管事項とされた。

次に、物価の安定は前提条件であって、究極的な目的は「国民経済の健全な発展に資すること」とした点についての議論は以下のとおりであった。たとえば資源価格の上昇によってスタグフレーションの状況にあるときに、物価のみに金融政策が対応することは望ましくないことはわかりやすい。

研究会では、物価が安定している中で不動産、株価など資産バブルが起こり、バブル崩壊が結果的に経済物価の変動を大きくしたという80年代後半以降の経験が特に意識された。物価重視の立場に立てば、その当時、金融引締め政策をとらなかったのは、当時の消費者物価上昇率は0・5％程度であって、物価が上昇しなかったためということになる。したがって、単に一般物価の安定を図るだけでなく、資産価格などの変動にも留意する必要があるし、究極の目的は国民経済の健全な発展であることが明示されることになった。

金融システムの安定（信用秩序の維持）

中央銀行研究会では日本銀行のもう一つの目的として、「金融システムの安定（信用秩序の維持）」を挙げた。金融システムの安定における政府と中央銀行の役割分担については、政府のみ、中央銀行のみ、両方が担うという様々なかたちが考えられるが、国や時期によって多様であり、旧法では日本銀行の役割は明確ではなかった。たとえば特融については旧法では「信用制度の保持育成」のため大蔵大臣の認可を受け行っていたが、「一時的な流動性供給」という本来の意味での特融とは異なる日銀による出資などにもこれが用いられていた。

また、日本銀行は旧法下でも金融機関に対する考査を行っていたが、それについて日銀法上の規定がなかった。バブル崩壊後発生した金融破綻、金融機関不良債権問題は、信用秩序への日銀の関わりに関心を高めた。日銀法改正のきっかけの一つとなった、金融行政をはじめとする大蔵省改革プロジェクトチームによる「新しい金融行政・金融政策の構築に向けて」（1996年6月13日）でも、「金融機関の健全性を確保する観点から、日銀考査や日銀特融の在り方について明確に（明定）する」とされた。金融機関の破綻や不良債権処理問題が発生して、この点でも日本銀行の役割の重要性とともにその曖昧さに対する懸念があったということだろう。

日本銀行に物価の安定以外に目的を設けることについては、利益相反の可能性もあるので、それに慎重な見方もあった。考査の法制化については、大蔵省（当時）検査に加え日銀が考査を行うことは、金融機関からみれば重複感があり、コスト増要因である。研究会ではできるだけそういった状況をなくしてほしいとの主張がなされ、法制化は必要ないとの意見もあった。

金融システム安定化における中央銀行の関与については、中央銀行のコミットメントが強すぎると、個別金融機関にかかわるので政治的な介入を受けやすく、独立性が阻害されるという面がある。信用リスクを負担すると財務の健全性を損ねる。一方で、金融機関の流動性問題への関与については、中央銀行のほうが担保政策を担い、流動性を供給するという仕事柄から優れている。日銀は日々、個々の金融機関の流動性をモニターしており、日銀だからこそ変調を見つけられるという強みがある。

そこで中央銀行研究会では、日銀の役割を、金融機関に対する決済サービスの適切な提供を通じて、決済システムの円滑かつ安定的な運行の確保を図ることとした。そして考査は決済システムの安定的な運行の確保等の観点から行う必要があるとし、業務内容の明確化の観点から法制化が必要とし、実際に法制化された。

また、信用不安が生じた場合の対応の最終的責任は政府にあるが、日本銀行は信用秩序維持の観点から、文字どおり「最後の貸し手」としての重要な役割があり、適切な流動性を供給する必要があるとした。また、信用不安対応として、金融機関の一時的かつ緊急の流動性不足のような場合には、日本銀行独自の判断で流動性の適切な供給を行えるようにすべきとした。

このような考え方は新法に引き継がれた。日銀のもう一つの目標である「金融システムの安定」について、日銀法第一条（目的）の第二項で、「資金決済の円滑の確保を図り、もって信用秩序の維持に資すること」とされた。新法では、旧法の「信用制度の保持育成」という曖昧な目的をやめて、日銀の役割を「資金決済の円滑の確保」と限定的に規定することで、金融システムの安定化における政府と日銀の役割を明確化した。

最後の貸し手機能については、有担保貸付（第33条）、金融機関に対する一時貸付（第37条）、特融等（第38条）から成る。有担保貸付や一時貸付の場合のように、一時的な流動性供給であることが明確な場合は、日銀が独自で行える。しかし、金融機関の流動性不足が一時的で済むかどうか、背景にソルベンシー問題があるのかどうか、日銀がリアルタイムに判断するのは非常に難しい。したがって、特融については、政府の要請を受けて日本銀行がその可否を判断することとなっている。過去の経験から最後の貸し手機能に関しては、日本銀行がロスを被らないような仕組みが整えられた。

近年、金融システムの安定化の面で中央銀行の役割が高まったのは、サブプライム問題からリーマン・ショックへと金融危機が発生し、流動性問題が想定以上に深刻化したからであった。この問題は、欧州ソブリン危機につながり、中央銀行の最後の貸し手機能によってどこまで中央銀行が対応可能かといった議論も盛んに行われた。日本銀行の場合には、以上示したように、バブル崩壊と不良債権問題を経験した上で日銀法が制定されたので、最後の貸し手機能など金融システムの安定化についての中央銀行の役割について、政府と日本銀行との棲み分けがしっかりとなされていたため、その面での混乱は起きずに済んだ。またマクロ・プルーデンスへの関心が高まり、各国では組織変更なり法律改正が必要とされ、中央銀行の法律上の立場が強められてきているが、日本銀行の場合には、その点でも修正を早急に必要とするというようなことにはならなかった。

(3) 独立性の確保と政府との意思疎通――政府や国会からの距離をどうとるか

独立性の必要性

さて、最も重要な検討課題であった金融政策の独立性については、「独立」という言葉は法律になじまないので「自主性」という言葉を用いて、第三条に「金融政策の自主性は尊重されなければならない」と記されている。

そもそも金融政策の独立性が必要とされたのは、主として中央銀行と政府のタイムホライズンの違いにある。つまり、金融政策の効果が出現するまで1～2年といった時間がかかるので中央銀行は中長期的なタイムホライズンで金融政策を運営する必要があるが、議会民主主義のもとにおける政府は、選挙を意識して、より短い期間で、景気をよくすることを目指す傾向がある。財政が厳しい折には中央銀行によるファイナンスに期待する声が高まる。

この点に関して、バーナンキＦＲＢ議長（２０１０ｃ）は、日本銀行の国際会議に参加して独立性について講演したが、その際、以下のように述べている。

短期の政治的圧力から金融政策を隔離することが、マクロ経済の望ましい結果と金融の安定をもたらすとの見方を、理論と経験が支持しています。（…中略）金融政策への政治的干渉は、望ましくない好況・不況の波を生じさせ、最後にはより不安定でより高いインフレ経済をもたらす可能性があります。（…中略）さらに、ある状況においては中央銀行を支配下に置く政府は財政赤字のファイナンスが楽になるように、中央銀行の通貨発行権を乱用する強い誘惑にかられるかもしれません。（…中略）金融政策への政治介入の影響についてのこれらの懸念は、純粋理論的なものからほど遠い、世界各国の、また歴史上の経験によって確認されてきたものです。（…中略）中央銀行の量的緩和決定への不当な政治圧力は、その圧力が政府負債のマネタイゼーションを要求する権利と同等なものとなり得るため、非常に大きなものになり得ます。

この発言に対して、この会議に参加していた日本人からは、わかりきっていることだとのコメントが聞かれた。しかし、かねてより政府と中央銀行と統合政府で議論することがかなりあったバーナンキＦＲＢ議長のこの発言は、サブプライム問題の発生後、いかにＦＲＢが政治的圧力を受けてきたかがうかがわれ、私にとって印象深い講演であった。会議の合間でＦＲＢ関係者からも、とてもよかったという発言が聞かれ、中央銀行の大変さを共有できたときであった。

政府との意思疎通のかたち

新日銀法で日本銀行と政府との関係を明らかにしているのが第四条である。日銀の独立性を高めるが、完全な独立はあり得ないので、第四条で金融政策は経済政策の一環を成すものだから、政府の経済政策の基本方針と整合的なものとなるように、常に政府と連絡を密にし、十分な意思疎通を図らなければいけないとされた。

経済の見方、日本銀行の金融政策についての考え方については、職員のレベルで通常の意思疎通によって相互理解を深めておくことが必須である。ただ、国民から見えないところでやるのは望ましくない面がある。中央銀行の独立性といっても両者が国民の目に見えないところで上下関係にあるとしたら、独立性は絵に描いた餅になりかねず、中央銀行に対する信認は得られない。したがって国民に見えるかたちで、意思疎通が図られることが重要である。

また、国民の前ということでは、国会での答弁も重要だと思う。2012年には日銀は37回、国会で説明した。うち29回は総裁が出席した。これは主要先進国に比べると多すぎる回数で、また答弁の場ではかなり厳しく批判されることも多かった。そういうこともあって私は総裁・副総裁は大変だなあと同情していたが、岩田一政副総裁（当時）が、自分は質問者の背後にいる国民に語りかけているので負担ではないと語っていたのが印象的であった。

研究会では、決定会合に政府の代表が参加すると、政策委員は言いたいことが言えないから、それに対して非常に抵抗を示した委員もいた。実際、FOMC（米連邦公開市場委員会）では政府代表は出席できず、BOE（イングランド銀行）では政府代表は財政のことを伝える役割を担い、豪州準備銀行はボードに財務省代表が入っていて決定権もあるなど、様々である。最終的には、政府は、金融政策決定会合に出席し、意見を述べることができるとした。研究会では政府から常に出てくることはないのではないかとの意見もあったが、実際には政府から2人（財務大臣、経済財政政策担当大臣あるいはそれぞれが指名する者が出席）が続いている。

研究会では私は政府代表者はなぜ2人必要なのか、1人でよいのではないかと主張した。複数出席すると、政府代表者の間で意見に違いがあり得ると考えたからであった。しかし、それは受け入れられなかった。それどころか旧法では、金融政策決定会合以外の政策委員会にも政府委員が参加していたため、決定会合以外の会議（通常会合［ＰＢ］と呼ばれている）にも参加を認めるべきとの意見もあった。この意見は受け入れられず、政府代表の出席は金融政策決定会合のみとなった。

実際、審議委員になってから、決定会合で2人の政府代表の意見を聞いていて、言っていることが異なっていて、政府の意見が一つでないことはおかしいではないかとの印象を持ったこともある。逆に同じことを2回繰り返しているという感想を持つこともあった。

審議委員の最古参になってから決定会合では右隣に政府を代表して副大臣や政務官が座っていることが多々あった。私の経験では、それで言いたいことが言えないということはなかった。ただ政治家には公務員のような厳格な守秘義務があるようには思えず、たとえば将来の金融政策について、自分が考えていることを直接的ではなく間接的な言及にとどめておこうという意識が働いたことはあった。政府関係者が出席していなかったら先行きの金融政策について具体的に議論を行うことができただろうとは思う。

議案提出権と議決延期権

政府からの出席者は意見を述べるだけでなく、金融政策に関する議案を提出する権利、および、次回会合まで議決の延期を求める権利を持っている。そしてこれまで、議決延期権が一度だけ行使された。２０００年8月、ゼロ金利解除のときである。

昭和32年8月から日銀法改正を金融制度調査会で3年以上も本格的に議論をしてきたにもかかわらず、改正が実現しなかった主因は、この政府と日銀との関係について合意が得られなかったからであった。したがって政府のこれらの権利について、研究会でも議論がかなり行われた。ただ、研究会の議論を通じて、議決延期権がどういうものか、結局私にはよくわからなかった。政策委員会で議長案が出たとき、それについて政府側が十分議論する時間がないときに議決を延期してほしいということだと説明され、議案提出権だけでは足りないという説明が行われた。議案提出の場合はその場ですぐ否決される可能性があるからということであった。

ただ、議決延期を言葉どおりにとらえると、その会合での政策決定はどうなるのか、その意味するところがよくわからなかった[5]。実際、２０００年8月のケースをみると、政府側がゼロ金利解除を十分議論する時間がないとはいえない状況であった。また、議長案の議決前に議決延期の提案がなされ、その場ですぐに否決され（日銀法第19条3項）、ゼロ金利が解除された。

政府は日本銀行の決定を覆す権限は持っていない。他方、決定会合での議案は次回会合までのものであり、次回会合までしか政策を決定していないため、政策は毎回決めなければならない。もし延期を認めた場合、議長は別の議案を出し直すのか。また、議決延期拒否に比べ、政府が別の議案提出で否決されたほうが中央銀行との対立がより大きくみえるといったことはあるかもしれないが、依然として両者の実質的な違いがよくわからない。

最終的には政策委員会が裁決できるので、政策に与える影響は実質的に違いはないのではないかというのが現在の評価である。いずれにせよ議決延期権の使い方、その意図とも研究会当時に大蔵省が言っていた説明(6)とは異なっているように思う。

政府が無理難題を言っているとみられている場合は別であるが、政府と対立しているとの評価が広がることは政府・日銀、ひいては日本のガバナンスに対する信認に悪影響を与えるので、決して望ましいことではない。政策の方向は、先に述べたタイムスパンの違いから、異なることはあり得るが、お互いが理解することが必要である。2000年の夏は日銀は経済の見方、そして金融政策の運営方法に関して政府を十分に説得できなかったということであって、その意味で、政府との意思疎通が十分ではなかったといわれても仕方がない。

日本銀行としては、物価安定が政策目標としながら、デフレ的な状況をなかなか脱出できず、その理由を政府に理解してもらいながら、みずからが最適だと思う政策を合議体で行ってきた。政策目標をなかなか達成できない中、それに時間がかかることをどうやって理解してもらうか。一つは政策委員会で意見を出し合うことであり、政策委員が真剣に議論していることを知ってもらうことであろう(第3章参照)。そして実績を積み重ねていくことだと思う。

政府との十分な意思疎通を意識しながら政策を考えているので、議長案に対して政府サイドが異議を行動で示したらノーといわざるを得ない。毎回最適な政策決定をやっていると自負しているのに、政府に言われて政策を変えるのは、まさに独立して政策決定が行われていないとの評価につながる。政府の要求が理不尽であるとの認識であれば拒否しても市場は中央銀行の味方となるが、政府の信認は傷つき、それは中央銀行の信認にもかかわる。議決延期権はやはり伝家の宝刀であって、二度と抜かれないことを望む。

(4) 業務の自主性・財務の自主性

金融政策の独立性を高めるには実際に政策を決定する政策委員会（第3章参照）をどう強化するかが重要な課題であったが、金融政策に影響を与えかねない環境整備も重要との認識であった。つまり、業務運営面でも財務面でも金融政策にかかわる部分の自主性はできるだけ尊重されることが大事であるとの認識であった。

政府との関係についても、旧法では、主務大臣に対し、一般監督権、業務命令権、立入り検査権、日本銀行監理官を通じた監督権といった広範な監督権限が付与されていた。しかし新法では、大蔵大臣による監督を適法性の監督に限定し、日本銀行の独立性を強化する方向で制度の整備がなされた。

政策手段の自主性

中央銀行の独立性について、目的の決定に関しては後に述べるように、政府の関与を求める声もあるが、手段の独立性について異議を唱える者はいない。ただ、現実問題として、日本銀行は目的達成のためには何でもできるということではないし、それが望ましいとも思わない。金融政策の目的を達成するために行うことができる業務の範囲は、手形割引、貸付、債券売買等、明確に定められている（第33条）。通常の業務はまさに金融政策の範疇であるが、それを超えると結局財政政策の分野に入り込むことになるので、財務省の認可が必要となる。現在、リスク性資産ＥＴＦやＪ-ＲＥＩＴを購入しているが、これは財務省の認可をとって行っている。このようなリスク性資産の購入は財務の健全性に悪影響を与える可能性があるため、購入額決定のつど認可をとり直している。

手段の独立性とは、使わないという選択も重要である。財政のファイナンスは中央銀行が独立していれば主体的にノーということも可能であるが、歴史の教訓としてそれは難しく、したがって法律の上でしばりをかけることが望ましい。

実際、過去の経験から、財政規律が物価安定の前提条件であるとの認識が広まり、財政ファイナンスの禁止の規定が整備された。日本銀行による公債の引受け、政府への貸付は、「財政法」(第5条)によって原則として禁止されており、現在「特別な事由」によって行われているのは、財政法第5条の但し書き「特別の事由がある場合において、国会の議決を経た金額の範囲内では、この限りではない」による。日本銀行はそれを、金融調節の結果として保有している国債の償還に際して、その借換えのために国債（割引短期国債）を引受ける場合に限定している。借換額は通常会合で決定しているが、1年後の取り扱いは執行部に授権されており、現金償還が基本である。黒田総裁のもとで、国債の償還額も多額になっていくが、平成26年度については借換額は前年度と同程度であった。今後もこの程度におさまるのか、気になるところである。

新日銀法が決まった後に、BOEも独立を獲得したということで、両銀行についてロンドンでセミナーが開かれ、そこで話をしたことがある。このとき、日本銀行が独立性を獲得したと説明するとともに、外国為替市場への介入は政府の専管事項と付け加えた。それに対する英国側の参加者の反応は、これでは手段の独立性が得られない、それで独立性を確保できたといえるのかというものであった。

前述のとおり、通貨の安定を目的とする外国為替の売買、つまり為替政策は政府の権限とされた。日本銀行は、財務大臣の代理人の資格で、為替売買を行うということとなった。私は中央銀行研究会で、学者としての観点からと前置きして、以下のような意見を述べた。

「今の通貨システムのもとでは、為替レートはもともと政策目標にすべきではない。したがって、為替レート政策としての介入も基本的には必要でないし、しかも有効性に乏しいと判断している。他方、国内でも金融の国際化が進展して、オープンマーケット・オペレーションの対象の金融資産として外貨資産を用いる方法というのもあり得るのではないか。そうすると、介入政策というのが一切ないということならば、物価を操作する一つの政策手段として日銀が外貨等を交換するということがあり得て、そのほうがすっきりするなというのが基本的な考え方である」

現実には為替政策は存在する。そうであるならば、国が一元的な責任を持つということでよい。しかし「もともと介入政策は不胎化すると有効ではないという議論がある。しかも有効となるのは金融政策の変更のシグナルだ」というのが当時の介入政策の評価である。そこで私は「物価の動きと為替レートの動きが同じ方向を持っているのだったら、政府と一緒に日銀が介入してくれたら、金融政策のシグナルという効果はより明らかになるから、方向が同じときには介入してもよいのではないか」とも述べた。

しかし最初に述べたように、出発点として為替レート政策に引っ張られて政策を失敗したとの認識があった。金融政策としての外貨資産購入も、ＦＲＢのように介入に参加することも拒否することも可能というかたちで介入権を持つことにも、結局は物価安定目標の達成に足かせとなり得るという評価が強く、まったく賛意を得ることはできなかった。中央銀行研究会の報告書では「為替介入については、現在の国際金融システムの下では、政府が一元的に責任を持つべきである。ただし、この趣旨に反しない限りにおいて、日本銀行は、国際金融業務遂行上必要な場合は、外国為替の売買を行い得ることとすべきである」となった。

財務の自主性

新日銀法では旧法にあった政府の損失補塡制度が廃止された。昭和35年に日銀法改正を検討した金融制度調査会で損失補塡制度廃止が議論されており、廃止理由は「日本銀行の自主的判断による損失は当然自己の負担すべきものであり、日本銀行の経営態度が安易に流れるのを防ぐためにも、本制度はこの際廃止するのを適当と認めた」と説明されている⑺。

また、銀行券発行高に見合う優良資産を日本銀行が保有することを義務づけた発行保証制度も廃止が決まった。これについては平成9年の金融制度調査会の答申に「日本銀行券の価値の安定のためには、発行保証制度より、むしろ日本銀行の金融政策の適切な遂行が求められているところである」「政策委員会が金融政策を適切に遂行することを前提にすれば、発行保証制度の保有を義務づけることの意義は小さくなり、発行保証制度を廃止することが適当」とある⑻。

要するに発行保証制度を課して保有資産の内容についてのチェックはしないが、日銀券の価値の安定、つまり物価の安定が求められており、他方、損失補塡制度の廃止の趣旨からは、物価安定のためには何をしてもよいということにもならないことも示唆される。

政策運営が消極的であるとの日銀批判に対して、このような考え方から資産購入増による中央銀行のバランスシートの毀損の話をすると、政府との統合政府で考えれば、あるいは、中央銀行は無制限にマネーを刷ることができるので、損失が発生しても将来の通貨発行権で損失は解消できるから、それは問題ないといわれることが多々あった[9]。しかし、損失を発生させそれを現在だけでなく将来の収益も使って穴埋めするということは、現在から将来にかけての納付金を減らし、将来世代にも負担を押しつけることになる。このような対応は国民の不信感を生じさせ、損失を出した中央銀行への批判が高まるであろう。

一例を挙げよう（須田［2001］参照）。日本銀行は、昭和46（1971）年8月のニクソン・ショック後の変動相場制移行に伴い、多額の為替差損を被った。当時、日本では、外貨は外為会計に集中させる建前であった。しかし、外国為替資金特別会計（外為会計）は、外国為替資金証券の発行限度が予算上限定されていたため、円資金を調達するために、保有外貨を日本銀行に売却していた。特に、昭和43（1968）年度以降は、外貨の流入が増える中で、外為証券発行限度の引上げが追いつかず、日銀の保有外貨は、公的部門の保有外貨の半ばを超えていた。日本銀行は、こうして保有した外貨についても、円切上げにより、大きな為替差損を背負ったのだった。

日本銀行は、昭和46年度下期（昭和46年10月1日〜昭和47年3月31日）には、為替差損（4508億円）の償却が嵩んだため、諸準備金を利益に戻入れした上で、損失金（1376億円）を計上し、国庫納付金を納めることができなかった。なお、政府は、昭和46年度の補正予算において、特別会計の一時借入金の限度額を2000億円引上げたが、その理由について、「ニクソン・ショック後特に顕在化した外貨日銀買取りについて、際限なくこうした方法に依存することは、国際国内両面における金融政策の円滑な遂行を確保するうえで必ずしも好ましいことといえない」と説明された[10]。

中央銀行の損失は目的達成のために行った政策の結果で、それによって国民はそれ以上のメリットを受けているはずだと反論しても、財政状況が厳しい中、それに国民が納得するとは思えない。この問題は将来、政治的には大きな問題にならざるを得ないだろう。

スイス中銀は、日本と同じように安全資産としてのスイスフラン買いから、通貨高に悩まされていた。そして小国にあって通貨高は物価に大きな影響を与えるため、２００９年３月12日の金融政策決定会合で、デフレ防止策の一環として、自国通貨を売る為替介入を実施する方針を決定し、大量のスイスフラン売り介入を行った。

実際このときは、デフレを回避できた。しかしそれでも通貨高は止まらず、その結果、スイス中銀は巨額の為替差損を被ってしまった。そのためスイス中銀からの納付金があてにできなくなり、スイス中銀総裁は責任を厳しく問われ、総裁辞任要求の声も高まった。

当初は介入決定に対してスイス中銀総裁は高く評価されたが、損失で態度が急変したというスイスの例をみても、中央銀行が介入をやるか政府がやるかで誰が批判されるかが異なることは明らかであろう。どちらがやろうとも財布は同じであって、実質的な効果は同じだという議論は、当局の信認問題を考えると、そう簡単ではない。

アメリカのＦＲＢでは、２０１２年12月のＦＯＭＣで、ＬＳＡＰ（大規模資産購入）政策（いわゆるＱＥ［量的緩和］）の正常化の過程で、金利やバランスシートのパスに依存するものの、財務省への納付金がかなり影響を受け得ることについて議論したとある。13年１月にはＦＲＢのスタッフによる論文が公表され、13年末で残高が安定化するケース（テーパリングが終了するケース）で４年間納付金を出せず、金利が１％上振れるケースではそれが６年半に伸びるとの分析を発表した[11]。

このような分析が公表されると、ＦＲＢの損失可能性に関心が集まったが、これに対して、コーン

図2－1　金利と債券利回りシナリオ

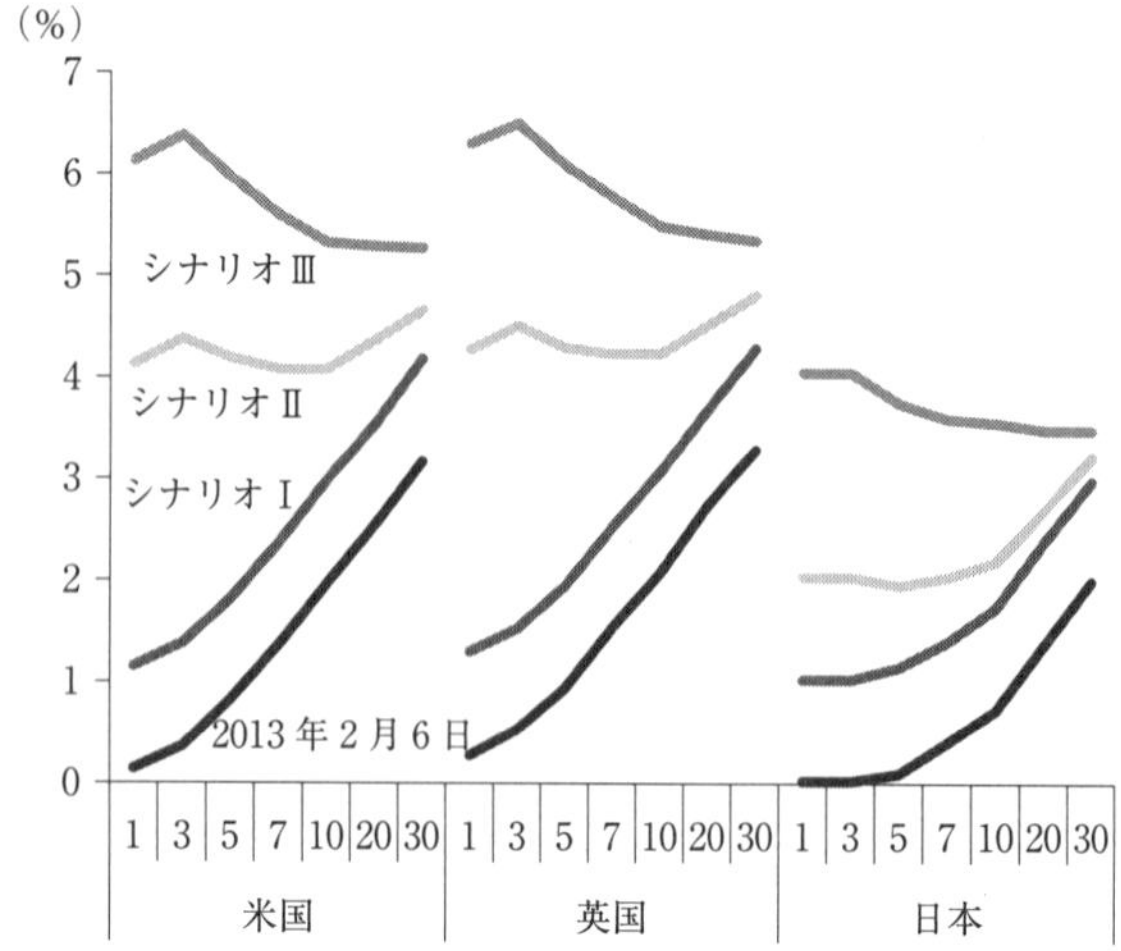

図2－2　量的緩和による債券保有がもたらす中央銀行損失

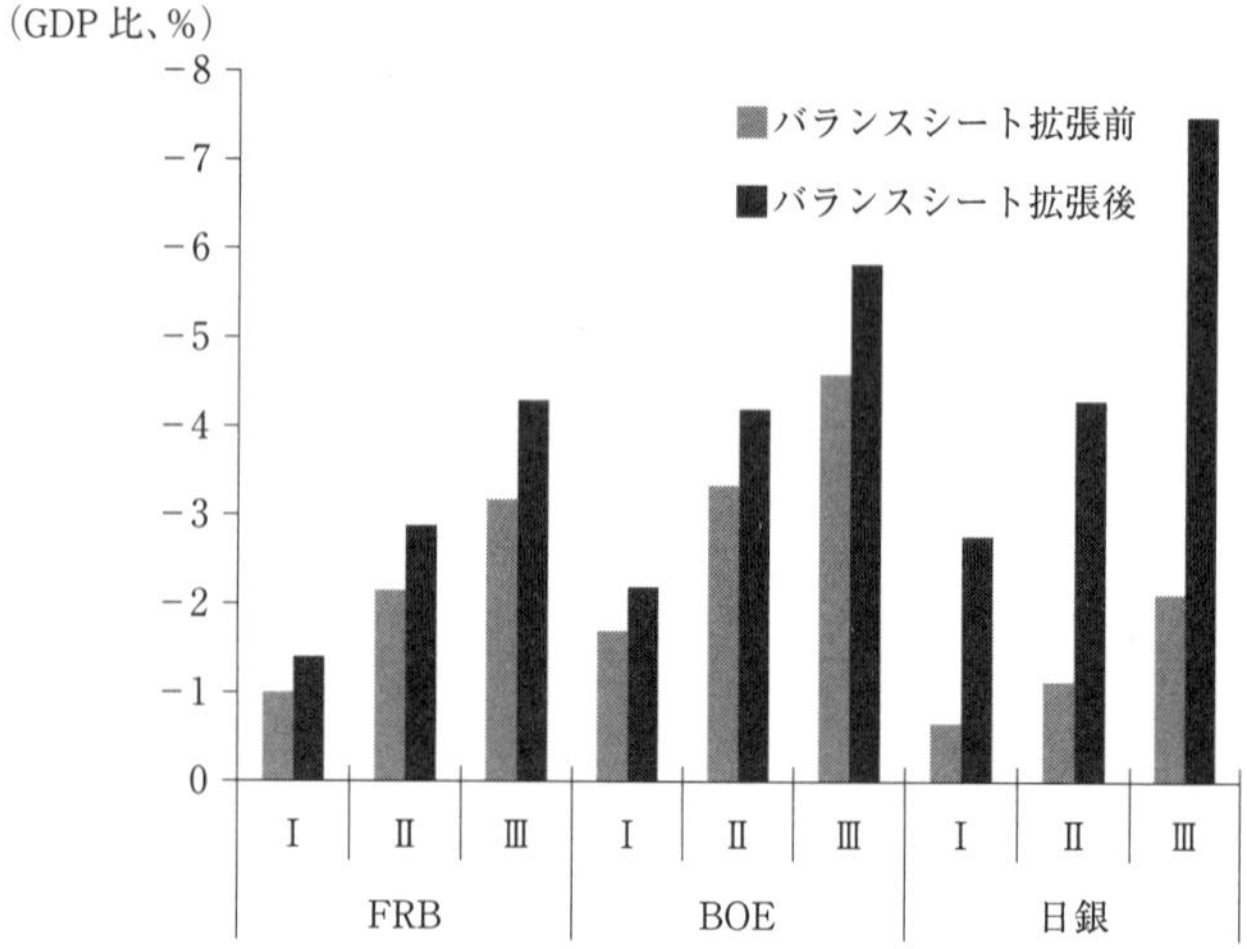

出所：IMF（2013b）

元ＦＲＢ副議長は、ＦＲＢの独立性を損なうような批判が生じる可能性を減らすために、バーナンキ議長がこの問題について説明することを求めた[12]。他方、米議会予算局ＣＢＯも13年2月5日に発表した年次経済・予算見通しで、ＦＲＢからの納付金が18年から20年はゼロとなるとの見通しを出している[13]。

また、ＩＭＦは２０１３年4月18日に出した報告書（IMF［2013b］）で、出口に伴う潜在的なロスを計算している。バランスシートの大きさが不変の場合と、米国については13年末までバランスシートを拡大した場合、日本の場合には黒田総裁のもと13―14年の国債の購入計画を考慮に入れた場合とを比較して、中央銀行が被る潜在的なロスがかなり増加することを示している。13年２月のイールドカーブが１００bp上方にパラレルシフトするというマイルドなシナリオでも日銀のロスはＧＤＰ比３％近く（最悪シナリオでは７・５％）となると分析しており、無視できる大きさではない。

こうした中、財務の独立性の重要性についての理解が少しずつできつつある。Stella and Klueh（2008）の指摘にあるように、問題は中央銀行が技術的な債務超過を避けられるかどうかということではなく、財務状況を与件として、責務が果たせるかどうかということだと思う。

この問題は政府から損失補填があれば解決できる問題なのだろうか。

リスク資産を購入するにあたって、事前に損失補填の保証をとればよいとの声も聞こえる。そのためには政府が対象業務を設定することが必要になるが、それができたとして、問題はそれが中央銀行行動に影響を与えないかどうかである。この場合、財務の健全性を中央銀行として懸念する必要がないので、リスク性資産購入の圧力がかかる可能性があるし、様々な政策をとるように政府・国会からの圧力はより大きいものとなり、独立性を維持することは難しくなると思われる。それに対して日銀

図２－３　日本銀行の自己資本比率の推移

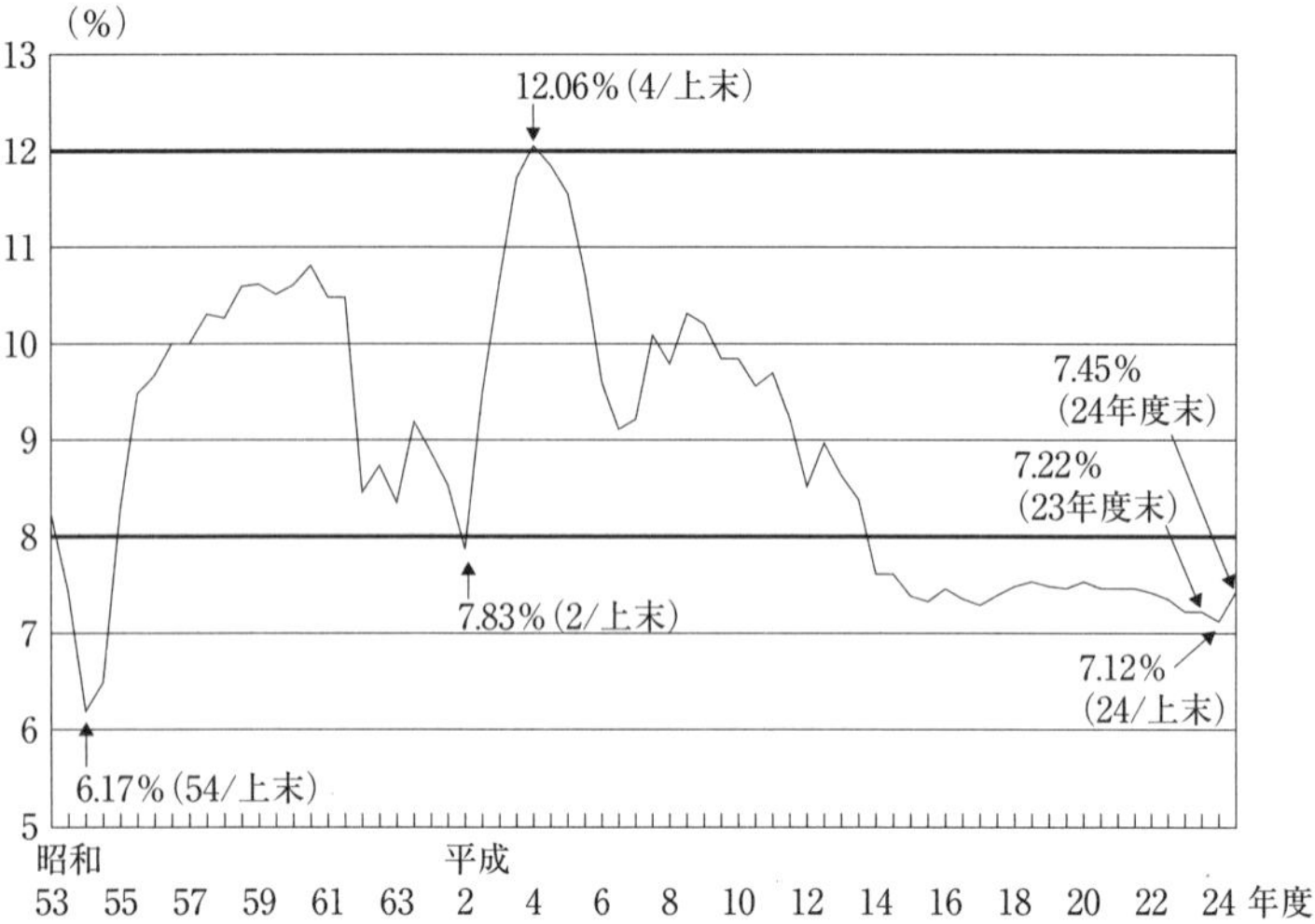

出所：日本銀行「平成24年度業務概況書」

のサイドも抵抗は難しい。他方で、損失が生じたときには、税金の投入が実際に生じることになるので、日銀の財務の健全性は維持されたとしても、国民からの批判は免れ得ないだろう。

この問題の本質は、中央銀行が財政政策の分野に踏み込んでいるからこそ損失懸念があるという点にある。権限と責任はしっかりと対応させて、政府と中央銀行それぞれがそれぞれの分野で責任を持って政策を行うことを基本とすべきである。

だが、そうはいっても経済物価状況によっては中央銀行はある程度非伝統的な政策、財政政策の分野に踏み込んだ政策もとらざるを得ない。そのためにも十分な自己資本を保有して、政府の損失補塡に頼らずに財務の健全性を保持できるようにしておくことが必要だと思われる。

２０１０年10月に日銀は包括的な金融緩和政策を実施し、ＥＴＦやＪ-ＲＥＩＴなどリスク性資産の購入を決めたが、10月28日の決定会合での公表文では「日本銀行は、今回の基金による多様な金融資産の買入から生じるリスクを管理し、引当や損失が発生した場合の処理などを適切に行っていくことを通じて、財務の健全性を確保していく考えである。日本銀行としては、こうした考え方について、政府の理解が得られることを期待する」とした。しかし、リスク性資産購入で引当てとして積んだものを翌年度取り崩すなど、自己資本充実のための政府の協力は財政状況がよくない中、あまりみられていない。

日銀法は、剰余金発生時の準備金積立や出資者への配当について、基本ルールを定めている。また、「会計規程」（第18条）では、自己資本充実の観点から、債券取引損失引当金、外国為替等取引損失引当金、法定準備金の計上基準を明らかにするとともに、自己資本比率が10％程度となることを目途として、おおむね上下２％の範囲となるよう運営すると定めている。

しかし図２－３にあるように、８％が達成できない状況が続いている。自己資本は２０１３年３月末現在、約６兆円である。自己資本にさほど余裕があるわけではない。８％に向けての自己資金の積上げは、財政が厳しい状況のもと、政策委員会として要求してもなかなか財務省は認めず、常にタフな交渉が必要であった。

民主主義社会における中央銀行のあり方という観点からは、通貨発行権を中央銀行が勝手にどこまで使えるか線引きは難しい。ただ10％は国会答弁などから政府にも認められた水準であるといえるので、そこまでの充実が望ましい。最低８％までは、将来損失が発生する可能性が高いので、高めておくべきだと思う。

(5) 透明性と説明責任

中央銀行研究会では、前述したとおり、独立性と透明性を二つの柱とした。ここでいう透明性は主として説明責任を意味し、独立して政策を行うからには政策の決定内容とその過程を国民に明らかにしなければならないということであった。

透明性を向上させるべく情報発信を行うためには、どのような情報を出すかということに加えて、いつどのように出されるかが明確であることも必要である。したがって前もって公表日時を公表している。定期的に発信されるものとして、決定会合声明文、金融経済月報、経済・物価情勢の展望（いわゆる「展望レポート」）、金融政策決定会合議事要旨、総裁の定例記者会見などが挙げられる。

情報発信のもととなる金融政策決定会合については、中央銀行研究会では「一定期間毎の定例日に開催すること」としたが、実際にはどの程度開催するのが望ましいか意識していた。当初は月1回程度を考えていたが、議決延期権の議論が出てきたときに、延期期間が1カ月もあるのでは長すぎるといったことなどから、開催は月2回ぐらいという考えになっていった。実際、日本銀行法施行令第九条において、1月に2回と定められた。

しかし、月2回はあまりにも多すぎであり、新しい日銀の初年度は20回開催したが、次第に減らしていった。様々なデータ公表は月に1度であるので、無理に月に2回開催すると、その前の会合から新しいデータがほとんどないということもあった。今では、月報が公表される12回（2日会合）と展望レポートが出される2回（1日会合）の合計14回である。それでも展望レポートがある月は、終わったと思ったら次の会合が来るという感じであった。私の経験では定例の決定会合は2001年度

表２－１　公表の拡大と早期化

政策決定公表文	政策委員の投票結果も公表（2007年２月） 決定内容に加え、その背景となる経済・物価情勢の評価を示すとともに、先行きの金融政策運営の考え方について公表（08年７月）
金融経済月報の公表	１回目会合の２営業日後➡翌営業日後（00年９月）➡「基本的見解」を当日公表（03年11月）➡「基本的見解」を声明文に埋め込み、月報全体を翌営業日公表（08年７月）
展望レポート	金融政策運営と金融環境等の部を追加、中央値公表（03年４月） 基本的見解と背景説明とに分け、当日公表は基本的見解のみ（03年10月） １月、７月に中間評価（04年１月）➡中間評価で見通し数値も公表（08年７月） 対象期間翌年度まで延長（05年４月）➡翌々年度まで延長（08年10月） ➡翌々年度まで延長（13年４月） リスクバランスチャート公表（08年４月）
議事要旨	次々回会合で承認の上、その３営業日後に公表。➡おおむね１カ月程度を目処に公表する（2000年９月）➡早朝公表（07年６月）➡翌会合後公表（08年７月）
会合予定日公表	半年分公表➡６月、12月に１年分公表（07年６月）
議事録	10年後より年２回、半年分をまとめて公表
議長記者会見	１回目会合の２営業日後と政策変更時➡すべての会合で当日実施（03年10月）
国会報告	通貨及び金融の調節に関する報告書（国会に対する半期報告）両院年２回

出所：日銀ホームページより著者作成

の17回が最高であったが、全体では08年度が18回と一番多かった。リーマン・ショック後、臨時会合が多く開かれ、海外との協調で、夜遅く10時に開催することもあった。

決定内容は会合終了後ただちに公表され、総裁記者会見は、２００３年10月からすべての決定会合で、当日中に開催されるようになった。想定問答の準備は可能ではあるが、あくまで議長としての会見であるので、会合での当日の議論をまとめて午後３時半の記者会見に臨むのは大変だと思う。ＦＲＢも11年４月から議長の記者会見を始めたが、ＢＯＥと同様に、経済見通しを出すときで、年4回である。BOEを訪問した際に、記者会見の前に職員の質問に答えるかたちでリハーサルをやると聞いたが、記者会見は負担が大きいので毎月はできないということであった。

議事要旨は次回会合後に公表するところまで公表を早めてきた。これはもっと早めてほしいとの声がある。しかし日銀法で、決定会合で「委員会の承認を得て、これを公表しなければならない」（第20条第1項）とあるので、今以上に早めるのは現行法上はできない。FOMCのように次回会合前までに公表は難しい。

FOMCでそれができるのは会合と会合の間隔が長いからということもあるが、日本銀行では執行部が作成した案について各ボードメンバーが自分の発言等をチェックし、金融政策決定会合時にみずからがサインするかたちで承認しているのに対し、FRBでは各メンバーは承認しているものの、サインをしているのは事務方であるという違いもある。以前私は、あるFOMCメンバーに議事要旨のつくり方について質問したことがあるが、自分の意見を入れてほしいとの主張はそれほど強くないように感じた。これに対して、各委員がサインをする日銀では、各人が納得いくまで調整が必要となるので、時間がかかるのもやむを得ないといえる。

経済物価見通しについては、表2－1からわかるように、日銀でも展望レポートについて、その充実度合いは初期と比較すると格段の差がある。つまり見通しの数値を出す頻度は年2回から4回に増えた。見通しの期間も4月の展望レポートでみて、最初は当年度だけであったのが、2年間、そして3年間と延長されてきた。

国民への情報発信については、「公表までの期間は早いが後々修正される度合いが大きい情報」と

「公表までに時間はかかるが正確な情報」があるが、両者はトレードオフの関係にある。バーナンキ理事（2004b）はFOMCの成長率や物価の予測値をもっと頻繁に公表することを提案していた。そしてその後、それは実施されている。

しかし、今日のようにデータの振れが大きく、ある程度の期間をかけて分析しなければトレンドがみえないような状況では、必ずしも公表の頻度を高めることが望ましいことだと思わない。むしろ、可能な限り質の良い情報を提供することが必要だと思っている。均衡に戻っていくシナリオを提示するには期間を長くせざるを得ないという面もあって、公表シナリオの長期化が日本においても進んだが、他方で不確実性が高いことを強調しており、このような情報発信の強化策の評価には、もっと時間が必要であろう。

情報発信にはこれらのほか、各政策委員の講演や記者会見がある。時期は定かではないが、政策委員は基本的に年2回、地方で有識者に集まってもらって、金融経済懇談会を開催し、その後記者会見を行うことで、各委員の考え方を示している。

この準備作業は私にとって、けっこう大変なものであった。多くの人に事前に読んでもらい、厳しい指摘、改善のためのコメント、学者っぽすぎるとか直截《ちょくせつ》すぎるとのコメントなど多くの意見をもらった。それらをクリアすることで、国民の目線に立った講演原稿になるのではと、コメントは基本的に受け入れる方向で対応していたが、たまには、どうしても引けないところがあり、そういう場合は調整にあたるスタッフはかなり苦労していた。

金懇で最初戸惑ったのは、日本銀行は政府の一部という認識で、政府に対する要望が多く出てくることであった。また会合には様々な業界のトップの方々がおられたが、けっこう初めましてと名刺を交換しているのをみて、地域が一体化していないのを垣間見ることとなった。戦後最長の好景気といわれる中、景気が回復しているというと、必ずといってよいほど「地方はちがう」と言われた。公共投資が削減され、かつ少子高齢化が進み、若者は地方を出ていく。そのうえで企業も海外に出てしまうという中では、景気の回復を実感できない——。

このような話を聞いていると、輸出主導型の景気回復では国内全体の経済があたたまらない、波及していかないとの実感を強くした。小泉首相になってから、政府に頼ることはできないという意見も増えていたが、首相が変わると、また政府への要望が増えていった。いずれにしてもこの会は金融政策をはじめ日本銀行のことを理解してもらうよい機会になったし、他方で地方経済について学ぶよい機会となった。

2 日銀法改正をどう活かしていくか

(1) 中央銀行の独立性をめぐる環境の変化

審議委員になってから海外の当局者と意見交換をする機会があった場合に、必ずといってよいほど政府・議会との意思疎通をどうしているか聞いた。日銀が公の場で政府・議会から批判され続けたのに対して、他の先進国では表面切っての批判はあまりみられなかったからである。

日銀法は改正されたが、日本はまだ中央銀行の独立性を語れるほど成熟した国ではないのではないかとの思いもよぎったが、それは間違いであった。リーマン・ショック後景気が大きく悪化すると、中央銀行の積極的な政策対応にもかかわらず――場合によってはやり過ぎということで――、FRBやECB、BOEに対しても政府や政治家による批判は厳しいものとなった。米国ではFRBの独立の程度を弱めようとする議会の動きもみられ、どこの国も一緒との感想を持つようになった。

一方で、金融危機とその後の景気回復の力不足や経済のグローバル化の進展で、中央銀行の独立性と透明性の確保のためには、これまで以上に外部との対話を必要とするようになった。

一つは、伝統的な政策手段を使い果たして、金融政策だけで強力な効果は発揮できない状況にあるからである。日銀と政府とで2013年1月に出した共同声明では、(14) 2%の目標設定は「日本経済の競争力と成長力の強化に向けた幅広い主体の取組みの進展」を前提としていることからわかるように、金融政策だけでは簡単には達成できないこと、したがって政府の出番が必要であり、かつその責任も大きいということになる。財政政策の効果を金利を低めに維持しサポートすることで、財政政策とのポリシーミックスないしは連携強化が重要になってきている。あるいは財政政策の分野に日銀みずから踏み込むときに、リスク性資産を購入する場合には財務省の認可が必要であるし、損失が発生した場合の対応についても財務省と語り合う必要がある。

他方、かつては独立性を維持するために、口出しされないように、口を出すことも避けてきた面がある。しかし、高い物価安定目標をできるだけ早期に実現させるためには、期待成長が高まり、需要が増える必要があるので、競争力と成長力の強化策の進展について政府に対して意見を言っていく必要がある。また財政再建計画の決定についても、それがなければ物価安定は実現できないので、しっかり意見を言っていく必要がある。「中央銀行は財政規律を重んじ、厳格に財政政策を運営するよう、何度となく政府に警告してきた。競争力を高める努力も促した。だが政府は真剣に聞こうとしなかった。中央銀行と政府の間の適切な力学バランスは、絶対に必要だ」（ノワイエ仏中銀総裁）[15]。

第二に、バブル、金融危機の発生で日銀のもう一つの目的である金融システムの安定化、マクロ・プルーデンスの視点の重要性が増した。金融機関全体でみた収益構造、資金調達・運用構造、全体としてのリスク分析、流動性や決済システムのモニターなど、日銀に比較優位がある部分も多々あるが、信用秩序の維持についての最終的な責任は政府にあり、政府との協働が必要な分野である。

また、金融機関のグローバル化の進展で、本邦金融機関の国内部門だけみているだけでは不十分で、外国金融機関の国内部門、本邦金融機関の海外部門も含めてみていく必要がある。そのためには、海外中央銀行との協力関係が重要となる。グローバルな流動性供給、安定的な決済システムの維持、それに金融規制の構築など海外中央銀行と一緒に考えていく分野が増え、海外中央銀行との関係が非常に強まりつつある。

第三に、各国の金融政策が他の先進国の金融政策によって大きく影響を受けるようになっており、海外の金融政策がどう動くか、その影響はどうなるかを前提に自国の金融政策を考えざるを得なくなってきている。今日、先進主要国間では金融緩和政策をとっても金利低下余地がほとんどなく、その影響は主として為替レートを通じるものにならざるを得なくなっており、その場合には、外国経済へは金利低下の波及効果は期待できず、通貨高がもたらされるので、マイナスの影響のほうが大きくなる（近隣窮乏化政策となる）。また、為替レートの変化を望まない国は為替介入をすると、その結果として海外の緩和政策を輸入することになる。

このように、中央銀行に独立性があるといっても、政府や海外との共同作業が増え、海外の金融政策の影響を受けるので、外部との対話の必要性は、広がりと深さの両面で強まっている。そうはいっても、物価安定のもとでの持続的な成長という目標の実現に向けて、日銀は責任を持って取り組まなければならない。

それを可能にするために、ぜひとも守らなければならないのは、財政ファイナンスをしないこと、つまり、政策目標は達成されたのに財政のファイナンスの必要性から引締めができないということにはならないという信認が維持されること。そして、政策の手段の独立性。この二つである。金融政策の効果が出るには時間がかかる一方で、政府はより短期で結果を求めがちであるから、金融政策の評価について両者にはギャップが生じ得るが、政策手段をいつどう使うかは、中央銀行に完全に任せることが必要である。

(2) 政治的圧力

しかし、日本では、日銀に財政ファイナンスを求めたり、政府の専管事項である為替レート対応を求めたり、手段の使い方についても非常に細かいことまで政府・国会から要求が聞こえてきた。これらの動きはしばしば「対立」というかたちで報道され、日銀が圧力に屈したとの報道がしばしばみられた。

実際には以下で示すように、それらのいくつかは意思疎通不足によると思われるケースもあった。また経済物価情勢がなかなか改善しないもとで金融政策は魔法の杖ではないことを国民にわかってもらう必要があったが、国民のために政策を行っているのに理解されないときには、対話の力、説明能力の不足を感じざるを得なかった。政府の意見には当然耳を傾けるが、それによって支配されることはなく、みずからの判断で政策を決定してきた。それが独立に政策することの意味であり、不満があっても後にわかってもらえるとの思いがあった。

意思の疎通は十分であったか――デフレをめぐる議論

リーマン・ショック後、資源価格の大幅下落を主因としてコアCPIはプラス2・4%からマイナス2・4%まで大きく下落した。2009年10月の展望レポートでは3年連続で物価が下落する見通しを示したが、その後デフレ論議と追加緩和を求める声が高まった。

こうした中、11月19~20日に開催された金融政策決定会合では、デフレをめぐる情報発信について議論が行われた。デフレの定義についてどうであれ、国民はデフレといわれることで不況を意識したり、資産デフレを想定する。

日本経済について悲観的な見方が強い中で、私はデフレという言葉をここで使うことについては消極的であった。政策当局者自身がデフレ、デフレということが自己実現的な予想を醸成し、マインドに悪影響を与えてしまうことを懸念したからだ。議事要旨にあるように、決定会合では日本銀行が「デフレ」という言葉を使用するときは、細心の注意を払う必要があるとの見方が多くの委員から示された。

決定会合に出席した内閣府の代表は、5月よりデフレに言及し、11月の会合では「わが国はデフレ的な状況に入りつつあるのではないかと思っている。デフレは、日本経済の安定にとって、重要なリスク要因であると考えられる」とし、日銀に対してデフレのリスクに十分留意することを求めた。

決定会合でデフレという言葉を使うことに慎重な態度が示された当日に、政府は月例経済報告で、日本経済は「緩やかなデフレ状況にある」と認定し、メディアはデフレ宣言を行ったと報じた。その背景は、コアコアＣＰＩ（生鮮食品、石油製品およびその他特殊要因を除く総合消費者物価指数）が６カ月連続で前月比マイナスになったこと、ＧＤＰデフレータが２四半期連続してマイナスとなったことや、需給ギャップの大幅なマイナスの見込みなどを総合的に判断したと説明されている。[16] ただ、景気の現状認識や先行き見通しについて政府と日銀で基本的な認識には大きな差はないとされたが、情報発信という意味でしっかり政府と日銀の間で意思の疎通があったとは思えなかった（第９章参照）。

政府日銀の基本認識に乖離がないにもかかわらず、このような情報発信で、両者の違いの部分に焦点が当てられることになった。マインドの大幅下落、政府と歯車が合っていないとの認識が高まった。

日銀への圧力の高まり

物価について先進国では景気の改善とともに物価が上昇していったが、日本はなかなか物価下落を止めることができなかった。そうした中、その背景にある構造的な問題に焦点を当てつつあったが、米国の政策対応に比べて日本の対応の慎重さを批判する声が特に円高や株安になると高まっていった。そして議論は10年前と同じ様相を呈し、デジャビュー（既視感）との思いを強くした。

２０１３年の衆議院総選挙における各党の公約をみると、デフレ脱却、物価安定目標ないしはインフレーション・ターゲティングの採用、目標設定は政府と日銀とで設定、日銀法の改正といった項目が見受けられ、日銀に対して政治からの不満が高まっていることがうかがえる。それは私がまだ審議委員であった２０１０年７月の参議院選挙のときにすでにみられていた。つまりそのときのマニフェストで、自民党、公明党、みんなの党、新党改革が物価安定目標の設定に言及している。同年9月金融経済危機対策に関する5野党共同申入れも同様であった。

物価安定目標については、厳格なインフレーション・ターゲティングの限界が採用国において意識され議論されている状況にあったので（第10章参照）、それについてはわかってもらえるとの認識であったが、後知恵で議論することが許されるならば、リーマン・ショック後金融経済状況の把握、政策対応に追われていたとはいえ、このような公約がなされることの意味をもっと考える必要があったと思う。

2013年1月の政府との共同声明発表までのプロセスは、日銀の独立性が損なわれたと受け止められたこと自体、非常に残念なことであった。

総選挙前に勝利が想定されていた安倍自民党総裁の金融政策に対する政策手段を含めた数々の集中的な発言に、日本銀行の独立性に対する疑念が強まった。ただ、独立性を毀損することや財政ファイナンスを求めるような発言に関しては内外からの批判も多く、発言は修正された。

総選挙大勝を受けて12月18日、安倍総裁は白川総裁に物価安定に関する検討を要請し、1月の会合では、政府・日銀による共同声明が発表された。日本銀行は物価安定目標を2％に設定、できるだけ早期に物価安定目標の実現を目指すとした。物価安定目標についてこれまでは諸外国と同様に中長期的な物価安定ということを考えていたが、メディアによると、中長期では政府は認められないとして、できるだけ早期にという曖昧な決着となったとされる。これについて安倍首相は日銀がみずから設定した2％の物価安定目標について、責任を持ってできるだけ早期に実現することを期待すると述べている。(17)

２％はもともと日銀の中長期的な物価安定の範囲内にあり、２％のインフレ目標の導入それ自体については、衆院選で圧勝した自民党の主張であり、またその他政党も類似の主張を掲げていたので、民意が示されたということで、自然な流れだと思う。民意のサポートがあってこその独立であるから、毀損されたという議論は、そもそも独立性を高く考えすぎていたか、日銀への姿勢が日銀法改正をもちらつかせるなどがあったからだと思う。

(3) 日銀法のさらなる改正は必要か――法改正をめぐる議論

物価安定目標の数値設定について、それを決めるのは誰かについて、日銀法で明確ではない。しかし、公法的観点からみた中央銀行についての研究会（塩野［２００１］）では、参加した学者は、新日本銀行法のもとでは、金融政策の目標である物価水準の設定から金融政策の運営手段の選択に至るまで、そのすべてが日本銀行の判断に委ねられていると考えられるとの見解で一致した。この考え方に沿って、物価安定目標２％は日銀の責任で設定した。

日銀批判には、目標の設定は政府、日銀には手段の独立性が与えられるだけであるという主張も多くみられたが、そういう立場からは、物価安定の数値については政府の指示ないしは政府と日銀の協議によって決めるというように法改正を求める意見もみられた。念頭にあるモデルはＢＯＥであるが、この場合には政府は物価安定目標の達成をサポートする必要がある（第８章参照）。

また、目的規定を変更し、米国のように、それに雇用を付け加えることを主張する意見もみられたが、日銀の政策目標は物価安定のもとでの持続的な経済成長であるので、雇用問題が軽視されているわけではない。

日銀法改正についてのもう一つのテーマは罷免権についてである。中央銀行には説明責任があるが、目標達成ができなかった場合に、それが政策委員会の失敗によるのか外生的な要因によるのかその区別は難しい。せっかく物価がマイナス圏から年度ベースで3年間プラスになったが、リーマン・ショックで経済が大きく落ち込み、物価が再び下落したことについて、どの程度日本銀行に責任があるのかを検証するのは困難である。

もし政策委員会に責任があるなら、すべての人は平等であるので、次章で述べるように、委員会全体の責任だと私は考える。議長は互選であり、総裁がなることが決まっているわけではない。罷免権があることで注目を浴びているニュージーランドでも、実際には罷免権を行使するのは不可能だといわれている（次章参照）。罷免権が再び導入されるようなことになれば、まさに旧法に戻ることになり、グローバルな信認は失われる。しっかり説明責任を果たすということに尽きると思う。

外債の購入など日銀が自由に使える手段を拡大させる方向での改正案も出ている。現在政府の役割とされているところまで日本銀行の通常業務に認める場合には、損失が発生する可能性が高まるので、財務の健全性を維持するために通貨発行権をこれまで以上に日銀が自由に利用できるようにすることが同時に必要であるが、中央銀行研究会で強く否定された考え方であるので、このような権限の拡大が国民の総意であるかどうかについては、しっかり議論が必要となろう。選挙の審判を受けない政策委員が財政政策の分野に自由に入り込めるというような状況をつくり出すことは、所得分配にもかかわるので、基本的に望ましいことではない。

今日、プルーデンス分野での中央銀行の役割が拡大し、ＦＲＢ、ＢＯＥ、ＥＣＢとも中央銀行の権限を拡大する方向で、法律改正が行われている。しかし、日本はすでにバブルを経験し、バブル崩壊と金融危機の経験を考慮に入れて法律改正をしたため、この点からの法律改正は必要ではない。ただ、決済システムの安定化に関する権限や金融システムの安定化に占めるノンバンクの役割が大きくなると、マクロ・プルーデンスの面から、必ずしも現法が十分ではないということになるかもしれない。また、議事要旨をもっと早く出すためには、法律改正が必要だろう。

このように、必ずしも現在の日銀法が万全ではないが、その改正を考える場合には、日本銀行にプレッシャーを与えるための手段としてではなく、時間をかけて中立的な立場からしっかり議論がされることが必要だろう。

［注］

（1）塩野（2001）第2編付論2を参照。

（2）金融制度調査会（1960）および「日本銀行法改正の要点」（昭和40年2月24日）を参照。

（3）内閣総理大臣の私的諮問機関で、メンバーは以下のとおり。座長：鳥居泰彦（慶應義塾塾長：肩書は当時のもの、以下同）、座長代理：福川伸次（電通総研社長）、委員：今井敬（経済団体連合会会長）、神田秀樹（東京大学教授）、佐藤幸治（京都大学教授）、須田美矢子（学習院大学教授）、舘龍一郎（東京大学名誉教授）、専門委員：吉野直行（慶応義塾大学教授）。

（4）ルーブルで開催されたG7で、「今や各通貨は経済ファンダメンタルズにおおむね合致した範囲内となったことに合意した。（略）各通貨間における為替レートのこれ以上の大きな変動は、各国における成長及び調整の見通しを損なうおそれがある。それゆえに、現状においては、為替レートを現在の水準の周辺に安定させることを促すために緊密に協力することに合意した」。

（5）金融制度調査会（1960）によると、議決延期権または再議請求権とは、中央銀行の政策決定に対し、政府が議決の延期または再議を請求し得る権限である。政府がこの権限を行使した場合、中央銀行としては政府の意向を参酌してその決定を再検討するが、再検討の結果、やはり既定の方針を変えないということになれば、中央銀行の決定した政策が実行されることになる」とある。52ページ。

（6）２０００年8月11日の決定会合議事要旨によると、「別の委員は、日本銀行法改正時の議論の過程では、本条項は、予期せぬ議案とか、高度に専門的な議案が出された場合に、政府が一旦持ち帰り、政府の見解を十分に説明する時間的余裕を与えるというケースが例示されていたはずであると述べた」とある。執行部からは、国会審議における大蔵省・武藤総務審議官（当時）の答弁（平成9年5月14日）が紹介され、「仮に政策委員会で議案が提案されましたときに、政府からの出席者が十分に予期された範囲内の議案であって、事前に政府部内での方針が大体とりまとめられているといったような事柄であれば、そこはその場でご説明し、ご判断をいただければいいわけでございますけれども、（中略）新たに提案された議題についての政府の見解が必ずしも明らかでないという事態が生じ得るわけでございます。そういう場合には、政府の中でさらに検討をして、意見をとりまとめるべき一定期間の、それはそれほど長い期間とは考えられませんが、一定期間の検討が必要になるということがまず考えられますし、またあるいは政策委員から説明を求められた際に、政府から出席しておる者が十分な説明ができればベストなわけでございますが、必ずしもそれだけの準備がない場合もあるいはあるかもしれません。どういう場合が具体的に考えられるかということについては、まだ明確に申し上げるだけのものがございませんけれども、ある程度抽象的なことにはなりますが、今言ったような事態に当たりまして、その議決延期の請求を行うということでございます」。

（7）金融制度調査会（１９６０）52ページ。

（8）金融制度調査会（１９９７）34ページ。

（9）たとえばメルツァーは、「私は、日本銀行の債務返済能力を損なうような事態が発生した場合に政府がこれを補填して日本銀行を支える保証について、何らかの疑念があると信じる理由はないと考える。これまで中央銀行が債務不履行に陥ったことはないし、責任ある政府がこうした事態の発生を許すことはないと考える。中央銀行の破綻（failure）とは一体どのようなことを意味するのかが私にはよくわからない」との見方を示している。メルツァー（１９９９）２５８ページ。そのほかBuiter（2006）p.50をはじめStella and Klueh（2008）のサーベイを参照。

（10）『昭和財政史―昭和27～48年度、第12巻国際金融・対外関係事項⑵』大蔵省財政史室、４３１－４３４ページ。

（11）論文では、イグジット戦略としては２０１１年6月にＦＯＭＣが提示したものを使い、ベースラインの金利はブルーチップ見通しを採用し、利上げは15年3月、その6カ月前に再投資中止、6カ月後に売却開始、4年かけてバランスシートを元に戻すシナリオを想定している。絵に描いた餅になってしまったが、２０１３年末に残高を止めるシナリオでは、バランスシートが元に戻るのは19年の早い時期というもの。Carpenter, Ihrig, Klee, Quinn and Boote（2013）を参照。その後資産を売却しない改訂版も公表されている。

（12）「ウォール・ストリート・ジャーナル」２０１３年１月30日。

（13）CBO（2013）“The Budget and Economic Outlook：Fiscal Years 2013 to 2023,” Feb. 5, p.22.

（14）「デフレ脱却と持続的な経済成長の実現のための政府・日本銀行の政策連携について」２０１３年１月22日。

（15）２０１３年１月21日付「日本経済新聞」朝刊。

（16）津村内閣府大臣政務官記者会見「約３年半ぶりに『デフレ宣言』」11月月例経済報告（ロイターニュース２００９年11月20日）。

（17）平成25年第２回経済財政諮問会議議事要旨、２０１３年１月22日。

第3章　政策委員会のメンバーになる

1　政策委員会の強化

旧法における日本銀行の政策委員会は、もともと1949年に設置されていたが、内部の組織なのか外部の組織なのかよくわからないとの指摘があった。また定款の定めに基づいて総裁、副総裁、理事から成る役員集会（いわゆる円卓）が組織されており、実質的にそこで重要事項が決定され、政策委員会はスリーピングボードとしばしば批判されていた。したがって、中央銀行研究会では、中央銀行の独立性を高めるには、この政策委員会を名実ともに日銀の最高意思決定機関にする必要があるとの認識が共有されていた。

まず、政策委員会を独立行政委員会のような日本銀行外部の組織とするという選択肢もあり得たが、業務執行部署との連携を考えると、日本銀行内部の組織とするほうがよいということになった。また、政策委員会が十分機能を発揮できるようにするためにはその権限を強化するとともに、役員集会を廃止し、ワンボードにすべきだとした。

政策委員会の委員についても、それまでのような業界代表（金融業、商工業、農業）ではなく、審議委員は経済・金融に高い識見を有する者とするべきである。そして「外部の有識者による政策決定により金融政策の信認を高めるという趣旨に鑑みれば、日本銀行内部の者が、政策委員会において過半数を占めるべきではない」（中央銀行研究会［1996］）。また、委員が時間的余裕を持って、かつしっかりとしたスタッフを委員に置くことで、適切な議論ができるような仕組みも準備する必要があることも指摘した。このような考え方に基づき、新しい政策委員会が金融制度調査会の議論を踏まえてつくり上げられた。

新日銀法では、政策委員会の決定事項は拡大され明確化された。金融政策に関する事項（金融市場調節方針や政策決定の基礎となる金融情勢の基本判断および金融政策の事後評価など）に加え、金融システム、決済システムに関する事項、国際金融業務、組織運営、予算・決算などである。以上に加え、政策委員会は、日本銀行役員による職務執行が、政策委員会の定めた基本方針等のとおりになされているかを監督する責務を有することとなった。

政策委員会のメンバーとなって

それでは実際に強化された政策委員会の機能はどうであろうか。自分が審議委員となって中央銀行研究会で想定したとおりでないと感じるところもあり、以下ではいくつか指摘しておく。

一つは、内部と外部の区別についてである。中央銀行研究会で議論していたとき、外から来たものが外部、日銀出身者が内部という認識であった。内部の者が過半を占めてはいけないと考えたのは、様々な面での中央銀行のガバナンスの強化というよりも、「外部の有識者による政策決定により金融政策の信認を高めるという趣旨に鑑みれば」とあるように、実質的には内部で決めた金融政策が失敗したのだから外部の目が必要であるというような単純な見方をしていたような気がする。

だが、振り返ってみれば、特に危機的な状況あるいは非伝統的な金融政策運営において、金融政策は業務、システム、法的側面なども含めて日銀全体で行わなければならないという理解が当時は足りなかったと思う。金利を上げ下げするのなら、自分ひとりでどうすべきか判断可能であり、それはすぐに実行可能である。しかし、たとえばリスク性資産の買入れを考えるなら、それがボードの総意との判断が生まれ、執行部がすべてそれに向けて動くということにならなければ具体的なものにはなりにくい。市場に与える歪みや実務上クリアしなければならない問題など1人で取り組むことには無理があるからである。これまで、ボードメンバーのうち日銀出身者は、総裁か副総裁として、1人か2人である。つまり想定していたよりも日銀出身者は少ない。

プルーデンスや決済を含め幅広い日銀の業務を十分知らないものが責任を持って重要事項の決定をするには、相当学ぶ必要がある。金融政策だけでなく通常会合で重要事項を名実ともに決定していくためには、議論を深める必要があり、執行を担わない審議委員にも日銀出身者がいてくれればとの思いを抱いたこともあった。

政策委員会について、かつて私は「米国の株式会社の多くで採用されているコーポレート・ガバナンスに近い性格を持っている。従来、日本の株式会社のコーポレート・ガバナンスについて、取締役会が経営を監視するという本来の責任を果たすことが難しい、あるいは、それを十分に果たしていない、と指摘されてきた。最近では、こうした反省を踏まえて、コーポレート・ガバナンスを強化する取組みがみられるようになった。米国では、一般に、取締役会がスリムで、その過半数は執行を担当しない社外の者が占め、そして、意思決定の場では社外の取締役も積極的に発言し執行責任も併せ持つ社長が積極的に応じているといわれている。このように考えると、日本銀行の政策委員会は、米国流の、あるいは、最近日本でも一部の民間企業が取り入れ始めている新しい取締役会（board）に近い性格を持っている」と説明したことがある。(1)

ただ、ここで示した取締役会と異なるのは、政策委員会メンバーは全員常勤の役員であることである。審議委員は社外取締役のように執行を担当しない。執行をも担当するのは総裁、副総裁だけだ。しかし、常勤であるので、決定における関与は社外取締役の比ではない。

通常会合での決定事項については、会合では説明時間が短いので事前に十分な説明を受けた。また執行部サイドがまだ考えが固まる前の段階で説明会を開くなど、ボードメンバーの考え方を確認し、議論しながら進めることも多々あった。重要な事項について、通常会合にすぐ成案が出てくることはあり得なかった。

外部に出すレポートにも事前にしっかり目を通しコメントをし、それを反映させた上で公表された。重要事項の決定者としての役割を果たしてもらうため執行サイドからの説明は活発であり、外部から来たものがみずから働きかけないと聞けないというものではなかった。外から来て執行部に入ったボードメンバー――これは会社でいえば内部の役員ということになろうが――と理解と知識において遜色ない水準に到達できる環境は十分用意されていた。

中央銀行研究会で私は「政策委員会は、日本銀行の外部出身者が過半数を占めるとしても、外部であったはずの人が次第に内部化される可能性があるのではないか」といった懸念を述べたことがある。また、「退任時に『当時の懸念はまったく杞憂だったわ』と当時の自分に胸を張って言いたい」と、審議委員になって1年数カ月後の講演で述べている。(2) これは知識等に差があって、結局内部出身者の言いなりになるのではないかとの懸念だったと思うが、自分なりの努力をして、そうはならず、政策委員会の一員としての役割は果たせたと思っている。

ただ、日銀の外に自分を置いてそこから日銀をみるという姿勢は持ち続けることができたものの、日銀の業務などを学び理解するにつれ、内部にとけ込んでいった自分がいたことも確かである。内部も一枚岩ではなく、内部か外部かという切り口はどの程度重要であったのか。日本経済をよくしようとする姿勢に内部も外部もない。日銀出身者が多すぎると外部出身者の理解を高める努力も十分行われない可能性があるので、経験の差から外部の者は太刀打ちできなくなる可能性があるだろう。したがって日銀出身者が過半を占めるべきではないとは思うが、「日銀出身者が少ないほうが政策委員会の機能が強まる」ということではないと思う。

なお、審議委員は経済・金融に高い識見を有する者とするべきであるとしたが、女性、学者、企業、金融機関出身者それぞれの後任も同じということが続いたため、かつての業界代表が続いているとの批判がみられた。また、決定会合の参加者は学者やエコノミスト、市場関係者から成るのが望ましいという声が聞こえるが、私自身は、通常会合の決定においては、企業の経営者であった委員の視点は非常に重要であり、また金融機関出身者の経験に基づく意見は重く、それは決定会合にもあてはまるので、幅広い分野からボードメンバーが選ばれるのが望ましいという意見を非常に強く持っている。

政策委員会は専門的な決定をする場であるが、国民の代表である。その意味では女性も必要である。ただ、私自身、女性の後任として審議委員になり、私の後任も女性ということでいわゆる「女性枠」のようなとらえ方をされるのは、気持ちのよいものではなかった。

「ワンボード」について

もう一つ指摘しておきたい点は、ワンボードについてである。よいメンバーが政策委員会に集まることが、名実ともにワンボードとなるために必要であることはいうまでもない。形式的には新日銀法でワンボードになったので「名」の意味ではツーボードはあり得ない。それに疑いが持たれるとしたら、「実」の面である。

だが、そうはいっても、形式も気になった。役員集会を廃止したため、業務間の調整を行う上で中間管理職の調整コストが大きいということで、執行部（理事以上）での議論の場をつくるということになったときには、ツーボードに戻るとみられないように工夫（たとえば総裁を入れない会議とするなど）を求めた。

ワンボードに関して、私は日銀を退任する際の挨拶で、以下のように述べた。

「新しい日本銀行の在り方を検討した『中央銀行研究会』メンバーであった私にとって、日本銀行のワンボードというガバナンス構造への思い入れは、人一倍強くあります。こうした思いもあって、『中央銀行研究会』答申を受けて、制定された新日銀法の精神に則って、日本銀行のガバナンスが具現化できているか、あるいは具現化に向けてどうしたらよいのか、常に心を砕いて来ました。この点、金融政策だけでなく、予算、人員、そして中期経営計画など、日本銀行全体の資源配分について将来までも視野に入れてボードが決定していく現在の仕組みは、２００１年当時と比べて、各段の進歩がみられます。

もっとも、仕組みは整いつつあるとしても、プレーヤーがワンボードの意味を的確に理解していないと、せっかくの仕組みも生かされません。ボードが下す決定は非常に重いものです。そしてボードは自らの下した決定に全責任を負います。ボードがこうした重い決定を下すためには、そのために必要なあらゆる情報について、リスクも含めて十分説明を受けかつ理解している必要があります。とりわけリスクについては、その顕現化が日本銀行の信認にもかかわりかねませんので、私は特に重視しています。この点については、相当な進歩がみられますが、まだ改善の余地があるように思っています。ボードが様々なリスクを考慮に入れて決定できるように、また、ワンボードだからといってすべての決定をボードに委ねるということにならないように、皆さんのより一層の努力を期待しています」

その思いは今でも強い。

ボードメンバーの発信力を高める上でスタッフの協力は欠かせなかった。スタッフと秘書との3人チームであった。私はランチをいつもスタッフと取り、議論をしていたので、私の考え方を理解してもらえていたとは思うが、スタッフは政策委員会室としての仕事もあったので、当然3人だけですべてをこなそうとすると、不可能であったと思う。

BOEでは内部委員と外部委員（兼業も可能で、金融政策のみを担当）の間でサポート体制が不平等であるとの不満が外部委員から出て問題となり、それで外部委員のサポート体制が改善された。このことを踏まえて、審議委員からもスタッフを増やしてほしいとの声は何度か聞かれた。しかしチームが大きくなるとそれをマネージする必要も出てくるし、そもそも新たにスタッフを配置する余裕は人事にはなく、実現することはなかった。

ただ、スタッフは仕事をすべて自分で抱えるのではなく、各局にお願いし、その協力を得るというスタンスであったので、私が仕事をする上ではスタッフ不足で困ることはなかった。たとえば、金融経済懇談会（金懇）の挨拶文は挨拶とほぼ同時にホームページにアップされるので、コメント反映済みの完成版を出張に出かける前に準備しておく必要があった。私は筆が遅いので一次稿からスタッフの協力を得ていたが、それでも時間に追われ、完成版のための作業に他のスタッフも力を貸してくれているようであった。審議委員に対するサポート体制については、政策委員会に対する内外からの信認を得るという観点からどうあるべきか、常に意識しておく必要があると思う。

2 任命――政治任命と増える欠員可能性

前章で示したように、委員の選任については、憲法上の要請も踏まえて、政府の任命を認めるのが適当という点では意見の一致がみられたが、国会の同意にかけるかどうかについては議論があった。私は前述のように総裁が欠員になる可能性を指摘し、旧法どおりでよいとの意見を述べたが、結果としてはボードメンバーはすべて国会同意が必要となった。

2008年3月、ねじれ国会の中、福井総裁の後の総裁がなかなか決まらず、結局、20日間、総裁が欠員となる異常事態が生じてしまった。白川副総裁が総裁に任命されたのは4月9日であるが、その後、副総裁の欠員がすぐに埋まるということはなかった。審議委員についても名前が出たが金融緩和に消極的だとの理由で反対運動に遭って実現しなかったり、メディアの報道が早すぎるとして門前払いされるというようなこともあった。

結果として、リーマン・ショック時を含めて、２００８年4月から10月中旬まで、11回の決定会合を7人で行った。10月下旬から09年12月上旬まで18回を8人（そのうち1回は野田委員出張中で7人）、12月中旬から10年3月末まで4回を7人、4月から6月まで5回を8人（そのうち1回は白川総裁出張中で7人）で行った。ようやく正常化したのは10年7月であった。つまり、2年数カ月欠員が続いたということである。

ボードメンバーの任命について簡単でないのは日本だけでない。最近では、サマーズ元財務長官のＦＲＢ議長への就任問題があった。

ＦＯＭＣメンバーの任命方法は、ＦＲＢ議長・副議長・理事は連邦議会の承認を得て大統領任命となっている。オバマ大統領はサマーズを次期ＦＲＢ議長にしたいと思い、サマーズもやる気があったようだが、ねじれが続く議会で承認される見通しが立たず、オバマ大統領はあきらめざるを得なかった。サマーズは不本意ながらＦＲＢ議長の候補者となることを辞退するとの書簡を大統領に送った。

次期議長はイエレン副議長が昇格したが、ＦＲＢも著名な経済学者が議会から承認を受けられなかったりしており、欠員状態が異例ではない。ＦＲＢ理事の任期は14年と長いが、学者は特に大学との関係で、数年で辞職するなど、状況が異なる点もある。

また、ＥＣＢでは、ＥＣＢ専務理事が２０１２年5月末に退任した後、後任問題でもめた。任命権は欧州理事会（ＥＵ首脳会議）にあるが、欧州議会とＥＣＢの政策理事会との協議を経てとあり、欧州議会は、10月25日に人事案を否決した。候補者については高く評価するものの、ＥＣＢの総裁・副総裁・理事に女性がいないことが反対理由であった。議会に拒否権はなく、11月22日の欧州理事会でようやく最終決着したが、約半年欠員となった。

このように、政治任用は候補者本人の能力以外の点から混乱を生じさせることがあるが、ボードメンバーの人事を政治の駆け引きの材料にしてほしくない。特に欠員が続くことは望ましくない。日本の場合、総裁、副総裁が同時に代わるので、政治利用されやすいが、政策には整合性、持続性が大事な部分もたくさんある。できるだけ能力による最適な人事が行われることを願ってやまない。

ボードメンバーは幅広い視野を持ちバランス感覚もあり、みずからの経験を土台にそれに固執せず、柔軟な考え方の持ち主であることが望まれる。自分のためでなく日本経済をできるだけよくしたいという高い意識と見識を持った人が集まることが望まれ、選ぶ側の目利きの力を期待したいところだ。

3 政策はどう決まるのか

(1) 1人か委員会か

さて、世の中においては、日本銀行はあたかも一つの統一された人格を持っているような主体として認識されているのでないかと思う。通常のマクロ経済学の教科書では、金融政策は1人の人物が決めているような世界を想定している。ニュージーランドの中央銀行など、世界には総裁等が1人で政策決定に責任を負っている仕組みを持っている中央銀行がいくつかあるが、世界の中央銀行の意思決定方式をみると委員会形式をとっているものが大半である（図3－1を参照）。

しかしながら、世の中は「金融政策は委員会で決定している」ことの意味を正確に理解していないように思う。「多くの理論が、『金融政策は、明確な選好関数の最大化を目指す一人の個人によって決

図3－1　世界の中央銀行の意思決定方式およびボードメンバーの数

1．世界の中央銀行の意思決定方式
- ・総裁等1人による決定 …………………… 9行
- ・委員会等による決定 …………………… 79行
  - うち合意・総意による決定 …………………… 43行
  - 正式な議決による決定 …………………… 36行
    - 議決により決定されている中央銀行で投票結果を公表しているもの …………………… 6行
    - （日本、米国、英国、スウェーデン、ポーランド、韓国）

2．ボードメンバーの数
- ・2/3以上は5名から10名
  - FOMC ………… 12名（FOMC参加者は19名）
  - ECB …………… 18名
  - BOE …………… 9名
  - 日本銀行 ……… 9名
  - カナダ中銀 …… 6名

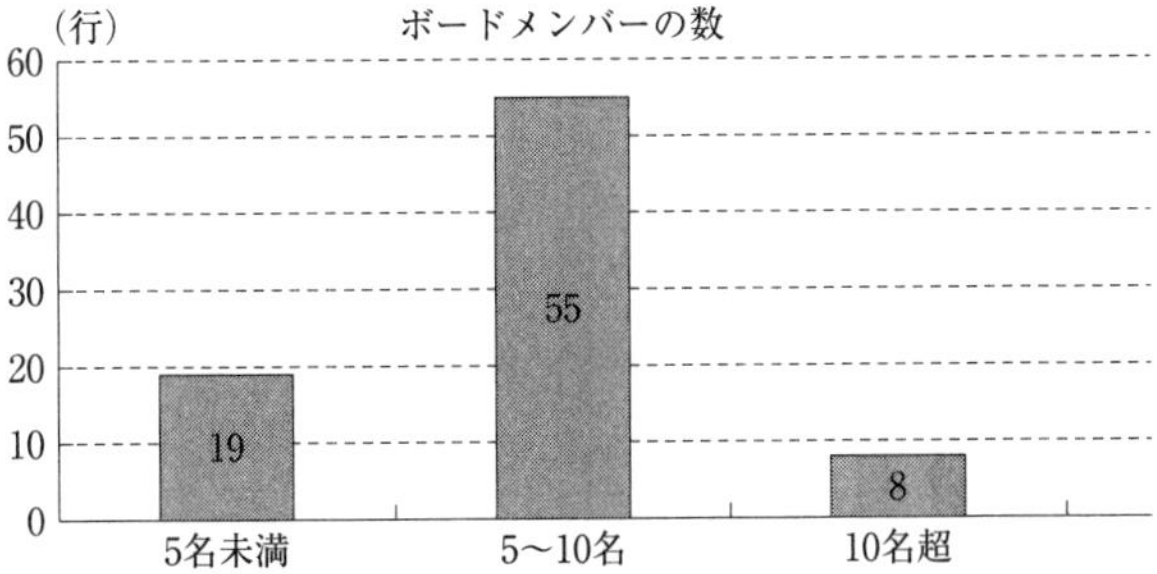

出所：Patricia Pollard「Monetary Policy-Making Around the World: Different Apporoaches from Different Central Banks」Federal Reserve Bank of St. Louis、2004

定される』ことを前提にしていることには、どこか重大な落とし穴がある」「学術書の中では稀にしか論じられないが、金融理論家たちは委員会による意思決定の本質についてもう少し注意を払ってはどうだろうか」とブラインダー（1999）は指摘しているが、今でもその考えに同感である。

　ブラインダーは、中央銀行が自分たちの政策スタンスに固執しすぎる傾向があるが、その理由の一つは、金融政策が一個人ではなく、委員会で決定・運営されている結果だと指摘し、委員会による意思決定が、「結果的にシステマティックな政策の失敗を招きかねない」と述べている。他方、委員会制度は、内部的にチェック・アンド・バランスのシステムを持っているのに等しいので、「真に重大な過ちを犯さないための、自然な安全装置となる」とも述べている。このように合議制のほうが、極端な意見に流れず、政策の振れを抑止できる結果、将来にわたる政策の不確実性を縮小できるとの分析もある。[3] 1人が決定するよりも多数で決定したほうがよい結果が得られるとの実験結果もいくつか出ている。

委員会制度についてこのようなメリットを発揮するためには、専門性を持った多様な人が集まることが重要である。異なる立場の人との議論を真剣にやると、お互いどういう仮定に基づくのか理解を深められる。自分や相手の議論の弱点もみえてくる。お互いに深く考えることになるし、場合によってはお互いに考え方を変えるきっかけにもなる。独断や思い込みを避けられる。

他方、1人でやると極端に走る可能性があるし、日本のようなケースを考えると、政治的プレッシャーをもろに受けることになる。政策委員会で決めているのであれば、どうプレッシャーを受けようが、その場で答えを出すことはそもそもあり得ない。したがって、政策委員会で決めるほうが、独立性を維持しやすいという面もあることは否めない。

最近、実践という観点からも、1人で決めるよりも委員会で決定するほうが望ましいとの議論をサポートする実例が出てきた。ニュージーランド準備銀行である。2013年3月7日、ニュージーランド準備銀行のウィーラー総裁（2013）は、決定に対して拒否権もあるし、責任は1人で負うものの、総裁と2人の副総裁、総裁補の4人で構成される内部委員会（Governing Committee）を発足させ、そこで金融政策に加え、為替介入、流動性の調節、マクロ・ミクロプルーデンス、金融規制の決定も行うと述べ、以下のように指摘した。

これまで各人が責任を持っていたが、より集団で決定することにした。これは運営上の変更だ。委員会での決定のメリットとして、各メンバーの知識、知恵、専門性をプールできる。不確実性が高いときには特に力を発揮できるし、個人の極端な選好を緩和できる。これは、個人として、また集団として、メンバーの知識と経験を最大化し、提案を厳密に検証し、主要な政策でコンセンサスを形成するものだ。

法律上、ニュージーランド準備銀行は総裁1人に責任があるので、委員会で責任を負うことはできないが、決定については委員会制度のほうが望ましいことをまさに示している。

なお委員会の多様化のシンボルとして、委員会に女性がいないと問題にされかねないことは、前述のようにECBの専務理事の選考で明らかになったところだ。日本の場合には女性枠のようなかたちで任命が行われているので、この面では女性がゼロになることはないだろう。BOEのカーニー総裁は、インタビューで、金融政策委員会MPCの委員に現在女性メンバーがいないことを驚くべき状況だと述べたと報じられている④。

実際、アジアの中央銀行では女性の中央銀行総裁は珍しくない。FRBのボードメンバーのうち女性が3名で欠員が2人いたため過半数を占めていた時期もあった。ただ、イエレンFRB議長は、議長となる能力を十分備えているので、女性だから支持するとされた部分については戸惑いがあるのではないかと思う。

(2) 望ましい人数はどれくらいか

日本の政策委員会は、ＢＯＥの金融政策委員会（ＭＰＣ）と同様に9人から成る。ただ、ＭＰＣでは常勤ではない外部委員は4人と少ない。他方米ＦＯＭＣでは投票権があるのはＦＲＢボードの7人と地区連銀の輪番で選ばれた5人（うちニューヨーク連銀総裁は常に投票権を持つ）の計12人、ＥＣＢ政策理事会はボードの6人と各国中銀総裁18人の計24人から成る。図3‐1に示したとおり、世界的にみれば委員会メンバーの数は5人～10人が一般的だ。7人～9人までのレンジの場合が最も多いというサーベイ結果もある[5]。

私はかつて9人の規模について、「実際にメンバーの1人として金融政策決定会合に参加していて、適度な規模だと実感しています」と述べたことがある（須田［2004a］）。武藤副総裁（2007）も「9人という規模は、各政策委員が自己の意見を陳述する時間を十分に確保し得るという面でも、各人の認識や考え方をぶつけ合うという面でも、議論がしっかりできる適正な規模のレンジに含まれているのではないかというのが私の実感です」と述べている。

前述のように、白川総裁時代、2年数カ月欠員が生じ、そのうち10カ月半、7人で決定会合を行った。当時総裁は、7名でも問題はないと記者会見で答えていたが、やはり多様な意見の不足は否めなかった。2人少なければ、その分各委員の時間配分が増えるので、論点の指摘という意味ではたいした違いはなかったかもしれないが、議論の活発化という意味では9人いる場合に比べて劣るといわざるを得ない。メンバー次第という面もあるので常にとはいえないが、この経験から、9人は適度な規模ということだろう。

24人から成るＥＣＢ（欧州中央銀行）において、現在どのような発言形態をとっているのか定かではないが、しっかり議論するには、少し多すぎるように思う。政策理事会では欧州全体について議論するということなので、各国の中央銀行が議論にあまり参加できないのではないかと思われる。藤木（２００５）は、「金融政策委員会の最適人員は、大きな委員会における意見の多様性という利点と、重要な情報を得るための費用負担へのただ乗りの危険性を比較して決めるべきと考えられる」と述べている。

ＦＯＭＣも19人と多いが、投票権があるかどうかは、最後にイエスと言うかノーと言うかの違いであって、そのほかについて何も違いはないといわれていた(6)。議事録をみるとそのようにみえる。リーマン・ショックが起こり議論することが多くなったため、ＦＯＭＣでも2日会合が増えていったが、結局、議長を除いて投票権のないメンバーを含め、全員が平等に議論をしようとしたら、この人数では時間を増やさざるを得なかったということだと思われる。

(3) コンセンサス方式か投票か

各国の金融政策決定会合では、開催すると必ず結論を出さなければならない。この点は重要な点だといえる。そのための方法は、事前に合意を形成するコンセンサス方式と投票の二つがある。日米英欧の意思決定方法は、法律の上では投票による。日本やＢＯＥ、ＥＣＢは多数決で決定すると決められている(7)。

しかし、ＥＣＢは、議事要旨が作成・公表されていないため明らかではないが（議事録は30年後公表）、ＥＣＢは票決ではなくコンセンサス方式をとっているといわれていた(8)。先ほども指摘したように、ECBは各国の中央銀行総裁が参加しているが、国を代表して議論するのではなくEU全体を議論することが前提である。またその投票行動を公表すると、国のプレッシャーがかかりやすいということもあり得るので、公表には消極的であり、トリシェ総裁のときはコンセンサスが重視され、あまり票決について言及されることはなかった。

他方、多数決が徹底しているのがBOEであり、総裁であっても少数派になり得た。キング前総裁は、2003年6月30日から10年間総裁の職にあったが、この間、金利については2回(05年8月、07年6月)、資産買入れについては7回(09年8月、12年6月、13年2月から退任まで)少数派となった。最初に少数派になったときには非常に驚いた記憶がある。

FOMCに関しては、グリーンスパン議長の時代は、彼のリーダーシップのもと、マイヤー(2004a)によると、事前の多数派工作があり、また反対しづらい環境にあった。つまり、暗黙知として、議長の提案が否定されたら辞職が想定されており、反対票は2票までで、3票目は議長のリーダーシップに対するFOMCの公での反逆のサインとみなされるであろうと述べている。この見方がどの程度あてはまるかは知る由もないが、たしかに中での議論は様々であるが票決においては反対票は多くないという印象があった。

日本銀行も1人1票、多数決で決めるが、議長が多数の意見を集約して議長案とするので、議長が少数派になることはない。投票方式としては、かつてのECB(コンセンサス方式)とBOE(個人主義)の間に位置づけられる。なお、投票が同数のときは議長が決めることになっているが、ボードメンバーは奇数なので、本来、同数ということはあり得ない。しかしボードメンバーの欠員が続いていたので、2008年10月の決定会合で追加緩和をめぐって4対4ということになって、議長案が採択されたことがある。もっともこのときは追加緩和二つと現状維持の三案があって、4対3対1ということだったので、完全に意見が二つに割れたということではなかった。

このような投票行動は、サブプライム問題から発生した金融危機によって、また中央銀行総裁が変わって、変貌を遂げている。FOMCでは、バーナンキがFRB議長になってから変化がみられた。バーナンキは議長個人の資質でボードが運営される組織は頑健なものとはいえないので好まず、議事録をみてもわかるように、より民主的なFOMCにしようとした。

反対票も以前よりも目立つ。FRB理事は議長に反対しないといわれていたが、金融政策ではないものの、理事がGMAC[9]の銀行持ち株会社転換に反対したのは驚きであった。2011年8～9月には、時間軸効果の強化に対して3人の反対が出た。3名の反対は1992年11月以来であったが、理事が2人欠員であったので7対3ということであり、92年（9対3）以上に異例なことであった。また、バーナンキは物価安定の数値公表にもともと前向きであったが、消極的であったコーン副議長が次第に公表に前向きになっていくなどボードメンバーの意見がそろうのを待って、12年1月に物価安定の長期的なゴール2％の公表を行ったことからも民主的な姿勢が感じられる。

他方で、コンセンサスを重視していたECBも参加者が増える中、ドラギ総裁になってからは、欧州ソブリン問題の発生で経済の二極化の拡大もあり、強固な反対票が出てきて、反対票についても言及するようになった。またドイツ連銀総裁のように公に反対を示すことも行われている。

投票にかけるという変化は、それ以前からもみられていた。たとえば、FRBもステートメントをめぐる議論が起こった後、投票が導入された[10]。日銀においても、量的緩和政策導入時には長期国債購入増は金融調節を円滑にする手段であったので、執行部マターであったが、その増額をめぐってボードメンバーで違いが出るようになり、結局ボードの賛否をとるように変わった。

今後、金融政策について、制度の決定など重要事項については全体での合意を必要と判断するケースもあり得るが、そのような例外的なケースを除いて、事前のコンセンサスよりは投票が増えていくと思われる。金融政策は必ず決めないといけないということだけではなく、たとえば日本についていえば、結果を日本の市場が開いている間に消化させたいと思っている。

日銀が2001年4月に金融政策決定会合を2日にしたのは、まさにそれが一つの重要な理由であった。記者会見の時間も大体決まっている。したがって、おのずと会合の終了時間が限られる。経済がグローバル化し、検討しなければならない対象が広がっており、その上経済は構造変化している。ショックも起こりやすく、不確実性が高い状況が続く。そう考えると、メンバーの意見に差ができる可能性が高く、ある限られた時間内での合意は難しくなるからである。もう少し時間があれば協議を経て合意点まで到達することができるのに、時間切れということも生じるのではないかと思う。

4　委員会で決定できないことは何か

(1)　将来を制約できるか

最近では、欧米諸国も将来の金融政策についてコミットメントを強めているが、これはどこまで拘束力があるのだろうか。BOEのキング前総裁は「金融政策の問題のコアは、どんな既存の金融政策戦略に対しても我々の後任をコミットさせることはできないし、望ましいことでもない、ということから生じる将来の社会的意思決定についての不確実性である」と論じた⑪。

別の見方をすると、ボードメンバーには任期があり、それが政策決定にどのような意味を持つかということでもある。先ほどキング総裁は投票において、時には少数派であったことを示したが、カーニー・カナダ中銀総裁が後任に決まるまでは、キング総裁は少数派であっても、アクションを伴う提案をしたときにはその後少数派案が追認されていた。しかし、後任が決まった後は、2013年2月以降6月末の退任までは、単に少数派でしかなかった。実際、一緒に行動していた委員はカーニー総裁のもとで現状維持に変わった。

私自身、2010年10月の最後の展望レポートの作成に関して、もう退任が近いから意見を聞いてもらえなくなったのではないかと秘かに感じたことがある。この展望レポートに反対したのは、物価見通しについて私は慎重であり、展望レポートの考え方が受け入れられなかったからであるが、それまでは展望レポートの文章については、意見を言うとそれへの対応がみられ、私も譲歩するというかたちで、できるだけ皆が共有できるような文章をつくり上げていた。作業は大変であるが一緒につくり上げているという一体感を持つことができた。

しかし、このときは、何度訴えても訴えは届かなかった。政治的なプレッシャーがある中で、仕方がないのかなという思いを持ちつつも、ボードメンバーとしての疎外感を感じた。そのときまだ任期がかなり残っていたらどうだっただろうかという疑問がわいたのも確かである。

したがって、任期終了が近づけば、先行きの政策決定には関係しないので、残った委員の目は次の人に行く。キング前総裁のように次が決まると、ただの一ボードメンバーのような取り扱われ方をしても、それについてとりわけ大きく騒がれることもなかった。

ただ、ひとりのボードメンバーとして考えたときにはどうであろうか。私自身は常に任期にかかわらず、先行き見通し期間の経済物価状況、リスクを考えながら票を投じていた。思いがけず再任されたが、私の政策を考える際のタイムスパンに何ら変化はなく、その前後で何の変更も必要なかった。したがって、自分自身としては、メンバーが入れ替わってもそれが少数である限り、ボードが非連続に変化することは考えられなかった。もちろん総裁・副総裁の3人が変わるときには、少数といえ数が多いので、変化する可能性は高くなる。

福井総裁が就任する際、黒田総裁の就任時と同様に、政治任用を利用して、政府・議会がインフレーション・ターゲティングの採用を迫り、そのもとでもっと実効ある政策を採用すべしとの声が強まった。本書の「はじめに」の私の発言はまさにそういう時期に決定会合で述べたものである。

たしかに9人中3人も一度にボードメンバーが変われば、ボードの雰囲気は変わる。しかし6人はもとのままで多数である。経済がそのときに大きく変わったならば別であるが、そうでなければ、本来、新しく総裁が変わったとしても、新しい総裁らしさがボードに浸透していくには、議論を通じて行われるので、時間がかかる。福井総裁はボードメンバーと対話を続けながら、新たな9人のもとでの継続的なアクションを通じて、世の中のそれまでの批判的な評価を変えることができた(12)。

先ほど述べたバーナンキの姿勢もそうであったし、カーニーBOE総裁も就任後非連続的な政策を期待する声もあったが、フォワード・ガイダンスの導入はあったものの、それ以外はキング前総裁時代からの現状維持を継続させた。

その点、今回の黒田総裁就任後の審議委員の反応はサプライズであった。黒田総裁になっても白川総裁時に公表された共同声明はそのまま維持され、2%の物価目標も、2年を念頭に置いてというところに違いがあるものの、できるだけ早期に実現するというのも同じである。

そうした中、それまでの漸進主義を捨て、「戦力の逐次投入をせずに、現時点で必要な政策をすべて講じた[13]」と黒田総裁が述べるような政策の大転換を、最初の会合で全会一致で決定したのには驚きを隠せなかった。そのときそのときで自分が考える最適な政策に票を投じているという自負があるのなら、経済に大きな変化がない中、政策提案も大きく変わりようがないからである。このようなことが起こると、まさに5年後もどうなるかわからず、キング前総裁が指摘したように、「将来の社会的意思決定についての不確実性である」ということにならざるを得ない。

(2) 決定になじまないことはあるのか

コンセンサス方式であれ投票であれ、そもそも決定になじまないが、政策決定において非常に重要な要因もある。その代表例が委員の価値観である。政策決定において、雇用と物価、あるいは実体経済と物価のどちらを重視するかには価値観が関係する。したがって、政策の提案は経済見通しだけでなく、このような価値判断によっても影響を受ける。私は相対的にインフレよりも安定的な経済成長のほうを重視して政策運営にあたっていた。

イエレン議長が雇用問題に関心が強いのは周知の事実であるが、それは政策にも反映されることになる。しかしその価値観を他のボードメンバーに強要することはできない。

また、金融政策を運営する上では、基本的な経済見通しを出す必要がある。しかし、政策決定の背後にあるロジックや各種見通しは楽観から悲観まで様々である。これらについてはコンセンサスは得られず、また多数決もとっていない。もともと多数決がとれるような性格のものでもない。

こうした多様なメンバー間で声明文や展望レポートの基本的な見解の部分についてはなるべく合意が得られるように努力するが、合意を探るために文章なり言葉遣いが、場合によっては各委員が自分に都合よく解釈できるように、細かなところで不明瞭なものにならざるを得ないこともある。これはやむを得ないことである。このように合意へ向けて調整し、投票において賛成できれば、少なくとも言葉の上では、基本的には共通の土台に立って議論することができる。

他方、見通しをクリアなものにしようとすればするほど、反対派が増える。たとえば展望レポートにおいて3人反対が出れば、上下2人を除いた大勢見通しとはいえなくなる。政策は多数決で決めるので、見通しも過半数の人の意見を反映すればよいというのも一つの見方である。そのようなスタンスでは、レポートをつくり上げる上での一体感、連帯感も生まれない。

個人主義が徹底しているといわれているBOEであるが、見通しはファンチャートとしてボードメンバーが集まって時間をかけてつくり上げているということであった。経済見通しにどこまで事前の合意のための努力をすべきか、これこそ少数派の意見をどれだけ活かすかについての議長の価値観によるのかもしれない。

5　情報公開下での発言の自由度

(1)　議事録の公開は発言に影響するか

現在、半年ごとに10年前の議事録が半年分公表されているが、現在と重なるところも多く関心を持って読まれている。日本銀行の議事録の公開を10年後と決めたのは政策委員会であるが、それは、中央銀行研究会の報告や日銀法改正に関する金融制度調査会答申において、議事録公開には「政策委員会での自由な討議の妨げにならないような配慮も必要である」と明記され、公開までの期間の決定は政策委員会に委ねられたからである。

その背景には、議事録の開示が議論の内容に影響を与えるのではないか、との問題意識があった。再任が可能であるので、再任中に議事録が公表されることは避けたほうがよいとの見方もあった。また、たとえば5年で公表されていたら、金融政策をめぐる議論が過去のものとなっていないので、何らかの影響を与えたと思われる。実際、私は再任されたので、退任後まもなく議事録が公表されることになった。

FRBのグリーンスパン元議長（2001）は、金融政策決定会合の透明性について、公開討論を例に出し、公開でも自由に議論できる人はミルトン・フリードマンをはじめ、わずかしかいないだろうと述べている。ここまで極端ではなく、公開までにある程度時間を置くとしても、討論が情報開示されることは、自分の経験からいっても、委員会メンバーの発言に何らかの影響を与えていると思う。

BOEのビーン理事（当時）は、議事要旨の公表にあたり「発言者の名前を掲載しないのは、自由な討議を促進するためである」「名前が掲載されるのなら、前もって発言原稿を用意するようになるだろうし、議論も知的なものにならなくなるだろう」と述べている。たしかに、FOMCでも、日銀の場合と同様に、発言原稿を準備していることは議事録からもうかがえる。(14)

(2) 会合に向けて準備すること

私個人についていえば、議事録がいつかは公開されるので、自分の発言が理由もなくブレないようにし、すべての発言に責任を持たなければという意識が強かった。発言を準備する際に、過去の発言なども思い出しながら、前と異なる発言をしようとするときにはその理由をじっくり考えた。具体的に原稿を書き始めるのは決定会合の資料を手にしてからであったが、常日頃の仕事の積み重ねがその準備作業になった。

日銀での私の生活は、通常では朝8~9時ごろ自宅を出て、夜8時ごろ銀行を退出するというパターンで、この間、日々いくつもある会議の合間を縫って、執行部からの様々な資料に加え、マーケット情報や内外の経済指標、政策決定等をチェックし、新聞雑誌の切り抜きやマーケット関係者の資料を読み、外部ヒアリングなどを行いながら経済・市場の状況の確認作業を行っていた。効率的に情報が集まってきたのは幸いであった。平日の帰宅後や週末にも持ち帰った資料などをチェックしていた。大袈裟に聞えるかもしれないが、24時間365日勤務であったと言っても過言ではない。

決定会合の2営業日前の朝に決定会合資料のファイルを秘書が渡してくれる。これから具体的に決定会合作業に入る。まずはもらった資料を読みつつ、各局から資料の説明の個別レクが続いた。その間、自分の見方とちがうところはないかチェックし、自分の考えを執行部にぶつけたり、スタッフと議論をしたりして、自分の考えをまとめていった。

決定会合における意見開陳については時間制限（1人5分程度を2ラウンド）があるため、いかにポイントを絞って意見を述べるか、いつも苦労した。とりあえず言いたいことを書き出すと時間オーバーとなってしまうので、それを縮める作業に時間がかかった。その作業は自宅に戻っても続き、気がつくといつも朝であった。もっともこの作業を通じて、自分がどこに重点を置いているのかがより明確になった。

(3) 会合では言いたいことをどれくらい言えるのか

金融政策決定会合でのディスカッションは、まず各委員が順番に――前回トップだったら次回は最後というように順番は変わるが――、第一ラウンドでは金融経済情勢、第二ラウンドでは金融政策について、意見を述べる。ただ、平等に発言するためには時間を守らなければと思いながらも、当日、執行部の説明や他の委員の発言にコメントしたいといったことなども生じるので、発言内容は準備していたものよりも膨らみ、時間内に発言を終えることは、まず難しかった。

なお、発言には、ボード全体のバランス、自分の役回りを意識したものもあった。発言時間が限られている中でその時点では落としてよい項目だと思っても、こういう発言がボードとしてあったほうがよいと思ったときに、自分の主義主張に合っているものであれば、しつこいようだけど言及しておこうと考えることもあった。

言いたいことを前もって準備しておく、このような意見開陳の仕方は、少なくとも私にとって、その場の判断でアドリブで話すよりもわかりやすく、かつ内容は濃いものになるし、時間の節約にもなった。他の委員が何をしゃべっているかわからないということも少なくなる。

ただ、各ラウンドの後に自由討議の時間があるが、その会合での発言を超えて自由闊達にどんどん議論を広げていくことには難しさがあった。準備なしに特定の問題について突然議論を始めても、すべての話題について質の高い議論をする自信はなかった。また、他の委員の意見を聞いてその場で判断を大幅に変えるということもまずなかった。他の委員の発言に対してその場で意見を述べることはあるものの、本格的にその意見に対応したい場合には、次回の金融政策決定会合で対応しよう、ということを考えた。

このように情報公開を前提にすると、その場の突然の議論には慎重になるが、この方法でもよく考えて意見を述べることができる上、時間の経過とともに議論が蓄積されることになる。したがって、時間の経過も加味して、行われた議論を全体でとらえると、私自身は自分の意見を十分に言えたのではないかと思う。

一方、限られた時間の中で結論を導かなければならないとき、情報公開が前提の会合の問題点は、会合の前に委員会のメンバーが集まって非公式に議論することができないことにある。委員会には様々な考え方のメンバーがいるので、他のメンバーの考え方を事前に聞いて、自分の考えをまとめていくという作業ができれば、自分の考えもまとまりやすく、また自分の意見がどのような位置づけにあるのかもわかる。ただ、情報公開が前提の会合において、勉強会まで禁止されているとは思わないが、取り扱うテーマによってはこのような事前の相互確認ができない。公開を前提の議論の難しさ、しかも情報が必ずしも守れない中での議論の難しさをずっと感じていた。

重要事項を1回の会合ですぐに決定するのではなく、何回かの会合に分けて議論を行うことができればよいが、次の会合までの間に情報が漏れてしまうリスクや、その間に公表される議事要旨に議論途上の話題を掲載するのかしないのかといった問題もある。また経済状況の変化などで議論が想定とは異なる方向に行く可能性もあることを考えると、途中経過を公表することはノイズとなり得る。このことは、取り扱う議題によっては議論を複数回の会合に分けて行うことを難しくしている面がある。

(4)　政策委員会としての一体感と反対票

最初のころは反対票を出した委員の名前はすぐには公表されなかった。しかし、それについて名前も含めてリークされることが続いたこともあって、公表文で反対者の名前も含めて公表することになった。

議長案への反対票が多いことは、ボード全体としての一体感にもかかわるし、議長に対する信認にもつながる可能性があるので、議案によっては反対票が多く出すぎるのは問題だとの認識をボード全体が持っていたと思う。議事録が公開されて話題になったが、りそな問題が顕現化した2003年5月に、量的緩和を拡大するか、なお書きで対応するかで議論があり、一時は量的緩和の強化に反対する委員が4人になりそうになった。このような本質的な問題ではないことで反対が4票も出るのは望ましくないと、植田、中原眞の2人の委員が賛成にまわった。つまりボードには、このようなバランス感覚も投票行動に影響を与えるのだ。

ただし、反対票が多くなりそうなとき、ボードとしてのバランス感覚から賛成にまわる委員が実際に出るには、議論が尽くされる必要がある。他方で時間制約がある。先ほど述べた4対4で議長が決定したケースで、もしかしたらもう少し時間をかけて議論できていれば、結論が変わったかもしれない。

このように、時間制約のもとでの決定は十分議論が尽くせない可能性があるが、できるだけボードとして意見を集約したいという思いは私の在任中、委員の間で基本的には共有されていたと思う。私自身、反対票を投じるかどうかを判断するとき、もちろんその議案自体の効果・副作用の検討が第一であるが、それが拮抗しているとき、全会一致が必要な場面であるか、あるいは全会一致が不適当な場面ではないかということも検討項目に入っていた。

政策委員会では全会一致が続くとスリーピングボードと呼ばれ、賛否が分かれると、賛成派と反対派がくっきりと分かれているような扱い方をされることがあった。このような見方にはいずれにしても違和感があった。政策委員会では常に真剣な議論をし、結論まで皆でつくり上げていったと認識しており、その結果が票決結果であったということであるからである。

政策効果のほうが大きいことが明らかな政策はデフレ脱却のためにすでに採用されており、残っている緩和策は、コストもあるという政策であって、そこに踏み込むかどうかということになったときには、コストとベネフィットが比較考量された。コストとベネフィット自体は委員の間で共有され、結果的にはその評価の違いが賛否を分けることにつながったと私はみている。ディベートのように勝った、負けたというような議論ではなかった。

このようにして決まったものであるから、決定されたものは尊重する。次回会合はそれを前提に臨んだ。なお、政策変更に反対した場合には、その理由は元の政策がよかったということが自明であるので、あえて現状維持の議案を提出することはなかった。しかし、政策アクションをここでとったほうがよいと判断したときには、現状維持に反対するだけでは反対理由がわからないので、政策を提案した。

6　委員会の責任の取り方

金融政策は独立して決められるので、説明責任があることは前章で示したとおりである。国会では日銀は厳しい追及を受けていたが、説明を続け、少なくとも私がいた間は、日銀ができる範囲で努力していることは政府からは認められた、つまり説明責任は果たしていたと思っていた。しかし前章でみたように、日銀法改正論がいくつかの政党から出ており、不満が高まっていたのがうかがえ、十分説明ができていたとはいえないのかもしれない。

ＢＯＥの公開書簡が説明責任を果たす手段として取り上げられることがある。ＢＯＥは物価安定目標のプラスマイナス１％を超えると公開書簡を総裁が財務大臣に出すことになっており、財務大臣の返信も同時に公開されている。しかし、もともとその程度の乖離は想定の範囲内で、公開書簡はその原因を究明し、目標にどのようにして戻っていくかを国民に説明する手段として位置づけられているものであって、反省文とか罰則のような意味合いを含んではいない。２００７年4月に最初にそれが出されたときにはマーケットの反応など気になったが、英国のインフレ率の上方乖離は長く続き、10年2月から12年2月まで3カ月おきに連続して9回公開書簡を出すことになった。

また、ニュージーランド総裁は財務大臣と1対1の契約のもとで物価目標を定め、１人で責任を負っている。そして罷免条項があることが関心の的であるが、目標の達成やその他の義務遂行の面での総裁の実績が「不十分なもの」と評価される必要がある。しかし、たとえばリーマン・ショックといった海外発のショックの影響をどこまで中央銀行総裁の責任とすることができるのか、何をもって

「不十分」と断定できるのか、それは難しい。しかもニュージーランドのインフレーション・ターゲティングの目標達成期間は中期に変更されている。実質的には成績不良をもって罷免することは不可能だと思われる。

日銀法では総裁が実績不芳だから罷免されるということはないが、政治家からはそのような声がしばしば聞かれた。しかし、日銀では金融政策は合議制で、しかも議長は互選であり、また総裁も1票しか持っていない。どうして総裁にのみ責任を取れということができるのか。そういう議論を聞くと、政策委員会は連帯責任であり、その場合には、ボードメンバー全員がやめるのが筋であるとの思いであった。政策委員会は皆で政策をつくり上げているのである。

なかなか目標達成ができないときには、しっかり説明責任を果たす必要がある。ただ一生懸命説明しても、聞き手はしばしばそれを言い訳ととる。そうではなく、なぜ難しいのかについての説明にも国民はしっかり耳を傾けてほしい。それが建設的な議論につながり、説明責任を果たすことにもなる。

[注]

（1）須田（2002d）11ページ。
（2）同前12ページ。
（3）たとえばWaller（2000）やSibert（2003）など。
（4）2013年8月30日ブルームバーグ。

（５）Morris and Lybek（2004）を参照。
（６）Pianalto（2004）参照。
（７）藤木（２００５）を参照。
（８）Issing（2005），シル（２００５）。
（９）自動車ローンを行う金融会社で，かつては自動車会社ＧＭの完全子会社であった。
（10）須田（２００４ａ）参照。
（11）King（2004）を参照。
（12）岩田規久男・現副総裁は岩田（２００４）で，「福井俊彦総裁就任後の日銀金融政策は評価できる。理想的な金融政策からいえば隔たりはまだ大きいが，速水優前総裁時代に比べれば，はるかに強くデフレからの脱却にコミットしたため金融政策に対する市場の信認が高まり，市場のデフレ予想を後退させる効果を持った」と述べている。
（13）黒田日銀総裁記者会見，２０１３年４月４日。
（14）Bean and Jenkinson（2001），Meyer（1998）を参照。

第4章　量的緩和政策について——その暫定的評価

1　量的緩和政策採用時点での議論

2000年のＩＴバブル崩壊を背景に、日本ではＩＴ関連財の輸出・生産が大幅に減少し、景気が悪化した。物価の低下圧力が強まる懸念がある中、01年3月19日に日本銀行は量的緩和政策に移行した。日本銀行の審議委員に私が内定したとの報道が出たものの、日本銀行とのコンタクトは一切なく、審議委員になるという実感がまだないときであった。当時の金融政策をめぐる議論について、批判の真の理由がよくわかっていなかったものの、これで日銀に対する批判が収まることになるのではないかという安堵感を漠然と持ったことを覚えている。

当時の議事録を読んでみると、より一層の緩和政策を実施することに関しては異論はなかったが、量的緩和政策へのレジームシフトが積極的に支持されたわけではなかった。ボードでほぼ合意が得られたのは、「コミットメント付きの実質ゼロ金利が中核」（山口泰副総裁）ということであり、それを実現するための具体的な政策のあり方については、政策委員がそれぞれの思いを語っている段階であるとの印象を受けた。

議論の上で、金利と量の両方の要素が入り込む中で、「一番すっきりするのは金利で水準を示し時間軸を入れることではないかと思う」（植田委員）とあるように、「ゼロ金利政策」に戻ることも選択肢の一つであった。それではなぜ「量的緩和政策」を採用したのか。

(1) 市場機能の維持

その理由の一つは、「市場機能の維持」であった。ゼロ金利政策のもとで一度失われてしまった市場機能を、量的緩和政策を採用することにより、維持していきたいとの考えがあった。

速水総裁は、この決定会合で、「大量に資金供給すればコールレートが事実上はゼロ％近くになる日が多くなると思うが、資金需給が逼迫する日にはある程度上昇したり、信用リスクの差が金利に反映される余地も残っていると思う。その意味ではこれは市場メカニズム、市場機能に配慮しながらゼロ金利政策の持つ金融緩和効果を実現する方法ではないかと思う」と述べている。このように、量的緩和政策に移行した時点では、「金利」をもう少し活かした政策にする意図、ゼロ金利政策解除によって回復した市場機能をある程度維持したいという思いがあった。

量的緩和政策への移行については、「本当は、ゼロ金利政策に戻りたいが、一度解除しておいて今さら戻れないから量的金融緩和政策に転換したのではないか」という指摘があった。そうした心理がどの程度働いたか定かではないが、当時、ゼロ金利政策のマイナス面を可能な限り避けたいという思いが強かったのも確かだ。

厳密に「量」をターゲットにした場合、資金過不足の振れの大きい日本においては、金利がボラタイルに動く（乱高下する）可能性がある。とはいっても、2001年3月16日から補完貸付制度（通常の場合の貸付金利は公定歩合）が運用開始されていたので、公定歩合（当時0・25％）が概念上は無担保コールレート（オーバーナイト物）の上限金利になる。[1]ところが、量的緩和政策に移行する前は、無担保コールレート（オーバーナイト物）の政策誘導金利が0・15％程度であったので、補完貸付制度があっても、それが0・15％をオーバーしてしまうことは排除できなかった。

金融緩和の強化といいながら、金利がそれまでよりも高くなってしまうと緩和にならないという意見があって、そのような高い金利を回避するために、「なお書き」が付け加えられた。[2]資金需要が高まり金利が高くなりそうなときに弾力的な資金供給を行えば、金利の跳ねを防ぐことができるというのが、「なお書き」の意味合いだった。ただ、「そういった但し書きを付けること自体、この新しい金融政策レジームが必ずしも量に移行したことを意味しない」「金利を一方でみつつ、しかしこういう新しいレジームに移行することだろう」（田谷委員）という指摘があったが、純粋に量のみをターゲットとした政策へのシフトが意図されていたわけではなかった。

(2) 緩和打ち止め感の回避――長期国債買切りオペ増額

もう一つの理由は、量的緩和政策を採用すれば、先々「量を増やす」という選択肢があるので、ゼロ金利の場合とちがって、金融政策の打ち止め感がないということだ。ただ、当時は「量を増やす」ことが本当に実現できるかどうか不安があったので、長期国債買切りオペの増額を、目標達成が難しいと判断される場合の手段として用いることにした。藤原副総裁は、「資金供給の量を増やしていくと、どこかで札割れ防止のために長期国債の買入れを増やしていくことが必要になってくるかと思う。いわば円滑な資金供給の手段として国債オペを増額することではどうかと思う」と述べ、「多くの委員がこれを支持した」（２００１年３月19日議事要旨）。長期国債買取りオペの増額は、それ自体緩和スタンスを示すものとして取り上げることも可能であったが[3]、そのような位置づけは採用されなかった。

長期国債買切りオペを増額するとしても、「長期国債の引受けなどは絶対にするつもりはない。これは法律でも認められていない。国債価格の買い支えとか、財政ファイナンスを目的として長期国債の買切りオペを増額するというようなことも考えていない」（同日の速水総裁記者会見）ということであり、そのような趣旨を明らかにするために、銀行券発行残高を長期国債保有残高の上限とする歯止めが用意された。

(3) 量自体の効果を議論

なお、量的緩和政策にはゼロ金利政策のような打ち止め感がないというためには、量自身の効果がなければばならない。しかし、「量を増やす」ことがポートフォリオ・リバランス効果などの効果を持つのか、また期待に働きかける効果があるのか、その点の評価は曖昧なままでの移行であった。会合では「リザーブ・ターゲティング、すなわち実質ゼロ金利になった後に銀行システムにリザーブを追加的に供給し続けていくことにどれくらい実質的な意味があるのかについて、私は余り積極的な意味を認めがたい」（山口泰副総裁）、「私は基本的にはリザーブ・ターゲティングとか国債買い切りオペにあまり賛成ではない。先ほど申し上げたように積極的な意味をあまり見出しがたいからである」（植田委員）との意見がみられる。とはいえ、「マーケット等に量そのものが何か影響するのではないか、ひょっとしたらイリュージョン的なものがあるかもしれないこともまた無視できないとも思う」

（植田委員）、「「期待」に影響を与えることが大事な場面」（山口泰副総裁）ということであり、現下の情勢では「試みる価値も出てきている」（藤原副総裁）ということであった。

こうした中、量的緩和政策を今後どう運用していくかについて、山口泰副総裁によって問題提起はされたが議論する時間的余裕もなく、「当座預金残高という量そのものの持つ効果や、今後の当座預金残高の増額による追加緩和の可能性については、今後とも検討を続けていくこと」（3月19日議事要旨）になった。

(4) 金融政策の先行きについての約束の重視

政策の先行きについて約束をし、金融緩和効果を高めることについては、それを評価する声が強かった。ゼロ金利政策の場合にはそのような約束による長めの金利に働きかける「時間軸効果」はわかりやすいものであったが、量的緩和政策のもとでは、この約束が具体的にどのような効果なのか必ずしも明確ではなかった。植田委員は、これについて「リザーブ5兆円でも景気が良くなって来れば必要準備が増えてくるから金利は上がり出すかもしれない。そのような可能性を念頭に置いているとすれば、全部ゼロと約束してしまったほうが強い」（植田委員）と述べている。

もっとも、先ほど述べたように、量的緩和政策への移行が厳密な量へのシフトではなく、実質的なゼロ金利ということで金利の低下をもインプライしていた。したがってこの場合も、金利についてはコールレート（オーバーナイト物）の低下が想定されるとともに、時間軸効果としては、より長めの金利の低下につながるということを念頭に置いていた。実際、強力な時間軸効果として、イールドカーブ全体の低下が挙げられている。もっとも量的緩和が期待インフレに働きかけるとすると、武富委員の指摘にあるように、量でのコミットメントが長期金利の低下につながるのか定かではないという面もあった。

コミットメントの強さについては、それまでの「『デフレ懸念の払拭』という表現は、やや曖昧であったかもしれない」（速水総裁）ということで、それを強めることには合意があったが[4]、それをどの程度とするかについては議論があった。安定的にゼロ％となるまで（速水総裁など）とプラスになるまで（山口副総裁など）との間で議論があり、結局は妥協案に落ち着き、量的緩和政策を「消費者物価指数（除く生鮮食品）の前年比上昇率が安定的にゼロ％以上となるまで継続する」ということになった。

また、この政策を採用した時点では、コミットメントが満たされるまで、量をターゲットとする政策の枠組みを用いることを決めたのであって、その間、約束が満たされるまで量のターゲットを減らすことはあり得ないということまでコミットしたわけではなかったが、その点についての議論はなかった。

金利と量の両方を狙った政策であるため、そのどちらの効果をより重視するかで将来混乱を生じさせる可能性が残った。実際、後の出口において量の削減をめぐって混乱を引き起こす一因となった（第5章参照）。

2　量的緩和政策の現実

⑴　当座預金残高ターゲットと短期金利の推移

量的緩和政策への移行後約10日で審議委員になった私は、政策担当者という立場で、量的緩和政策の試みに最初から関与することになった。日銀当座預金残高目標は、まずは所要準備預金額プラス１兆円から始まり、その後、順次増額され最終的には、そのターゲットは30～35兆円まで拡大された。この間、具体的な金融緩和政策については第１章で述べたので繰り返さないが、短期金利―無担コールレート（オーバーナイト物）―は、移行当初こそ大きく変動したが、ほとんどゼロ金利となった（第１章の図１－７、表１－１を参照）。

このような量の拡大、短期金利の低下と安定性は、当初想定していたものよりもかなり大きいものとなった。所要準備を超える額を金融機関がゼロ金利の日銀当座預金に大量に置いておくとは想定しにくく、量的緩和政策への移行時だけでなくその後も目標未達懸念があったからである。また、量的緩和移行にあたって、「無担保コールレート（オーバーナイト物）の変動は、日本銀行による潤沢な資金供給と補完貸付制度による金利上限のもとで、市場に委ねられることになる」「資金需給が逼迫する際にはある程度上昇[5]」とされた。

にもかかわらず、なぜ当座預金残高目標を増やせたのか。また短期金利が低位安定化することになったのか。もちろん量的緩和政策のもと、経済物価情勢がなかなか改善せず、目標額が次々と拡大されたということがあるが、量の面では、需要の増加と供給の両面での様々な工夫があった。また、供給の工夫が需要を増やしたという側面もあった（須田［2002a］、［2003b］参照）。

(2) なぜ当座預金残高のターゲットを増やせたのか――供給側の対応

供給側としては単に需要増に応えていたということではなく、政策目標を達成すべく、金融調節面から様々な対応を図ってきた。金融調節を実際に担当する者にとって「量」を指示どおり供給することが至上命題となるが、オペが札割れを起こすことなく実行できるかどうかが大きな関心事となる。量的緩和政策移行後のオペにおける札割れの発生状況をみると（第5章図5－3参照）、2001年5月にかなり発生し、その後、02年1～4月にかけて特に多く、また02年の夏場についてもかなり札割れが発生した。このような札割れに対して、長めのオペが札割れ防止に寄与するのではないかということで、01年5月に手形買入れオペの期間を3カ月から6カ月に延長した。また、オペ入札金利の刻みをすべてのオペについて1／100％から1／1000％に引下げた。

さらに2002年10月には、手形買入れオペの期間を6カ月から1年に延長し、03年10月には国債現先買入れオペの期間も1年まで延長した。この間、期間延長を利用した長めのオペを多用する一方で、手形の売出しオペを利用し、だぶつき気味の短期資金を吸収するという、いわゆる「ツイスト・オペ」も行った。

このようなオペの工夫は、サブプライム問題が発生し、欧米の中央銀行が流動性の円滑な供給という課題に直面したときに、参考になった。実際、日銀では1年の資金供給オペまで執行部に授権されていると言ったとき、元FRB理事に驚かれたことがある。サブプライム問題が生じた後、日本銀行の対応が他の主要先進国に比べて消極的だとのコメントが聞かれたが、一つには量的緩和政策のときにすでに多くのオペ手段が用意されていたことがあった。

もう一つは、長期国債の買入額の増額だ。長期国債買切りオペは準備預金との代替性が相対的に低いことなどもあり、円滑な資金供給のための有効な手段と位置づけられていたので、当初は当座預金のターゲットを引上げる際には、一緒に長期国債の買入金額を増額した。量的緩和政策へ移行したときには、長期国債を毎月４０００億円購入していたが、２００１年8月、12月、02年2月、10月に、それぞれ２０００億円ずつ増額、毎月１・２兆円の買入れとなった。

福井総裁時には量的緩和を強めても国債の買入れは増加せず、量的緩和政策採用の間、毎月１・２兆円の国債買入れがピークとなり、年間では14・４兆円という規模であった。２００３年度において国債の新規発行額は36・４兆円なので、そのうちおおむね40％に相当する額を日本銀行が購入した。

量的緩和政策では、当座預金残高が重要である。何を買うかは実際に資金供給オペを担当する市場調節課のメンバーにとっては札割れするかどうかという観点から関心があっても、それは量の効果を論じるときの関心事ではないはずである。ここでの長期国債買入れの位置づけから、その評価は資金を供給をする上で役立ったかどうかで評価されるべきである。

日銀における長期国債買入れ方法は、買入対象先が日銀に売却する際に希望する利回りから日銀が定める基準利回り（日本証券業協会が前日に公表した各銘柄の利回り）を差引いて得た値を入札に付してコンベンショナル方式（日銀にとって条件の良いものから優先的に選択する方式）により買入れる方式である。したがって、どの程度の期限の国債が売却されるかについて選択するのは売り手であり、日銀は受身である。つまり、国債の売り手が売りたい年限、市場よりも有利な条件で売れる年限のものを日銀のオペに入れることになる。

どの程度の年限のものが入るか、日銀はふたを開けてみなければわからないということであるが、結果的には残存期間の短いものを売りたい、売ったほうが有利だと思う参加者が多かった。残存期間が短かったことを批判的に取り上げている向きもいるが、そうであるから量を供給するのに苦労したということではない。

(3) なぜ当座預金残高のターゲットを増やせたのか——需要要因

いくら日本銀行が資金を供給しようとしても、需要側にニーズがなければ、資金は供給できない。当座預金残高目標の引上げに見合って需要が増えた背景としては、一つは金融システム不安の台頭である。金融システム不安が高まって、預金が流出するかもしれないとか、短期市場から資金が取れないかもしれないといったような懸念を抱くと、金融機関は主体的に当座預金に資金を積んでおこうとする。市場等で余資を運用していると、いざ現金が必要なときに迅速に対応できない可能性があるからだ。金融システムが安定化し、ペイオフ解禁を迎えられるような状況になるまで、このような資金需要は続いた。

金利の刻み幅が小さくなりほぼゼロまでの金利低下は、収益と費用を比較したら、余資を運用するよりも金利ゼロの当座預金に積んでいたほうがよい、という消極的な需要を増加させていった。短期金融市場で資金運用しても十分に収益が上がらない一方で、運用にはコストがかかるからだ。コールレート（オーバーナイト物）が、０・００１％まで低下している状況では、仮に１００億円をオーバーナイトで運用しても、金利収入は２７３円しかないという話であって、それでは人件費はおろか、電話代や日銀ネット使用料といったコストすら賄うことができない。それなら当座預金に積んでおいたほうが収益がマイナスにならなくてよい、という判断につながった[6]。

また、金利の付かない当座預金に積んでおくことがプラスの収益をもたらすという奇妙なことも起こった。外銀の円転コストがマイナスとなった場合だ。これは想定以上に資金供給ができた理由の中で無視できない要因であった。外銀の円転コストは、外銀がドルを調達するコストとそれを為替スワップ等で円に転化するコストを合計したものだが、通常、これは邦銀の円貨調達金利と同じになるはずだ。しかしながら実際には、外銀の円転コストを求める場合、（無担保の場合の）ジャパンプレミアムや需給要因の影響を考慮に入れる必要がある[7]。

日本では資金が余剰であるため、邦銀の円調達金利がそもそもかなり低かった上に、邦銀に対するジャパン・プレミアムやさらに需給要因も外銀の円調達コストを低下させる要因としてしばしば働いてきたため、外銀の円調達コストの加重平均はマイナスでの推移が続いた[8]（図4－1参照）。したがって、円転コストのマイナス幅が大きくなると、外銀の当座預金残高が増えるという傾向があった。つまり、マイナス金利で資金調達できるので、短期市場に金利がほとんど付かないという状況であれば、ゼロ金利の当座預金に置いておいたほうがよいことになる[9]。

オペに参加することのメリットも高まった。一般に市場取引においては、買い手と売り手の主観的な「便益」の等価交換が成立しているはずだ。しかし、金融調節の場合には、日本銀行の便益は「もうけ」ではなく「豊富な資金を円滑に供給すること」にあるので、市場価格に比べれば参加者に有利な価格が成立する可能性、つまり一種の補助金が参加者に与えられることがあるということだ。それが資金供給オペに参加する誘因となる。資金供給量を増やしていく試みにおいて、この補助金を大き

図４－１　円転コストと無担保コールレートの推移

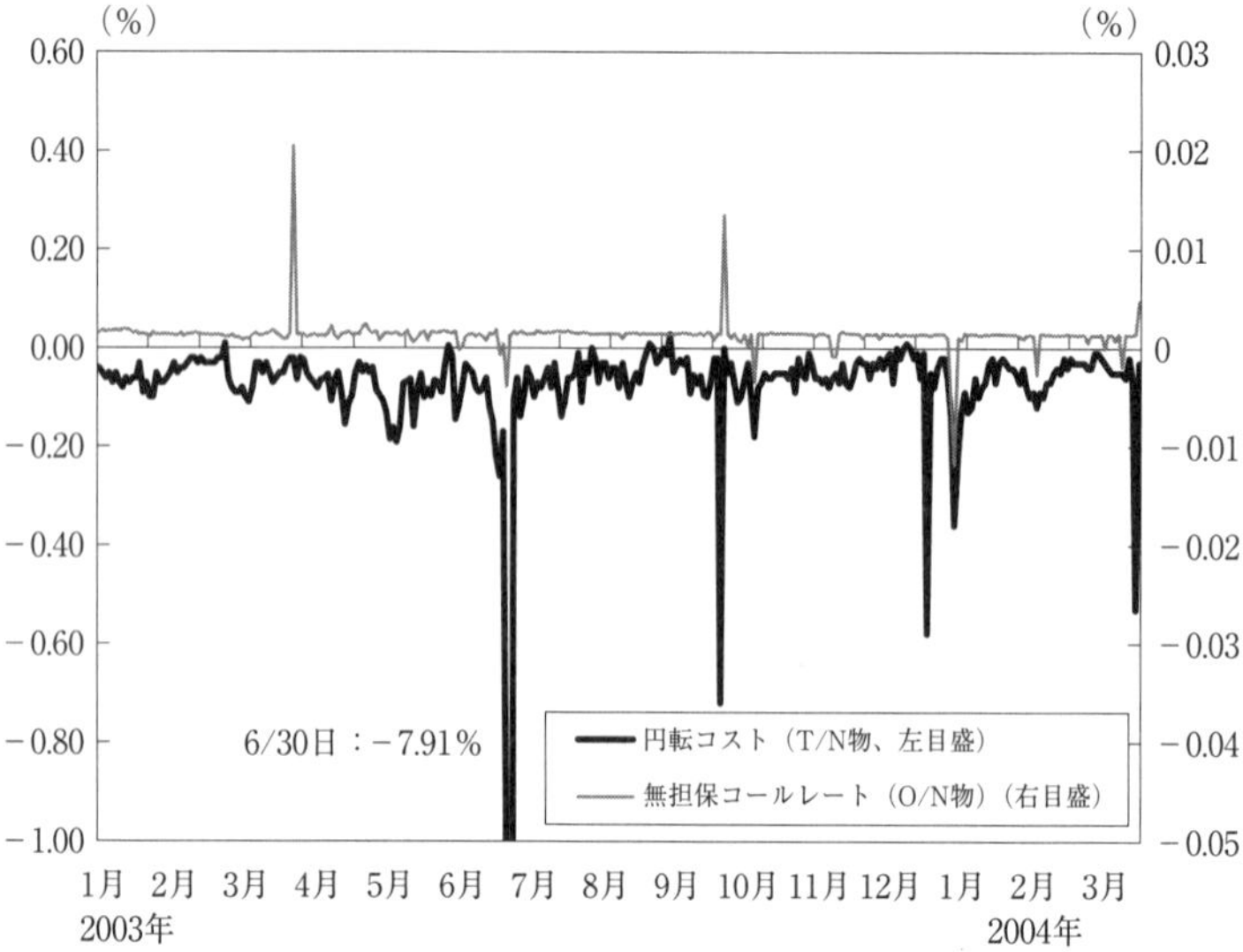

注：円転コストは、ドル資金の調達金利およびフォワード・スプレッド（直物為替レートと先物為替レートの差）をもとに試算したもの。
出所：日本銀行「2003年度の金融調節」2004年５月

くすれば、資金需要が高まり資金供給量を増やすことが可能になるという理解ができていった。

　短期金融市場の機能の低下も当座預金需要増に結びついていった。日本銀行がその機能を代替していったからだ。ゼロ金利が採用されたときにコール残高が減少し（図4－2参照）、市場機能が著しく低下した。したがって、量的緩和政策に移行するときに市場機能の維持が議論されたことは、前述のとおりである。

　もっとも、量的緩和政策移行後、金利が限りなくゼロに近づくにつれ、コール市場の残高、特に無担コール残高は減っていった。一方でオペを工夫し、日本銀行は長めのオペを打つようになっていったので、金融システム不安が拭い去れない状況では特に、金融

図4－2　コール市場残高（残高合計）

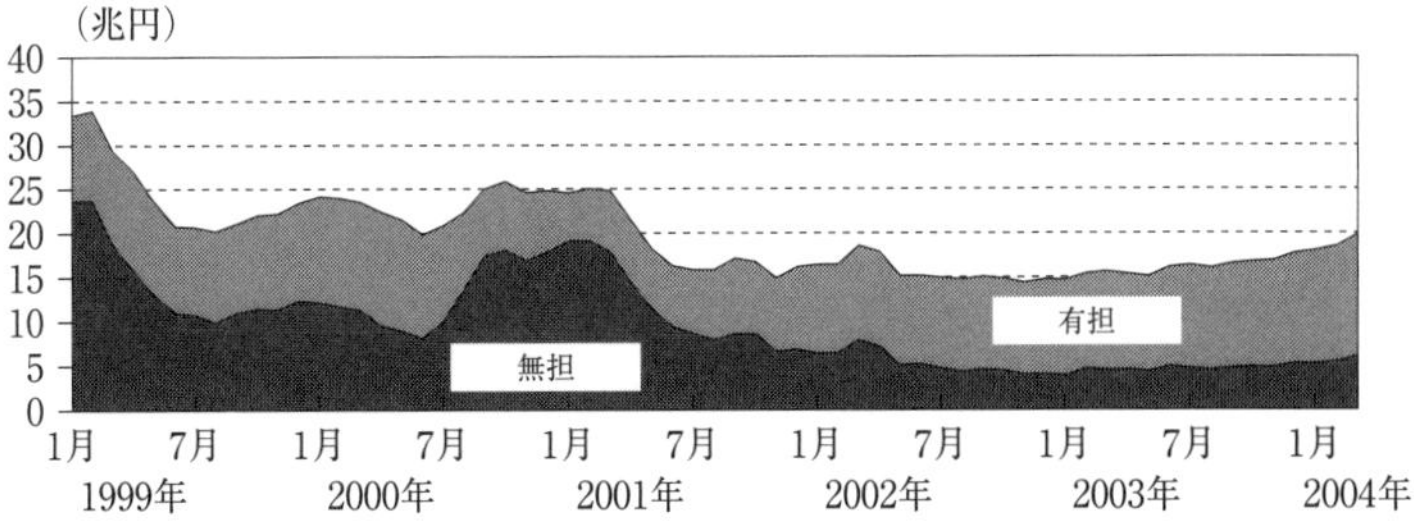

注：有担コールは、ブローキング分とディーリング分（出し手ベース）との合計。
出所：日本銀行「2003年度の金融調節」2004年5月

機関は市場で資金を調達するのではなく、まず日本銀行のオペに参加して、長めの資金をとるようになった。要するに、コール市場の資金の仲介機能が、日本銀行にシフトしていったということだ。民間金融機関の資金需給に合わせて日銀がオペを打つため、短期金融市場の残高が減少し、日銀の当座預金残高が積上がることになった。

以上のような供給面の工夫と需要面の要因が相俟《あいま》って、当初の想定以上の当座預金残高目標の増大にもかかわらず、それに合わせて資金供給を増やすことが、比較的スムーズにできた[10]。

(4)「なお書き」の使われ方

金利が低位安定化したことは、市場機能の維持という当初の狙いとは異なる結果をもたらした。その背景には、先に述べたようにオペ金利が1000分の1刻みになった後、2001年9月6日にコール市場での取引金利の刻み幅が0・01%刻みから0・001%刻みへ細分化されたことによって、無担保コールレートが一段と低下（0・001〜0・003%）したことがある。それに加えて、「なお書き」の運用とその受け止め方が、量的緩和政策移行時に想定していた扱いとは異なったことがある。

なお書きについては、前述のとおり、短期金利が一時的に許容範囲を超えて跳ねた場合（量的緩和政策移行時の政策誘導金利を超えた場合）に資金供給量を増やして、マーケットを鎮めるということを想定していた。ところがなお書きが実際に発動されたのは、期末対応の場合を除くと、最初は、2001年9月の米国における同時多発テロの直後であった。その次は02年3月だが、このときはペイオフの一部解禁の直前であった。また、同年4～5月にかけては、銀行のシステム障害への対応として、それから03年の3月～4月にかけては、イラク問題等国際政治情勢の緊迫化に対して、なお書きを発動した。

このように、なお書きを発動したときの状況をみれば、結局、大きなショックに対しての施策として、かなり大量に、かなりの期間、資金供給を増やすということになった。それに加えて同時多発テロ直後の9月の決定会合では、資金需要が見通せないことから当座預金目標は6兆円を上回るとされた。そのようなディレクティブが12月の会合まで続けられた。

量的緩和政策とはいえ、このように量に柔軟なディレクティブとなれば、当然ながら、金融調節を行う執行部としては、量を供給する基準として、金利水準を意識せざるを得なかったのではないかと思われる。実際、量の目標に上限をつけていないときには、ゼロ金利政策とどうちがうのかという疑問を生じさせることにもなった。たしかに、大量に資金を供給した結果、金利は跳ね上がらずに済んだといえるだろうが、その場合は非常に低い金利が意識されるため、当初考えていたように、金利が変動し、許容範囲以上に金利が跳ねた場合に、なお書きを発動するということにはならなかった。

このような経験の積み重ねから、市場は、日本銀行は単純に当座預金残高を目標にしているだけではなくて、短期金融市場において継続的に金利をゼロ%近辺に維持することにも強くコミットとしていると認識することとなった。量的緩和政策への移行時には純粋に量へのシフトではなく、実質的なゼロ金利という部分が意識されていたことは前述のとおりであるが、結局その後も量へのシフトをより強めるということにはならず、ゼロ金利の安定化が意識され続けることになってしまった。また、そのような認識が金利の安定化につながった。

3　暫定的な評価

(1)「量」の影響

以上説明したように、日銀が採用した量的緩和政策は、単に量にコミットしただけでなく、「実質的なゼロ金利プラス時間軸効果」と「量」の影響とが合わさったものであった。したがって、この量的緩和政策を評価する上では、ただ量の効果だけを取り上げるのではなく、金利の効果も含めて考える必要がある。しかし、政策を具体的に考えていく上では、金利が下げ止まったときに量を増やす効果がどの程度あるのかなどを考える必要があり、量の効果と金利の効果を分けて評価する必要があった。

「量」の影響としては、前述したように、期待に働きかける効果とポートフォリオ・リバランス効果とが考えられていた。期待に働きかける効果については、金融政策の打止め感を回避できたという意味では何がしかの影響を与えたと思うが、量が経済主体の行動に与える影響が定かでない状況では、その期待への効果は限定的なものにならざるを得ない。

ポートフォリオ・リバランス効果については、資産市場にある程度効果が出ていたといえる。当時、先進国の流動性拡大が新興国へ影響を与えたという議論はしばしば聞かれた。金融のグローバル化が進展している中、政策効果は海外への影響も含めて評価する必要がある。実際、海外で円建てでの借入れが増えているとの声が聞かれたし、流動性が本支店勘定を通じて海外に流出したことは国際収支からも見て取れる。

ただ、それが量自体の効果なのか、ゼロ金利によるより高い収益を求めた投資行動の結果なのか、その区別は難しい。私自身は、量そのものの積上げが先に述べたような資金需要を背景にしていることを考えると、ポートフォリオ・リバランス効果は、ゼロ金利による影響のほうが大きいのではとの見方を次第に強めていった。つまり、量自身のポートフォリオ・リバランス効果については、私はあまり積極的には評価できなかった。

「ゼロ金利の状況下ではマネタリーベースの増加と供給手段の多様化、それに中央銀行が何を買うかは、市場参加者の将来の金利に関する期待形成を変化させることがない限り、経済の均衡に影響を与えることはない。ゼロ金利の状況下では量的緩和は無効である」という有名な論文もある。(11) とはいえ期待は幅広くとらえることが可能なので、その評価は難しいといわざるを得ない。

量的緩和政策について日銀の政策委員会としての評価は2005年4月の展望レポートで行った。それは、「潤沢な資金供給は、金融システムに対する不安感が強かった時期において、金融機関の流動性需要に応えることによって、金融市場の安定や緩和的な金融環境を維持し、物価下落が企業収益の下落などを通じて経済活動の収縮を招くリスクを回避することに大きな効果を発揮した。さらに、こうした『約束』は、ゼロ金利の継続予想を通して低利での資金調達を可能とし、企業収益を下支えるとともに、投資採算の改善をもたらした」という評価であった[12]。

実証分析についてみても実感に合ったものが多かった。鵜飼（2006）のサーベイによると、「実質的なゼロ金利プラス時間軸効果」の部分については、短中期を中心にイールドカーブを押下げる効果が明確に確認されている。

また、日銀当座預金残高の供給増も時間軸効果を補強した。実際、当時、追加緩和をすると、残高の増大が出口を遠のかせ、時間軸の強化につながるとの見方がしばしば散見された。このような見方は今日でも見聞きする。

他方、長期国債オペの増額が金利のリスクプレミアムを低下させる効果はみられなかったとある。「量」のポートフォリオ・リバランス効果、つまり民間金融機関保有の流動性の増大あるいはマネタリーベースの増大がポートフォリオ・リバランスを生じさせる効果については、効果がなかったか、あるいはあっても効果は小さかったとのことであった。たとえば量的緩和政策採用から3年間の国内銀行のバランスシートの変化をみてみると、日銀当座預金残高は増えているものの、国債を含む有価証券投資と貸出しの合計は減少している。

実体経済への影響については、量的緩和政策の効果はゼロ金利以上の効果をもたらしたものの、多くの場合、総需要や物価を押上げる効果は限定的ということだった。

鵜飼のサーベイ後の実証分析では、プラスの効果を認める分析も出てきている。Honda, Kuroki and Tachibana（2007）によると、当座預金残高目標へのショックは生産や株価にプラスで有意の影響を与えるが、消費者物価への影響はないというものであった。

いずれにしてもゼロ金利のもとで「量」を増やすことの効果についてそれだけを取り出して評価す

ること、とりわけそれが期待に与えた影響を抽出することは困難であった。量的緩和政策実施中、私自身、「量」そのものの効果については金融システムの安定化には効果があった、またそれ以上何らかの効果はあるかもしれないという目線でこの政策をみていたが、後者については金融市場、経済物価の動き等をみながら、先ほど述べたポートフォリオ・リバランス効果を含めて限定的にとらえるようになった。金融システム安定化以上の効果は不確実であって、あるとしても非常に小さくて確認できない程度であったということだ。

とはいえ、その効果は経済環境に依存するところも大きいので、ここでの評価は、2001年から06年までの日本での経験の暫定的な評価ということである。この経験だけからゼロ金利下で「量」を増やすことの効果について結論を出すことは、時期尚早であるように思う。

(2) 金利効果も含めたポートフォリオ・リバランス効果が限定的であった理由

量的緩和政策では国債の買切りオペ増大の効果は定かではないものの、強力な時間軸効果があるもとで、国債保有に伴う金利変動リスクと流動性リスクは、かなり抑制されることとなった。また、金融面にストレスがかかった時期においても、期末・年末越えの金利上昇を抑制し、金融機関による国債投資のための安定的な資金調達環境を実現してきた。

このように、量的金融政策は、金融機関などが中長期国債に投資しやすい環境を醸成し、大量の国債発行が円滑に消化されることに大いに貢献してきた。量的緩和政策はポートフォリオ・リバランス効果を期待する一方で、国債以外への投資のシフトという意味でのリバランスに対してはブレーキをかけてきたともいえる。

また、ポートフォリオ・リバランスが進まないのは、その他資産の予想収益率の低さもさることながら、リスク許容度・リスク選好度が低くなっていることや先行きに対する不確実性がリスク性資産への投資を躊躇させた要因であったと思われる。

つまり、将来生じるかもしれない予想外の損失を吸収するバッファーである自己資本が必ずしも十分でないという判断が経済主体にあった。また、不確実性については、グローバルな経済構造の変化、構造改革、少子高齢化、財政再建など大きな困難がある中で、様々なショックが発生し、不確実性が高まった。その評価能力も備わっていなかった。

不確実性には、起こり得る結果とその確率がわかっているとみなせる場合から、確率が客観的にわからない場合、さらには、どのような結果が生じるかさえわからない場合まで、様々な場合がある。そして、事前に確率分布がわかっている場合でも、[13]不確実性の評価も十分できず、それ以上の不確実性に直面すると身動きが取れなかったということもあったと思われる。

(3)　量的緩和政策のコスト

量的緩和政策が本来の意図とは異なり市場機能を阻害したことはすでに述べたが、それ以外にも副作用はあった。2003年9月にFSAP13の最終報告書FSSA14が公表されたが、[14]その中には「日銀による量的緩和策は銀行システムの安定性に貢献してきたが、一方で低金利が問題企業の利払いを容易にさせ、銀行の不良債権処理への取り組みを遅延させた。イールドカーブのフラット化が銀行収益増を困難化させた。十分な流動性と資金調達コストの低下が脆弱な銀行を支えた面もある」という記述がある。また、「低金利がコール市場における活動を大幅に低迷させ、ディストレスのサインの早期発見を困難に」しているとの指摘もある。第6章で指摘するように、量的緩和政策を採用したときに、構造改革や不良債権処理を進めることが大事との認識が示されたが、その一方で量的緩和政策がそれを阻害する要因を含んでいたことは皮肉であった。

私もＩＭＦが指摘するようなコストの認識はあったが、政策担当者としてもっと気になったコストは、量的緩和政策そのものの問題ということでなく運営上の問題、つまりゼロ金利がいつまでも続くという期待を生じさせることで、内外でのバブルの一因になることであった。量的緩和政策を景気回復下でも強化し続ければ、量的緩和政策の解除における調整コストが大きくなる可能性が大きいという認識もあった。

金融システムが安定化し、景気も緩やかな回復途上にあった金融経済情勢に照らして、当座預金目標の引上げは効果よりも副作用のほうが大きくなっているというのが、２００３年後半以降の私の評価であった。したがって景気判断が上振れ気味である中で、それ以降、量を増やすという政策委員会の決定を認めることはできなかった。04年1月は最後の追加緩和が行われたが、この会合では、(1)景気は標準シナリオのおおむね範囲内であるが上振れ気味であること、(2)短期金融市場は安定していること、(3)金融システム不安はかなり後退し、当座預金需要が減る兆候もみられること、(4)金融市場調節上のテクニカルな問題はないことなどから、私は量の拡大に反対した[15]。

２００４年1月の決定会合では、反対意見を述べる際にそれだけでなく「量的緩和政策の軸足を量拡大から波及メカニズムの強化に移すことが望ましい」と付け加えた。たとえば、コールレートを０・００１％のレベルまで下げ、かつ安定的にしておく必要があったのかという点については、短期金融市場機能の低下を鑑みると、疑問もなくはない。これについて、私は実体経済の回復度合いに見合ったわずかな金利を容認することが必要ではないかという考えを次第に強めていった[16]。

短期市場ではやや奇妙な現象が起こっていた。通常は資金余剰であれば金利が下がると考えられるが、市場では逆のことが起こっていた。つまり、資金不足の月のほうが資金余剰の月よりも日銀が資金供給オペを大量に行うと市場が予想するため、市場に安心感が生まれる。そうすると資金をとり急がないため、金利が下がる傾向がみられたのだ。

本来、所要準備額が６兆円程度に対して30～35兆円も資金供給をしていたので、短期金融市場が機能していれば個々の金融機関の資金過不足調整は市場に任せておけばよいし、金融機関の間の資金偏在が金利に影響を与えるとも思われない。しかし短期金融市場が機能しなくなり、日銀がその役割を代替せざるを得なくなったためにこのようなことが生じたわけである。私はこれ以上、短期金融市場の機能を低下させないために、できることなら金利機能をわずかでも回復させることが必要ではないかと思っていた。

あるエコノミストが、「３カ月物金利が０・００４％から０・００８％に上昇した」と海外で説明したら「それを金利上昇というのか」と腹を抱えて笑われたというエピソードを紹介している[17]。私自身、短期金融市場は政策の舞台なので短期金融市場を虫眼鏡でみていた。しかし、そういった外国人の反応にも耳を傾ける必要がある。つまり、０・０１％以下でのこの程度の短期金利の上下については大騒ぎすることなく、冷静に受入れることも必要ではないかということであった。

30～35兆円も資金を供給していたので、短期金融市場で資金を運用して儲かるような金利が付くのは稀だが、日本銀行は金利を潰すような金融調節は避けて、金利のシグナル効果が少しでも発揮できるようにすべきではないかとの思いが強まっていった。

【注】

(1) 補完貸付制度における公定歩合（後には基準貸付利率）の適用については、当初、1積み期間に5営業日までとあったが、2003年3月25日（福井総裁の最初の臨時会合）より「当分の間、すべての営業日を通じて公定歩合による利用を可能とする」とされ、それは今日まで続いている。なお、それまでも、金融経済情勢を勘案し、01年9月16日～10月15日の間はその限度を5営業日から10営業日に、02年3月1日～4月15日の間はすべての営業日に公定歩合を適用するよう期間を拡大した。市場の安定化に懸念がある場合にはそれに応じて補完貸付制度の使い勝手を調整していた。

(2) 三木委員は「ボラタイルになった時に今の公定歩合の0・25％が今度はロンバート型貸付によるキャップになるが、その間で振れることもあり得る」「誘導金利は0・15％に持ってきたわけだから、それ以下で市場金利に任せることだということをはっきり外に対してわかるようにしておかないといけないと思う」と述べている。

(3) 篠塚委員は2月28日の決定会合で長期国債買入れを増額する提案を行い、否決された。

(4) 「どのような緩和政策を打ち出すにせよ、(1)その継続期間に関するコミットメントを明確に行うことで、いわゆる『時間軸効果』を狙うことが必要である点、および(2)ゼロ金利政策下において採用された『デフレ懸念の払拭が展望できるような情勢となるまで』という表現よりも明確なコミットメントが望ましい点、において、おおむね認識が一致した」（3月19日議事要旨）。

(5) 2001年3月19日声明文、新しい金融調節方針Q＆Aを参照。

(6) 金利が付いていた時代には、金融機関は、金利が付かない日銀当座預金をいかにして必要最小限にとどめるかという運用を行っていた。そういう技術が資金繰りの担当者には求められていた。運用の得手不得手が資金運用者の評価にも結びついていた。もっとも、運用をしようとしても十分な収益が得られない、それどころかむしろコスト割れするのであれば無理に運用せず当座預金に積んでおけばよいということになり、少々収益機会が発生してもみているだけということになりかねない。金利があるときには、地方銀行なども東京でそういう資金運用を行っていたが、次第に東京から人もいなくなり、運用の技術も落ちてしまった。このような市場の担い手の減少は市場の流動性、市場機能の低下につながり、望ましいことではない。

(7) 日本銀行金融市場局（2004）、同（2005）を参照。

(8) たとえば2003年6月末ごろ、円転コストが大幅にマイナスになったが、これは、(1)外債投資の拡大、(2)予想外のFOMCの結果を受けて、ドル金利先安感やドル相場先安感に基づくポジション調整の巻き戻し、(3)外銀の四半期決算期末に向けたドル資金調達圧力の高まりが原因ではないかとの指摘が多く聞かれた。

（9）外銀の中にはリスク管理上、資金集中を嫌う傾向があり、日本銀行についても例外ではない場合がある。つまり、日銀の当座預金に資金を集中させることを嫌い、リスク分散のため、短期市場に資金を放出する。その結果、短期市場においてもマイナス金利が発生することもあった。

（10）植田（２００１）は、「金融政策は、緩和方向では短期金利がゼロになるまで発動可能だ。ゼロになってしまえば、短期金融市場でのそれ以上の資金供給の影響は、ほとんど消滅する。あるいは資金供給の試み自体が、札割れと呼ばれる現象に直面し、難しくなる」と述べている。

（11）Eggertsson and Woodford（2003）pp.140–233．このモデルも当然様々な前提がある。たとえばポートフォリオ・リバランス効果がもともと機能しないモデルとなっている。たとえこの効果があってもたいしたことはないというのが彼らの結論だが、それに反対する学者も当然いる。

（12）２００３年10月の展望レポート（背景説明）では、「量的緩和政策のもとでの潤沢な資金供給は、流動性懸念の払拭や長めの金利も含めた金利や信用スプレッドの低位での推移など金融市場の安定や緩和的な企業金融の環境を維持することに寄与し、実体経済に対してしっかりとした下支え効果を発揮している」と記されている。

（13）ナイト（１９２１）はこの場合をリスクと定義しているが、本書でのリスクは「はじめに」で述べているように、もっと幅広い。馬場（２００１）を参照。

（14）ＦＳＡＰ、Financial Sector Assessment Program（金融セクター評価プログラム）は、ＩＭＦ（国際通貨基金）が世界銀行等と協力してＩＭＦ加盟国の金融システム全体を総合的に評価するもの。ＦＳＳＡは、Financial System Stability Assessment（金融システム安定性評価）の略であり、ＦＳＡＰの結論を要約した報告書。

（15）２００３年10月の会合では、量の上限のみを引上げる議案に対しても、景気判断や短期金融市場の安定を前提とすると現状維持が適当などの意見を述べ反対した。

（16）須田（２００４d）を参照。

（17）加藤（２００４）を参照。

第5章　出口戦略の位置づけ

日本のようになかなか物価が下げ止まらない経済においては、緩和政策は一般に望ましいと考えられるので、その副作用を重視したり、長い目で見て経済物価の変動が大きくなるといった懸念を示すと、足許の状況を指摘しつつ、批判的な評価を受けることが多々あった。しかし金融政策の副作用は非連続的に表れる可能性があるものであり、アグレッシブな政策をとるときには特にその出口戦略を考えておく必要がある。ここでは緩和策を引締め方向へ第一歩踏み出すところから「出口」をとらえる。その先に本当の出口を市場は見通すようになるからである。

今日の先進主要国の金融緩和は非常に強力であり、出口（イグジット）は非常に難しいと思われる。それに比べれば強力とはいえないが、この章では非伝統的な金融政策であった量的緩和政策からの出口でさえ大変であったことを示すことにしたい。また、異例の措置であった企業金融からの出口についても言及するとともに、これらの経験をもとに、現在の量的な緩和からのイグジットに向けて、グローバルな観点も視野に入れていくつか指摘しておきたい。

1　量的緩和から金利の世界へ

(1) 出口条件の明確化：2003年10月10日

時間軸の揺らぎをもたらしたVaRショック

量的緩和政策からの「出口」を市場が意識し始めたのは2003年8月ごろ、つまり、6月から8月にかけて発生した長期金利の急騰――いわゆるVaRショック――のときであった。長期金利急騰のきっかけの一つは、世界的なディスインフレないしはデフレへの過度の懸念が後退したことであった。日本銀行の金融経済月報「基本的見解」の冒頭表現は、5月には「先行き不透明感が高まっている」であったが、6月にはこの記述が削除された。

こうした中、超長期債の増発懸念もあって国債入札が不調に終わり、それを契機に、0・4％まで下がっていた長期金利に行き過ぎ感が台頭した。金利上昇に伴いボラティリティも上昇し、金融機関のリスク量が増大し、損切りやポジション調整で長期金利が急騰した。金融機関のリスク量が許容範囲――VaRで計測――を超えたことが、売りを加速させたといわれている。VaRショックと呼ばれる所以《ゆえん》である。

特に8月半ば以降は、第2四半期GDPをはじめ、経済指標に予想を上回るものが増え、景気回復に対する見方が改善した。その上、中旬に出された6、7月の決定会合の議事要旨で、市場が期待した日銀の金利上昇抑制姿勢を確認できず、市場の時間軸に対する見方に揺らぎが生じた（図5－1参

図5－1　ゼロ金利継続期間

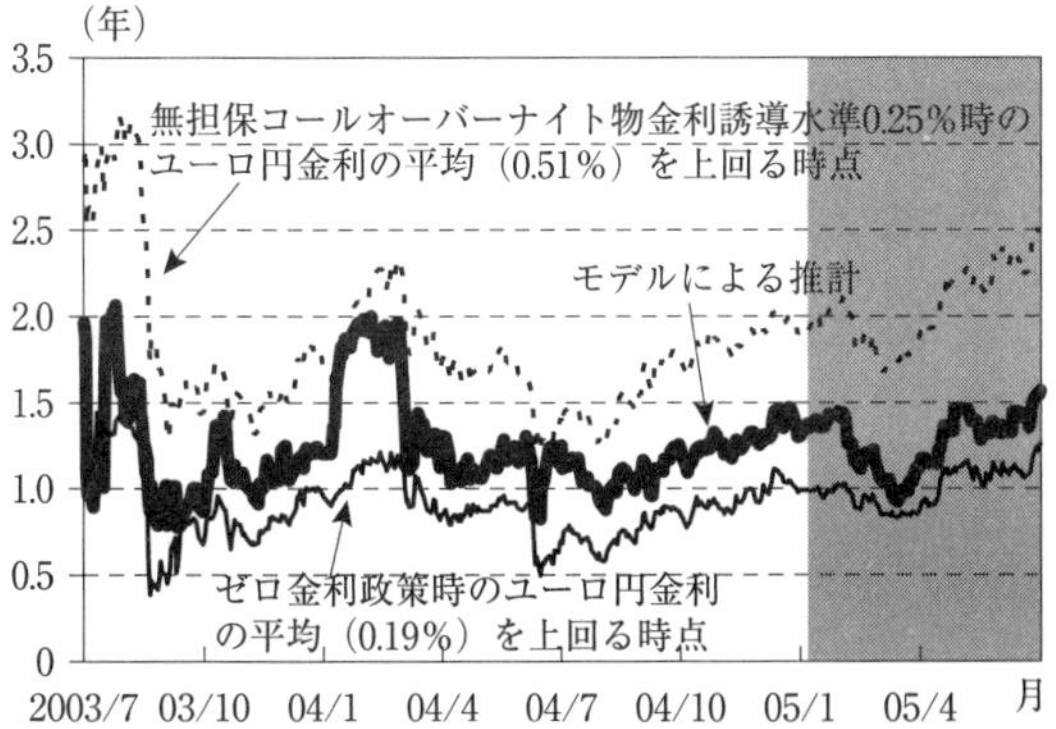

出所：東京金融先物取引所、日本証券業協会、日本銀行金融市場局「金融市場レポート―2005年前半の動き―」2005年7月

照)。コアCPI対前年比のマイナス幅が減少したこともあって、量的緩和の解除をリスクシナリオとして意識したり、量的緩和の解除を金利上昇要因として材料視する向きもみられた。

このような市場の反応をみて、出口を論じるのは時期尚早であり、議事要旨は市場が落ち着き気味のときの会合要旨であることを認識してほしいという思いもあったが、このショックは市場は先走るので、早めに物事を考え示していく必要があることを実感させるものとなった。

量的緩和政策持続のコミットメントの明確化

マスコミの報道も過熱気味であり（図5－2参照）、金融政策の透明性を2003年10月10日に強化することになった。「日本銀行として重要なことは、量的緩和政策の解除は現行の条件にしたがって行うことを明確化するとともに、解除の判断基準となる景気や物価についての見方を市場に丁寧に説明する一方で、市場の声に耳を傾け、市場との間に認識のギャップができるだけ生じな

図５－２　量的緩和政策解除に関するマスコミ報道と金利の推移

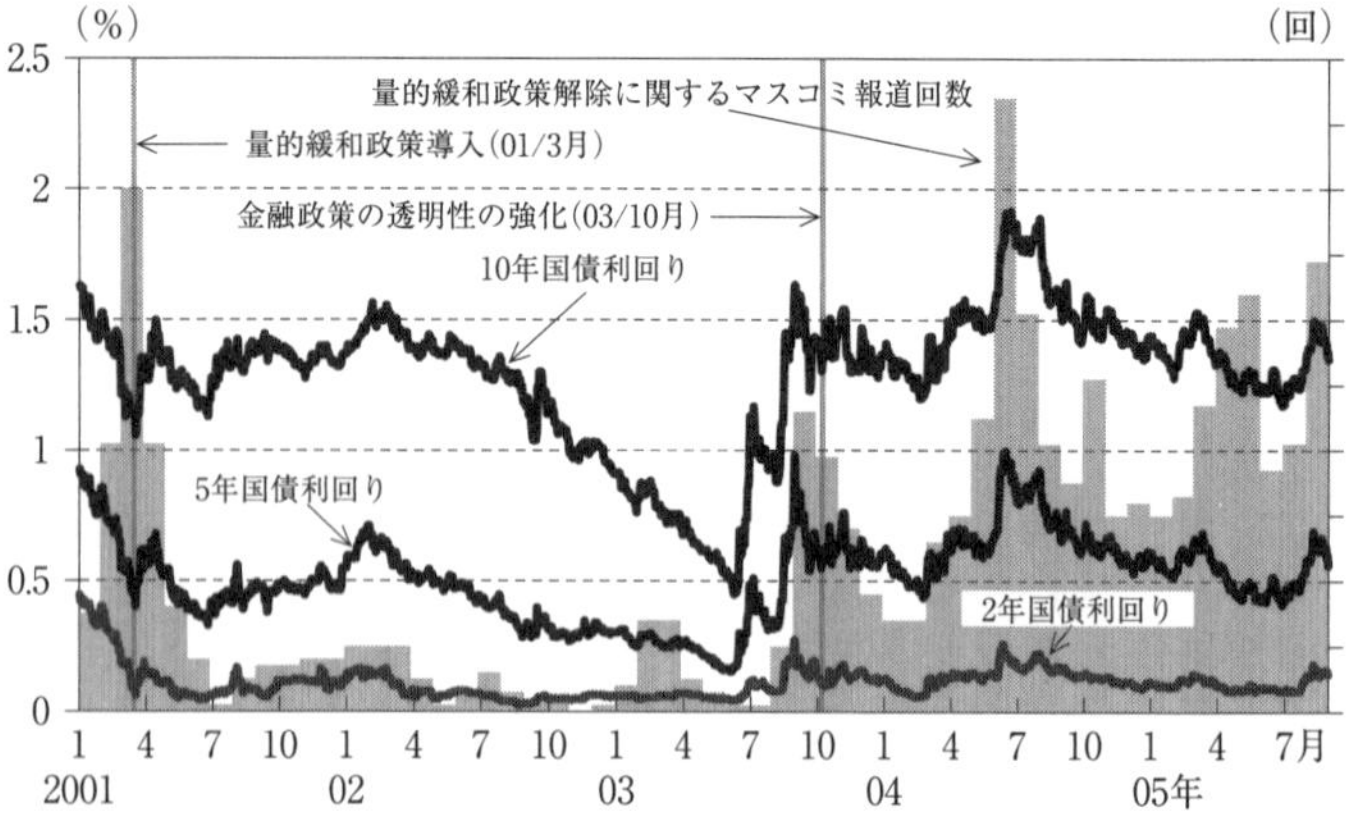

出所：須田（2005c）

いようにしておくことである。この点については、このコミットメントを明確化した昨年（２００３年）10月に私自身が強く意識したこと」だった[1]。

10月の透明性の強化はいくつかの項目から成るが[2]、ここで取り上げるのは、量的緩和政策の継続の条件である「消費者物価指数（全国、除く生鮮食品）の前年比上昇率が安定的にゼロ％以上となるまで」の明確化である（表５－１参照）。金融政策は先行きを見通しながら行うのが普通であるが、今回は足許のデータも条件とすることにした（第一条件）。

これは明確なコミットメントになるが、物価の公表の遅れに加え、物価は実体経済から1年程度は後ずれする遅行指数であることから、ハードルが高すぎることにならないか、気になった。そこで、解除が遅くなりすぎるリスクが小さいことを理論・実証分析でラフではあるが確認した。

第二の条件では、「政策委員の多く」の意味に関心が集まったが、政策は多数決で決定されることから、展望レポートの中央値（9人中5番目の数値）が注目される

表５－１　量的緩和政策継続のコミットメントの明確化

第一に、直近公表の消費者物価指数の前年比上昇率が、単月でゼロ％以上となるだけでなく、基調的な動きとしてゼロ％以上であると判断できることが必要である(具体的には数カ月均してみて確認する)。←＜第一条件＞ 第二に、消費者物価指数の前年比上昇率が、先行き再びマイナスとなると見込まれないことが必要である。この点は展望レポートにおける記述や政策委員の見通し等により、明らかにしていく。具体的には、政策委員の多くが、見通し期間において、消費者物価指数の前年比上昇率がゼロ％を超える見通しを有していることが必要である。←＜第二条件＞ こうした条件は必要条件であって、これが満たされたとしても、経済・物価情勢によっては、量的緩和政策を継続することが適当であると判断する場合も考えられる。

出所：日本銀行「金融政策の透明性の強化について」2003年10月10日

こととなった。

この二つの条件が満たされたときには基本は持続的な経済成長が予想されていると考えられるが、その蓋然性については定かではないので、この二つの条件で機械的に出口へというわけにはいかない。この点について私は「解除の条件はこれでよいと考えており、物価上昇が雇用・所得の増大や堅調な消費を伴った景気の自律的かつ持続的な回復によるものであるかどうかを見極めていきたいと思う」と記している。ただ数字については、「数字の上ではプラス０・１％でもよいと思っている」と言及した[3]。

なお、このような透明性の強化によって時間軸が明確化した１年半程度の金利は低下したが、発表そのものが長期金利全体に与えた影響は限定的であり、市場はこれを冷静に受け止めた（図５－２参照）。なぜならば、ひとつには、金融政策については、まだ追加緩和が行われるような環境にあったからである。つまり、経済情勢は上方修正という状況であったので、私は賛成しなかったが、この10月10日には、ターゲットの上限だけを引上げ、次の年の１月には最後の追加緩和を賛成多数で決定した（第４章）。

もう一つは、10月31日展望レポートでは委員のコアＣＰＩ見通しは、２００３年も04年もともに大勢見通しがマイナス圏にあったからである。つまり、この条件のもとでも「足元の金融経済情勢では、解除の条件がそろうようなタイミングが予見できるような状況には至っていない[4]」との認識であった。

(2) 量的緩和政策解除時期に関する市場との対話：2004〜05年

出口はいつどんなときか

出口条件の明確化後は、条件が適切であるかどうか、また、出口条件を満たすのはいつか、をめぐって、委員会内外で活発に議論が行われた。

金利が上昇すると特に、それまでのコミットメントでは不十分として、第二条件の引上げやインフレーション・ターゲティングの導入の議論などが行われた[5]。ボードメンバーの中にも、出口の条件の明確化は全会一致で決めたものの、その後条件をもっと厳しくしたほうがよいとする者も複数いたが、私は出口のハードルを高くすることには反対であった。ゼロ金利がずっと続くとの予想による金融不均衡の蓄積を懸念したからだ。

実際、円キャリー・トレードが話題に上がっていた。外国のファンドによる不動産投資活発化と不動産ミニバブルが生じているとの声も聞かれた。不確実性が高い中、漸進主義が望ましいと考えており（第7章参照）、あとで急いで金利を上昇させなければならない状況を避けるためには、少し早目にベビーステップ（最短の歩幅）で出口に踏み出すことが必要というのが私の考え方であった。

また、解除条件の達成時期をめぐっては、以下で示すように、出口に関する情報発信に伴い、出口は時期尚早といった牽制発言が多く聞かれた。「解除へ前のめりの日銀」との指摘もあった。そうした中、出口までは市場との対話を続けたが、次第にいつ、どのような方法でイグジットするのか、よ

表5－2　FOMCステートメントの変化：2003～04年

FOMC ステートメント 公表日	FFレート 誘導目標	ステートメントのポイント
2003/3/18	1.25% (変更なし)	・イラク情勢をめぐる不確実性を考慮し、リスク・バランスに関する判断を留保。
03/5/6	1.25% (変更なし)	・リスク・バランスにおいて景気と物価のリスクを初めて書き分けて記載（望ましくないインフレ率低下の可能性がインフレ率上昇の可能性よりやや大きいと評価）。
03/6/25	1.00% (▲0.25%)	・FFレート誘導目標を0.25％ポイント引き下げ（1.25％→1.00％）
03/8/12	1.00% (変更なし)	・当面の金融政策に関して「金融緩和を相当の期間維持可能（"...policy accommodation can be maintained for a considerable period"）」と指摘。
03/9/16、 03/10/28	1.00% (変更なし)	同　上
03/12/9	1.00% (変更なし)	・リスク・バランスにおける物価の評価を変更（望ましくないインフレ率低下の可能性は、インフレ率上昇の可能性とほぼ同一と評価）。
04/1/28	1.00% (変更なし)	・当面金融政策に関して「金融緩和の解除に辛抱強くなれる（"...it can be patient in removing its policy accommodation"）」と指摘。
04/3/16	1.00% (変更なし)	同　上
04/5/4	1.00% (変更なし)	・リスク・バランスにおける物価の評価を変更（物価安定に関するリスクは均衡してきたと評価）。 ・当面の金融政策に関して「金融緩和は慎重かつゆっくりとしたペースで解除され得る（"policy accommodation can be removed at a pace that is likely to be measured."）」と指摘。

注：ステートメントの邦訳については個人的に行ったもの。
出所：FRB FOMC Statements. 須田（2004a）

り具体的な姿を市場から求められるようになり、対話は簡単ではなかった。

出口を考える際に、FEDの利上げをめぐっての対話方法を意識した。つまり、FEDは2004年6月30日から利上げへ転換したが、それはスムーズに行われた。表5－2はそこに至るまでのFOMC声明文の変化を示したものである。イグジット前の市場との対話は必ずしもうまくいっていたわけではなかったが、イグジットは対話を通じて織り込まれていった。[6] そのときの対話から学ぶことがいくつかあった。

一つはいかに市場に利上げを織り込ませるか、その重要性であり、次にその後の引締めのスピードについても情報発信すること、そして重要な局面ではボードメンバーがワンボイスで対話をするということであった。日銀は政策委員が出口論について様々な意見を述べており、市場の見方も様々という状況であったので、考えさせられた。

ただ、そのとき日米の環境の差も感じた。デフレ下にあって、財政赤字問題を抱えている日本では政府や国会から反対論が出やすいが、米国では表立ってＦＥＤ批判が聞かれない――もっともリーマン・ショック後の批判は尋常ではなかったが――ので、米国をうらやましく思った。

もう一つは会合間の長さの違いであった。米国は年8回しか会合がなく、日本では当時年16回と、米国の2倍開催されていた。そろそろイグジットというような状況になったとき、次回までの期間に様々な情報が出てそれを消化できる期間がある米国の場合とちがって、日本では新たな情報がそれほどなく、またその消化が十分でないときに次の会合を迎えることになり、市場の判断もより幅があるものになる可能性があったのだ。

展望レポートを通じての情報発信

２００４年4月の展望レポートでは、「デフレ克服の展望と金融政策運営」という小見出しをつけ、「経済には前向きの循環が働き始めており、物価についても需給ギャップが着実に縮小を続けるもとで、前年比のマイナス幅は縮小してきている」「デフレ克服の可能性が高まっていくと考えられる」とし、デフレ脱却を視野に入れ始めていることをみずから示した。

その後、04年10月の展望レポートでは、２００５年度のコアＣＰＩの見通しの中央値がプラス０・

１％となったので、05年度内に「金融政策の枠組みを変更する時期を迎えるか否かは明らかではない」「物価が反応しにくい状況が続いていくのであれば、余裕をもって対応を進められる可能性が高い」とした。また「市場参加者が金融政策の先行きを予測する上で参考になる基本的な判断材料を適切に提供していく」と付け加えた。

これに対して市場の、当面量的緩和政策の解除はないとの認識は変わらなかった。コアＣＰＩの見通しの数字は織り込み済みで、また当時景気減速感が強かったからだ。ただ、枠組み変更に伴いなるべくサプライズをなくそうとしている姿勢、金利のボラティリティを高めないようにしようという姿勢は伝わったのではないかと思う。

当時の私の発言も「量的緩和政策解除後の金融政策については、基本的には『漸進主義』が望ましい。金融政策正常化のプロセスでは、政策の効果がどこに出ているか、マーケットの反応や世間の受け止め方はどうか、経済の情勢判断が正しいかどうかを確かめながら、政策を運営するほうが望ましい」というものであった[7]。

２００５年４月の展望レポートでは、コアＣＰＩ上昇率見通しについて05年度はマイナス０・１％に下方修正されたが、06年度はプラス０・３％となったことから「今回の経済・物価見通しが実現することを前提とすると、２００６年度にかけてその（解除）可能性は徐々に高まっていくとみられる」とした。

２００５年９月の高知県での金懇（須田［２００５ｃ］）では、挨拶で「今のところ、量的緩和政策の解除の時期が近づきつつあるとみています」と述べたことに対して、記者会見（須田［２００５ｂ］）でその意味することを問われ、「簡単に申し上げれば、私がいる間にそういうことが起こるかもしれないし、起こらないかもしれないということが答えである」と返答したことが注目された。私の任期は06年3月末であったので、それは半年程度で量的緩和政策からのイグジットがあり得るということを示唆したからである。

この発言に対しては早期の可能性示唆というように報道され、円金利先物の上昇の要因とされた。次の日に記者会見した福井総裁（2005）は、「2006年度にかけてということになると、『かけて』という意味は2006年度に入る以前の段階を全く否定していない。しかし、2006年度以前の段階に確実に、とも言っていない」と、より明確な言いぶりであった。この9月にはたまたますべてのボードメンバーが発信したこともあって、解除に向けた地ならしとのコメントも見受けられたが、情報発信の日程、特に金懇の決定は支店やその地域の事情もあるのでかなり前に決定しているので、戦略があってこのようなことになったということではなかった。

2005年10月の展望レポートではコアCPI上昇率の見通しの中央値は上方修正され、05年度はプラス0・1％、06年度はプラス0・5％となった。出口に向かっては、4月の記述から「徐々に」を除き、「展望レポートの経済・物価見通しが実現することを前提とすると、現在の金融政策の枠組みを変更する可能性は、2006年度にかけて高まっていくとみられる」とした。

(3) 量的緩和政策の評価と解除に向けての具体的な論議

量的緩和政策を解除する前に、みずからその政策を評価することが必要である。量的緩和政策の私なりの評価と政策委員会としての評価は第4章で示したとおりである。

イグジットが視野に入りつつあった2005年10月の展望レポートでは、05年4月に示した評価、つまり、潤沢な資金供給の効果とゼロ金利継続の「約束」の効果を再度述べた後、「現在では、金融システム不安は大きく後退している。また、物価が下落から上昇に転じるとの見方が増加し、市場参加者が予想する量的緩和政策の継続期間も短縮しており、その結果、やや長めの金利形成において「約束」の果たす役割は徐々に後退する方向にある。そうしたもとで、量的緩和政策の経済・物価に対する刺激効果は、次第に短期金利がゼロであることによる効果が中心になってきている」ということで、量的緩和政策の効果が減衰していることを示している。

量的緩和の解除の具体的な方法については、内・外部で活発な議論が行われ、市場には私の発言も含めてノイズとの声もあがった。ワンボイスをという思いもあったが、実際はそうはならなかった。政策委員会やオープンの場で議論をしつつ具体的なプロセスの仕方をつくり上げていったため、それもやむを得ないことであったと事後評価している。

札割れをめぐる論議

約束している資金供給量を維持できるか、維持すべきか。２００５年４月にペイオフ完全解禁で資金需要が減少すると想定される中、04年の終わりごろから再び札割れが頻発し（図５－３参照）、量の維持をめぐって活発に議論が行われることとなった。当然ながら、まずは執行部の機動的な資金供給やオペ期間の長期化などの工夫で対応した（図５－４参照）。しかし、執行部に任せて済む問題ではなかった。

量を減らす議論が台頭したのは04年12月であった[8]。ペイオフ解禁を契機として金融市場の流動性不安が後退していく中では、枠組みは堅持しつつ、市場の資金の余剰度合いに応じ徐々に当座預金残高

図5－3　資金供給オペの札割れ回数計の推移

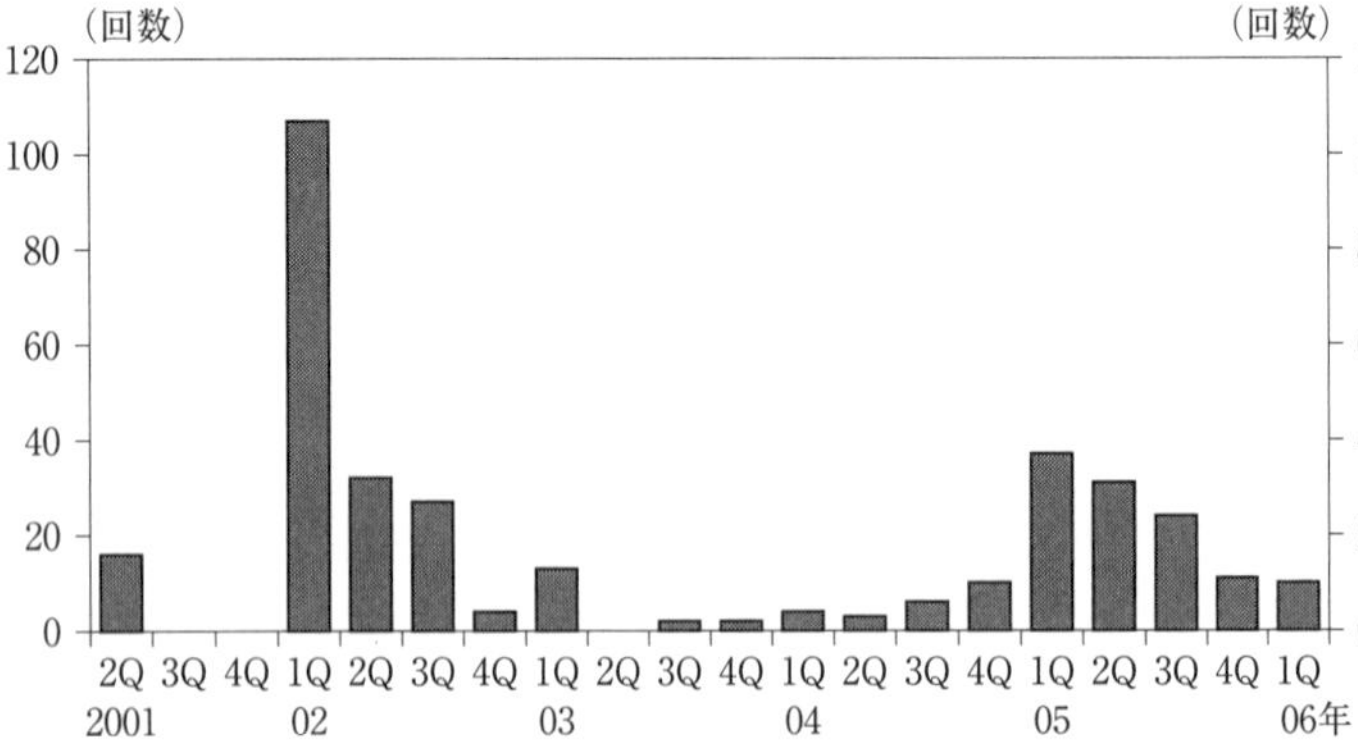

出所：日本銀行金融市場局「2005年度の金融市場調節」2006年5月

目標値を減額することも考えられるのではないかとの発言があった。このような考え方に対して賛否両論があったが、ディレクティブを変えない場合でも、資金供給量が目標を下振れる場合にどうするかという問題が残った。

私はこの問題を05年2月に函館で開いた金懇（須田「2005d」）でとりあげた。それを要約すると、以下のとおりである。

まず、量の目標を守るために長期国債の購入量を増やせばという声に対しては、金融機関がもはや従来ほどには流動性を必要とせず、金融機関側がオペの取捨選択をしている状況では、長期国債買入れオペ自体は札割れすることはないとしても、その他のオペが札割れすることが考えられ、根本的な解決策にならない。さらに中央銀行のバランスシート上、流動性負債（日本銀行券、日銀当座預金残高）に比べ、長期の資産を持ちすぎると、流動性を吸収する正常化の過程で長期の資産を売却せねばならず、市場への影響等を勘案すれば調整を難しくする可能性がある。

先に述べた当座預金残高の引下げ論については、これまで当座預金残高目標の引上げについて、金融市場の安定確

図５－４　短期資金供給オペの平均期間

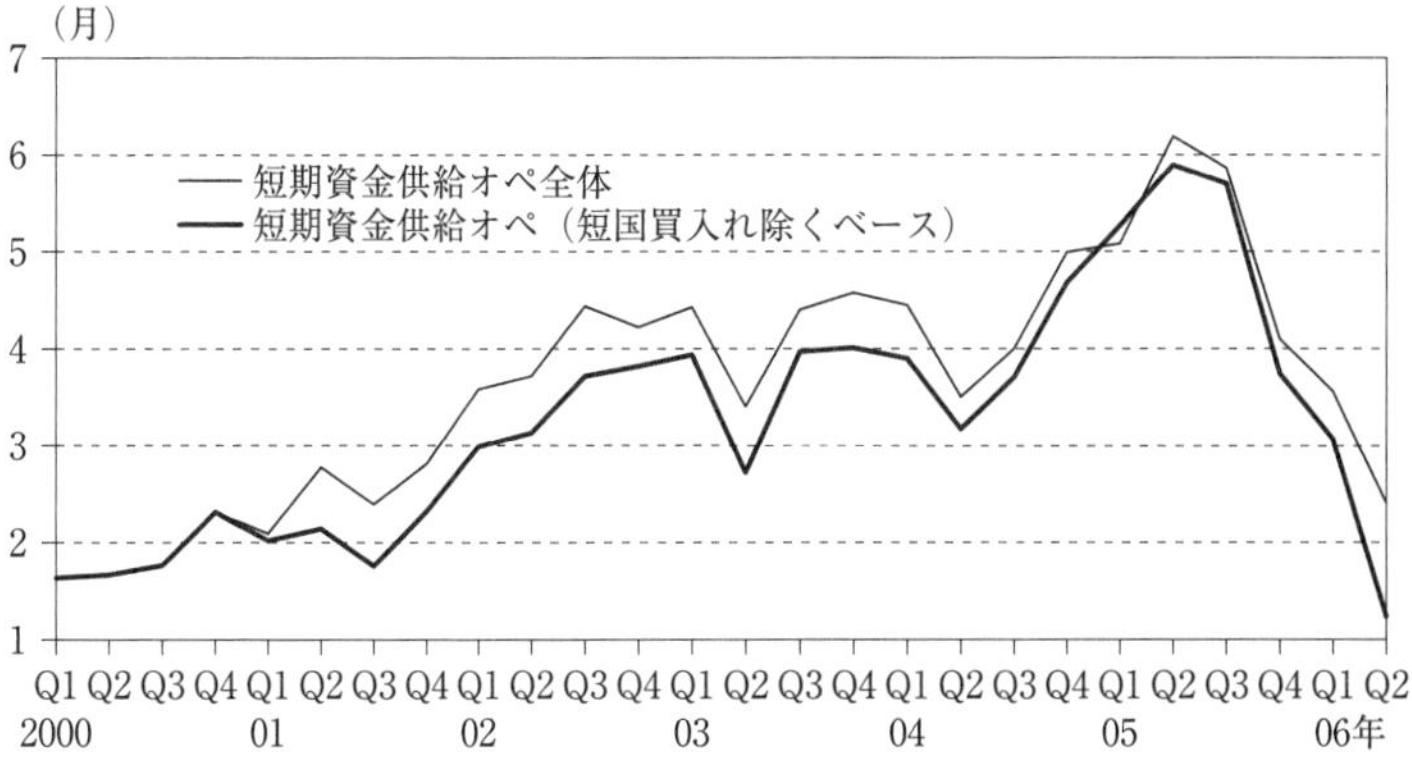

注：１．「短期資金供給オペ全体」とは、各四半期中にオファーされた、①手形買入れ、国債レポ（国債買現先、国債借入れ、短国買現先）およびCP等買現先の期間と、②短国買入れにおいて実際に買入れた銘柄の残存期間を、落札金額で加重平均したもの。
２．「短期資金供給オペ（短国買入れ除くベース）」とは、上記①の各オペの期間を金額をウエートとして加重平均したもの。
３．2006年Q2については、4/28日時点でオファーされているオペのデータを用いて計算。
出所：日本銀行金融市場局「2005年度の金融市場調節」2006年５月

保とそれを通じた景気回復を支援する効果を念頭に置いた「金融緩和である」という説明を行ってきたこともあり、目標の減額の可否については、減額に対する内外市場や国民の受け止め方と減額による市場機能の改善の程度を比較考量する必要がある。その大小関係はその時どきの経済・金融環境などによって異なってくる。

政策目標の削減が実際には容易ではないとすると、現在の当座預金残高目標の維持を図りつつも、オペによる資金供給が難しくなったときに、一時的に当座預金残高が目標を下回ることを認める必要がある。当座預金残高目標を維持した上での、まさに技術的な対応だ。

当時の資金需給動向をみると、金融機関の当座預金ニーズが減退している中で、国債発行の増加や税収の増加といった政府の要因で日々の振れが過去に比べて大きくなっていた。資金余剰感が増大しているもとでのこうした状況を勘案して、オペによる資金供給が難しくなったときに、資金需給の振れに伴う一時的な目標レンジ割れを認めるというような技術的な対応が少なくとも必要だと考えた。

金懇では技術的な対応の内容については述べなかったが、その後の記者会見では、「これはいわゆる『なお書き』で対応すべきだという認識をお持ちであるという理解でよいのか」と問われた。「具体的にどのようになるかということについては、政策委員会においてボードメンバーで議論して決めるということであり、それも一つの考え方であると思うが、決してそれだけを考えているわけではない」と答えた。私としては他のボードメンバーの発信を意識しつつ、「なお書き」だけでなく目標値に含まれている「程度」で読めるレベル感など、文字どおり、いろいろなことを考えつつ考えを決めていこうとしていたが、真意がうまく伝わらなかった記者会見であった。

この問題は新聞紙上でも指摘した。(9) 量的緩和政策のもとで日銀のバランスシートが膨張し、コール市場が縮小し、自然な金利形成が阻害されている。このような状況下で「オペ対象となる長期の資産をさらに増やしてまで目標を守るべきであろうか。持続的な成長軌道という最終目的を見据え、それへの円滑な移行という長期的な観点からの調整コストや市場機能を損なうコストと、量を減らすコストとをその時点で比較考量して判断すべきではないかと思う」「量を減らしても、それ自体が経済に影響を与えることにはならないと思われる。もちろん、量を減らすコストを考える際は、そのときの金融経済情勢も重要な要因であることはいうまでもない」と述べた。

この問題について結構悩んだのは、私はもともと量の拡大に反対しており、可能であれば不必要な量は減らしたいという思いがあったからだ。

好景気が続くが物価がなかなか上昇せず出口が遠いという状況のもとで、札割れが続く場合には、資金需要が落ち込んでいるからということが伝わりやすいと思われるので、減額の可能性は否定しないものの、引締めといわれたりマネタリストによる批判も考えられ、引上げに反対してきた私にとっても減額へのハードルは低くはなかった。

なお、政策目標の達成が難しいという問題への対応策として、頭の体操としては、オペに応じやすくするために、資金供給期間の1年以上への延長、オペでのゼロ金利（マイナス金利）導入、当預付利なども考えたが、資金の振れが大きいということがあるので、いずれも本質的な対応策にならない、出口を難しくする、市場機能の阻害といった理由があって、本気で考えることはなかった。

実際には、２００５年第１四半期は経済が踊り場的な状況であったこともあって、「程度」で対応した。このような結果に対して、この間の様々な情報発信をノイズとか肩透かしとのコメントもあった。札割れの問題が再度深刻になったときに「なお書き」で対応した（05年5月）。

目標とする量の削減は、２人の審議委員が主張し続けたし、場合によってはそうしなければならない可能性も意識していたが、イグジットが近いとの認識が高まるにつれて短期のイールドカーブが立ち、札割れが減るようになって、技術的な理由での対応の必要性はなくなっていった。

05年10月の展望レポートでは、05年初以降大幅に長期化したオペレーションの期間をいくぶん短期化しても、当座預金残高目標の達成が可能となっており、これは金融市場において自然な価格形成がある程度回復することに寄与したと指摘した。前出図５－４にみられるような短縮化は、出口において量を短期間でスムーズに削減することを可能にする。量を減らすのに時間がかかるのであれば、政策目標を金利に変更する（量的緩和政策を解除する）前にあるいはそれと同時に量の削減についても何らかの目標ないし目途の設定が必要になることも考えられたが、その必要性も減少した。

解除の具体的プロセスをめぐって

２００３年10月の出口条件の明確化以降、公の発言においても多かれ少なかれ出口に言及することになった。その具体的なプロセスについて、私は04年4月の時点で、「市場機能回復に向けてのリハビリの必要性などから、解除に向かって第一歩を踏み出してから実際に解除し終わるまで、ある程度時間が必要だと考えている」「今後とも市場に安心感を与えていくためには、技術論も含め、市場に誤解を生じさせないよう、適宜適切な情報発信を心がけることが必要だと考えている」と述べている(10)。

量の削減、ゼロ金利、利上げのプロセスについて、04年7月22日、福井総裁は講演（２００４a）後の質疑応答で、イグジットの具体的姿を問われて、丁寧に説明した後、「非常に過大に供給している流動性をどう吸収するかという部分と、金利を経済の実態に見合った水準まで引上げていくという部分と、技術的には二つの側面を合体して考えていかなければならない」と述べたことが注目された。市場は量的緩和解除から利上げまでの間にゼロ金利をはさむとの認識であったが、この発言がゼロ金利期間短縮化へつながり、上昇気味の長期金利を一時的に大きく上昇させた一因との声も聞こえた（前出図５－２を参照）。

量的緩和政策は、それが長く続いたがゆえに、その解除はビッグイベントととらえられるのもやむを得ない。それを冷静に受け止めてもらうためには、それが非連続的な変化ではないことを指摘することで、これが大きな変更ではないことを認識してもらう必要が大いにあった。量の意味は金融システムが安定化した後はその効果は限定的なものであって、それを減らすことの影響はほとんどないと考えられた。したがって、量的緩和の最後はゼロ金利のもと、時間軸効果がなくなっていくので、量的緩和解除の最初は誘導目標が量から金利へ変わるが、その時点での変化はほとんどないということをわかってもらう必要があった。

この点について私は２００５年9月の高知金懇での記者会見（須田［２００５b］）で、以下のように述べている。

「時間軸のない単なるゼロ金利状態が量的緩和政策の最後の時点だ。量的緩和政策の解除とは、そこが出発点となり、『量』のたくさんあるゼロ金利から、ただ政策のディレクティブを『金利』に変えるということだけである」「『量』がたくさんあるゼロ金利から出発して、量的緩和政策の解除の『着地点』ではゼロ金利ではないところに行くというのが、私にとって量的緩和政策から出て行くということの意味である」

このような説明をしたのは、まずは量的緩和の解除、それからゼロ金利の解除、と二段階の解除を考えると、金利のある世界に到達するのにハードルが高くなりすぎるので、それは避けたいという思いがあったからである。そのような考えを維持できたのは、量の削減にそれほど時間がかからないという認識を持てたからでもあった。

枠組み変更後のプロセスについても、05年10月の展望レポートでは、「きわめて低い短期金利の水準を経て、次第に経済・物価情勢に見合った金利水準に調整していくという順序をたどることになると考えられる」と概念整理を行った。

(4) 量的緩和の解除と「新たな金融政策の枠組み」の導入

解除の時期を模索

出口が次第に具体化してくると、政府・与党からの牽制発言も強まった。他方、2006年2月9日の決定会合後の福井総裁の記者会見(福井[2006])で、「1月分の指数は、これまでの数字に比べ、よりはっきりとしたプラスになっていくと見込んでいる」「次回会合以降こうした経済全体を見据えた指数の判断は、より重要になっていくと考えている」と述べた。それまで解除時期は4月に収斂しつつあったが、市場は早期化の可能性を意識するようになった。また2月23日福井総裁が国会答弁で、判断に至ればただちに解除(条件が整えばただちに解除)と発言した後、政府から容認発言が出るようになり、3月解除説が広がった。3月3日に1月コアCPI上昇率が公表され0・5%となったので、3月解除がほぼ大勢となった。

今回はゼロ金利解除の時のように議決延期の提案がなされないように執行部は政府との対話もしっかりとした。ボードの考え方を理解してもらうことが重要であり、福井総裁をはじめとして政府との対話力が政府による容認につながった一因だと思う。

2006年3月8~9日の決定会合で、「日本経済は着実に回復を続けている。先行きも、息の長い回復が続くと予想される。物価面では、消費者物価指数の前年比はプラスに転じている。先行きプラス基調が定着していくとみられる」とし、「約束」の条件は満たされたと判断した。そして金融政策の誘導目標を当座預金残高から金利に戻し、「無担保コールレート(オーバーナイト物)をおおむねゼロ%で推移するよう促す」とした。

当座預金残高の削減は、数カ月程度の期間を目途としつつ、短期金融市場の状況を十分に点検しながら進めていくとするとともに、長期国債の買入れについては、当面は、これまでと同じ金額、頻度で実施するとした。また補完貸付についても、適用金利、利用日数に関して上限を設けない臨時措置を据え置いた。この中で、量を増大させるときに増額してきた長期国債買入れを減額しないとしたことも、解除が冷静に受け止められた一因だとみている。

極力非連続的なことが生じないように余裕を持って対応できると示すことができたのも、円滑な出口が可能となるようにかなり前から出口論をオープンで議論し、事前にオペの短期化などを含めて準備できたからだと思う。

「新たな金融政策運営の枠組み」の導入

出口が近づいてくると、金融政策の先行きについて、新たな道しるべをどう構築するかも課題となった。インフレーション・ターゲティング議論も浮上し、物価安定の数値化が一つのテーマであった。物価安定の数値化に積極的なメンバーと、私のように時期尚早という考えのメンバーとがいた。この双方の見解を調整し、どうすれば数値化ができるか、いずれ数値化は避けて通れないだろうという判断の中で、お互いに歩み寄っていき、できあがったのが「中長期的な物価安定の理解」であった。

公表された数値はボードメンバー次第という意味で組織決定されたものではない。それは、それぞれがそれぞれの判断で中長期的な物価安定と理解する数値を持ち寄り、9人の和集合として示したものである。これをわかってもらうのには時間がかかると思ったが、このような新しいものであるから

表5－3　新たな金融政策運営の枠組み（2006年3月導入）

・**「物価の安定についての明確化」**　日本銀行としての物価の安定についての基本的な考え方を整理するとともに、金融政策運営に当たり、現時点において、政策委員が中長期的にみて物価が安定していると理解する物価上昇率（「中長期的な物価安定の理解」）を示す。こうした考え方や理解を念頭に置いた上で、金融政策運営を行う。

・**二つの「柱」に基づく経済・物価情勢の点検**　金融政策の運営方針を決定するに際し、次の二つの「柱」により経済・物価情勢を点検する。

　第一の柱では、先行き1年から2年の経済・物価情勢について、最も蓋然性が高いと判断される見通しが、物価安定のもとでの持続的な成長の経路をたどっているかという観点から点検する。

　第二の柱では、より長期的な視点を踏まえつつ、物価安定のもとでの持続的な経済成長を実現するとの観点から、金融政策運営に当たって重視すべき様々なリスクを点検する。具体的には、たとえば、発生の確率は必ずしも大きくないものの、発生した場合には経済・物価に大きな影響を与える可能性があるリスク要因についての点検が考えられる。

・**当面の金融政策運営の考え方の整理**　以上二つの「柱」に基づく点検を踏まえた上で、当面の金融政策運営の考え方を整理し、基本的には「経済・物価情勢の展望」において定期的に公表していく。

出所：日本銀行「新たな金融政策運営の枠組みの導入について」2006年3月9日

こそ、私も数値を出すことができたともいえる（第8章参照）。

　このとき導入した「新たな金融政策運営の枠組み」は、⑴中長期的にみて物価が安定していると各政策委員が理解する物価上昇率（「中長期的な物価安定の理解」）を数値で示すなど、「物価の安定」について明確化し、⑵二つの「柱」に基づく経済・物価情勢を点検し、⑶当面の金融政策運営の考え方を整理する、の三つで構成されている（表5－3参照）。この⑴については其の後、物価安定目標に変わったが、二つの柱で点検して金融政策運営の考え方を整理するという枠組みは、黒田総裁下でも変わっていない。

　なお、この第二の柱では、「具体的には、たとえば、発生の確率は必ずしも大きくないものの、発生した場合には経済・物価に大きな影響を与える可能性があるリスク要因についての点検が考えられる」とし、「金融不均衡の蓄積」

図５－５　日銀当座預金残高と無担O/Nコールレート

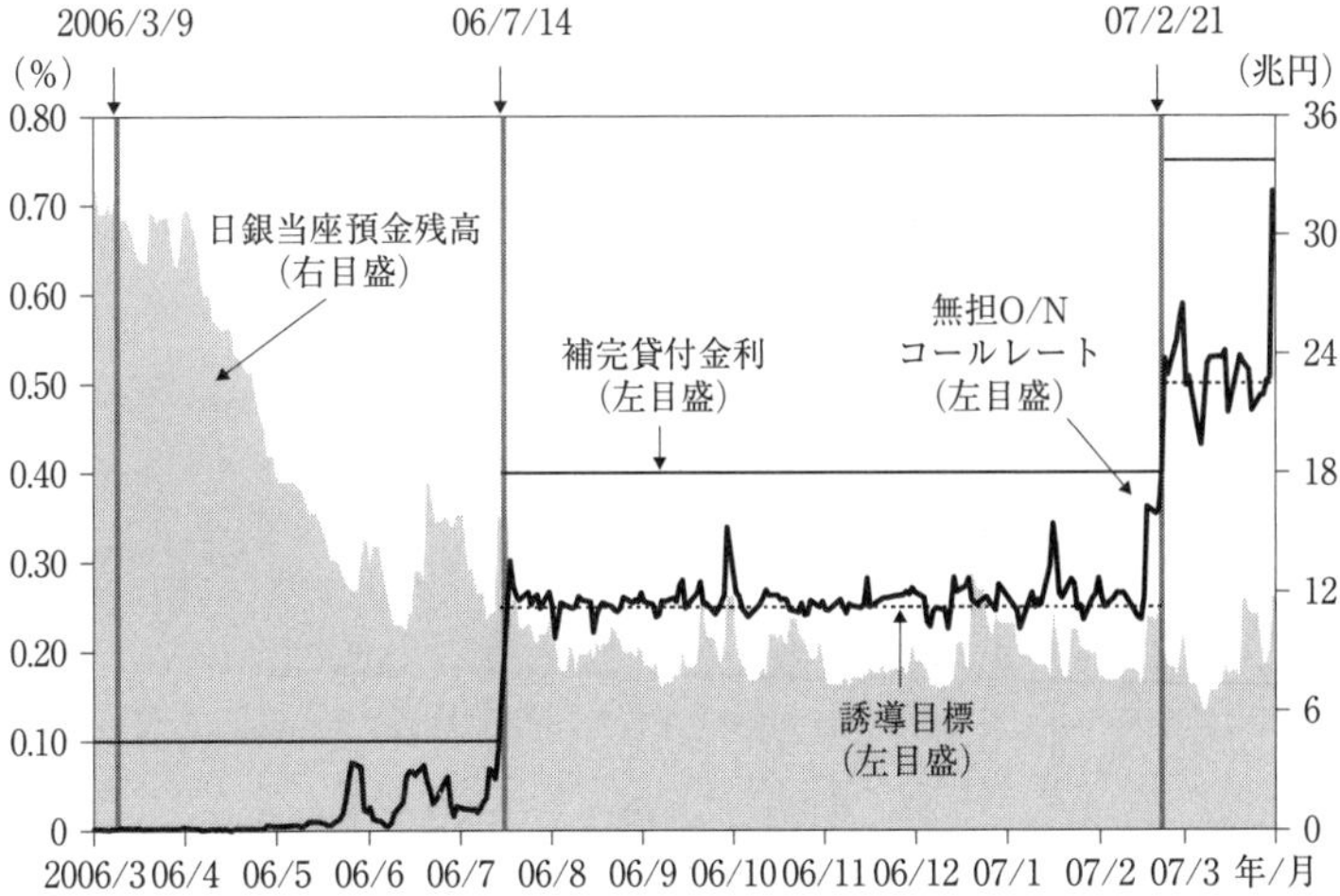

出所：日本銀行金融市場局「2006年度の金融市場調節」2007年５月

への対応も意識している。つまり、中長期的な金融安定の数値公表というインフレーション・ターゲティングのよいところと金融システム不安に結びつくバブル対応というマクロ・プルーデンスの視点も導入しており、この新たな枠組みは先進的なものだと自己評価している[11]。

ゼロ金利解除と利上げのペースの織り込み具合

量的緩和解除後の金利の調整については、解除した３月会合で、「無担保コールレートをおおむねゼロ％とする期間を経た後、経済・物価情勢の変化に応じて、徐々に調整を行うことになる」「経済がバランスのとれた持続的な成長過程をたどる中にあって、物価の上昇圧力が抑制された状況が続いていくと判断されるのであれば、きわめて低い金利水準による緩和的な金融環境が当面維持される可能性が高い」とした。

２００６年３月末に31・２兆円であった日銀当座預金残高の削減は主として短期の資金供給オペ

図５－６　OISレート

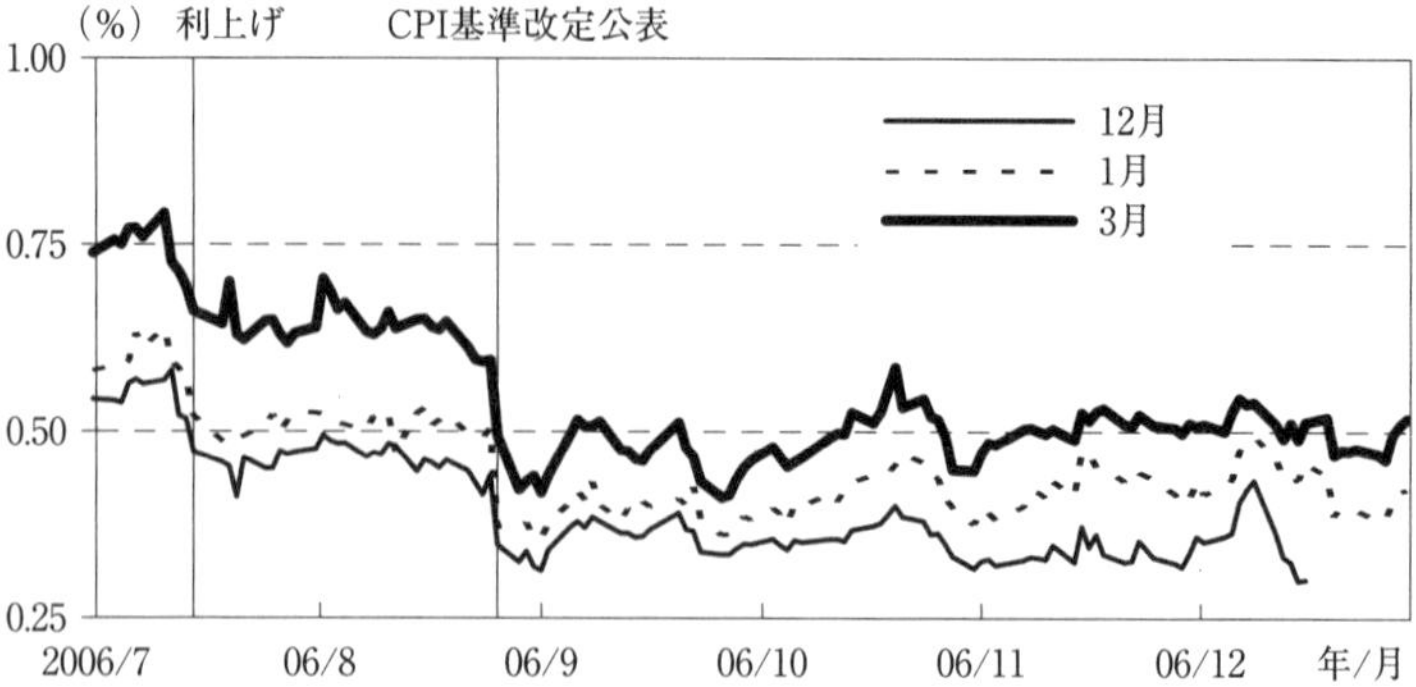

注：各月15日からの１カ月物フォワードレート。

出所：メイタン・トラディション、日本銀行金融市場局「金融市場レポート―2006年後半の動き―」2007年１月

の期落ち（期限到来）を利用して実施したが、短期金融市場の安定を確保するために、短期の資金供給オペも行いながら削減を行っていった。

短期金利が動き出したのは5月下旬以降で、日銀当座預金残高が12兆円程度になったころであった（図５－５参照）。国債発行日等、証券会社の資金調達ニーズが強まる日を中心に、GCレポ[12]レートの上昇がコールレート（オーバーナイト物）にも波及した。補完貸付（当時の適用金利〈基準貸付利率〉は０・１％）の利用も増加した。日銀当座預金残高は6月中旬に10兆円程度まで減少。削減プロセスはほぼ終了と判断した[13]。そして、ゼロ金利のもとでの短期金融市場機能の回復と経済物価情勢を確認して7月14日に「オーバーナイト金利を０・25％前後で推移するよう促す」と決定した。

「新しい金融政策運営の枠組み」のもと、これまでの政策金利水準を維持し続けると、結果として、将来、経済物価が大きく変動する可能性がある。経済物価が今後とも望ましい経路をたどっていくためには、この際金利水準の調整を行うことが適当と判断した。利上げ後の7

月26日の神戸での金懇（須田［2006］）では「今回のゼロ金利政策の解除については、日本銀行の判断を尊重したい」「日本銀行が常識的な判断を行ったものと是認している」といった声が中小企業のオーナーを含む出席者から聞かれた。

先行きの利上げのペースについて、OIS[14]レートの動きをみると7月の時点では4カ月程度に一回のペースで利上げが織り込まれていた。しかし、06年8月に消費者物価指数が2000年基準から2005年基準に改定され06年1月分に遡って改定されたが、前年比が予想以上に下方修正されたため、利上げペースは半年強に伸びた（図5-6参照）。実際、0・5％に利上げが行われたのは07年2月であり、ほぼ予想どおりということであった（第9章参照）。

(5)　解除は失敗だったのか

予想外だった消費者物価下落

私は本来2006年3月に任期を終えることになっていたが、再任されたため、量的緩和政策解除を決めた後の4～5月に人事関連の両院議員にあいさつ回りをした。この際、うまくやった、ゼロ金利解除もうまくやってくれと言われることはあっても、正面きって解除を批判されるということはなかった。それは出口に関する懸念を払拭できていたからだと思われる。

イグジット後の金融市場の動きは、相対的に低い金利が持続することには違いないので、市場に大きな影響を与えることもなく、他方、短期金融市場には市場機能の改善がみられた。市場も出口をうまく消化してくれたものと思う。

しかし、リーマン・ショック後、消費者物価は下落し、再びマイナスに陥った。それで解除が失敗だったとの評価がみられるようになった。その評価は正当であろうか。理由はどうであれ再びマイナスになったのだから失敗だというのであれば、甘んじて受けざるを得ない。また06年8月に行われた指数改定によるインフレ率の下方修正が予想以上であって、出口の条件を事後的には満たさなくなったのは残念であった。

8月に指数改定が行われることは織り込み済みであった。改定前には0・3％ポイント程度の下方修正が日銀を含め一般的に見込まれていたが、移動電話通信料（これだけでマイナス0・15％）をはじめとする指数計算方法が変更され、その影響が予想外に大きく、1～7月の平均でみて0・5％ポイント程度下方修正された。量的緩和解除を決めた06年3月に手にしていた直近の消費者物価前年比（1月分）の下方改定が特に大きく、出口決定時にはプラス0・5％であったのがマイナス0・1％へと、0・6％ポイントも下方修正された。

出口の第一条件は単月のインフレ率と数カ月均しての二つの項目から成っていたが、より守りやすい単月の条件が、事後的に満たされなくなった。05年11月、12月はプラス0・1％なので、数カ月均してゼロ％以上というもう一つの条件は事後的にも満たした。また、06年度から08年度まで、年度ベースではコアCPI上昇率はプラス0・1％、0・3％、1・2％であり、第二の条件も事後的に満たしている。事後的にいえば、当初、市場や中原眞審議委員が求めていたようにもう1カ月待っていれば、事後的にもすべての条件が満たされていたということであった。

しかし、解除当時の評価は先に述べたように市場を混乱させることなく解除できたので悪くはなかった。政府・与党からの牽制発言は事前には多かったものの、最終的には政府も解除を容認していたことは前述のとおりである。

０・５％に金利を上げたのは２００７年2月であるが、その直前の07年1月25日に安倍内閣（第一次）が閣議決定した「日本経済の進路と戦略」では、「景気は２００2年初を底として改善に向かい、地域間などで不均衡があるものの、息の長い回復を続けている。デフレからの脱却も視野に入るなど、ようやく未来への明るい展望を持つことのできる状況となった」「この5年間の経験を踏まえれば、日本経済の自律回復力には相当の信頼を置くことができると考えられる」と述べており、ゼロ金利解除のときのように日本銀行と経済物価認識に齟齬があったとは思えない。日銀の先行き見通しもサブプライム問題が起こるまでは持続的な成長を見込んでいた。

もし解除していなかったらどうなったか

しかも、解除しなければいつまでもゼロ金利が続くとの予想のもと、バブルが発生していた可能性があった。量的緩和政策の解除を決めた06年3月に、「金融市場調節方針の変更について」で、「企業の収益率が改善し、物価情勢も一頃に比べ好転している状況下、金融政策面からの刺激効果が一段と強まり、中長期的にみると経済活動の振幅が大きくなるリスクには、留意する必要がある」と指摘している。

量的緩和政策採用後解除まで5年かかり、その間まさにゼロ金利が継続したため、円キャリー・トレードが行われ、不動産のミニバブル発生の声があがっていたことも前述のとおりである。

もっとも、欧米に比べて低い金利が長く持続したにもかかわらず、金融不均衡の蓄積がそれほどでなかったのは、量的緩和政策採用後2年数カ月後からイグジットについて意識されるようになり、ノイズといわれつつも、解除に向けてボードメンバーがオープンの場でいろいろと議論したこと、また、量的緩和政策解除によってわずかであるが利上げが行われたことが一因だと考えている。市場にいつまでもゼロ金利・超低金利が続くという期待・安心感を生じさせることがなかったためだ。

もし解除をこの間考えてこなかった場合、リーマン・ショックによる巻戻しの影響はもっと大きく、日本が受けた悪影響はもっと深刻であったであろう。たとえばリーマン・ショックで実効レートでみて約4割円高となり、日本経済に与えた影響は大きかった。もし解除する気がもともとなかったとすると、長期金利がもっと低下し、円安がさらに進んだであろう。したがって、反動による円高はそれ以上となったであろう。

円安による国内回帰がもっと進んでいたかもしれないので、調整コストはより大きくなったであろう。不動産バブルがミニバブルで終わらず、サーチ・フォー・イールド（収益の追求）で証券化商品投資ももっと行われていた可能性がある。実際、量的緩和政策解除後、小さなグローバルリスク・リダクションが起こったが、ずっと続けていたらそれはもっと大きなものになったであろう。解除したことは決して間違っていなかった。

中央銀行はフォワード・ルッキングに政策を行うが、評価は事後的に行われるので、もともと分が悪い。ただし事後的といっても、これまでみてきたように、時期によって評価は異なってくる。量的緩和政策解除についての、現時点での政府関係者による評価は低いが、その評価は変わり得るので、現在の評価に対して目くじらを立てる必要はないと思っている。

２　市場流動性サポートからの出口

(1)　どのように出口へと向かうか

リーマン・ショック後、２００９年に企業金融環境の悪化に対して、日本銀行は「異例の措置」であるＣＰ、社債の買入れを最後の拠り所（ラストリゾート）として行った。これについては次章で詳しく述べるが、これは最初から出口を意識しつつ決定した。この場合の出口について、まずここでみておく。

このような資産の買入れについては、買入条件、買入規模、買入期限を示すとともに、買入価格を平時と異例時の間に設定することにした。こうすることで、市場機能が著しい低下といえなくなった際には、企業は市場からの資金調達のほうが低コストとなるので、日銀による買入れに頼らなくなり、市場に混乱を引き起こさずスムーズに買入れから退出できると考えた。

実際、ＣＰや社債の購入は２００９年末までで1年弱であるので、その観点からみれば、簡単にイグジットできたと思うかもしれない。しかし、そのための情報把握は簡単ではなかった。企業金融全体が逼迫しているかどうかが重要な視点であったが、それについては金融市場の指標をみているだけでは不十分で、企業との対話、個別企業金融についての市場のコメントや個別企業に対する聞き取り調査報告などが、自分の考えを定める上で必要であった。

リーマン・ショックという大きなショックがあって、大企業でさえも流動性があっという間になくなってしまったという経験をしたため、市場機能が回復し、異例の状況から回復しているといっても、なかなか不安感は解消されなかった。したがって、出口を決めて買取りを始めたが、予定どおりに終了することはできず、出口が簡単であったとの認識はない。1～2回期限を延ばしつつ、ボードでの議論を深めながらようやく出口にたどり着いたというのが正直な気持ちである。

(2) 異例の措置の終了をめぐって

この間、買入れ条件を満たさなくなったらさっさと異例の措置から出るべきだと思っていたのは、異例の措置には副作用もあるし、期限の延長を重ねてずるずる維持していたら、再び異例の事態が生じたときに機動的に適切な措置を採用できなくなることを恐れていたからであった。

いざというときのために残しておいてほしいという声もある中で、それでもCPや社債買入れから、1～2回の期限延長で、卒業できたのは、オペへの入札の減少というかたちで、市場機能の回復が目に見えたことと副作用が顕現化したことが大きかった。

2009年9月の長崎の金懇（須田［2009d］）では、実際、企業金融をめぐる環境が改善していることを、CP等買入れオペ、社債買入れオペでは大幅な札割れが続いていることを取り上げながら示すとともに、格付の高い銘柄の発行レートが国庫短期証券の利回りを下回る、いわゆる「官民逆転現象」のような副作用が出ていることを指摘している。

このとき私は「こうした行き過ぎた状態が長く続けば、投資家の投資意欲が後退し、市場が本来持っている自律的な調整機能をかえって阻害することになりかねない。また、中央銀行がミクロ的な資源配分へ少なからず関与することによって、市場の公平性や効率性を阻害してしまうリスクもある」と述べ、企業金融環境が「十分改善したにもかかわらず、『異例の措置』を必要以上に長引かせるようなことがあれば、副作用による悪影響が、導入によるプラス効果を結果的に凌駕してしまうことにもなりかねない」と述べた。

実際、10月末の金融政策決定会合で、ＣＰ等買入れと社債買入れについては、12月末で完了することとした。入札結果は、ＣＰ等買入れが10月末の時点で３回連続応札ゼロとなっていたほか、社債買入れについても大幅な札割れが続いたことから、この二つの措置は、市場機能を改善させるという所期の目的を十分達成したと判断した。

また、市場に与える副作用については、９月の金懇でも指摘したように、いわゆる「官民逆転現象」が続いていたほか、12月の山梨での金懇（須田［２００９ｂ］）では社債市場における高格付銘柄の一部に過熱感がみられていたこと、さらに、ＣＰが日本銀行のＣＰ等買入れオペを前提として発行されることから、たとえＣＰ等買入れの応札がゼロであっても、発行レートが日本銀行の定める買入下限レートに影響されてしまい、発行体である企業の信用リスクを反映せず、銘柄ごとのレートの差が乏しくなってしまうという傾向が強まっていたことを指摘している。

同時に09年１月から行っていた企業金融支援特別オペ（共通担保として差入れられている民間企業債務の担保価額の範囲内で、誘導金利で３カ月以内で無制限で貸出すというもの）は翌年３月まで延長して完了することとしたが、このような公表については、特段目立った反応はみられなかった。「金融市場の安定を確保し、それを通じて企業金融の円滑化を支援していく上では、金融市場の状況変化に即応した、最も効果的な金融調節手法を採用することが必要」ということで、企業金融が厳しくなることは決してないことをわかってもらったと思ったが、そうはいっても漠たる不安を感じている先が少なくないことから、丁寧な情報発信が必要であった。

また12月や3月に完了するものを10月末に決定したことに対して、市場からは、なぜ決定を前倒しする必要があったのか、との声も聞かれた。これに対して山梨の金懇で「一つは、時限措置の扱いに関して市場の見方が分かれる中で、方針が固まれば即座に公表し、金融政策に対する不確実性を出来るだけ早めに解消させることが、市場にとって望ましいと判断」したこと、「早めに今後の方針を明らかにすることによって、市場に対応のための時間的余裕が生まれ、一定の安心感を与えることにもつながるのでは、との判断」もあったと述べている。

このように、実際には期限の延期もあり、また、不確実性が高い中で、どのタイミングで完了を決めるかも重要であり、入口出口の条件を定めていてもイグジットはそう簡単ではないことがわかるだろう。

3　量的緩和政策の解除までを振り返る

現在のＦＲＢの資産購入の終了をめぐって、２０１３年5月以降市場が混乱したのをみると、出口を経験しているものとしてＦＲＢの甘さを感じざるを得ない。いくら量的緩和の縮小と利上げはちがうといっても、経済は連続的なものであるので、金利上昇のことまで市場が前傾することは経験済みであった。少々減らしても緩和には違いない、微調整だといっても、市場はそのように受け取ってくれない。緩和にあまり効果がなくなったのでそれを吸収しても影響がないだろうと思うと大間違いで、増やすことと減らすことでは市場の反応は大きく異なる。

また、市場は出口について明確化を要求するが、それに応じてもそこで終わりではなく、その要求には際限がない。また、いくら状況に依存するといっても一度クリアな基準を示してしまうとそれが前提条件を忘れて独り歩きしてしまう。必要条件と十分条件が乖離することを前提とした対話方法も市場の特性を考えると混乱をもたらしてしまう。

現時点で振り返ってみて、日銀が混乱なく量的緩和政策からイグジット（退出）できたのは、イグジットの必要条件と十分条件に出口時点で乖離がなかったことが大きかったと思う。不確実性が高い場合にはメインシナリオの蓋然性がそれほど高くなく、必要条件を満たしても十分条件が満たされないという状況は大いに考えられた。ただ十分条件の内容は結局総合判断ということで明確ではないので、そうなったときには先行き不透明感が一気に増すことになる。そういう状況でなかったのは幸いであった。

同様の観点から「約束」のもとで政策を運営しているときには、必要条件が満たされたと判断したときには躊躇なく行動するのが原則であると思う。そのためには必要条件は十分条件に近いものとして出すべきだと思う。そうでないと、その条件の意味が明らかではなく、いたずらに市場を混乱させかねないからである。

出口完了までに量の調整は数カ月で済むよう整えることができたことも、解除がスムーズにできた一因である。数カ月間で経済物価状況が変わることもなく、金利上昇まで連続的に行うことができた。米国のように量の縮小に時間がかかるとしたら、日本は潜在成長率が低いので景気の成熟化まで期間が短く、その間で経済物価情勢が変化している可能性が高いので、量の減少と利上げについて二つのハードルを必要とし、ゼロ金利解除ははるかに困難だったであろう。

イグジットをめぐってのコミュニケーションは、非常に難しかった。当時は政策委員のばらばらな発言にどうなるか心配もしたが、振り返ってみると、出口論はノイズがあっても早めに――早すぎると政策効果を減じるので留意が必要であるが――オープンの場で議論すべきだと思う。イグジットのことを市場に意識させることができ、ゼロ金利継続への過度の安心感を回避できるからである。また、アグレッシブな緩和政策をとるときには、出口について議論しないと中央銀行に対する信認が失われかねない。一度失ってしまうと簡単には取り戻せないのが信認である。大丈夫だろうかと市場が心配する前に、出口について議論を始めるべきである。

ＦＲＢは２００９年１月から出口戦略をオープンに議論し、出口手段を試しに使うことで安心感を与えようとしている。バーナンキ議長は出口について講演するとともに寄稿し、そして議会公聴会で説明を何度か行った[15]。その後、ＦＯＭＣでの４月の議論を経て、11年６月の会合で１人を除いて出口戦略に合意がなされた。それは、①保有証券の再投資の停止でバランスシートの縮小開始、②これと同時もしくはこれに続いてガイダンスを修正し、一時的な資金吸収オペを開始し、ＦＦ（フェデラル・ファンド）レートの上昇をサポート、③ＦＦ金利の誘導金利の引上げ開始。これからはＦＦレートが政策スタンスの調整の主たる手段となる。超過準備の付利と準備の量（リバースレポ、タームデポジットなどを用いる）の調整でＦＦレートをターゲットに近づける、④ＦＦ金利を引上げた後、そのうちＭＢＣ（モーゲージ担保証券）を３～５年にかけて売却、⑤バランスシートを２、３年で正常化、というものであった。

なお、13年６月の議会証言では、11年６月の出口に関する広範な原則は引き続き適用可能としつつも、ＭＢＳ（住宅ローン担保証券）については売却しない姿勢を示している。

対話を始めてから、ＦＯＭＣは債券の売却に消極的になり、バランスシートが大きい状態がかなり続くことを許容するようになっている。バランスシートが大きいままでインフレ予想をしっかりアンカーできるのか。また資金吸収を望みどおりに可能にするには、金利を想定以上に上げざるを得なくなる可能性があるので、短期金利をうまくコントロールできるのか。懸念が多々あるが、そのためのオペの実施訓練を重ねたり、外部と議論をすることで、出口戦略の改善を図ることが可能となっている。日本銀行も、まだ出口が遠いときに議論を始め、市場とともに考えることが望ましいと思っている。

量や質の異例さは包括的な金融緩和政策時とは比べものにならないので、日銀だけを考えても長期資産の増大などからそこからの出口は比較にならないほど難しいことは明らかである。その上米英欧の中央銀行が量的な緩和政策をとっており、その影響を受ける新興国が世界経済に占めるウエートも大きくなっていることもあって、その反射効果も無視できなくなっている。

このように、グローバルな広がりがあるので、解除はもっと難しい。先進国だけを考えると、一緒に緩和し引締めることができれば主要国間の為替レートへの影響が少なくて済むという面もあり、それが望ましいとの見方もある。しかしそれは新興国にとっては大幅な資本流出入をもたらし影響が大きすぎる。結局先進国側もその反射効果を受けることになるだろう。したがって、先進国間でオーダリーに解除をしてほしいというのが新興国側の要望である。グローバルな観点からもその方が望ましいと思う。

このような状況で出口を考えると、どうすればうまくいくのか、グローバルな視野をもってオープンの場で議論することが必要である。あまりにもスケールが大きく、出口について楽観的にはどうしてもなれないが、日銀が議論ができないのは、出口戦略がないからではないことをそろそろ示すべきである。

［注］

（1）須田（2004b）を参照。
（2）日本銀行「金融政策の透明性の強化について」2003年10月10日を参照。
（3）須田（2004d）、および同（2005a）を参照。
（4）須田（2004d）を参照。
（5）たとえばStone and Kramer（2005）は、達成期限のないインフレ目標の設定を提案している。
（6）須田（2004a）を参照。
（7）須田（2004c）を参照。
（8）詳細は2004年12月16、17日の議事要旨を参照されたい。
（9）須田（2005e）を参照。
（10）須田（2004d）を参照。
（11）須田（2009a）を参照。
（12）銘柄を特定しない債券貸借取引。
（13）この間の市場調節については、2005年度（2006）、2006年度（2007）の金融市場調節を参照。
（14）一定期間の無担保コールレート（オーバーナイト物）と固定金利を交換する金利スワップ取引。
（15）Bernanke（2009a）をはじめとしてウォール・ストリート・ジャーナルへの寄稿（2009b）、同日の下院金融委員会での半期報告（2009c）と報告書（FRB［2009］）、そして2010年2月10日に公表された下院金融委員会の公聴会用スピーチ原稿（2010b）と雪のために延期された公聴会（2010年3月25日）などを参照。

第6章　質的緩和政策

量的緩和政策を実施中、実体経済の下支え以上の効果があるとの確たる証拠が得られなかった。オーバーナイト金利がゼロのもとで長期金利も十分低下し、市場との対話で金利に働きかけることにも限界を感じつつあった。

それではもう使える手段はないのか。外部からの様々な批判に耳を傾けながら、政策の選択肢をいろいろ考えた。審議委員になって間もなく、先行きの金融政策が長期国債買入れ増を伴う量的緩和政策の拡大となり、日銀が財政ファイナンスを行っているとの見方が広まっていくことを懸念するようになった。

2001年7月12～13日の決定会合で、私は今こそ「有事に備えて資金供給オペの対象を拡大する方策を真剣に検討する必要があると思う。たとえば社債とかCPの買切りオペなど、企業金融に対してより積極的に働きかけることも一つの選択肢になり得るのではないかと思う。このほかにも現在の日銀法で許容されるとみなし得る範囲内でオペ対象を多様化することはできると思う。こうしたオペの多様化については様々な問題点があるので、その評価は絶対的なものではなく、今後の金融経済情勢次第であると思う」「他方、オペ手段を多様化すると、何よりも、一段の量的緩和＝長期国債買切りオペ増額＝財政赤字のサステイナビリティの懸念増大、という呪縛を断ち切る効果を期待できる。

また、市場関係者や国民の間でも、金融経済情勢がかなり悪化する局面では、日銀はできることは何でもやる覚悟がある、できないことはやらないが、できることは何でもやる覚悟があるという姿勢を示すことによって、萎縮している経済主体のリスクテイク姿勢を刺激できるかもしれない」と述べている。

２００１年12月18～19日の決定会合では、日銀のバランスシートの上で負債サイドにかかわる量的緩和に対して、資産サイドにかかわる資金供給チャネルの拡充を質的緩和と称して、その必要性に言及している。私はこの意味で質的緩和という言葉を用いており、[1]この章のタイトルとした質的緩和も資金供給チャネルの拡充という意味で用いている。これには成長支援のためのオペも含まれており、黒田日銀総裁のもとで用いられている質的緩和より幅広い。

山口泰副総裁は任期最後の政策決定会合（２００３年３月４～５日）で、「日本銀行単独でできることというのは、結局のところ、オペなり担保で受入れる資産の種類をさらに拡張していくのか、あるいは何らかの金融資産について、その価格を強く意識したオペレーションを組み立てていくのか、そういう選択になっていくのかなと思う」「どういう選択をするにせよ、その目的、それを行う論理、また本当は国民経済の中で誰がそれを担うのがよいのかという『主体』の問題などを、政策委員会でよく議論されることを期待する」と述べられたが、金融政策が次第に財政政策の領域に入り込んでいくことが意識される中で、バランスシートの資産側が重要となることを示唆している山口副総裁のこの発言は、ボード内でかなり共有されていたのではないかと思う。

1　資産担保証券の買入れ

量的緩和政策へ移行後、最初の非伝統的な資産購入は、2002年10月に決定した株式買入れであった。これは金融政策のためでなく、プルーデンス政策としての買入決定（通常会合での決定）であった。金融政策決定会合で資産購入の拡充策について具体的に検討・実施した最初は、資産担保証券であった。

当時、金融緩和政策の効果が顕現化しない理由の一つに、金融機関のバランスシート調整が進まず、金融仲介機能が不完全であることが挙げられていた。どうすれば企業に効率的にお金が流れていくかが大きな関心事項であった[(2)]。

そうした中で私は証券化市場の発展を強く望んでいた。金融システムの安定性が欠けている状況で、銀行が資産をオフバランス化できる市場を整備する必要があるとの認識があったからだ。証券化はオフバランスを可能にするだけでなく、原資産の価格づけの正常化を促すので、金融仲介機能の健全化に資すると考えられた。

このようなオフバランス化をサポートし、また市場を育てるという意味も込めて資産担保証券の買入れを2006年6月決定したが、リスクの高低でいえば、低い（シニア）と高い（ジュニア）の中間のメザニンの部分も買入対象にすることに関しては、そのリスクを考えると、なかなか賛成できるものではなかった。しかし、買入対象に入れたからといってそのような買入対象証券がすぐに組成されるような状況ではなく、証券化市場を育てたいとの金融市場局の思いも共有できたので、私は最終的には賛成した。もっとも、そもそも市場を育てるのは政府の仕事であるため、準備が整えば政府にバトンタッチしたいとの思いもあった。

苦労してつくり上げた買入れであったが、買入実施のころにはりそな問題も解決して、懸案の金融システム不安が急速に遠のき、金融機関にとってオフバランス化の緊急性はなくなったため、オペへの応札はほとんどなかった。ＡＢＣＰ（資産担保コマーシャルペーパー）については、日銀の買入れによって、投資対象として見直され、買い手が広がり日銀に売る必要はなくなった。したがって、資産担保証券の買入額だけをみれば、あまり効果がなかったようにみえる。しかし証券化市場育成のための研究会も開催し、証券化市場を世の中に知らしめたという意味では、市場育成のための役割は一定程度果たしたと思う。

また、このときの私なりの真剣な検討が、のちのサブプライム問題の発生時に役立った。その問題を早めに深刻に考えるようになったのは、このときに証券化市場の問題点（格付の問題など）を多く学んだからであった。

2　ラストリゾートとしての資産買入れ

２００７年夏にパリバ・ショックが起こった。私にとってこのショックは大きかった。部分的な問題でしかないとバーナンキ議長が言明していたサブプライム問題が流動性問題を引起こし、証券化市場に何が起こっているのかよくわからなかったからである。次第に金融機関の健全性が疑問視されるようになり、金融危機は08年９月15日に米大手投資銀行リーマン・ブラザーズが破綻するまでに深刻化した。

リーマンの破綻自体はある程度予想されていたので、やはりということであったが、その影響は見当がつかなかった。日銀としては、9月16日の市場開始後、国内での破綻処置が円滑に進むよう努力するとともに、国債売現先（国債補完供給）の実施条件の緩和を行い、大量の即日オペを行った。それ以降も連日即日オペを続けた。18日には欧米5中央銀行と協調して、ドル供給を行うこととし、日銀は臨時決定会合を開いて、米国連邦準備理事会（ＦＲＢ）と総額６００億ドルの米ドル・スワップ取決めを締結するとともに、これを原資とした米ドル資金供給オペレーションの導入を決定した。(3)

欧米の金融市場への影響とは段違いの大きさではあったが、日本の金融市場でも外銀と邦銀とで調達レートが二極化し、レポ市場やスワップ市場が機能不全となり、ユーロ円取引の枯渇、ＣＤＳプレミアムの拡大などが生じた。そうした内外市場の把握に追われ、特に執行部は、昼夜緊張感に満ちた日々が続くことになったが、ボードメンバーも夜遅く臨時の決定会合を開催するなど、厳しい日々が続いた。

金融システムに関しては、各金融機関の証券化商品の保有状況を把握できるまでは、一息つくこともできなかった。金融市場については、円キャリー・トレードの巻き戻しもあって、円高となるとともに、株価が急落した（第1章の図参照）。米国の市場流動性の大幅低下からの連鎖もあって、ＣＰ市場の機能も著しく低下し、企業金融をめぐって不安が高まった。それまで大手企業は新たな資金を直接金融市場で調達し、金融機関からの借入れには消極的であった。市場機能の低下に直面して銀行からの借入れに向かったが、金融機関は多くの需要にすべて応えることはできず、これが企業の不安をより高めてしまった。

表6－1　金融商品の買入れについて

1．企業金融に係る金融商品の買入れの性格
●損失発生を通じて納税者の負担を生じさせる可能性が相対的に高く、また、個別企業に対するミクロ的な資源配分への関与が深まる。
●損失発生により日本銀行の財務の健全性を損ない、ひいては通貨や金融政策への信認を損なうおそれが、相対的に高くなる。
こうした点を踏まえると、企業金融に係る金融商品の買入れは、中央銀行の政策手段としては、異例の措置と位置づけた上で、実施の可否や方法を検討する必要がある。
2．実施の必要性に関する判断
①　当該金融商品の市場金利が発行企業の特性如何にかかわらず全体として高騰する、あるいは、当該金融商品の市場取引が成立しにくい状態が継続するといった市場機能の著しい低下が生じており、これが企業金融全体の逼迫につながっていること。
②　異例の措置として金融商品の買入れを実施することが、日本銀行の使命に照らして必要と認められること。
3．実施にあたって留意すべき事項
（1）　個別企業への恣意的な資金配分となることを回避すること
（2）　必要な期間に限り、適切な規模で実施すること
（3）　日本銀行の財務の健全性を確保すること

資料：日本銀行「企業金融に係る金融商品の買入について」2009年1月22日

このようなCP市場と社債市場の機能低下に対して、2009年1月から2月にかけて、買入れについての基本的な考え方を設定するとともに（表6－1参照）、CP、社債の買入れを決定した。日本は米国とちがって直接金融のウエートが低いので、市場の悪化程度も米国ほどではなかったが、最後の拠り所（ラストリゾート）としての中央銀行の役割を発揮し、何らかの手を打つ必要があった。

リーマン・ショック後の一連の政策対応を決定するにあたり最も苦労した点は、劇的に変化する金融環境や経済情勢の見極めであった。経済の変化のスピードは速く、金融と実体経済の負のフィードバックが強まり、景気は悪化し、経済が「フリーフォール」とたとえられるような状況であった。このような金融危機的な状況のもとでは、市場センチメントが一方向に、かつ極端に偏る傾向がある。

できるだけ個別の企業のヒアリングメモをチェックするようにしたが、市場の声をどのように評価すればよいのかみえにくく、CP市場の機能が著しく低下した2009年10月後半から11月にかけてが、特に判断が難しかった時期であった。

そうした中でも冷静さが必要と感じていた。リーマン・ショックが日本の金融システムに与える直接的な影響は大きくないとの認識下にあり、私自身はCP買現先オペの積極化という選択肢もあるので、必ずしも資産買入れが必須とは思っていなかった。しかし、米国の買入決定を前提にし、日銀での買入れの枠組みを具体的に検討する中で、CP、ABCPについては買入れが望ましいとの判断に至った。CP市場は企業の運転資金の調達手段として定着していたが、カウンターパーティ・リスクが過度に意識され、市場機能が極端に低下していたことや、社債の代替手段としての起債ニーズが高まっていたことなどから、ここでは買入れしない場合のほうがリスクが高いと判断した。

中央銀行にはLLR（最後の貸し手機能）があることは第2章で述べた。個々の企業の資金調達に直接かかわる市場への介入は、本来中央銀行の仕事ではないが「異例の措置」として買入れに踏み切った際に意識したのが、中央銀行のLLRであった。万が一、金融システムの一角に問題が生じ、それが他の金融機関、他の市場、または金融システム全体に波及する可能性が高まった場合に、すなわちシステミック・リスクが顕現化するおそれがある場合に、日本銀行は、金融システムの機能を維持するために、最後の貸し手として、必要最小限の資金を一時的に供給する。ただし無条件ではなく四原則（システミック・リスクが顕現化するおそれがあること、日本銀行の資金供与が必要不可欠であること、モラルハザード防止の観点から、関係者の責任の明確化が図られるなど適切な対応が講じられること、日本銀行自身の財務の健全性維持に配慮すること）にしたがって、可否を判断することになっている。

金融機関に対する貸出しだけでなく、市場の流動性が不足し市場機能が大きく低下しているときにそれを補うことも、最後の拠り所としての役割が中央銀行にはあるとの見方がリーマン・ショック後広がった。中曽副総裁（２０１３ａ）が指摘しているように、市場流動性の低下が資金流動性低下につながり、また市場流動性を悪化させるといった連鎖が生じ、金融資本市場の参加者全体に影響が及ぶ可能性があるからである。

ただ、ここでは貸し手としてではなく、マーケットメーカーとしての介入である。したがってマーケット・メーカー・オブ・ラストリゾート（ＭＭＬＲ）と呼ばれている。これとて一時的な流動性支援であるので、財務の健全性の観点から破綻リスクはできるだけ取らないようにするのが基本である。バジョット（Bagehot［1873］）のＬＬＲについての原則にしたがうと、買入価格は平時よりも低い価格であるべきである。買入れの枠組みを設定する際に、このようなバジョットのＬＬＲ原則や前述の日銀のＬＬＲ四原則を念頭に置いた。

実際、ＣＰやＡＢＣＰの具体的な買入条件は、リーマン・ショック前の利回りと当時の利回りの間に設定した。リーマン・ショック前のスプレッドよりもかなり高いところに買入条件を設定したので、市場機能が回復したら自然と日銀への依存が減っていくことが見込まれた。

買入れを決める際には出口条件も考えたのは、この点の明確化が非常に重要だとみていたからだ。目的を達成したと中央銀行が判断しても、市場は一度得てしまった安心材料は持っておきたいと思い、やめることに対して不安感が出てくるのが常である。前章でも指摘したが、必要なくなったらやめることができないと、また同様の施策をする際のハードルが高くなり、機動的な政策対応ができなくなる。したがって、入口の段階で出口の条件も示し、どの程度の介入をするつもりなのかをあらかじめ市場にわかってもらう必要があった。

ＣＰや社債の購入に際しては、買入れの枠組みとして、前述のように市場機能の回復とともに日銀への売却インセンティブが低下していく仕組みとするとともに、実施期限も設けた。こうすることで、市場機能の回復とともに、市場に混乱を引き起こさずスムーズに退出できると考えた（第5章参照）。

ただ、私は残存1年以内の社債買入れには反対した。社債の発行額をやや長い時系列でみると、特に極端に減っているわけではなくＣＰや貸出しによる代替もあり、社債市場の機能低下が企業金融全体を逼迫させるような状況には至っていないこと、日本銀行では、企業金融支援特別オペ（共通担保に入っている民間企業債務の担保価額の範囲内で、当時でいえば０・１％、３カ月以内で、金額に制限を設けずに資金供給するオペで２００８年12月に導入したもの）やＣＰ買入れなど、すでに十分な措置を講じていること、残存1年以内の社債買入れでは、企業金融の円滑化に与える効果が限定的と言わざるを得ないことなどを考慮に入れると、買入条件は満たされておらず、効果も限定的だと考えたからであった。[4] ただし、社債市場においても市場機能が大きく落ち込んだときには、よりリスクを負担した介入も辞さないとの思いではいた。

表６－１にあるように、この政策は、ミクロの資源配分に介入することになることや中銀の損失は国庫納付金の減少につながるために、異例の措置との位置づけであった。

日銀の損失可能性については、日銀はこれらの買入れを決定したときに、財務の健全性を維持する観点から信用リスクを大きくとることは避けたが、それでも信用リスクが顕現化し得るので、財務の健全性維持に対する政府の理解を求めた。これに対し、財務省からの出席者は、財務省としては、信用リスクが顕現化した際は、決算上の対策として、日本銀行としっかりと協議をした上で対応すると述べた[5]。中央銀行の最後の拠り所はあくまで流動性供給という点にあるので、MMLRとしての介入との位置づけの場合でも、LLRの場合と同様に、介入の結果中央銀行に損失が発生することがないようにする必要があろう。

ミクロの資源配分への介入については、リーマン・ショック前を一応普通の状態とみなしたものの、リーマン以前はクレジット・バブルにあったと評価されているので、どの程度の利回りが正常なのか明らかではなかった。それゆえに一度介入したら、市場の求めに応じて購入額が膨らんでしまう危険性を孕んでおり、市場機能不全を回復する以上のところまで行ってしまうのではとの懸念があった。それゆえ、本当に必要なときに一時的に介入をという思いが強く、その点もその時点での社債市場への介入を躊躇させた。

「異例の措置」が「官民逆転」など市場を歪めたことは前章で指摘したが、こうしたことが続くと、市場が本来持っている自律的な調整機能をかえって阻害することになりかねない。スタンフォード大学のテイラー教授（2009）がmonetary policyとindustrial policyを掛け合わせ"mondustrial policy"と揶揄し、懸念しているように、中央銀行がミクロ的な資源配分へ少なからず関与することによって、市場の効率性だけでなく公平性も阻害してしまうリスクもあった。

振り返ってみると、このときは一時的な介入で済み、それに伴うコストの発生も一時的で大きくはなく、他方、効果は顕著であった。前章で述べたイグジットも結果的にはうまくいったと評価されるであろう。この経験を経て、今後も市場流動性が大きく落ち込んだときに日銀はMMLRとしての機能を果たすべく、市場に介入すべきということになるのだろうか。

これについてはコストが発生することも忘れず、ＬＬＲの四条件をしっかり考慮に入れて決断する必要があろう。つまり、一つはシステミックな問題かどうかである。日本の場合には特に株や国債の暴落は金融機関の保有額が大きいので、システミックな問題を引き起こす可能性がある。また、市場流動性対応は本来政府の仕事であるが、為替市場における為替政策のような仕組みがほかの市場にない中では、機動的に動ける中央銀行に頼らざるを得ない、中央銀行が介入すべきであるとの意見が多く出るかもしれない。この点は財務の健全性の問題もあり、難しい問題を抱えている。

特に難しいのが、金融緩和政策がイグジットを迎えたときに国債価格が大きく下落した場合である。ＭＭＬＲとして中央銀行が国債を買うことは、金融政策との利益相反を引起こしてしまうという問題がある。欧州ソブリン危機で、ＭＭＬＲとして欧州周縁国の国債をＥＣＢに買うように市場が強く迫る一方、ＥＣＢは金融政策としての国債購入に消極的であり、市場から強く批判を受けたことは記憶に新しい。

しっかりと守らなければならない点は、ＬＬＲによる流動性供給は一時的だということである。その原則が守られないようでは、ＭＭＬＲとしての出番を中央銀行に求めることのコストは大きいように思う。

3　リーマン・ショック後の緩和政策をめぐる欧米の議論と質的緩和

「できることは何でもやる覚悟があるという姿勢を示すこと」の必要性を再度意識し始めたのはサ

ブプライム問題が顕現化してからである。そして第7章で示すように、下振れリスクの蓋然性がある程度高まったら思い切った政策対応が必要だと考えていた。

ただ、思い切った対応といっても、政策金利に低下余地が限られる中で、どのような選択肢があり得るのか。具体的に本気で考え始めたのはリーマン・ショック後、実質ゼロ金利に陥ってからであった。２００９年の初めごろ、欧米の中央銀行の間では、金融政策の先行きについて、

(1) 準備預金や貨幣供給量などの量的指標を政策目標にするのかしないのか、

(2) 資産サイドについては、機能不全に陥ったクレジット市場に介入して機能回復に働きかけるのか、あるいは長期国債など民間の資源配分に極力中立的な資産の購入に重きを置くのか、

(3) 異例の措置からの退出をどのように想定しておくのか、

といったことについて、積極的に議論が行われていた。

(1)の量的指標については、適当な指標の選択が難しいことや、日本の経験等に照らして有効な政策となり得るのかという問題が当時サンフランシスコ連銀総裁であったイエレン（２００９）によって指摘された。２００８年12月のＦＯＭＣでは、銀行のリザーブやマネタリーベースの量的ターゲットを設定することの潜在的なメリットとデメリットを議論し、何人かはリザーブの量的ターゲットはデフレのダイナミックスを防ぐのに効果的であり、ＦＯＭＣの決意を人々に伝える上で有用であるとの見方を示した一方、何人かは、超過準備やマネタリーベースの増加それ自体は経済や物価に対して大きな効果を有しないだろうと指摘するとともに、金融市場の状況が改善する中で、超過準備やマネタ

リーベースが減少する場合には、必ずしも引締めとはならないとしている。

また、今後も金融政策のスタンスを調整・対話していく上で量的な指標が有用かどうかも検討するとあるが、欧米主要先進国・地域でこのような量的緩和政策は採用されていない。ＢＯＥ政策委員であったポーゼン（２００９）は「デフレ的な金融危機に対してリザーブを大きく増加させると、高インフレとなる懸念があるとの予測は疑わしく、過去の量的緩和や大量のリザーブ増の経験によると、それはインフレにほとんど関係ない」と述べている。私自身、過去の経験から、金融システム不安がない中、量的緩和政策へ戻ることを選択肢には入れなかった。

なお、バーナンキ（２００６）は、「金融政策の指針として貨幣供給量に過度に依存するのは、米国においては賢明ではない（unwise）ようだ」、「貨幣の伸びとインフレ率や名目の生産の増加率などとの関係は引き続き不安定」と述べているが、ＦＲＢではその見方は依然として維持されている。

⑵については、クレジット商品の購入に軸足が置かれるもとで、購入資産の価格変動リスクやクレジットリスクに伴う損失発生問題をどうクリアしていくのか、個別市場への介入をどの程度許容するのか、などが論点となった。また、英国では、中銀マネー（銀行券および準備預金）を国債の購入によって供給することが検討されていた。

米国では２００９年1月27～28日のＦＯＭＣで、ラッカー・リッチモンド連銀総裁が、民間のクレジットフローに歪みをもたらさず、悪いインセンティブ効果を最小化できる国債購入によるマネー供給量拡大のほうがクレジット・プログラムより望ましいとして、当時の政策に反対票を投じている。実際にはその後、ＦＯＭＣでは国債とＭＢＳ（住宅ローン担保証券）の購入が断続的に行われ、ＢＯＥでは主として国債が購入されることになった。

ＥＣＢは不胎化を伴う国債買入れ（ＳＭＰ）を行った後、厳しい条件のついた新たな買入れの枠組み（ＯＭＴ）を決定した。いずれも資産購入の効果に関心が向けられており、ここでいう「質的緩和政策」の採用であった。

⑶の出口戦略に関しては、中銀関係者をはじめ、その重要性を指摘する声が少なくなかった。たとえば前章で述べたように、バーナンキＦＲＢ議長（２００９ａ）は２００９年1月13日の講演で、出口政策の考え方について詳しく述べている。また、ホーニグ・カンザスシティ連銀総裁（２００９）も1月７日の時点で、出口政策を正しく行う重要性について強調しすぎるということはないと述べている。出口戦略について早すぎる言及は、政策の効果を損ねる可能性もあるが、中央銀行としての考え方を明らかにしておくことは、信認の維持につながると思う。

いずれにせよ、クレジット商品の購入等の異例の措置は、民間部門の個別先の信用リスクを負担する度合いが高く、中央銀行の損失の発生を通じて納税者に負担を生じさせる可能性が相対的に高い政策だ。そうした意味では、財政政策の領域に踏み込んだといえる。金融危機の発生で、金融政策の役割をめぐって、最初に指摘した山口泰元副総裁の視点がグローバルにも重要な視点になった。

4　質的緩和と通貨発行益（シニョレッジ）の利用

金融政策が納税者負担となるような質的緩和政策に組み込まれるようになると、金融政策に独立性があるからといって、目的達成のためであれば何でもやれるというわけにはいかない。質的緩和は中央銀行のバランスシートの資産サイドにかかわる政策であるので、中銀マネーの裏づけ資産の選択という意味もあり、中央銀行の損失の発生は中央銀行批判につながり、財務の健全性、中央銀行の信認の問題に大きくかかわってくるからである。

以下では、財政政策と質的緩和を含めた金融政策との関わりや、中央銀行、ひいては通貨の信認に関する考え方について、一つの切り口として、伝統的なシニョレッジ（通貨発行益）の議論を通じて整理しておく（須田［２００９ｃ］参照）。

(1)　シニョレッジ（通貨発行益）

シニョレッジについては、概念上、通貨の発行額そのものをシニョレッジととらえる考え方と、発行した通貨から得られる収益をシニョレッジととらえる考え方の二つがある。発行した通貨から得られる収益とは、通貨発行権に由来する収益であって、無利子の負債である通貨を発行し、その見合いに取得した金融資産から獲得する利益を意味する。[6] 通貨の発行コストを無視すれば、ある期のシニョレッジは（通貨の発行額×取得資産の収益率）と表される。なお、日本では、各期のシニョレッジについて、日銀の政策・業務運営にかかるコストなどを差引いた残額が、すべて政府に移転されることになっている。

以下では、発行した通貨の運用益をシニョレッジととらえることにするが、これは、いくつかの前提を置けば、通貨の発行額そのものをシニョレッジと考える場合と、結局は同じことになる。１万円の通貨発行の見合いで得た取得資産からは将来にわたって収益が期待でき、それを同じ収益率を用いて割引くと１万円となる。このように将来までを展望し、かつ収益率と割引率が同じ場合には（平時の場合には）、通貨発行益は発行額と同等とみることができる。

シニョレッジと財政の関係について全体像を把握するために、政府と中央銀行から成る統合政府を仮定し、それぞれは独立に政策を行うとする。財政政策は政府がつかさどっており、財政赤字は国債の発行によってファイナンスされる。中央銀行の目的は物価の安定であり、そのために中銀マネー（銀行券と準備預金）を供給するが、それは国債買入れか対民間信用を通じて行われる。

簡単化のために、さしあたり対民間信用を考えないとすると、政府財政赤字＝国債発行増、金融政策として、対政府信用増（国債買切りオペ）＝中銀マネー増、民間保有国債増＝国債発行増－国債買切りオペとなるので、この3式から、

民間保有国債増＋中銀マネー増＝政府財政赤字

の関係が導ける。つまり、統合政府でみて、財政赤字は民間保有の国債残高増加か中銀マネー残高の増加によってファイナンスされることがわかる。

この関係式は常に成立するので、実質化してこの関係式を将来にわたって積上げると、

民間保有国債残高÷物価水準＝財政余剰（利払い除く）の割引現在価値（実質ベース）
＋中銀マネー残高の変化の割引現在価値（実質ベース） (1)

と整理できる。[7] なお、対民間信用がある場合には、民間からの借入残高はそれを差し引いたネットの額とみなすことができる。統合政府は民間から借りたお金の返済を、財政余剰か中銀マネーの供給という二つのルートを通じて行わなければならないということである。後者が、収益率と割引率が同じ場合、中銀マネーから得られる収益であるシニョレッジの割引現在価値（実質ベース）になる。

インフレは、長期的にはマネタリーな現象といわれている。中銀マネーと、名目所得や物価に関連の深いマネーストックとの間に、長期的には安定的な関係があるとすると、中銀マネーの独占的な供給主体である中央銀行は、物価安定目標の達成のためには、中銀マネーを将来にわたって制御する必要がある。もし中央銀行が物価目標にしっかりとコミットできるのなら、平時ではそれによってシニョレッジの大きさも決まる。政府は対民間債務の返済を、財政収支の調整で行うしかない。ここで、質的緩和の結果、対民間信用が毀損すると、ネットの民間借入残高が増え、財政負担が増大する。

その一方で、財政状況が悪いもとでは、民間に対する返済資金を当面シニョレッジの増加に求めて、中央銀行が適切だと思う以上にマネーファイナンスの圧力を政府がかける可能性がある。それに応じた場合には、結果的に中銀マネーの供給が大きくなりすぎて、物価安定が守られなくなるか、あるいは長い目で見て最適な中銀マネーの大きさに戻すために、後のシニョレッジを減らす、つまりシニョレッジの前借となるか、のどちらかである。前借の場合、財政規律が緩むと調整の負担を将来へ先送りさせることになる。

なお、中銀マネーを増加させればさせるほど、実質ベースでみたシニョレッジの割引現在価値が増加するわけではないことには注意が必要だ。LSE教授であったバイター（2008）は、対GDP比シニョレッジ割引現在価値がある一定のインフレ率で最大となることを、シニョレッジ・ラッファー・カーブと名づけて描いている。実質ベースでも同様のカーブが描けるが、この理由は、簡単にいえば以下のとおりである。

各期のシニョレッジ（実質）は金利×名目貨幣残高／物価とあらわせるが、中銀マネーの供給を増やしインフレ率を高めていけば、実質貨幣需要（＝名目貨幣残高／物価）が減る一方で、インフレがもたらす名目金利上昇によるシニョレッジ増があり、両方は逆方向に動く。インフレが高くなると前者が後者を凌駕すると考えられ、この関係が割引現在価値にもあてはまると考えるからだ。マネーファイナンスを増加させてシニョレッジによるファイナンスに頼って、財政の負担を減らそうとしても、そうすることにも限界があるということである。

このように、シニョレッジには物価安定と財源にかかわる役割の二面性がある。したがって、統合政府で考えるといってもその内部で問題が発生し得る。加えて、統合政府の観点からでは理解し難い、中央銀行の信認にかかわる要素も含んでいる。財政状況が厳しい折、それぞれの時点で中央銀行がシニョレッジの減少によって赤字を発生させると、世間の批判は強いものとなろう。

大量に資産買入れを行う場合は特に、国民一般に帰属すべきシニョレッジを特定の企業等に割当てたと認識され、民主主義社会における中央銀行のあり方という観点から、その是非が問われる可能性もある。将来のシニョレッジで中央銀行の赤字を補填する場合、中央銀行批判、物価目標との整合性、世代間の負担の公平性の問題など様々な課題に直面することになろう。

(2) 政府貨幣

財政政策の資金源としてのシニョレッジに期待する声は別のかたちでも出てくる。たとえば「政府紙幣」の議論はその一例だ。これについては、白川方明日銀総裁が2009年2月3日の記者会見（2009a）で詳しく説明しているが、「政府紙幣」の発行は、それが中央銀行に戻ってきたときの対応如何によって、「国債の市中発行」か、あるいは「無利息永久国債の日銀引受け」のいずれかと実質的に同じになる。「政府紙幣」が現在の貨幣、コインと同じなら、日本銀行に還流してきた段階で、政府がこれを回収するための財源が必要となるので「国債の市中発行」と変わりないということになる。

他方、「政府紙幣」が市中から日本銀行に還流してきたとき日本銀行に保有させ続ける場合は、政府は回収のための財源を必要としない。日本銀行は無利息かつ償還期限のない政府の債務を保有することになり、「無利息の永久国債を日本銀行に引受けさせる」ことに等しくなる（タンス預金が無利息永久国債に変わった場合も、同様の議論を組み立てることができる）。

こうした国債の日銀引受は、財政規律上の問題から財政プレミアムを拡大させたり、日本銀行が生むシニョレッジを減少させて財務の健全性に対する疑念を生じさせ、通貨に対する信認を害するおそれがある。シニョレッジを政府サイドで自由に財源として使うべくいろいろかたちを変えてみても、問題を回避できるわけではなく、責任の所在が不明確になることも含めて、コストのほうが大きいことを認識する必要がある。打ち出の小槌はない。

(3)　中央銀行のバランスシート評価——財務の健全性と自己資本の充実

独立して金融政策運営を任されている中央銀行としては、政策の評価がそのバランスシートで示せることが、透明性と説明責任の観点から望ましい。古市・森（２００５）は、中央銀行の財務報告の目的・意義として、特に市場関係者に対して「中央銀行の政策の事後的検証および将来遂行可能な範囲の予見を行ううえで有用な情報を提供すること」、そして「銀行券の発行権を裏付けにしていること」という特徴から、国民に対して「保有資産や通貨発行益の適切な管理・運用がなされているかを評価するうえで有用な情報を提供すること」としている。しかし、財政政策のファイナンスとしてシニョレッジが様々なかたちで政府によって先取りされてしまうと、それによって日本銀行の財務指標が振れ、日銀による政策が財務の健全性へ与えた影響を評価することが難しくなる。

リーマン・ショック後、様々な動機で様々なリスク性資産を購入するようになったが、後述の包括的な金融緩和政策を決定した際、評価しやすいようにと、基金というかたちで資産を区分計上したのは、このような観点からは意味があった。しかし、基金は廃止され、いわゆる日銀券ルールも棚上げされ、国債買入れについては、伝統的なもの（成長通貨供給のためのもの）と質的緩和政策によるものとの区別がつかなくなってしまった。基準となる平時の姿がわからなくなり、バランスシートの評価が困難になってしまったのは残念だ。

なお、グローバルに中央銀行がリスク性資産を購入するようになって、日銀が損失リスクにさらされていることに、世の中が鈍感になっていることも見逃せない。かつては、２００２年9月に日本銀行がプルーデンス政策として個別株式の購入を発表した際、日銀保有資産の劣化懸念で円が売られたと報じられた。03年度決算で日銀は32年ぶりに経常収益が赤字になったが、福井総裁記者会見（２００４ｂ）では、量的緩和政策に伴う副作用という観点から質問を受けている。中央銀行として異例の措置を続ける中では、財務の健全性の重要性を強調しすぎることはない。

健全性の指標の一つとして中央銀行の自己資本がある。その必要性については、理論的に十分整理されているわけではないが、自己資本の重要性はどちらかというと中央銀行やＩＭＦ関係者から主張されることが多いのに対して、学者は中央銀行にとって自己資本は重要でないという見方をとることが多いように思う（須田［２００３ａ］参照）。

こうした自己資本不要論の論拠として、⑴中央銀行は、銀行券や中央銀行当座預金を独占的に発行できるため、自国通貨建ての債務について、一般の企業や金融機関と同じ意味で債務不履行になる可能性がほとんどないこと、⑵政府と中央銀行を一体であると考えれば（いわゆる統合政府アプローチ）、中央銀行がどれだけ債務超過になろうとも、徴税権を持つ政府が中央銀行の負債を事実上100％保証していることになると考えられるため、中央銀行の債務超過は問題ではないこと、の二点が指摘されている。

実際に、海外の著名な経済学者の間では「日本銀行は、長期金利が通常の水準に上昇した場合にキャピタル・ロスを被るとして、（たとえキャピタル・ロスが一対一で政府のキャピタル・ゲインになるとしても）長期国債買入の提案に抵抗している。（中略）こうしたマイナーなバランスシートの問題（特に日本銀行と政府の間で相殺可能であるならば）が、なぜ一国の国民厚生向上を阻む理由となるのか、外部観察者には理解できないのは当然のことである」といった厳しい批判もみられた[8]（第2章も参照）。

しかし、統合政府で考えれば問題はないとはいえないことはすでに指摘したとおりだ。中央銀行に損失が発生した場合、政府が補填することを当然視して、政府と中央銀行を一体となったバランスシートで理解する統合政府の考え方に対して、植田東大教授（2003）は審議委員時代に「中央銀行と政府との関係、政府の予算作成プロセス等に関するかなりナイーブな理解に基づいたものといわざるをえない」と述べている。

中央銀行の自己資本が必要か否かについては、中央銀行を金融政策やプルーデンス政策を担う抽象的な存在として議論されることが多く、中央銀行が実際に行っている業務やそれを取り巻く経済環境、さらには政府との関係を規定する制度などを考慮に入れて議論されることは少ないという印象は拭えなかった。

現実の政治経済の世界はこのように単純ではない。たとえば、旧日本銀行法には政府による損失補填制度が設けられていて、新日銀法で廃止されたことは前述したとおりだが（第2章参照）、これは政府による広範な業務命令権と対を成していたことは見逃せない。

1960（昭和35）年の金融制度調査会「日本銀行制度に関する答申」説明書には、「現在暫定規定として残存している政府の損失補償制度は、日本銀行が準備金を取り崩しても損失を補填するに足りないときは、政府はその不足額を補給することとしている。これは、日本銀行の利益は内部留保を除く外すべて政府に納付する納付金制度の建前や、政府が日本銀行に対して業務命令権を持っていることなどに照応するものであろう」と説明されている。

要するに、中央銀行にとって自己資本や財務の健全性は、それ自体が目標なのではなく、政策手段の独立性と同じく、政策や業務を円滑に運営する上での基盤を提供するものである。中央銀行の自己資本が毀損し、財政資金による資本の補填が必要と判断された場合に、それが中央銀行と行政府ないし立法府との関係に影響を与え、中央銀行の政策運営を制約することにならないか、また、通貨の信認を損なうことはないのかという点が重要である。政府との交渉の難しさを間接的であるが体験すると、財務の健全性が保てないと、独立した中央銀行の存立基盤が揺らぎかねないように思う。

したがって、政策を考える場合には、自己資本による制約を意識せざるを得なかった。財務の健全性との関係から、思い切った政策をとる場合にも高いリスクをとることはできなかったが、すでに財政政策の分野に踏み込んでいるので、損失が発生する可能性がある。

前述のとおり、MMLRのときも、包括的な金融緩和政策の導入を決定したときも、政府に対して、損失が生じた場合の損失処理の仕方について理解を求めた。政府保証をとってリスク資産を購入するという選択肢もあり得たが、そのような場合には、カネも出せば口も出すということになり、独立が毀損されたり買入れが行きすぎる可能性がある。基本的にはみずからの自己資本の範囲内で政策をとっていくというスタンスを維持することが望ましいと考えた。

その一方で、自己資本比率の積上げを政府に求めたが、第2章で指摘したように、そのハードルはかなり高いものであった。自己資本を政府（国民）の了解を得ながら目標である10％プラスマイナス2％の範囲内に収め、金融政策による損失可能性もその範囲に収めていくことが必要だと思う。将来にわたる通貨発行益を日本銀行がどの程度まで自由に使うことが許されるのか、政府と中央銀行でどのように国民のために活用していけばよいのか、もっと議論を深めていく必要がある。

5　成長支援のための政策

2010年に入り、企業金融についてはある程度落ち着きが出てきても、大きく落ち込んだ日本の経済物価状況を目の前にして、ほっとできる状況ではまったくなかった。

日本の金融機関はサブプライムローンが組み込まれた証券化商品を欧米金融機関ほど保有していなかったため、リーマン・ブラザーズが破綻しても、金融システムへの影響は欧米諸国よりもかなり小さかったが、グローバル化が進展している中で、行きすぎた円安の反動、株価の下落、原油価格の反落、輸出の減少、企業収益の急減などを通じて、実体経済や物価には大きな影響が出た。経済物価見通しの不確実性が非常に高く、メインシナリオに自信は持てず、シナリオの下振れを意識していた。

そうした中、量的緩和政策時代に考えた様々な資産の購入の是非について考えた。これについては後述のとおり、包括的な金融緩和政策として実現することとなった。それより前に、新たな取組みとして実現させたのが、成長をサポートするための資金供給オペであった。

日本経済はデフレに長い間悩まされてきたが、様々な金融緩和政策をとってきたにもかかわらず、なかなか持続的な物価上昇が実現できなかった。その理由をいろいろ検討したが、その背景に潜在成長率の低下があるのではないかとの思いが次第に強くなり、成長基盤強化の支援を決めた。そこで、潜在成長率とデフレの関係について、2010年6月の和歌山での金融経済懇談会で取り上げた。[9]

(1) 潜在成長率とデフレ

日本経済は、少子高齢化・人口減少を背景に、1990年代以降、中国などの台頭、グローバル化、IT化が進展し、新しい環境への調整が必要であったが、日本のコーポレート・ガバナンスは、過去の成功体験を引きずっていたこともあって、適応力や柔軟性に欠けていた。[10] また、金融機関が不良債権の処理に窮し、本来果たすべき金融仲介機能が有効に働かなかった点も無視できない。[11]

こうした要因が相俟って、労働、資本、全要素生産性のすべてに低下圧力がかかり、[12] 潜在成長率は低下傾向をたどった。1990年代に入ってからの日本の労働生産性の伸びをみてみると、たしかに下方に屈折している。この間、金融政策面では、すでに金利を引下げる余地が限られていたため、潜在成長率の低下に見合うだけの金融緩和を行うことができなかった。さらに、膨大な財政赤字や年金問題などを背景とする将来不安に加え、実際の成長率の持続的な低下も、成長期待、潜在成長率を押下げた可能性がある。

成長期待の低下は、人々の恒常所得に対する予想を下振れさせ、消費や投資の抑制につながる。しかし、供給力は徐々にしか調整されないため、その結果需給バランスが悪化し、物価に下落圧力が働く。実証研究からも「負の生産性ショック」と需給ギャップの間には正の相関関係が存在することが指摘されており[13]、日本で長期にわたり物価下落圧力が大きかったのは、以上で指摘した複数の負の生産性ショックが、90年代になって断続的に発生したことが背景にある。

そうした中で、企業の収益重視の姿勢が強まり、労働生産性の伸び率が低下するもとで、賃金が一段と抑制されたことから、ユニット・レイバー・コスト（賃金／労働生産性）が、米欧とは対照的に低下傾向をたどった（第1章の図1－14を参照）。特に、賃金の下押し圧力は、(1)日本では、人件費の抑制が、雇用ではなく賃金の調整によって行われる傾向が強いこと、(2)安価な労働力を求めて企業の海外進出が活発化したこと、(3)労働組合の組織力が低下したこと、などによっても強められた。

加えて、非製造業の競争環境がますます激化したことも、インフレ率低下を促した。以前は、製造業との生産性格差部分がサービス価格に上乗せされていると議論されることもあったが（「構造的インフレ論」）、90年代入り後の競争激化で、そうした傾向は薄れていった[14]。

さらに、物価に影響を与えるもう一つの大きな要因である中長期的な予想物価上昇率についても、日本では海外諸国に比べて低めになっているとみられるが、その要因には、過去の実際の物価上昇率が相対的に低めで推移してきたことに加えて、先ほど指摘した成長期待の低下も作用していると考えられる。実際、アンケート調査による90年代後半以降の長期の物価予想は、2％以下のプラスの領域で比較的安定して推移しているが、その変動は潜在成長率と相関があるように見て取れる[15]。

こうした点を踏まえると、日本の90年代以降の潜在成長率の低下は、それを上回る需要減退を招くことによって、物価下落圧力になるとともに、その時どきの成長期待への影響を通じて、中長期のインフレ予想にも影響を与えてきたと思われる。

先行きに目を転じると、潜在成長率の低迷は今後も続く可能性が高い。先ほども指摘した少子高齢化は、総人口に占める労働力人口の比率を低下させるとともに、貯蓄率の低下に伴い投資・資本ストックを減少させ、一人あたり経済成長率に下押し圧力をかけている。それに人口減少が加わるので、経済成長率には時間とともに下落圧力がかかる。これが、人々の期待成長率の一段の下振れをもたらすようであれば、それは物価にとって下振れ圧力となる。

以上は私なりの整理であるが、日本銀行は構造改革の必要性をずっと指摘してきた。量的緩和政策へ移行したときも声明文で「今回の措置が持つ金融緩和効果が十分に発揮され、そのことを通じて日本経済の持続的な成長軌道への復帰が実現されるためには、不良債権問題の解決を始め、金融システム面や経済・産業面での構造改革の進展が不可欠の条件である。もとより、構造改革は痛みの伴うプロセスであるが、そうした痛みを乗り越えて改革を進めない限り、生産性の向上と持続的な経済成長の確保は期し難い。日本銀行としては、構造改革に向けた国民の明確な意思と政府の強力なリーダーシップのもとで、各方面における抜本的な取組みが速やかに進展することを強く期待している」と述べている。

1990年代以降の拡張期について、厳しい雇用情勢が続いていたこともあって、多くの人々は「景気がよい」という実感を持てなかったように思う。実際、戦後最長の景気回復が続く中でも、金融経済懇談会で地方に行くと、中央とはちがう、景気はよくないという声をよく聞いた。

こうした中で、財政・金融政策というマクロ経済政策による積極的な景気対策が求められた。しかし、景気対策によって潜在成長率を高めることはできなかった。成長率に対する押上げ効果は一時的であった上、政府債務は1000兆円を超えるほどまで積上がった。また、金融政策についても、90年代は一貫して金融緩和が続けられ、コールレート（無担保・翌日物）は、91年初に8％強であったが、96年には0・5％まで低下し、それ以降、それより高い金利は実現していない。

こうした経験を経て、「持続的・本格的な景気拡大を実現するためには中長期的な成長力（潜在成長率）を高めなければならない」という認識が次第に浸透していった。

日本銀行は、2012年10月30日、政府との「共通理解」として「デフレ脱却に向けた取組について」を発表したが、そこでも「政府及び日本銀行は、我が国経済にとって、デフレから早期に脱却し、物価安定のもとでの持続的成長経路に復帰することが極めて重要な課題であるとの認識を共有しており、一体となってこの課題の達成に最大限の努力を行う。日本銀行としては、上記の課題は、幅広い経済主体による成長力強化の努力と金融面からの後押しがあいまって実現されていくものであると認識しており、政府が成長力強化の取組を強力に推進することを強く期待する」と述べている。このように、この間同じことをずっと主張してきたということは、構造改革が望んだようには進んでいないことの表れでもある。

日本経済をめぐる構造改革問題は、すでに知られていることばかりであり、その対応策についても様々な処方箋がすでに示されている。しかし、その解決に向けた具体的な取組みや成果が、目に見えるかたちで現れてこなかったところに、人々の閉塞感の強まりの原因がある。日本の将来の人口動態をみるにつけ、国全体としての期待成長率を維持していくためには、一人あたり生産性を向上させていくことがいかに大事か、そしてそれが待ったなしの課題であることは明らかである。

リーマン・ショック前には、需給が改善し、前向きの循環もみられ、物価が上昇するような経済物価情勢が実現できていた。しかし、内外のショックによって再び物価が下落基調に陥った。内外のショックは今後も避けられないとすると、再び物価が下落するような状況を回避するには、期待成長率を高め、潜在成長率を高める必要があるとの思いも強まった。

こうした中、潜在成長率や生産性を引上げていくことは、待ったなしの喫緊の課題であることを国民が共通に認識するだけでなく、課題克服に向けてそれぞれの役割を果たすべく皆が具体的な行動に出る必要性にすでに迫られているという逼迫感・危機感を示す必要があった。日本銀行もみずからの役割の中で何ができるか考え行動に移す必要があるとの思いで、2010年6月15日に決定したのが、「成長基盤強化を支援するための資金供給」であった。(16)

(2) 成長支援のためのオペの導入から貸出資金基金へ

「成長基盤強化を支援するための資金供給」は、日本銀行が、成長基盤強化に向けた民間金融機関の自主的な取組みを金融面から支援するためのものであり、長期(借換えを含め最長4年)かつ低金利(誘導目標金利0・1%。後に導入の米ドル特則の場合米ドルLIBOR6カ月物)の資金を、適格な担保を裏づけとして貸付けるものである。最初そのような資金供給の検討を発表したとき、民間の資源配分を歪める懸念、産業政策・産業金融であり中央銀行の仕事ではないとの違和感、リスクマネーを供給できなければ効果は限定的、貸出金利引下げ競争を促すなど、必ずしも評判のよいものではなかった。

もともと日銀が大きくリスクをとって資金供給することは想定していなかったが、民間の資源配分を歪めてしまうリスクや、日本銀行の保有資産のデュレーションが長期化することにより金融調節の柔軟性が低下するリスクも意識しており、「呼び水」としての位置づけであった。これを契機に対話を積み重ねることで、金融機関や企業が前向きな行動に動き出してほしいということであった。日本銀行が持っているシンクタンク機能、そして支店のフットワークを活用して何か知恵を出すこと、つまり、企業活動に資する具体的な情報発信や提言を積極的に行っていくことも、日本銀行に求められている重要なアクションの一つだと思っていた。

実際に動き出すと、この取組みに一定の成果が出るようになったが、何といっても主役は企業である。将来にわたってキャッシュフローをできるだけ多く生み出すためには、企業は経済環境の変化に的確に対応する必要がある。政府の対策等を待つのではなく、企業自身が前向きにリスクをとって行動するような積極性が望まれる。それができれば賃金の上昇にもつながる。そういった意識を強めることに資することができれば、この取組みは成功だといえる。

なお、現在、制度は特例の設置など拡充され、現在は図６－１の上部分のようになっている。また２０１２年12月20日には「金融機関の一段と積極的な行動と企業や家計の前向きな資金需要の増加を促す」観点から「貸出増加を支援するための資金供給」が導入され、これら二つは貸出支援基金にまとめられた。この貸出増加支援策は貸出の質を問わないものであるので、この基金による資金供給の主流は、新たな支援策にシフトしており、成長支援色が弱まっている。

最近のボードメンバーの講演資料を見る限り、成長支援に対する日銀自身の努力は職員によって支

図6－1　貸出支援基金

(1) 成長基盤強化を支援するための資金供給

金融機関による成長基盤強化に向けた取組みを幅広く支援するため、4つの貸付枠を設定。貸付枠に応じて金融機関が定める「成長基盤強化に向けた取組み方針」に基づいて行う投融資を見合いに、日本銀行が資金供給を実施。

〈貸付額実績〉

	本則	ABL等特則	小口特則	米ドル特則
貸付枠	70,000億円	5,000億円	5,000億円	120億米ドル
直近残高	31,419.2億円	807.2億円	80.63億円	87.77億米ドル
貸付先数	64先	13先	19先	25先
対象投資額	1,000万円以上の投資額	100万円以上のABL、出資	100万円以上1,000万円未満の投融資	10万米ドル相当以上の外貨建て投融資

(2) 貸出増加を支援するための資金供給

金融機関の一段と積極的な行動と企業や家計の前向きな資金需要の増加を促す観点から、金融機関の貸出増加額について、希望に応じて貸出増加額の2倍相当額を低利・長期で無制限に、日本銀行が資金供給を実施。

〈貸付額実績〉　2014年3月18日時点

			直近残高
合計			85,496億円
	業態内訳	大手行（8先）	57,936億円
		地域金融機関等（95先）	27,560億円

注：4年固定0.1%。ただし1年ごとに期日前返済を認める（米ドル特則除く）。2014年2月18日。
資料：日本銀行「成長基盤強化を支援するための資金供給の実施結果」2014年2月28日ほか

店やリサーチなどでは進んでいると思うが、ボードメンバーからの発信が少なく残念に思っていた。政策効果は残高ではなく質が重要であり、また対話を通じて高まるので、積極的に発信してほしいと思う。もっとも、2014年3月に受付期限を迎えていたこの貸出支援基金による資金供給は、2月の決定会合で1年延期され、貸出枠が2倍に増額された。量のみが重視されないことを望みたい。

6　包括的な金融緩和政策

2010年の夏、米国の金融緩和期待に伴い円高が進行する中、デフレスパイラルの可能性を指摘しつつ日銀批判を強めるメディアに耳を傾けながら、必死で政策を考えているのに伝わらないもどかしさを感じつつ、どんな思いが日銀批判となって表れているのか、じっくりと考えざるを得なかった。先行きに対する不安感・不透明感がある中で、これまでの政策の延長では効果を期待できないとの思いを強くした。8月末に臨時会合で追加緩和を決定した後、10月5日の金融政策決定会合で「わが国経済が物価安定のもとでの持続的な成長経路に復する時期は、後ずれする可能性が強まっている」と判断し、金融緩和を一段と強力に推進するために、追加的な政策措置（包括的な金融緩和政策）を講ずることにした[17]。

(1)　「包括的な金融緩和政策」の決定の背景

この間、私自身は、展望レポートの中間評価を行った2010年7月の金融政策決定会合ごろから、12年度までの経済・物価の見通しをより具体的に考え始めていたが、9月ごろには、経済見通しについて、新興国のキャッチアップの進展などのより一層の競争激化などから、特に11年度以降の下振れを意識するようになり、物価についても、回復力が想定以上に弱く、賃金の低下圧力が強まる可能性がある、との見方を強めていった[18]。このため、金融政策面でも、従来の政策の延長線上にはない、思い切った政策対応が必要であると具体的な政策も考えていた。日銀批判の高まりもそれを後押しした。後から振り返ってみると、他のボードメンバーもそれぞれの見方から私と同じような思いあるいは危機感を強めて政策を具体的に考えていたように思う。「包括的な金融緩和政策」の決定の背景には、こうしたボードメンバーの危機感と様々な考察があったことを指摘しておきたいと思う。

当時の私の物価見通しは、他のメンバーに比べて弱かった。それは後に、物価が上昇していくシナリオが強すぎるとの判断で展望レポートに賛成できなかったことにも表れている。

見通しが弱かった理由は、前述の実体経済についての弱さに加え、中長期の予想インフレ率のアンカー力の評価の違いがあった。インフレ率が足許までの需給ギャップないしは足許までの物価変化率と中長期の予想インフレ率とのどちらにどの程度強く影響を受けるかについては判断が難しく、悩ましい問題であったが、前者を重視し続けるほうが、その時点では現実的である、との判断をより明確にした。先行き経済が一時的に落ち込み需給ギャップの改善が足踏みないしは悪化しかねない中で、中長期的な期待インフレのアンカーが強く働いて物価上昇率を高めていくというのは考えづらかった。

このような考えのもとで、2011年度中には消費者物価はプラスの領域には入らないというのが私の当時の見通しであった。消費者物価指数（除く生鮮）の前年比がマイナスから脱却できる蓋然性は高くなく、デフレ脱却へ向けての改善にも時間がかかるとみていた。11年度には消費者物価指数は

2010年度基準に切り替わるので、それを考慮に入れた場合、その蓋然性はさらに低下するとみていたのだ。

この見通しをつくり上げつつ、追加緩和としては質的緩和に関心を寄せていた。量的緩和時代から、緩和政策をとってもリスク性資産への投資は増えず、ポートフォリオ・リバランスが働かないことをみてきた。それならより直接的にそれを促そうということを考えた。たとえていえば、水辺に牛をつれてきても水を飲まない。おいしいといってもだめだった。ここで水を飲んでみせ、おいしいことを知らせることを考えた。つまり呼び水としてリスク性資産をみずからが購入する。株はすでに別の理由で購入していたので、いざとなったときの選択肢として可能なのではないかと考えた。

債券は景気がよくなり上昇すると資産価値が下がり中央銀行に損失を生じさせるが、株式は景気がよくなれば上昇するので差益が得られる。これについてはそれまでの売却による経験もあった。外債は為替政策との関係がクリアできない中、選択の対象にはできなかった。価格を下支えしようということではなく、日銀に売れるという環境があればリスクをとりやすくなるのではと考えた。一種の市場流動性を高めることになり、リスクプレミアムが低下し、価格上昇につながり得ると考えたが、それは人々の行動に依存するので定かではないし、価格支持を目標とすることまでは考えていなかった。

(2)「包括的な金融緩和政策」のポイント

「包括的な金融緩和政策」は、資産買入れ等の基金の創設だけでなく、金利誘導目標の変更、「中長期的な物価安定の理解」に基づく時間軸の明確化の三つの措置から成る。山形での金懇（須田［20

10c」）で、この政策を説明するに際して、政策意図を明確にする観点から、①金利低下、②量的緩和、③質的緩和、④期待の四つに分類して、説明を行った。

第一に、無担保コールレート・オーバーナイト物の金利誘導目標水準を、2008年11月以来維持してきた「0・1％前後」から「0〜0・1％程度」に変更した。「包括的な金融緩和政策」においては、後述する資産買入れ等の基金を通じて、一層潤沢な資金供給を行うこととなった。

加えて、この間、コール市場機能低下で、無担保コールレート・オーバーナイト物が0・1％を大きく下振れることもあり得る状況であった。こうした金利の下振れを明示的に許容することが政策効果をより高めると考えられることから、変更することにした。これについて、「日銀もゼロ金利採用へ」と大きく報道されたが、金融機関超過準備への付利金利は0・1％で変更しなかったので、潤沢な資金供給によって結果的に金利が低下する①としても、もともと想定していた許容範囲内に落ち着くと考えていた。実際そのとおりであった。

なお、付利の引下げは、市場取引による収益機会を損なうため、民間金融機関同士の取引を細らせることにつながり、金融仲介機能が低下し、かえって緩和効果を阻害することになりかねず、デメリットのほうが大きいと判断した。ちなみに米国でも同趣旨の指摘がなされている[19]。

第二に、「中長期的な物価安定の理解」に基づき、物価の安定が展望できる情勢になったと判断するまで、実質ゼロ金利政策を継続していくことを明示的に示した。明確化という認識であった。これに対して、日銀はフレキシブル・インフレーション・ターゲティングを採用したとの声もかなり聞かれた。もっとも、金融政策の運営に際して、物価だけに焦点を当てすぎると物価以外のリスク要因を軽視することにつながりかねないので、金融面での不均衡の蓄積を含めたリスク要因を点検し、問題が生じていないことを実質ゼロ金利政策の継続の条件とし、それまでの政策の枠組みを維持した。

これは、期待への働きかけ（④に該当）と同時に金利低下を促す（同①）ことを企図したものだ。期間の長い市場金利は、「その対応期間において予想されるオーバーナイト金利の平均にリスクプレミアムを加えたものになる」という考え方のもとで、中央銀行が市場に対して「物価の安定が展望できる情勢になったと判断するまで、実質ゼロ金利政策を継続していく」と約束すると、市場が想定する期間に応じて、ターム物金利や中長期金利が低位で安定するようになる（「時間軸効果」）。これまでよりも時間軸をより明確化することで、短めの時間軸を持っていた人の時間軸を長くさせ、かつ不透明性を減らすことでリスクプレミアムを低下させることができると考えられた。

第三に、金融緩和を一段と強力に推進するために、長めの市場金利の低下と各種リスクプレミアムの縮小を促していくこととした。そのために「資産買入等を行う基金」を日本銀行のバランスシート上に新たに創設して、固定金利方式・共通担保資金供給オペの30兆円程度に加えて、国債や社債、CPのほか、指数連動型上場投資信託（ETF）や不動産投資信託（J－REIT）といった多様な金融資産を総額5兆円程度の規模で買入れることとした。

2000年代初め、このようなリスク性資産の購入の提案が学者などからあったが、そのときはコストのほうが大きいということで、この主張を退けた。つまり、日本銀行が市場に介入しすぎると価格形成を歪める可能性が高まるほか、金融機関の収益機会を奪うことにもつながりかねない。また、日本銀行自身も、リスク性資産の購入により、最終的に損失を蒙るリスクがあるが、それは最終的に国民負担になることは前述のとおりだ。

しかし、リーマン破綻で経済が大幅に落ち込んだ後、物価安定のもとでの持続的な経済成長への復帰への道筋が後ずれしそうだとなったときに、国内の閉塞感を考えると、これまでの延長での緩和では効果は不十分だとの思いがボード全体で強まった。それまで懐に入れて温めていた前述のリスク性資産購入がその一部として実現することになったが、コストと比較考量しながらどこまで買入れるか、大きな決断が必要であった。

今回は金融政策として個別企業の信用リスクを取ることを決めたので、前のような出口戦略を同時に決めることはできなかった。これは異例の措置であり、新たに基金を創設するのは、通常の金融調節で取得した金融資産と別枠で管理することにより、本措置で買入れた金融資産のリスク状況の把握を容易にし、管理の透明性を高めるためであった。

これはさきほど述べた四つの分類の中でいえば、長めの市場金利の低下（①）と各種リスクプレミアムの縮小（③の質的緩和）がメインだ。この点、市場が基金の規模に注目することも意識していたが、「量」（②）は本措置の直接の目的ではなく、あくまで、長めの市場金利の低下と各種リスクプレミアムの縮小を狙った後に、結果として「量」が拡大するという位置づけであった。先に述べたように、日本の量的緩和政策の経験から、当座預金残高を増やしても当時のような状況では効果は期待できないというのが欧米でも主要な考え方となっており、量として意識するとしても資産価格にかかわる資産サイドの買入額であった。

なお、ここでいう、リスクプレミアム縮小への働きかけは、先ほど述べたように、「呼び水」として、すでに潤沢に供給されている資金が経済の活性化のために有効活用される効果を狙ったものだ。もっとも、市場が量に関心を持っているからこそ、そして主要先進国の量との比較で日銀の政策が評価される状況である限り、２００９年12月１日の記者会見（２００９ｂ）で白川総裁が新しいオペの導入（0・1％の利率で期限3カ月で10兆円程度の固定金利オペ）を、「広い意味での量的緩和」と位置づけたように、副次的に「量」がもたらす効果（②）も意識せざるを得なかった。リスク性資産だけでは額が多くないので、多様なオペを基金としてまとめることとなった。それまでは、決定会合での決定事項にオペの量は明示的に入っていなかったが、包括的な金融緩和政策から量も明確な決定事項としたことにもこのことが表れている。

このように量にも配慮せざるを得なくなったことは否定できないものの、白川総裁下の日本銀行では、短期金利引下げ余地が限界的になった後の追加緩和政策として、量の拡大（②の量的緩和）よりも、長めの市場金利の低下（①の金利低下）かリスクプレミアムの縮小（③の質的緩和）への直接的な働きかけを行うことが、政策としてより有効であるとの見方が主流であった。

ただ、私は、この「包括的な金融緩和政策」のすべてに賛成することはできなかった。具体的には、本基金の買入対象資産として、国債を検討対象とすることについて反対した。主たる理由としては、金融機関の視線が資産運用対象先として国債に向かっており、かつ短期金利のみならず、より長い金利も低くなっている中で（たとえば2年物金利は過去1カ月でみると当時で0・130〜0・200％で推移）、長めの市場金利の一層の低下を促すよりも、高止まりしているリスク性資産のリスクプレミアム縮小への働きかけ（③の質的緩和）を強めることがより有効ではないかと考えていたためだ。

実際、長めの市場金利の低下は、「包括的な金融緩和政策」採用以前に政策金利を0・1％まで引き下げたことや、それまで時間軸効果や潤沢な資金供給の姿勢によってかなりの程度実現されていた。したがって、長めの市場金利低下を一層促すために国債買入れを増額させても効果は限定的である一方、債券市場の過熱につながるリスクや、過度な金利低下が金融機関の収益機会を奪い、かえって金融緩和効果を阻害するおそれがあり、副作用のほうが大きいと考えた。

また、長期国債買入については、財政再建への中長期的な道筋が不明確な中、銀行券を上限とする取扱い（いわゆる日銀券ルール）に例外を設けると、財政ファイナンスに一歩近づいたとの疑念が市場に生じ、かえって長期金利に悪影響が及ぶ可能性があることを懸念したことも、反対理由の一つであった[20]。

最初の一歩は小さくても、量への関心が高まる中、リスク量との関係で国債購入に傾斜していくことが想定され、ルールを破ることの影響はその後大きな意味を持つのではという懸念があった。日銀全体としてこのルールを越えた国債買入については異例なケースで、かつ一時的であることが明確である場合まで否定するつもりはなかったが、なし崩し的なルールの放棄ととらえられかねないようなことは受け入れられなかった。

(3) 資産買入効果

包括的な緩和政策は様々な効果が入りこんでいるために、資産買入れのみの効果を抽出するのは簡単ではない。しかし、包括的な金融緩和の効果は主として資産買入効果であるとすると、効果については必ずしも明確に出てきていない。この評価は後の実証分析に任せたい。

ただ、包括的な金融緩和政策を導入し、その後も緩和を強めていったものの、2011年度の消費者物価上昇率コアはマイナスにこそならなかったが、欧州ソブリン危機の深刻化、東日本大震災の発生もあって、物価が上昇していくというシナリオは崩れてしまった。このようなアグレッシブな政策を採用しても、その後、持続的で明白な効果は経済物価に顕現化しなかった。ポートフォリオ・リバランス効果が強まったという認識もなかった。

なお、私は10月初めに行った包括的な金融緩和の効果を、10月末の展望レポート時点では高い評価を与えることができなかった。かなりの決断をもって包括的な金融緩和政策を導入したが、最初こそは市場にサプライズを与え、反応があったものの、日銀の慎重な政策スタンスという誤った評価を大きく変えさせることができなかったからだ。したがって、とりあえずはその効果を慎重に見ていくことにしたため、私の経済・物価見通しは包括的な金融緩和政策導入前後で基本的には変わらなかった。

米国についても、リーマン・ショック後に行った非伝統的な政策の評価に関しては、量的緩和政策時代と同様に、同時に時間軸効果をねらったコミュニケーション政策（第9章参照）がとられたので、別個に政策効果を測るのは難しい。資産購入の効果を試算する場合、どの程度買入れだけの効果を抽出しているかは定かではないものの、いくつかの試算がある。

ＦＲＢは、質的な緩和政策の効果を測る際に、最初はＦＦレートに読み替えて説明していた。11年3月11日の議会証言でバーナンキ議長は、６０００億ドルの買入れについて、約75bpのＦＦレートの引下げに対応すると述べている[21]。現在は長期金利低下効果に関心がシフトしているが、バーナンキは、12年8月のジャクソンホールでの講演（２０１２b）で、いくつかの試算によると、ＬＳＡＰ（資産購入政策）１（１・7兆ドル）で10年物国債利回りを40～１１０bp、ＬＳＡＰ２（６０００億ドル）で15～45bp、ＭＥＰ（ツイストオペ）を含めた全体で80～１２０bpの引下げ効果があった、と述べている。

図6－2　債券購入の10年もの国債利回りへの異種効果

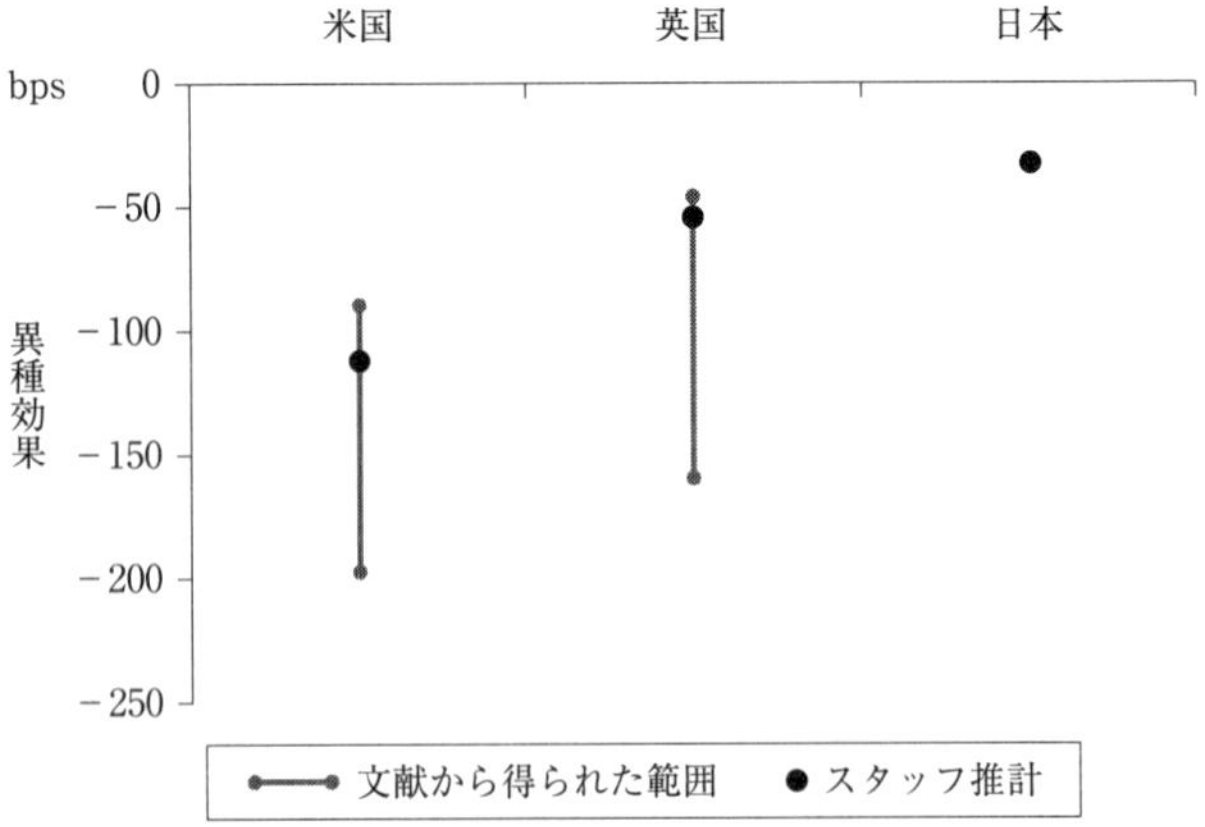

出所：IMF（2013b）

バーナンキ議長はこれらの試算を引用しつつも、経済やインフレへの効果についての試算は不確実だとしている。[22] ただ、日本のデフレの罠の克服にLSAPが役立つとのフリードマンの指摘を引用し、結論として、資産買入れが経済の回復をサポートするとともにデフレリスクを弱めたと結論づけている。実際、インフレ率が1％を超えて上昇するようになると、LSAP2によってデフレが回避されたとの指摘がしばしば聞かれた。

IMF（2013b）は資産購入の累積効果のサーベイを行っており（図6－2参照）、日本の場合は包括的な金融緩和と量的・質的金融緩和合わせて30bp低下とのスタッフの試算が示されている。[23] なお、FRBの場合、LSAP1の効果が最も大きく、50～100bpとしている。

他方、バーナンキはジャクソンホールでの講演で追加買入れのコストも指摘した。つまり、証券市場機能を低下させ、金融政策の波及に悪影響を与えたり流動性プレミアム上昇により金利が上昇する可能性、適切で円滑な出口への信認低下でインフレ期待を上げてしまう可能性、過剰な投資を促し金融の安定を阻害する可能性、ＦＲＢの損失可能性が金利を上昇させる可能性などを指摘した。これらは日本にもあてはまるが、市場機能の低下で財政問題について市場がシグナル効果を発揮できなくなることや中銀マネーを政策目標にしたため、その調整も政策変更なしにはできないこと、実質ゼロ金利の継続が非効率的な企業を温存させてしまうことを付け加えておく。

バーナンキＦＲＢ議長の講演後、２０１２年12月にＬＳＡＰ３を決定した。資産買入れを期限をつけずに決め、バランスシートを拡大し、超過準備を積上げたにもかかわらず、物価については目標からかなり離れたままであり、期待どおりの効果が出ているとは言い難い。他方、一部の地区連銀総裁が懸念していたような、バランスシートの拡大がインフレ期待の高まりにつながることは、今のところ生じていない。バーナンキ議長が12年6月7日の議会証言等で「金融政策は万能薬ではない」と繰り返していることに、このことが表れていると思う。

日銀の量的・質的金融緩和政策については、黒田総裁（Kuroda［2013］）は２０１３年10月10日に「この政策の核となるメカニズムは、予想物価上昇率を上昇させること、それとの対比で長期金利を抑制すること」と述べた。長期金利がもともと低かったので、この政策がうまくいくかどうかのポイントは、期待インフレをいかに動かせるかであるということになるが、それがうまくいけば長期金利へは上方プレッシャーが働くという難しさがある。期待への働きかけといってもインフレ目標の変化は1％から2％へと1％であり、実質金利に与える影響はそれほど大きくない。日本にとって必要なのは閉塞感の解消であり、成長期待である。これは金融政策のみでは達成不可能である。

7　質的緩和と出口戦略

米国においても資産購入政策の正式名称はＬＳＡＰであるが、市場がＱＥ（量的緩和）と呼ぶため、好むと好まざるとにかかわらず、バーナンキ議長をはじめＦＯＭＣメンバーはＱＥという言葉で市場との対話を余儀なくされてきた。買入れという量の明確な効果が経済や物価に出ていないがために、買入額が積上がってしまったといえるが、いつ増大が止まり、それがいつ縮小に向かうのか、まだ不確かな状況にある。

買入れの内容よりも買入量全体の増大、バランスシートの拡大をシンプルに金融緩和ととらえる見方が強まる中で、日本銀行においては、そもそも論としてリーマン・ショック自体の影響が小さく、欧米の中央銀行ほどに政策対応を必要としなかったことまで、対応不足と批判の対象にされたのは、日銀の説明力が足りなかった面もあるとしても残念であった。

(1)　主要中央銀行のバランスシート

２００７年８月のパリバ・ショック以降、主要中央銀行では、それぞれの国の事情に応じて、非伝統的政策を含む様々な対策を講じ、リーマン・ショック後、米英欧の中央銀行（ＦＲＢ、ＢＯＥ、ＥＣＢ）のバランスシートは急速に拡大した（図６－３参照）。ＦＲＢでは、個別金融機関等に対する流動性支援や、エージェンシー債やエージェンシーＭＢＳといったモーゲージ関連証券化商品の買入れなど機能不全に陥った企業に積極的に介入する信用緩和政策がとられた。

図6－3　各国中央銀行のバランスシートの推移

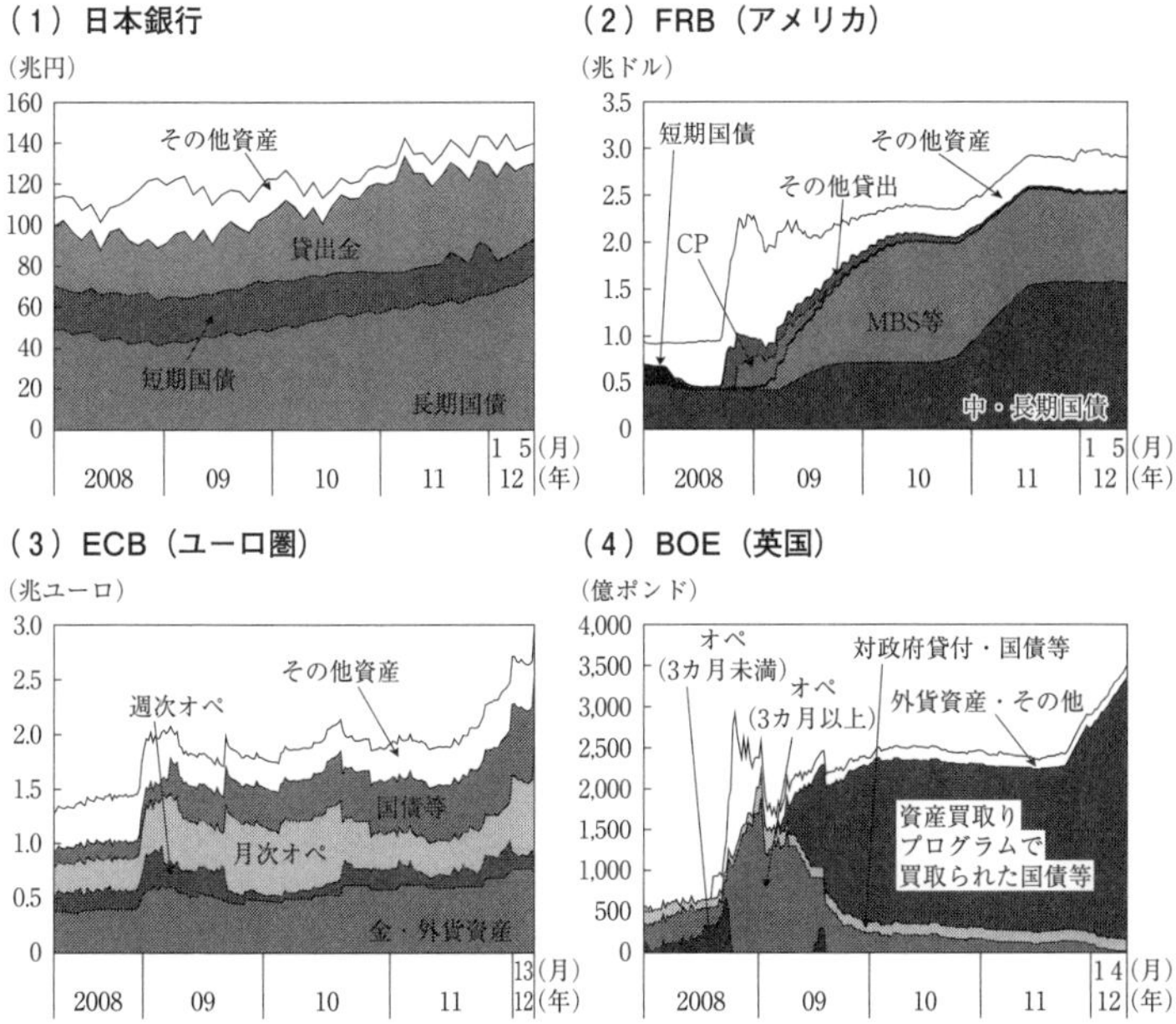

備考：日本銀行、FRB、ECB、BOEにより作成。資産サイド。
資料：平成24年度　年次経済財政報告　平成24年7月

またＢＯＥでは、２００９年3月に国債を中心とした資産買取りプログラムが導入された。ＥＣＢでも、08年10月の固定金利での無制限オペへの変更後、09年5月にはカバードボンドの買入れなどを決め、そうしたみずからの施策について、信用支援拡充策等の性格付けを行った。

それぞれのバランスシートの負債側においては、リザーブ（準備預金）が大きく増加した。一方、日本銀行のバランスシートやリザーブは、これら3中銀に比べれば増加幅が相対的に小さかった。以下では、日本銀行のバランスシートがさほど拡大しなかった背景について、三点ほど指摘しておく。[24]

一点目は、中央銀行のバランスシートは、民間の資金需要に大きく左右されるという点だ。米欧金融機関に対するカウンターパーティー・リスクが高まり、将来の支払いに備えて、資金・現金を手元に持っておこうという予備的動機が、各市場で急速に高まった。家計等による現金保有ニーズもあった。現金保有ニーズは、金融機関の経営不安等が生じると強まるが、実際、リーマン破綻後のECBやFRBの銀行券の発行は大きく膨らんだ。

これに対して日本では、わが国金融機関のカウンターパーティ・リスクが米欧ほど高まらなかったため、予備的な流動性需要の増加が相対的に小さなものにとどまった。また、日本銀行券の発行も、1990年代後半に急激に拡大した後、今次金融危機においては目立った増加がみられなかった。

二点目は、企業の資金調達構造の違いだ。日本では、企業金融におけるCPおよび社債の占める比率がもともと小さく、CPや社債の市場が機能不全に陥った際に、また企業のキャッシュインの下振れ見込みに伴う資金需要増に対しても、銀行借入の増加によって、ある程度の対応が可能であった。CP、社債の対国債スプレッドの推移をみても、これらの市場の機能不全が欧米諸国に比べてマイルドなものであったことがわかる。加えて、日本銀行では、従来からCP買い現先オペを行っていた。こうしたことから、日本の場合、米英欧の各中央銀行に比べ、新たにみずからのバランスシートを使って、CPや社債の市場に介入する規模が相対的に小さくて済んだ。

三点目として、日本の金融機関や日本銀行では、もともと流動性リスクに対する意識が高く、それに対する備えがある程度できていたことが挙げられる。日本の銀行は預金を主たる資金調達手段としており、米欧のようにもともと市場性短期資金への依存度が高くないことから、流動性リスクに対して頑健な負債構造にあった。

また、日本銀行では、1990年代の金融危機の経験から、流動性がきわめて重要であるという意識を持ち続けていた。それは、取引先金融機関ごとに、日々、資金繰りの状況を把握するとともに、財務担当者と緊密な情報交換を行っていることにも現れている。こうした日本銀行のきめ細かな流動性モニタリング㉕が平時から機動的で弾力的な資金供給を可能にしており、必要な流動性は日本銀行によって供給されるという安心感・信頼感につながっていた。これが、今回の金融危機において、新たなオペの必要性を相対的に小さくさせた面もあった。

これに対して、米英欧の中央銀行による流動性モニタリング体制は日本銀行ほどきめ細かなものではない。また、FRBとBOEでは、既存の貸出ファシリティが、今回の金融危機においてレピュテーション・リスクを恐れる金融機関から積極的に利用されなかったため、新たなオペ等の導入が必要になった。

以上のようにそもそも中央銀行からの資金供給に対する必要性が欧米と日本では大きく異っていたのだ。

(2) 量と緩和度合い

これまで述べたように、中央銀行のバランスシートや当座預金残高は金融機関サイドの資金需要によって大きく影響を受けるので、需要と供給の関係で決まる緩和度合いは本来、バランスシートや当座預金残高自体の量では測れない。市場機能が不完全で中央銀行がその代替の役割を果たしていたが市場機能が回復しその役割を終え、それに伴い資産買入れを終了したからといって、それが引締めに転じたということにはならない。量が多いとイグジットが難しくなるという意味で時間軸が長くなる効果を指摘する向きもあるが、バーナンキＦＲＢ議長は12年12月12日の記者会見で、バランスシートの大きさはインフレ予想に何ら影響も及ぼさないと述べている[26]。実際、量自体の「期待」に与える影響は不確かである。

こうした中、日本銀行においても、私の退任後の会合の様子をみていると、市場やメディアとの対話上、量重視、ないしは量で緩和を語る姿勢がより強まっていったようにみえる。

たとえば、かつては主たる政策手段は金利であったので、公表文においては金利の決定が先に示されていた。量に関して変更があった場合も同様であったが、２０１１年8月の追加緩和から量の変更があったときはそれを前に出すようになった。また白川総裁の最後の講演（２０１３）では、今後の金融緩和について2年間で60兆円増と、まさに全体の資金供給量が強調されている。

２０１１年3月11日の東日本大震災の直後、私にとっての最後の決定会合において、リスク回避の姿勢が強まっているので、リスク性資産に重点を置いて5兆円の買入れ増を決定した。しかし、それよりも短期金融市場が不安定化する事態を未然に回避するため、3月14日以降の7営業日で累計１００兆円にものぼる即日・先日付オペを行ったほうに――結果的に24日の日銀当座預金残高は過去最高の42・4兆円に達した――メディアが関心を寄せた。これをみて、日銀券が被災地の支店・事務所に確実に届けられ業務に支障をきたさないようにと状況把握に追われながらも、政策をどのように説明すればよいのか、最後の最後まで対話の難しさを感じざるを得なかった。日銀も量で語っていく姿勢をより強める一因になったのではないだろうか。

いずれにせよ、資産購入と結果としての量の拡大にもかかわらず、欧米でもなかなか想定したような効果が経済物価に顕現化したとはいえない状況が続いている。日本銀行がそれまでしばしば指摘し、批判されてきたことであるが、日本銀行が特殊の存在ではなく、特にバブル崩壊後の調整過程では非伝統的な金融政策の効果はあまり期待できないということを、欧米も金融危機を経験して、ようやく共有するようになってきたように思う。

(3)　困難な作業となるイグジット

量的緩和政策の場合には、誘導目標が当座預金残高であったので、その供給方法には関心がなかった。したがって第5章で示したように、出口を意識しながら、資金供給オペを短期化することができた。しかし質的緩和で買入資産とその量が誘導目標になっている場合、イグジットを決める前にそれを変更することができないために、イグジットは非常に難しくなる。買入量が量的緩和時代に比べて非常に大きくなっていることも出口を困難にする。

日本でも、白川総裁のときでも次第に量に軸足が置かれるようになって、出口の難しさを懸念していたが、黒田総裁になって、買入量が非連続的に増えることになり、かつ保有資産の長期化が図られ、その懸念は非常に大きいものとなっている。しかもＦＲＢとは異なり出口を語るのは時期尚早との姿勢も懸念を高める要因となっている。

量的緩和政策のときには前述のように、量的緩和政策を解除する2年半前の２００３年10月にはその条件が明確化されたし、ＦＲＢでは２００９年初から出口について詳細に語っている。11年6月のＦＯＭＣで示された出口戦略は、まず保有証券の元本償還資金の再投資を停止し、ガイダンスの修正とリバースレポ、タームデポジットで流動性吸収オペの開始、これらオペと超過準備付利引上げによるＦＦ金利の誘導目標引上げ、エージェンシー証券の売却を開始し、2〜3年で正常化するというものであった（第5章参照）。翌7月には議会でも説明している。

ただ、ＦＲＢが考えているように中央銀行のバランスシートを拡大したままで流動性をオペで吸収し付利引上げによって出口を図ることは簡単ではない。それは日銀も同様である。いざとなったら預金準備率を引上げ、超過準備の多くを所要準備に変えてしまうという荒業もなくはないが、それは金融機関に対する税金であり、かつ金融機関でその影響に大きなばらつきもあるため、このままでは公平性の観点から問題がある。また、日本では付利制度は一時的な措置として導入されたものであり、預金準備率の操作を政策手段として再び登場させるのであれば、付利制度の恒久化も含めて預金準備制度自体を現状に合うものに変えていく必要がある。しかしこれは簡単な作業ではない。

流動性吸収手段である売りオペは、それに応じるかどうかは金融機関が自発的に決めることである。物価安定のもとでの持続的な成長が見込まれる状況では、金融機関にとって流動性をそのまま中央銀行に置いておくインセンティブは低下する。それでも中央銀行に置いておく気になるには、何らかのメリットかその運用利回りが高くなることが必要だ。フォワード・ルッキングでまだ資金需要が大きくないときに利上げが開始されると、望むように市場金利の引上げができないという問題が生じるかもしれないが、流動性需要が増え始めると金融機関は低い金利では流動性吸収オペに応じなくなるので、中央銀行は過熱を防ぐためには金利を急速に上げざるを得なくなるだろう。バランスシートの大きさを維持したままでの出口戦略は、その大きさでインフレを語る人がいるという点も、イグジット問題を難しくする要因となろう。また出口で中央銀行がロスを発生させるだろうことも批判を強めることになろう。

2010年3月25日の出口戦略に関する下院金融サービス委員会公聴会で、バーナンキ議長は「Ｆ

OMCは（30年物もある）証券を満期まで保有することを快いとは思っていない。われわれは一刻も早く危機前のバランスシートに戻りたいと思っている」「もっとも売却はゆっくりと段階的に行い、事前に公表し、市場に過度なインパクトを生じないようにする」と、出口における資産売却を想定していた。11年6月のFOMCでも同様であったが、売却コストが大きいため、売却をしない出口戦略を現時点では考えている。もっとも、流動性吸収オペでコストの増大が想定以上に大きくなる可能性もあるので、それでも損失が顕現化する可能性があることは否めない。

この政策は次第が効果が減衰する一方で、出口には大きな困難が待ち構えている。それを理解したからこそ、経済物価情勢がまだ目標から遠い2013年5月の段階で、バーナンキFRB議長は出口の具体化を急ぎ、市場にショックを与えることになったのだろう。ようやく出口の入口にさしかかったところであるが、出口の出口までかなりの時間がかかるので、その間経済物価情勢は変化し、迷路の中でさまよう可能性も否定できない。

まだ緩和方向にあって、FRBに学ぼうとしている日銀であるが、キーカレンシー国ではなく、かつより大きな財政問題も抱えている政府との対立も考えられ、出口はもっと難しいだろう。この政策が成功裏に終わる道のりは非常にナローパスと言わざるを得ない。

［注］

（1）「私はかねてより、量的緩和政策の中での資金供給チャネルの拡充策を、『質的緩和』と呼んできました」。須田（2009c）を参照。

（２）２００２年12月の企業金融円滑化策の決定、須田（２００２b）などを参照。
（３）日本銀行「短期金融市場における調整圧力の高まりへの協調対応策」２００８年９月18日参照。
（４）詳しくは須田（２００９c）を参照。
（５）議事要旨（２００９年１月21、22日開催分）の財務省の出席者からの発言を参照。
（６）「中央銀行と通貨発行を巡る法制度についての研究会」（２００４）を参照。
（７）木村（２００２）を参照。
（８）Svensson（2001）を参照。
（９）須田（２０１０b）。同（２０１０a）も参照。日本経済の長期停滞やデフレが需要・供給のどちらによるのかという点について、これまで多くの議論がなされてきた。小宮・日本経済研究センター（２００２）をはじめ須田（２０１０a）の文献も参照。
（10）森本・平田・加藤（２００３）を参照。
（11）白川（２０１０）を参照。
（12）前田・肥後・西崎（２００１）や大谷・白塚・中久木（２００４）を参照。
（13）宮尾（２００６）を参照。
（14）日本銀行調査統計局（１９９９）を参照。
（15）木村・嶋谷・桜・西田（２０１１）の図４を参照。
（16）企画局（２０１０）を参照。
（17）日本銀行「『包括的な金融緩和政策』の実施について」（２０１０年10月５日）を参照。
（18）須田（２０１０c）を参照。
（19）Bernanke（2010a）を参照。
（20）議事要旨（２０１０年10月４、５日、10月28日）の反対意見を参照。
（21）ダドリー・ニューヨーク連銀総裁（２０１０）によると、５０００億ドル規模で50～75bp。
（22）Warsh（2010）も参照。

(23) IMF（2013b）の付論第2表も参照。
(24) 須田（2009b）を参照。
(25) 日本銀行（2009）を参照。
(26) FRB（2013）パート2には「これまでバランスシートの拡張は長期のインフレ予想に実質的に影響を与えてきていないようにみえる」とある。

第7章　漸進主義と不確実性

1　フォワード・ルッキングな視点と不確実性

金融政策の効果が実体経済や物価に波及していくプロセスは、経済構造などによって異なるが、必ずある程度のタイムラグを伴う。したがって、金融政策は、十分長い先行きの経済・物価の動向を予測しながら、つまり、フォワード・ルッキングな視点から、運営することが必要となる（須田［2007b］参照）。

フォワード・ルッキングな政策の持つメリットは非常に大きい。このような政策によって、政策を変更しなければ生じたであろう問題の芽を早めに摘み取ることができれば、そして中央銀行の政策を国民が信認していれば、国民の将来に対する期待も安定化するので、金融政策の有効性が高まり、それは持続的な成長の実現に資することにもなる。2000年代に入るまでの40年間の加盟国の景気循環について、一般的に景気循環の振幅が小さくなってきたと分析し、その一因として金融政策や財政政策が中期的な視点をより重要視するようになっていることを挙げている分析もみられる(1)。

フォワード・ルッキングな政策運営を行うには、経済・物価の先行きについて的確な見通しがなければならないが、経済指標のトレンドや構造変化の見極めの難しさなどによって、経済・物価見通しに不確実な要素が多く含まれている。現実問題としては、毎日新たに出てくる様々な指標の数値をベースとして、経済物価情勢の中期的なトレンドに変更が必要かどうかを点検するので、その意味では、フォワード・ルッキングといっても、足許の指標をまったく無視していることではない。ただ、データはサンプル数や季節要因で振れるので、うまく説明がつかなかったり、同じデータが確報までに何度か改訂され様子が変わるなど、判断材料となるデータについても不確実性があり、悩ましい。

リーマン・ショック以降、グローバルに不確実性が特に高い状況が続いたので、メインシナリオづくり自体困難な作業であった。「最も蓋然性の高いシナリオ」ではなく「相対的に蓋然性の高いシナリオ」しか出せなかった。したがって、見通しをつくったその時点で蓋然性の高いシナリオであったとしても、それだけに依存して金融政策を行うわけにはいかない。それが上振れたり下振れたりするリスクを無視できないし、それらが生じる確率の高さと、それらが顕現化したときの経済に与えるコストなどを考慮に入れて、望ましい政策パスを選択する必要があった。

2　テイラー・ルール

中央銀行の政策目標を達成するための最適な金融政策のパスを、なるべく簡単なかたちで導くことができれば、実際の金利パスを評価する上でも、また金利について市場との対話を深める上でも便利である。この代表例がテイラー・ルールである。これまで金融政策の評価の一つの基準としてしばしば用いられてきたので、まずはテイラー・ルールについて説明しておく(2)。

テイラー・ルールは、潜在成長率からほぼ決まる均衡実質金利（＝中長期的な平均値として達成されると考えられる実質金利）や目標インフレ率を念頭に置いた上で、⑴実際のインフレ率の目標インフレ率からの乖離、⑵需給ギャップ、を観察しながら政策金利を決定するルールである。その基本形は

政策金利＝均衡実質金利＋目標インフレ率
　＋α×（インフレ率－目標インフレ率）＋β×需給ギャップ

で示される。このルールを用いて望ましい政策金利水準を求める場合、目標インフレ率や均衡実質金利、政策反応パラメータであるα、βなどを決めなければならない。テイラーは、実質均衡金利、目標インフレ率をそれぞれ2として、α＝1・5、β＝0・5とすると、1987年から92年におけるFRBの金融政策を驚くほどよく記述できることを示した[3]。これがオリジナルなテイラー・ルールである。

このルールを提唱したスタンフォード大教授のジョン・テイラー自身は、このルールを最も望ましい政策ルールとして導き出したわけではない。中央銀行にとって最も望ましい政策ルールは、社会的な損失が最も少ないルールだと定義できる。社会的な損失は、需給に過不足がなく、インフレ率が目標インフレ率に一致しているときに最も少なく（＝ゼロ）、その状態が最適だと考えると、

社会的損失＝（インフレ率－目標インフレ率）^{2}＋λ（需給ギャップ）^{2}

のように表せる。インフレ率と需給ギャップの間に一対一の関係が常にあるとはいえないので、社会

的な損失の評価は、二つの損失に対する重点の置き方（ウエートλの大きさ）によって異なってくる。このλの大きさは評価者によって異なってくる。

実は、このような社会的な損失を最小にするような政策金利のパスを求めると、ある特定のモデルのもとでは、テイラー・ルールが最適な金融政策となる。[4] ただし最適なαやβの値は、経済の構造や社会的損失のウエートλに依存するので、テイラーのオリジナルな数値と一致する保証はない。これら変数の間の関係はモデルに依存し定かではないが、たとえばλが大きいほどβ/αが大きくなる傾向がみられる。[5] そうだとすると、政策担当者がインフレ目標未達のコストのほうが大きいとみる場合には、そのギャップのほうに、より敏感に反応する政策をとるということになる。このように、最も望ましい金融政策の考え方に即してテイラー・ルールのパラメータを決定する場合には、テイラー・ルールの位置づけが規範的な意味を持つことになる。

なお、ここでは簡単な損失関数を例示したが、経済はダイナミックに変化しているので、その点を考慮に入れると、将来にわたる損失を最小にする必要がある。そうやって導き出された最適なテイラー・ルールは、将来の目標からの乖離を想定して政策を実施することになるので、フォワード・ルッキングであり、かつ予防的な政策ルールということになる。

もちろん、現実の経済構造は複雑であり、中央銀行が特定の政策ルールに機械的にしたがえばよいというわけではない。またテイラー・ルールといってもその算出方法にバリエーションがたくさんあるので、[6] 対話の道具として使う場合に、必ずしも同じ物差しで対話ができるとは限らない。たとえばテイラー・ルールの原型は目標インフレと当期のインフレとの差を考えているが、現実の政策当局者は当期ではなく予想インフレとのギャップを考えているととらえたほうが自然であろう。とはいえ、

図7－1　テイラー・ルール、バランス・アプローチと最適ルール

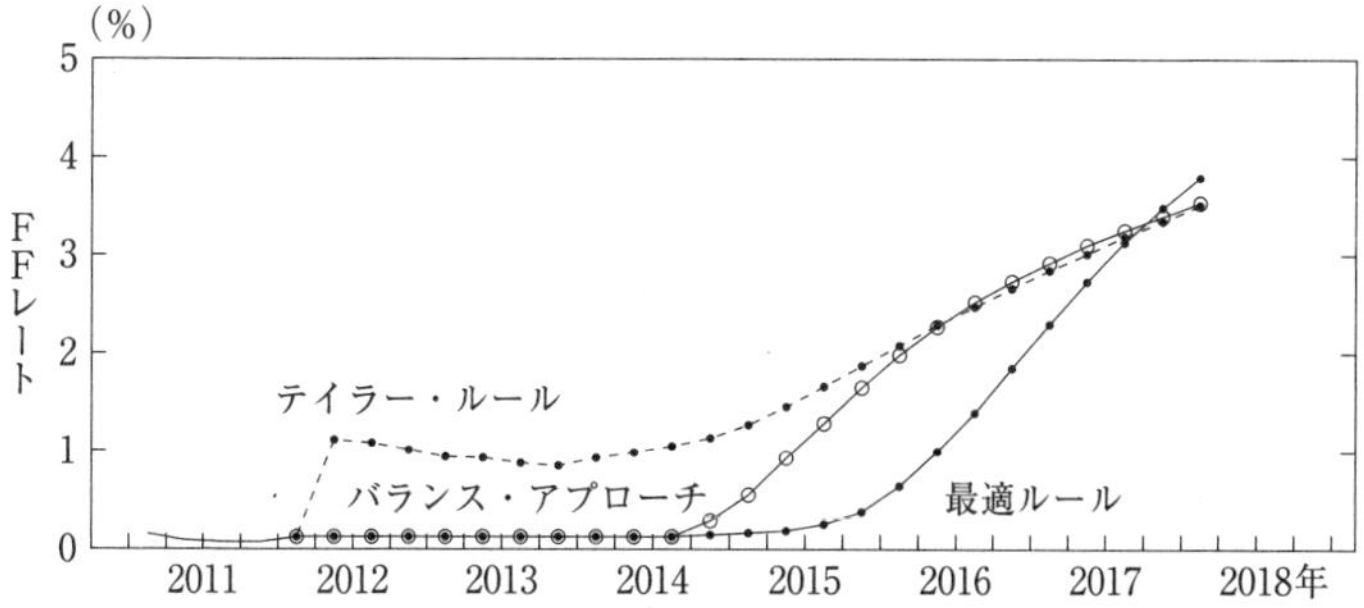

出所：Yellen（2012）

中央銀行が様々なショックに対してどのように対応するのか、少なくとも政策運営の一つの指針としてテイラー・ルールがあれば参考になるし、市場とのコミュニケーションが改善され、アカウンタビリティをわずかなりとも高めることができる。

ＦＲＢのイエレン議長は、副議長のときの講演（２０１２）で、政策ルールとしてテイラー・ルール、テイラー・ルールよりも成長率のウエートを高めたもの（バランス・アプローチ）、そして最適化モデルの三つから導かれた政策パスを２０１２年４月に続いて６月に示した（図７－１）。そこで示された最適化モデルによる政策パスが声明文で示されているパスに見合ったものとなっており、ＦＯＭＣが最適化モデルを参考にしていることがうかがえる（第９章参照）。ただそれは複雑なモデル分析になるので、それを評価する指針としてテイラー・ルールが用いられている。

このように、フォワード・ガイダンスの一つのパスとして、テイラー・ルールによるパスを示すこともできる。

3　不確実性と漸進的な政策

(1)　ブラインダーの主張

フォワード・ルッキングに政策を行う場合には、不確実性のもとで政策を行うことを余儀なくされるが、不確実性が高いもとでは、漸進主義が望ましいとの見方がある。不確実性がない場合の最適政策あるいはテイラー・ルールに比べて、時間をかけてゆっくりと政策対応するほうがよいという考え方である。アラン・ブラインダーは漸進主義が合理的である理由として、経済構造のパラメータに不確実性がある場合（「ブレイナードの保守主義」）、金融市場の安定化のために金利スムージングを行う場合、長期金利に対する期待形成を通じた効果などを挙げている[7]。バーナンキFRB理事（2004c）も同様に、「漸進主義」のような政策のほうが先行きの金融政策について予想しやすく、中央銀行は長期金利を直接操作するようなことはできないものの、現在と将来の短期金利を通じて長期金利への影響度を高められる上、金融市場の不安定化のリスクを減らせると述べている。

実際、モデル分析からは、断定的にはいえないものの、パラメータの不確実性が高いほど政策対応はゆっくりであるほうが望ましいとの結論が導かれている[8]。また、金融市場の安定が望ましいということから、社会的損失関数に金利のボラティリティを組込むと、テイラー・ルールから導かれる政策金利と前期の政策金利の加重平均として今期の政策金利を導くことができ、オリジナルなテイラー・ルールよりは政策金利の調整スピードは落ちることが示せる[9]。

政策運営を行う場合、先ほど述べた経済指標についての不確実性も頭が痛い問題である。データの不確実性が大きい場合にも、誤差への政策対応を小さくするために、漸進的な対応が望ましいということになる(10)。

このように経済物価見通しの情勢判断の不確実性が高い状況では、フォワード・ルッキングに情勢を見極めながら少しずつ政策対応することが、理論的な観点からも、経済・物価・金利の安定化の上で頑健な政策運営だと考えられる。フォワード・ルッキングの場合、漸進的な政策がマクロ経済の安定性の観点から望ましいとのシミュレーション結果もある(11)。政策担当者としての実感としては、漸進主義をとることによって、多少なりとも時間的な余裕ができれば、それだけ情勢判断を誤るリスクを小さくできる。実体経済の急変がない中で急な政策転換は中央銀行の信認を損なうおそれがあるが、漸進主義はそのようなリスクが小さい上、政策の効果がどこに出ているか、マーケットの反応や世間の受け止め方はどうかを確かめながら政策を運営するほうがアカウンタビリティを確保しやすいということもある。

ただ、現実の問題として、確認にあまりに時間をかけすぎゆっくりと政策調整を行うと、金利調整が遅れ、ビハインド・ザ・カーブとなって、その後調整のスピードを上げなければならなくなるリスクがある。その結果、経済活動に大きな振れをもたらし、長い目で見た物価の安定が損なわれることにもなりかねない。したがって、不確実性が小さくなったときにはそれに見合うかたちで機動的に政策調整のスピードを上げる必要があるし、政策変更の環境が整ったと判断できれば、早めに小さな一歩を踏み出していくことが望ましいと考えられる。

(2) 漸進主義の実践について

量的緩和政策からのイグジットを、2006年8月の指数改定を考慮に入れてバッファーをとった上で、必要条件が満たされたと判断した時点で行ったのも（第5章参照）、つまり早目に一歩踏み出したのも、量的緩和政策が解除された後の金融政策について、基本的にはこのような「漸進主義」で進んでいける――その時点での経済・物価情勢にもよるが余裕を持って対応できる――ようにという思いがあった。短期金利がほぼゼロの状態を5年も経験した後の金融政策正常化のプロセスでは、不確実な部分も多く、市場の安定を確保しつつ市場機能の回復を図り、まさにマーケットの反応や世間の受け止め方をチェックしながら政策を運営するほうが望ましいと考えた。

ただし、この場合、政策変更の幅が小幅すぎ、かえって利上げが遅くなりすぎる可能性があるため、場合によってはマーケット等の予想が上振れし、結果として、後で大幅な政策変更を余儀なくされる可能性があることも意識した。この可能性の大きさは、量的緩和政策解除が適切なタイミングで行われるかどうかにもかかわってくる。仮にコミットメントが達成されたかどうかの判断が遅れすぎると、そのような可能性が高まるとみていた（須田［2004c］、［2009d］参照）。

量的緩和後の利上げについては、物価上昇圧力が弱いもとで、半年に一度というようなゆっくりとしたペースで行った。この間の金利調整を、オリジナルなテイラー・ルールにあてはめて評価すると、多くの場合、利上げが遅すぎるという結果が出るのではないかと思う。図7-2にあるように、実質経済成長率との関係でみて、金利がかなり低い状態にあったからである。

ただ、不確実性の高い状況にあっては、フォワード・ルッキングな漸進主義が望ましいと思ってい

図７－２　金利水準と実体経済

（1）実質短期金利と成長率

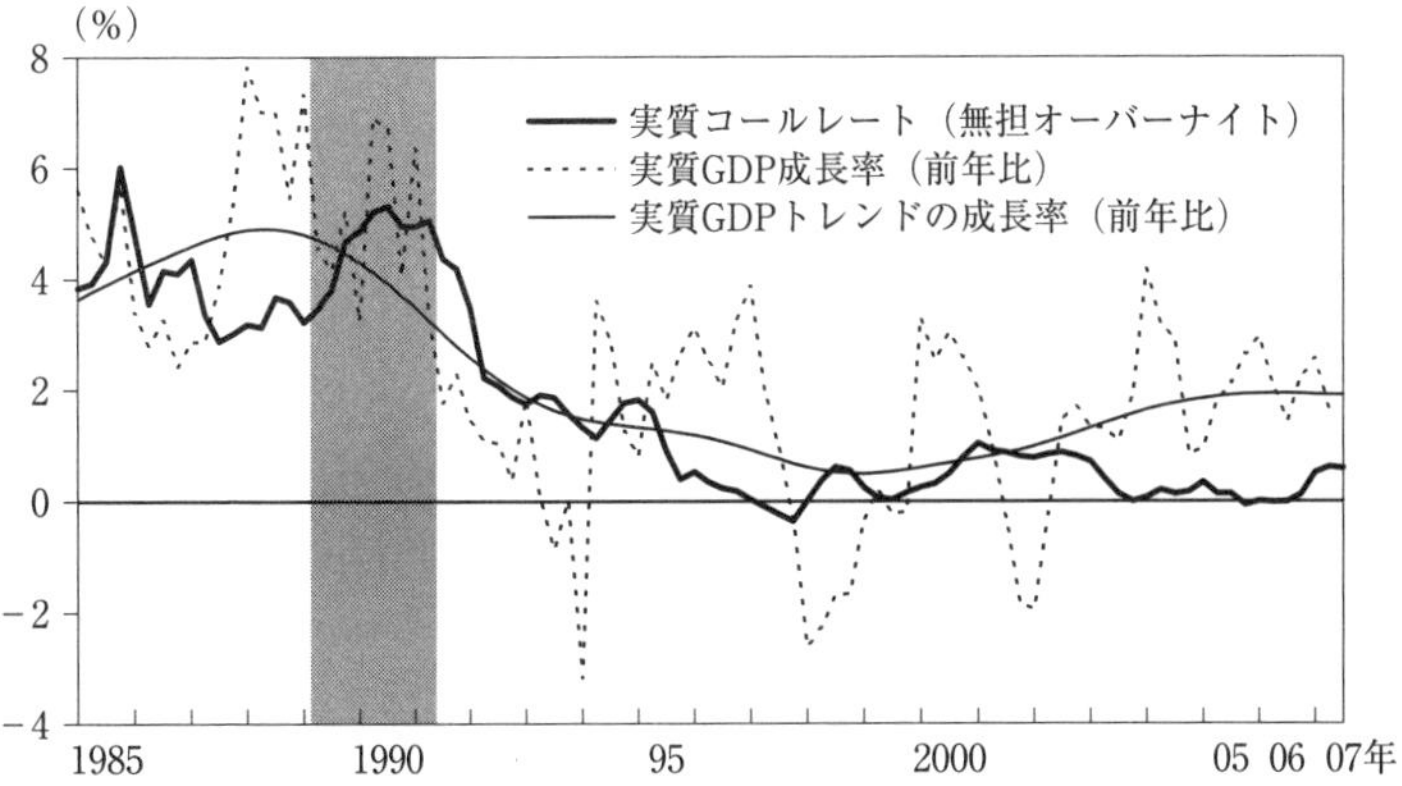

（2）実質コールレートと実質GDPトレンドの成長率の差

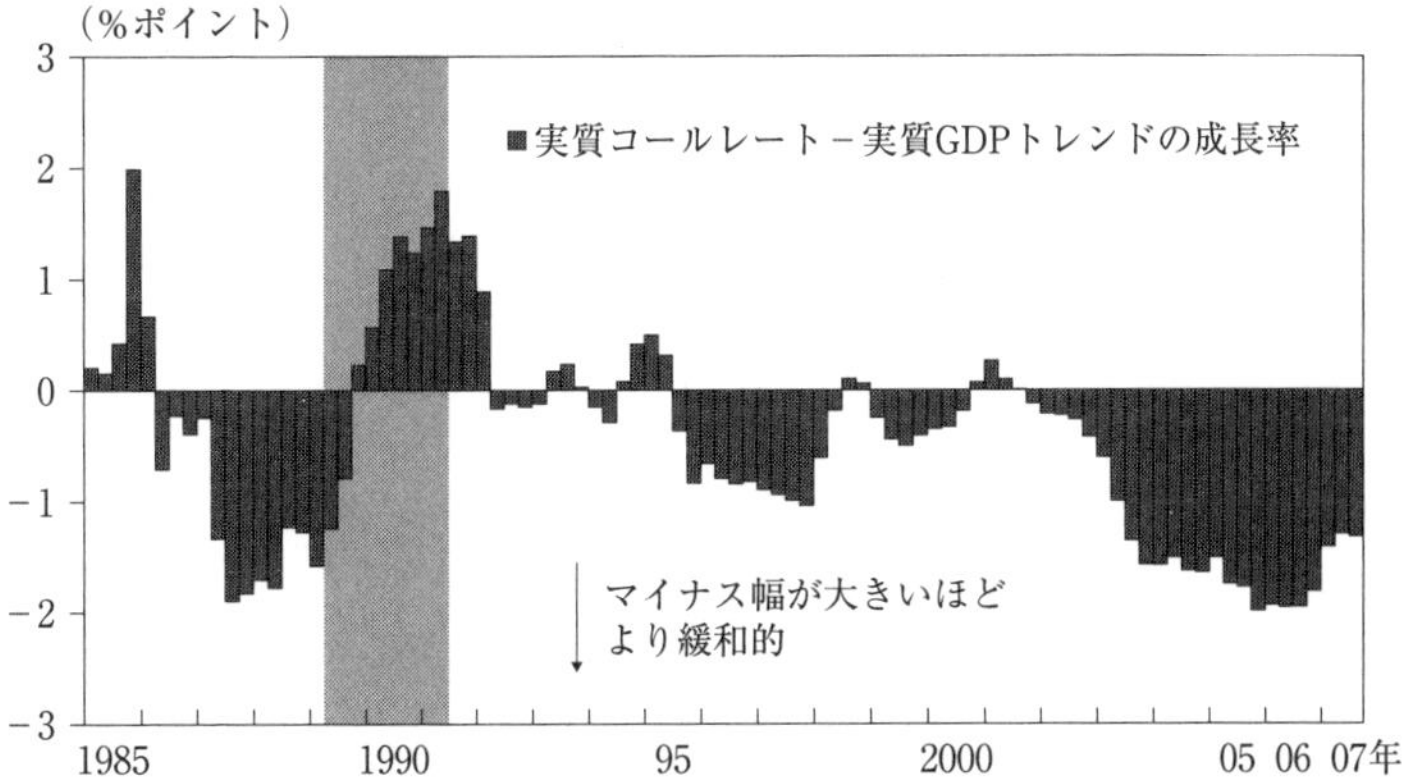

注：１．実質コールレートはCPI（除く生鮮）で実質化。コールレートの85/2Q以前は有担コールを使用。3Qは７～８月の値。８月のCPI前年比は７月から横ばいと仮定して計算。
　　２．実質GDPトレンドの成長率はHPフィルターにより計算。3Qは2Qから横ばいと仮定して計算。
　　３．シャドー部分は、金融引締めの時期（89/5月～91/6月）。

出所：須田（2007a）

たので、オリジナルなテイラー・ルールよりは金利調整のスピードは遅いとしても、その金利調整スピードが遅すぎるとはとらえていなかった。

他方で、低金利が経済・物価情勢と離れて長く継続するという期待が定着するような場合には、企業や金融機関などの行きすぎた活動を通じて、中長期的にみて、経済・物価の振幅が大きくなったり、非効率な資源配分につながるリスクがあるので、もっとゆっくりとした金利調整も問題があるとの認識だった。経済構造についての考え方や損失の考え方で望ましい政策ルールはいかようにも変化するので、具体的に最適であったかどうかの分析は簡単ではないが、主観的には最適な政策をとってきたという自負がある。

また、二回目の利上げは2007年2月に行われたが、実際に政策変更を行う会合について、ボードメンバーの間で1月か2月かで違いがみられたのは、蓋然性の高いシナリオ自体の差ではなくシナリオの不確実性についての差によるものであったと認識している。シナリオの蓋然性についてどの程度指標を積み重ねればある程度の確信を持てるのか、あるいは政策変更にはどの程度の確信が必要なのかは委員それぞれであるので、何らかのかたちで直接その時期をインプライしないとすると、政策変更の時期はピンポイントではなかなかわかりにくいというのが実感だ。

二度にわたった利上げの後、2007年8月のパリバ・ショックから08年9月のリーマン・ショックへと金融危機が発生し、経済物価は大幅に落ち込んだ。その結果、量的緩和政策からの出口や利上げについて、いろいろと批判がみられている。

しかし、当時は政府も日銀と同じような経済の見方であったのは第5章で示したとおりである。そこでとりあげた「日本経済の進路と戦略～新たな『創造と成長』への道筋～」（2007年1月閣議

図７－３　「生活意識に関するアンケート調査」(第29回)の結果―2007年３月調査―

〈１年後を現在と比べると〉

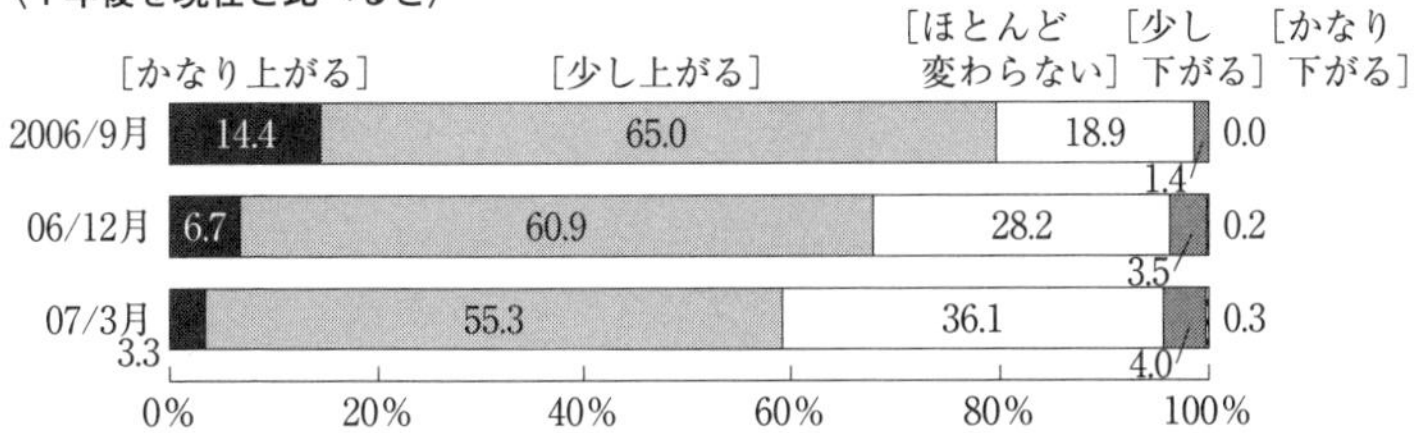

〈５年後の見通し〉

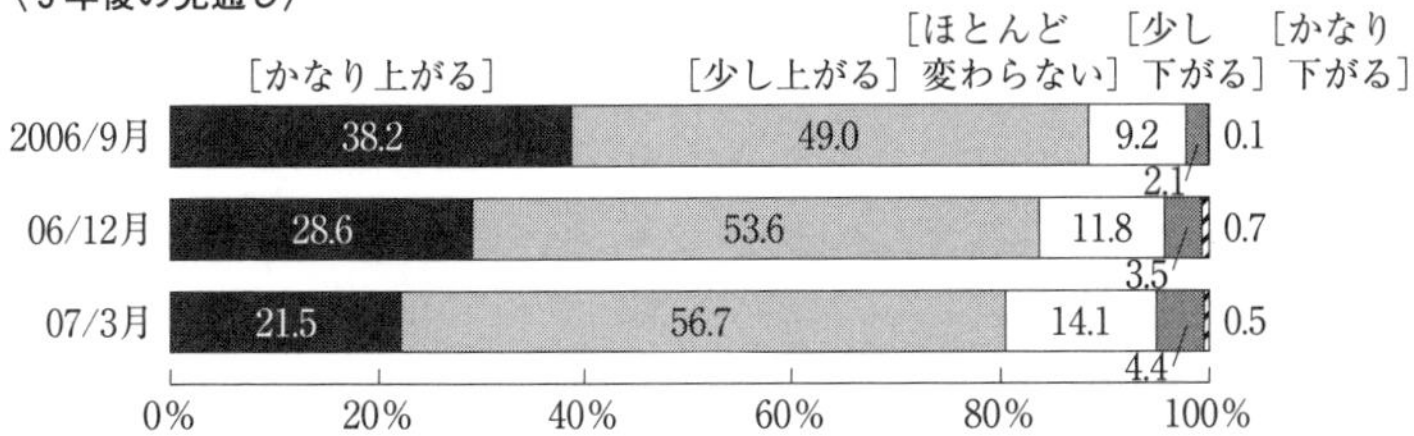

〈１年後の物価は現在と比べ何％程度変化すると思うか〉

	平均値(注1)	中央値(注2)
06/ 9月	+5.1%	+3.0%
12月	+3.5%	+2.0%
07/ 3月	+3.0%	+1.0%

注１．極端な値を排除するために上下各々0.5％のサンプルを除いて計算した平均値。

なお、全サンプルの単純平均値は、+3.0%（前科調査〈06/12月実施〉：+3.6%）。
２．回答を順番に並べた際に中央に位置する値。

〈５年後の物価は現在と比べ毎年、平均何％程度変化すると思うか〉

	平均値(注1)	中央値(注2)
06/ 9月	+5.0%	+3.0%
12月	+4.2%	+2.5%
07/ 3月	+4.0%	+2.0%

注１．極端な値を排除するために上下各々0.5％のサンプルを除いて計算した平均値。

なお、全サンプルの単純平均値は、+4.1%（前科調査〈06/12月実施〉：+4.3%）。
２．回答を順番に並べた際に中央に位置する値。

出所：日本銀行「生活意識に関するアンケート調査」2007年４月３日

決定）では、見通しとして、実質成長率については、07年度から09年度まで成長シナリオとリスクシナリオで、1・3％、2・0％、1・6～2・3％（リスクシナリオ～成長シナリオ）となり、消費者物価については、0・2％、0・3％、0・6％となると想定されている。最後の利上げの時点2007年2月ではリスクシナリオであってもしっかりとした成長が期待され、インフレ率も上昇するシナリオが示されていたということである。実際、国民も物価が上昇するとみていた（図7－3）。

なお、この報告書では金融政策については適時適切な金融政策という見出しのもとで、「再びデフレに戻ることのないよう、民間需要主導の持続的な成長と両立する安定的な物価上昇率を定着させる必要がある」とある。また、「現時点においても様々なリスクが存在し、デフレに後戻りする可能性も否定できない」という記述もみられる。これはデフレから脱却していることが示唆されるが、金融危機により、デフレへの後戻りが実現してしまった。

4　最悪状態の回避と積極的な政策

これまで、先行き不確実な状況で、「漸進主義」（gradualism）が望ましいと述べてきたが、このような政策が常に望ましいとはいえない。

発生メカニズムが不明で、発生する可能性は低いものの、発生すると国民の損失が非常に大きくなるようなリスク――テール・リスク――にどう対処するかという問題がある。このようなリスクへの対応としては、最悪の結果だけは回避するように政策を運営するという考え方、すなわち、最大損失の最小化を目指すアプローチがある。この最大損失回避型の政策（ミニマックス・アプローチ）は、どんな不確実なケースであっても、リスクを顕現化させるべきではないということを最優先に考えるアプローチである[12]。

このようなリスクは、予測も説明も困難であるため、アカウンタビリティを欠く。しかしそうしたリスクを念頭に置かざるを得ない局面では、透明性を多少犠牲にしても、「最大損失回避型」の政策をとるほうが望ましいとの判断はあり得る。この場合には、不確実性がない場合のテイラー・ルール以上に、アグレッシブに政策対応することが必要になる可能性がある。

たとえば先行きが不透明で、かつデフレスパイラルのように経済に深刻な打撃を与えるリスクが小さいけれどあると判断した場合には、それによって生じるかもしれない最大のロスを避けることを重視して政策運営することが考えられる。そのようなリスクに対して保険をかける政策である。

また、マイルドなものであってもデフレのコストは大きいという判断に立つのであれば、同様の政策をとることも考えられる。このような政策運営を行っている場合には、上振れリスクよりも下振れリスクが強調されるので、コミットメントが達成されたかどうかの判断はより慎重になりがちである点、注意が必要である。

(1)　２０００年代前半の米国のケース

ＩＴバブル崩壊後２０００年代初めの米国では、持続的な需給ギャップがデフレを引起こす可能性がわずかながらも高まったとして、２００１年後半から03年前半にかけて、最大損失回避型の政策を採用し、利下げを続けた。01年6月の利下げについて、議事要旨では、一層の金融緩和という「追加的な保険」をかけておくことが望ましいとの見方で一致したとある。グリーンスパン議長は２００３

年5月の議会証言の際に、「デフレの対応には大きな不確実性が存在するが、FRBはデフレに陥らないように保険をかける意味もあり、積極的な対応を講じてきた。今後ともFRBは注意していくが、さらなる対応が必要となる可能性は否定できない」と述べ、講演（グリーンスパン［2003］）でも「FRBの政策決定者は、大半の伝統的な経済モデルが米国はデフレに陥ることを想定していないなかで、デフレのリスクを限定的なものとする政策を採用した」と述べている。

ただし、そうした予防的な政策対応の正当性を市場や国民に説明するのは簡単なことではない。米国景気が底を打ってから2年以上経過した2004年1月、バーナンキFRB理事（2004d）は、当時としては過去最低である1・0%という政策金利を維持している理由について、コアインフレ率の趨勢的な低下、需給ギャップの拡大や生産コスト低下につながる労働生産性上昇、労働市場の需給緩和という三つの特殊要因を指摘した上で、なおインフレ率の下振れリスクのほうが大きいと説明していた。

ビーンBOE副総裁等（2010）は、2002〜05年に米国の政策金利は政策関数が示す水準に比べて1・5%ポイント低かったと指摘している。

当時の政策に対しては、その副作用も指摘されている。たとえば、みずからの政策の正当性を主張するために、当時、デフレ懸念の強さを繰り返し述べることになったわけだが、そのこと自体が人々のデフレ懸念を高めてしまった可能性がある。03年9月特別会合の議事録によると、ミネハン・ボストン連銀総裁（当時）は、「1月から6月会合までに、ボードメンバーと地区連銀総裁は103に上るスピーチや証言を行ったが、デフレという言葉が200回も登場している。5月から6月の会合の間では116回であった」と述べている。また、2004年6月24〜25日会合の議事録で、グイン

（当時、アトランタ連銀総裁）は、「デフレについて外部で話をする際には、自己実現的なデフレ予想を醸成しないよう、細心の注意が必要である」と述べている。また、当時の低金利が、その後の住宅バブルの一因になったとの指摘がある[13]。

このデフレ懸念を背景にした保険的な政策が有効ないしは適切であったかどうかについては、データの改訂問題が評価をより複雑にしている。ダラス連銀のフィッシャー総裁（2006）は、「FOMCでは、2002年の終わりから03年の初めにかけて、コアPCEがコンフォートゾーンの下限である1％を割りそうになったため、金融緩和を実施し、金利水準を低く維持する約束を行ったが、後になってコアPCEが0・5％上方修正されたため、結果的に緩和しすぎとなってしまった」と指摘し、不十分なデータがもたらした金融政策が、住宅やその他の市場で投機的な行為を増幅させたと述べている。

(2) 機動的な対応の見極め

以上のような議論を踏まえると、テール・リスクに対して予防的にアグレッシブな政策発動を行うのはアカウンタビリティの問題やイグジットのしにくさもあって難しいと思われる。実際そのような政策がなければ本当にデフレになり、それが大きな問題を引き起こしたかわからないという点も評価を難しくする。したがって、リスクの発生確率は低いが発生したらコストが大きいというテール・リスクに対しては、リスクが顕現化する可能性が高まる方向に変化しているかどうかを、より長いタイムスパンで見極めながら、フォワード・ルッキングに漸進的に政策運営を行うほうが基本的には望ましいというのが、私なりの結論である。

もちろん、不確実性の高い中で、機動的かつ柔軟な対応が必要な状況も生じ得るので、その可能性についても常に意識しておきたいと思っていた。問題は、機動的な対応をどの時点で行うかである。その際の私のスタンスは、翁・木村・原（２００８）で示されたものと同じである。「不確実性が極めて大きい状況下では、リアルタイムでは実現不可能なほど思い切った金利引き下げを行い低金利維持にコミットすることや、信認が得られないような高めの目標インフレ率設定ではなく、ある程度デフレリスクが顕在化した段階では、通常の政策ルールを逸脱して思い切った金利の引き下げを行う（ただしデフレリスクが遠のいた時点で遅滞なく通常の政策ルールに復帰する）という中央銀行の行動方針を表明し、そのことについて市場参加者の信頼を得る、ということであると考えられる」ということである。

これには三つポイントがある。一つは機動的といいながらも、ある程度リスクが顕在化するのを確認するということである。リスクが顕現化する前に保険の意味で機動的な政策をすると、米国の例で示したようなコミュニケーション上の問題があるが、ラインハート前ＦＲＢ金融政策局長（２００８）が指摘した問題もある。つまり、「中央銀行は、景気の下振れを予測して前倒しの金融緩和を行うこともあるが、実際に指標がその見通しどおりとなれば、適切な政策はその後何もしないことである。しかし、ダブルカウント、すなわち期待に基づき行動し、さらに現実に基づき行動する誘引が高まる可能性がある」。金融政策の効果が発揮されるのには時間がかかるからである。

二つ目はリスクが遠のいたらすぐに通常の政策ルールに戻ること、もう一つはコミュニケーション・ポリシーである。いざというときには中央銀行が行動するということに対する信認を国民全体から得ておく必要があるということである。

(3) 米国のデフレ回避姿勢ふたたび

米国において、２００７年8月にサブプライム問題が顕現化して以降、深刻な金融危機が発生すると、再びデフレ回避のために保険をかける政策が意識されるようになった。ただ、保険という意味では前回ほどプリエンプティブ（予防的）な政策はとられておらず、リスクの蓋然性の高まりとともにアグレッシブな政策をとるというスタンスに変化している。米国が10年8月のＦＯＭＣで保有資産残高が維持されるような決定を行ったのち、６０００億ドルの資産購入（いわゆるＱＥ２）を決定したのは10年11月であった。

この間、デフレについての議論をみてみると、コアインフレの低下傾向に伴い、10年6月のＦＯＭＣでは2、3人の参加者によるいくらかのデフレのリスクの指摘があり、地区連銀総裁からデフレのリスクへの言及が増えた。ただ、バーナンキＦＲＢ議長は10年7月21日の半期議会報告で、デフレリスクについて、「景気見通しは極めて不確実だが、デフレが米国の短期的なリスクとは考えていない」と述べている。

その後8月のＦＯＭＣでは、デフレのリスクはきわめて小さいものの、多くの参加者は、さらなるディスインフレのリスクがいくぶん高まっていると述べ、バーナンキＦＲＢ議長（２０１０ａ）は、10年8月27日のジャクソンホールでの講演で、「ＦＯＭＣは、物価が下方にブレることを食い止めていくだろう。デフレに陥ることは現時点の米国にとって大きなリスクというわけではないが、その理由の一部は、Ｆｅｄはさらなるディスインフレに前広に対応することに余念がないという理解が形成されているためである」と述べている。つまり、先に述べた第三のコミュニケーションの重要性を指摘している。

9月21日のFOMCでは声明文でインフレの見通しについて、FOMCの最大雇用と物価安定という二つの責務と合致する水準を現状ではいくぶん下回っているとし、多くの参加者は、そのような状況が続いた場合には、追加緩和措置の実施が妥当だろうと述べている。このように、彼らは慎重に、追加緩和の見極めに時間をかけている。それには、資産購入によるインフレ予想への悪影響を懸念しているメンバーを説得するのに時間をかけたということかもしれないが、前回に比してデフレというテール・リスクへの対応というよりは、実際にインフレ率が目標から下振れている点が強調されている。10月15日の講演でバーナンキ議長（2010d）は「デフレのリスクは許容範囲を超えている」と述べ、また、買入れを決定した11月2～3日の会合では、複数（several）のメンバーが追加的な債券買入れによる刺激は、「さらなるディスインフレおよび米国経済が持続的なデフレに陥る可能性―それは彼らが非常にコスト高と考える状態―を防止する一助となると主張した」（議事要旨）。

バーナンキFRB議長は11年6月の記者会見で、この資産購入政策はデフレリスクをなくすことも意図していたが、もはやデフレリスクはない、と述べているが、デフレが回避されたからといって、政策が元に戻されることはなかった。米国のインフレ率は目標レベルに比べてまた低くなってきており、FOMCが気にしている1％に近く、物価目標への明確な動きは、12年9月に開始されたいわゆるQE3（LSAP3）のもとでもみえていない。

(4) 包括的な金融緩和への道

私が機動的な政策についての考え方をオープンにしたのは、2009年3月の金懇（須田［200

9ｃ]）のときであった。このときの記者会見（２００９ｅ）で、「思い切った政策」について問われ、「思い切った政策」は、そのときの経済状況や物価状況、金融資本市場状況にもよるので、今、決めつけるわけにはいかないが、これから先どのような政策を行うべきかを考える際、リスク資産を購入すると損失が発生するリスクがあるので、もともと国民のものであるシニョレッジ（日本銀行がマネーを発行して獲得した資産の収益、第6章参照）を、どの程度日本銀行が独自の判断で使ってよいかということに関して、政府日銀間の合意が必要だ」と述べている。これは事後的な損失補填ということではなく、事前の自己資本の充実を意識していたが、実際には日本銀行の自己資本の積上げに対する政府（財務省）の姿勢は厳しく、事前に独自にできる範囲が広げられることはなかった。

こうした中、いざというときに何をするか真剣に考え始めたのは、２０１０年7月の展望レポートの中間評価の準備を始めたころからであった。その主たる理由は、再び物価が原油価格の低下を背景に大きく下落した後、先行き物価が上がっていくという見通しに対する不確実性を強めていったからである。物価がなかなか上がっていかないという状況がより明確になったときには、もっとアグレッシブな政策が必要だと考え、「思い切った政策」について考えていった。金利はすでに非常に低くなっているので、その波及効果を望むのではなく、リスク性資産を購入し、人々の資産選択に直接影響を与えていきたいと考えていた。

私は10月の展望レポートまでには物価がなかなか上昇しない可能性が高まっていくだろうとみていたが、10月初に包括的な金融緩和政策を決定し、思いは実現された（第6章参照）。

ただし、自己資本は十分ではない中で、日本銀行が独自で購入できるリスク性資産には限りがあった。コミュニケーションだけでなく非連続的なアクションを起こしても、その反応は一時的であり、日銀に任せておけば、経済物価状況がこれ以上悪化することはないとの信認を確保できたとはいえず残念であった。

5　デフレ均衡をめぐって

(1)　大幅な政策変更

ＦＲＢがデフレ回避に必死であるのは、デフレになったらそこから出るのは大変だとの見方があるからである。ひとたびデフレに陥ってしまうと、日本の経験から、金融政策だけではデフレ脱出は非常に難しいとの認識がみられる。

２０１３年４月４日、新たな執行部のもと、日銀で新たに決定された政策は市場を驚かせた。政策の操作目標をオーバーナイト金利からマネタリーベースに変更するとともに、白川総裁時代には明確にしなかった物価安定の目標達成期限についても、２年程度を念頭に置いて、できるだけ早期に２％を実現するとした。そのためにはマネタリーベース、長期国債の保有量、保有長期国債の残存期間、ＥＴＦの保有量を２年間で２倍ないし２倍以上とするとした。

このような明確なコミットメントとこれを裏打ちする「量」「質」両面での次元の違う金融緩和によって、期待を抜本的に転換させるとともに、長期金利を引下げ、資産価格のリスク・プレミアムを縮小し、ポートフォリオ・リバランス効果を強制的に引き起こさせることによって成長率、予想インフレ率がともに高まり、消費者物価が上昇していくとの考え方が示された。

大幅な政策変更を一挙に決定したのは、長く続いたデフレから脱却するには人々のマインドを大きく変えなければならないと考えたからだと思われる。それまでの日本銀行は、強力な金融緩和環境が維持されるもとで、内外で生じた大きなショックから立ち直るにつれて、次第に消費者物価前年比がマイナスの状況から脱出し、そのような状況を継続できればデフレから脱出できると想定していた。つまり、これまでの政策の延長でデフレから脱却は可能だと考えていた。

それに対して黒田日銀総裁が、15年近く日本経済を劣化させてきたデフレから脱却するため「できることは何でもやる」とし、「日銀のこれまでの緩和政策ではなかなか結果が出なかったことを踏まえ、私はここで、戦力の逐次投入、あるいはグラデュアリズム（漸進主義）は採らずに、日本銀行の持つすべての力を一挙に動員することが必要」と述べたのは、日本がデフレ均衡に陥っているとの考え方が背後にあるようだ⑭。

⑵ デフレ均衡

デフレ均衡を考える上で参考になるのが、ブラード・セントルイス地区連銀総裁の論文（2010）である。その図（図7－4）には、日本と米国の消費者物価コアインフレと名目短期金利がプロットされている。点線はフィッシャー方程式（名目金利＝予想インフレ率＋実質金利）、実線はゼロ金利制約を考慮に入れた非線形テイラー型金融政策ルールを示している。

二つの線が交わる均衡点は二つあるが、左の均衡はインフレ率がマイナスであり、デフレ均衡といえる。ここで□が米国、○が日本である。日本は左の均衡点の近傍にちらばっており、デフレ均衡にあるようにみえる。この均衡点ではフィッシャー方程式から、

0（＝名目金利）＝－0.5（＝予想インフレ率）＋0.5（＝実質金利）

という関係が成立している。長期的にこの均衡にあるとすると、実質金利はほぼ潜在成長率に一致し、金融緩和をしてもゼロ金利のままであり、デフレは続くことになる。

日本が実際このような均衡に陥っているとみるかどうかは、議論の余地がある。日本の長期的な予想インフレ率は、たしかに欧米に比べて低いものの、1％程度でアンカーされてきており、決してデフレ予想が持続していたわけではない。2000年代に入って戦後最長の好景気が続くもと、次第に前向きの循環が進む中で物価も上昇していったが、そのような外部環境が継続していれば物価上昇が途切れることはなく持続したと考えられる。1％程度のインフレはもともと、白川日銀時代に展望レポートで見通されていた。

デフレというよりは、ならしてみてゼロ近傍の物価上昇率が長く続いたのは、デフレ均衡にあったからというよりは、低い潜在成長率のもとでショックに傷つきやすい日本の経済力にあったととらえている。海外からの日本の批判者はデフレが続けばデフレ・スパイラルが起こると考えていたので、日本でデフレが悪化していかないのを一つのパズルとみていた。ブラードの図（図7－4）においても、なぜデフレ均衡で止まるのか、そもそもこの二つの均衡は安定的なのか、モデルによって均衡の性格は異なり得る。デフレがデフレ均衡よりも悪化したら均衡へは戻らず悪化していく可能性がある。したがって均衡状態にあったというよりは、結果としてそのような状況がもたらされたと考えるほうが合点がいく。

日本銀行がデフレからの完全なる脱却に失敗したのは、バブル崩壊後構造調整の必要性を認識しつ

図７－４　日米の短期金利とインフレ率

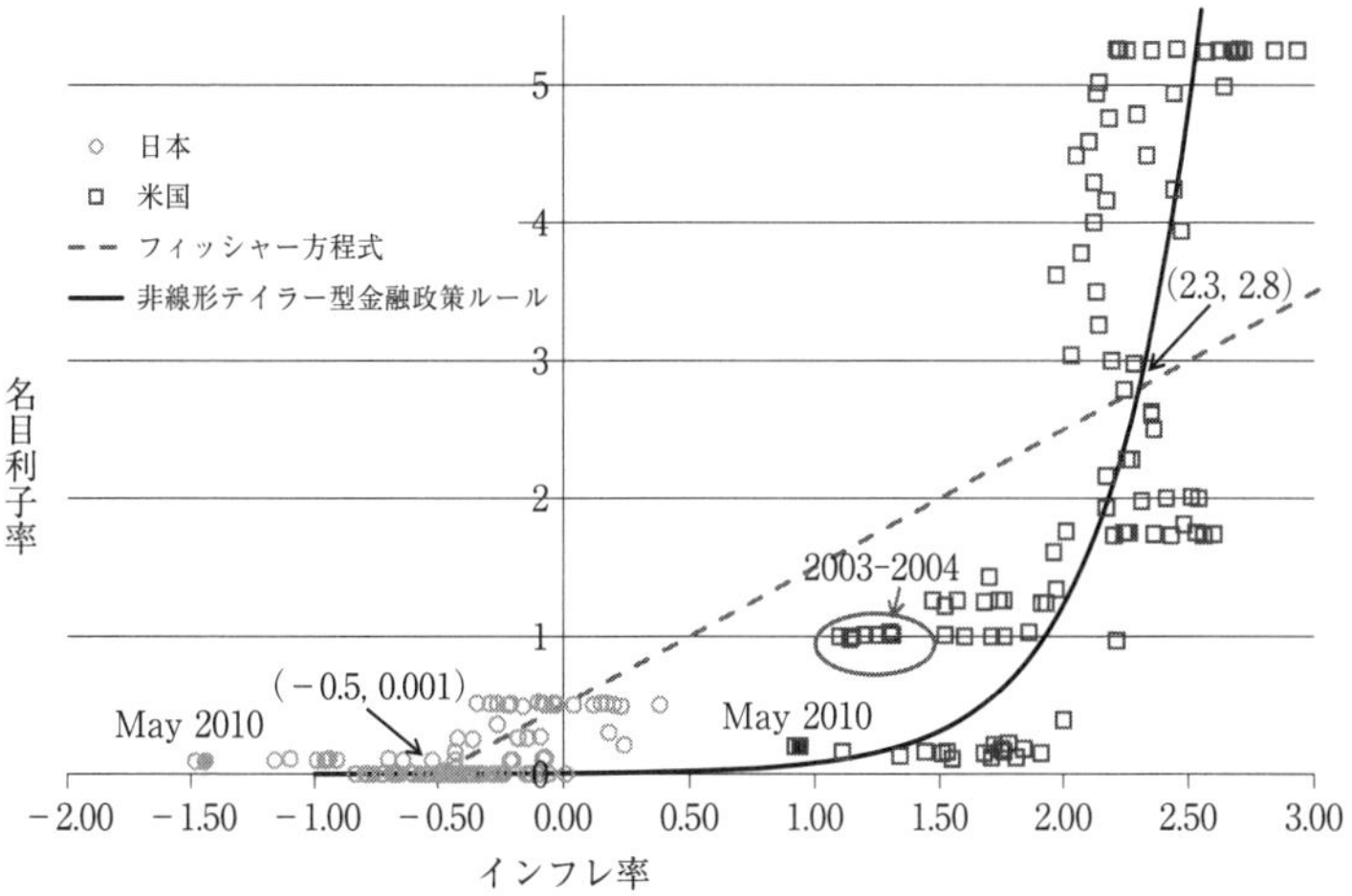

注）2002～2010年。OECDデータ。
出所：Bullard（2010）

つ、生産性の低下、グローバル化に伴う競争激化、少子高齢化の予想以上の進展、外的ショックに脆弱な輸出構造がある中で、日本経済の先行きについて期待を持って見通せなくなっていたことがまずある。その上に、２０００年代に入ってからも米国ＩＴバブルの崩壊、９・11、住宅・クレジットバブルの崩壊、欧州危機、３・11など様々なショックが内外で次々と発生したことが関係しているとみている。２０００年代の高くて１％程度の潜在成長率しかない中、それらのショックの影響が大きく、しっかりと物価が上昇するまで好況が持続しなかったことの影響が大きいと思われる。

デフレ均衡にあるなしにかかわらず、予想インフレ率の安定的な上昇や潜在成長率の上昇が再びデフレに陥らないために必要であることは確かである。したがってそのための努力が必要である。特に成長戦略で期待成長、潜在成長率を高めることが何より重要である。

ただ成長戦略がしっかりしていれば、それをサポートし予想インフレを安定的に高めるための金融政策としては、経済が大きく変化していない中で漸進主義を捨てる必要はなかったと思っている。一度だけの大胆な金融緩和は次の金融政策が当分話題にならないので、政策対話を減らすことになる。市場との対話を通じて期待に働きかけるというツールを使えないので、期待効果は持続しにくい。政策の波及ルートが明確でないときにはなおさらである。

福井総裁が就任したときには毎回決定会合で何らかの政策を行うことで期待に働きかけていった。このような方法もあったと思う。政策効果について緩和と引締めで効果は決して対称的ではない。これ以上の量的緩和に効果がないという議論がある一方で、それを減らすということになると市場は非常にナーバスになる。これは量的緩和政策とその出口で経験したことである。緩和の行き過ぎを避けるためにも、今後は再び漸進主義で望むことがよいと思う。

[注]

（1）Dalsgaard, Elmeskov and Park（2002）を参照。
（2）須田（２００７ａ）を参照。政策ルールの考え方については、小田・永幡（２００５）を参照。
（3）Taylor（1993a）、Taylor（1993b）を参照。
（4）Svensson（1999）やBall（1999）を参照。
（5）Blinder（2006）を参照。
（6）たとえばFernandez and Nikolsko-Rzbevskky（2007）を参照。
（7）そのほか政策オプション価値の維持、ショックに系列相関がある場合、にも言及している。Blinder（2006）を参照。

(8) 武藤・木村（2005）を参照。
(9) Blinder (2006) を参照。
(10) 武藤・木村（2005）を参照。
(11) 木村・種村（2000）を参照。
(12) 武藤・木村（2005）を参照。
(13) たとえば、Taylor（2007）を参照。
(14) 黒田（2013）は、「個々の経済主体は合理的に行動しており、行動様式を変えるインセンティブを持たないという意味で、このデフレの状態は、ある種の均衡状態にあります。これが『デフレ均衡』とも呼ばれる所以です」と述べている。

第8章　予想インフレの安定化

物価下落が続く中、2003年に速水総裁の任期が終わりを迎えるようになると、その後任人事を議論する際に、インフレーション・ターゲティング政策（以下、本章ではITPと表記する）の採用に積極的な人を選ぶべきとの議論が高まった。予想インフレを高めて、デフレからの脱却を可能にするとの見立てだ。ただ、そのときは、小泉首相が否定的な発言を行い、財界も反対を表明したため、ITPを求める声は急速に萎んだ。

その後、日本銀行は物価安定に関する数値「中長期的な物価安定の理解」の公表を行い（表8－1を参照）、金融政策の枠組みの明確化を行っていったが、資源価格高騰の反転もあってリーマン・ショック後再びデフレに陥ると、ITPないしは物価目標の公表を求める声が再び強くなっていった。

そのような動きやFOMC（米連邦公開市場委員会）が2012年1月にインフレ率の長期のゴール（longer-run goal）を2％と公表したことを背景に、原則4月に行われていた物価の安定についての見直しを2月に前倒し、中長期的な物価安定の「理解」から「目途」（goal）へ名称を変更するとともに、当面消費者物価の対前年上昇率1％を目指すと組織決定した。しかし、もっと高い物価目標を求める声が安倍政権の誕生で強くなり、2013年1月、日本銀行は、2％の物価目標（price

表8－1　物価の安定についての考え方

- 「物価の安定」とは、家計や企業等の様々な経済主体が物価水準の変動に煩わされることなく、消費や投資などの経済活動にかかる意思決定を行うことができる状況である。

- 「物価の安定」は持続的な経済成長を実現するための不可欠の前提条件であり、日本銀行は適切な金融政策の運営を通じて「物価の安定」を達成することに責任を有している。その際、金融政策の効果が波及するには長い期間がかかること、また、様々なショックに伴う物価の短期的な変動をすべて吸収しようとすると経済の変動がかえって大きくなることから、十分長い先行きの経済・物価の動向を予測しながら、中長期的にみて「物価の安定」を実現するように努めている。

- 物価情勢を点検していく際、物価指数としては、国民の実感に即した、家計が消費する財・サービスを対象とした指標が基本となる。中でも、統計の速報性の点などからみて、消費者物価指数が重要である。

- 「物価の安定」とは、概念的には、計測誤差（バイアス）のない物価指数でみて変化率がゼロ％の状態である。現状、わが国の消費者物価指数のバイアスは大きくないとみられる。物価下落と景気悪化の悪循環の可能性がある場合には、それを考慮する程度に応じて、若干の物価上昇を許容したとしても、金融政策運営において「物価の安定」と理解する範囲内にあると考えられる。

- わが国の場合、もともと、海外主要国に比べて過去数十年の平均的な物価上昇率が低いほか、1990年代以降長期間にわたって低い物価上昇率を経験してきた。このため、物価が安定していると家計や企業が考える物価上昇率は低くなっており、そうした低い物価上昇率を前提として経済活動にかかる意思決定が行われている可能性がある。金融政策運営に当たっては、そうした点にも留意する必要がある。

- 政策委員会・金融政策決定会合では、金融政策運営に当たり、中長期的にみて物価が安定していると各政策委員が理解する物価上昇率（「中長期的な物価安定の理解」）について、議論を行った。上述の諸要因のいずれを重視するかで委員間の意見に幅はあったが、現時点では、海外主要国よりも低めという理解であった。消費者物価指数の前年比で表現すると、0～2％程度であれば、各委員の「中長期的な物価安定の理解」の範囲と大きくは異ならないとの見方で一致した。また、委員の中心値は、大勢として、おおむね1％の前後で分散していた。

- 「中長期的な物価安定の理解」は、経済構造の変化等に応じて徐々に変化し得る性格のものであるため、今後原則としてほぼ1年ごとに点検していくこととする。

資料：日本銀行「『物価の安定』についての考え方」2006年3月10日

stability target）を決定した。

物価目標の数値化は新日銀法の施行後、透明性の強化を考える際には常に検討課題の一つであった。本章では予想インフレを安定化するという観点から、物価安定の数値の公表化、ないしはＩＴＰについて、それに至るまでの過程を説明することを通して、予想インフレのコントロールないしはマネジメントの難しさについて、その一端を示しておきたい。

１　インフレーション・ターゲティングの採用をめぐって

実効性のある金融政策を行うためには、金融政策の柔軟性を確保するとともに、予想インフレが安定していることが重要である。数値を公表する前、数値の公表をめぐって内外で議論が行われ、長期の予想インフレの安定化につながるのではないか、いや金融政策の機動性・柔軟性を損なうのではないか、と意見が分かれていた。予想インフレの安定化と政策の柔軟性の両方を追求することは難しいので、米国ＦＯＭＣのボードメンバーでＩＴＰ反対者（ファーガソン副議長［２００２］やコーン理事［２００３］）は、ＩＴＰを採用すると、政策の機動性・柔軟性が失われることを反対理由の一つに挙げた。

他方、キングＢＯＥ総裁（２００５ａ）はＩＴＰのメリットは目標を公表することとそれによる予想インフレの安定化にあるという点を強調した。実際、ＩＴＰ採用国と非採用国では期待形成が異なり、採用国の長期予想インフレは足許のインフレ率によって影響を受けず安定的となっている一方で、非採用国の予想インフレは過去のインフレ率に引きずられているとの分析もみられた。[1]また、バーナンキFRB理事（2003a）は、政策の柔軟性を損なわずに、対話や政策決定を改善するという観点から長期インフレ目標の導入、つまり「平均的に最良の経済状況を達成可能とするような最適長期インフレ率をなるべくピンポイントで明示する」ことを主張した。

このような議論がある中、2003年の大分大学公開講義（2003a）で、私は以下のような意見を述べた。

世の中には、「日本銀行が思い切ったことを行うことにより、経済主体の期待インフレ率が劇的に変化する」と考え、「思い切ったこと」の一つとしてインフレーション・ターゲティングの採用を強く主張する論者も見受けられます。しかし、中央銀行がインフレ目標を設定すれば、期待インフレ率が目標に吸い寄せられるように収束し、結果として実際のインフレ率が実現するものでしょうか。「自分ならどのように受け止めるだろうか」と考えて下さい。私は、現実の経済、そしてマーケットはそれほど単純でも、甘いものでもないと思います。

要するに、インフレーション・ターゲティングは、金融政策の運営を国民の皆様にわかりやすく説明するための重要な道具立ての一つですが、その良さが発揮される前提として、「中央銀行が持つ政策手段が物価に効果を及ぼす経路やメカニズムが明確であること」が挙げられます。たとえ中央銀行がインフレ目標を宣言しても、その宣言を裏付けるような有効な政策手段がない限り、民間部門がインフレ目標の実現可能性を信認するとは限らず、したがってインフレ期待に影響を及ぼすことも難しいように思います。

ＩＴＰで何を求めているのかは必ずしも論者によって明確ではないが、私はＩＴＰを、⑴中央銀行の目的である「物価の安定」を、具体的なインフレ率の数値で示す、⑵合わせて、先行きのインフレ率の「見通し」を公表する、⑶これらの物価の「目標」と「見通し」との関係を軸にして金融政策を運営し、これを対外的に説明していく、⑷そして実際に、物価の「目標」を繰り返し達成することにより、人々の予想インフレ率を安定化させ、金融政策の有効性を高めることを目指す、という政策運営の枠組みであると理解している。

そもそもこの議論が登場した背景には、短期的な視野で景気拡大を求める政府・国民からの圧力で、中央銀行にはインフレバイアスがあり、金融政策を中央銀行の裁量に任せておくと、インフレが高くなりすぎるとの認識があった。この解決策として、インフレファイターの総裁を任命することが提案されたり、中央銀行の独立性を強化し権限を明確化するとともに透明性の強化が必要だとされた。

また、より基本的なこととして、短期的な視野で景気拡大圧力をかけ続けると結果的には経済物価の変動をもたらすので、中長期的な物価安定が重要であることを政府・国民に理解してもらい、そのような圧力は望ましくないことをわかってもらうことが大事であった。こうしたことから、ＩＴＰという政策の枠組みは対話がしやすいので、インフレバイアス問題をクリアする上で、有力な候補になり得るとされたのである[2]。ただ、日本の場合にはデフレを克服するものとして考えられていたため、そもそも論とは異なり、総裁にはインフレファイターよりもリフレ派が待望された。

日本では財政問題を抱えているので、高いインフレで財政問題を解決しようとするという意味でのインフレバイアスが存在している。そのような動きを牽制するためにはインフレの上限を明らかにしておくことは必要であり、私はそういう意味でも、ＩＴＰの採用がいつかは必要になるだろうと思っていた。したがって先ほど言及した大分大学公開講義で、「私は、将来いずれかの時点で、それがインフレーション・ターゲティングというスタイルになるかどうかはともかくとして、最終的にどのようなインフレ率を目指すのか、という点を国民の皆様と共有することが望ましい」と述べている。

日本銀行では、私が政策委員になる前、政策委員会で、物価の安定の数値化について検討した。しかし、構造変化が進展している中、「経済の健全な発展と整合的な物価上昇率」は、長期的なものよりも低めとなっている可能性が高く、将来かなり長い期間にわたって妥当する数値は出せないとの判断に至っている(3)。したがってＩＴＰも採用されなかった。ただし「物価の安定」を数値で示すことに関しては、今後とも引き続き検討を行うとされ、前述のように後に数値を公表することになった。ＩＴＰについては、私が日銀にいる間は、事実上は採用との声も聞かれたが、公式に採用することはなかった。私自身、賛否について問われれば、常に「白紙である」と答えていた。

日本でＩＴＰ採用を難しくした特殊事情は、そのほかにもいくつかあった。日本では、ＩＴＰについて目標達成期限を定め、目標物価上昇率との関係で金融政策を機械的に、ルールどおりに運用する枠組みとの見方が根強かった。人為的に高めの目標物価上昇率を設定し、その達成を最優先にすることを求める調整インフレ論と結びついた議論もあった。

また、日本は厳しい財政問題を抱え、欧米と異なり国債引受論が出てくる国であって、財政赤字が物価目標達成の阻害要因となる懸念があった。１９８９年10月の議会証言でグリーンスパンＦＲＢ議長は物価の安定を主な政策目標に据える考え方を受入れる前提条件として、財政赤字の解消を議会に要求している。

ITP採用国である英国では、英国政府は1997年に定めた「財政安定のための規律」の中で、健全財政を確保する方針を明示すると同時に、①短期的には景気対策としての財政政策の発動を許容する一方、②その目標を金融政策のサポート（すなわちインフレ率の目標値を達成すること）に置くとしている[4]。このような節度ある財政政策の仕組みは日本にはなかった。

日本には目標達成のための政策手段が十分にないこと、また金融仲介機能が不全である状況が続いたことも大きな理由であった。日本人の特質として、数字への過度のこだわりも気になった。それから、実績値よりも目標値がかなり高い状況でのITPの導入の難しさがあった。

最後の点については、「晴れているときに屋根を修理すべきだ[5]」といわれるように、実際のインフレ率がその目標の範囲に入っているときに採用されれば、落ち着いた対応が可能だ。他方、実際のインフレ率が目標インフレ率の範囲から外れている時期に採用し、なかなかそこに到達しないことになれば、短期的な政策目標にされるリスクがある。いつまでも目標から離れていると信認を損ないかねないので、アグレッシブな政策対応を余儀なくされると、かえって実体経済変動が不安定化し、信認が失われかねないということがあった。

米国でもFOMCで物価安定の数値化・公表化ないしはITPについては長い間議論されていたが、その背景には、政策の一貫性・継続性という観点から、ボードメンバーの交代とそれに伴う信認の低下を避けるためにも望ましいとの議論があった。グリーンスパンFRB議長の反対にもかかわらず、これが盛んに論じられた背景には、彼が退任した後、どうやって米国FRBは信認を保つかという問題意識があった。

また、政治や政府との関係という論点、つまり、物価安定の数値化・公表化が政府や議会との関係で信認を強めることになるかどうかも一つの論点であった。米国は物価と雇用のデュアル・マンデートであるので、インフレ率を数値化するなら、雇用についても数値化が求められる可能性があったからである。2012年1月の物価のゴール2%の公表に対して、ターゲットという言葉が用いられず、バーナンキ議長がインフレーション・ターゲティングの採用ではないと言明したのはその点の考慮があったからだと思われる(6)。

2 政策運営の枠組みの収斂化

ITP採用国ではまずは実績を積上げるために、導入当初は物価安定を重視し、ITPを厳格に運営していた。ニュージーランドでは1994~96年、当初の0~2%のインフレ目標レンジを逸脱したため、ニュージーランド準備銀行はドラスティックな金融引締めを行ったが、経済が不安定化することになり、批判を浴びた。したがって、目標レンジが拡大され、実績が蓄積されるとともに、次第に実体経済も考慮に入れるような柔軟な運営になっていき、目標達成期限もより長く曖昧なものに変更された。

ITP採用国である英国では、政府がEU統合をにらんで、ターゲットとなる物価指標をRPIX(住宅ローン利払いを除く小売物価指数)からCPI(消費者物価指数)に変えたが、住宅関連コストが除外されることになったため、指数変更後の指示書に住宅市場の動向にも配慮して政策運営を行うこととされた。また2009年2月には中央銀行法が改正され、イングランド銀行の政策目標はそれまで物価安定だけであったのが、金融安定化も付け加えられた。実は、ITP採用国の中央銀行法をみると、目標を物価安定に限っている国は少なく、経済の繁栄や金融システムの安定など複数の目標を掲げている国が多い。

このようにＩＴＰの運営は、様々なショックなど多くの困難を経て、物価以外、実体経済や資産価格などにも配慮し、フレキシブル・インフレーション・ターゲティングと呼ばれるようになった。多くの国で目標達成期限が延長された。理論でも物価以外の要素も考慮に入れたフレキシブルＩＴＰが望ましいとの分析も出された[7]。このようなＩＴＰの柔軟化によって、資源価格や資産価格の変動がある中で、インフレ見通しと物価目標との乖離を埋めるように常に政策を考えていくというシンプルなものではなくなっており、ＩＴＰ採用は予想インフレを安定化させるとは言い切れなくなっている。

他方、非ＩＴＰ国も、政策運営を総合判断で行うとだけ言うのではなく、よりわかりやすく一貫性のあるものにしようと努力し、非ＩＴＰ国の金融政策も「制限された裁量政策」へと変化していった。したがって、両者の政策運営は収斂していった。

グリーンスパンは日米ともに物価安定に関する数値を公表する前の２００４年の段階で、ＩＴＰ採用国も非採用国も米国も日本も実際の政策運営は非常に似てきていると指摘している[8]。グラムリッチ理事（２０００）はＦＲＢはインフレの抑制に強くコミットしており、こうしたインフレファイターとしてのＦＲＢのスタンスを所与とすれば、現行の政策運営とＩＴＰを正式に採用することはほとんど差がないであろうと述べている。その後日米ともに物価安定についての数値を公表することになったので、なおさらである。

私は審議委員時代、ＩＴＰの実際の運営方法について具体的に知りたいと思い、ＩＴＰ採用国を訪ねた際には、積極的に政策担当者間で意見交換を行った。具体的に意見交換してみると、その違いは

ITP国か非ITP国かというよりもその国がもともと持っている政治システムや経済構造に大きく依存しているというのが素直な印象であった。

ITP採用国は対話がやりやすいのだろうと漠然と思っていたが、政策の説明において実際には議事要旨や声明文が重視されており、日銀と変わらないとの感想を持った。国によっては戦略部署を備えて日銀以上に言葉による対話の重要性を認識し、対話で用いる単語までチェックしているところもあった。

また法目的、政府との関係、政策手段なども、ITP国か非ITP国かによる違いは特になかった。ITP採用の動機も、通貨ペッグの崩壊（英国）、マネーサプライと実体経済の関係の不安定化（カナダ、オーストラリア）など金融政策のアンカーが失われたので何らかの新しいアンカーを必要としていたケース、あるいは行政改革・法改正に伴うケース（ニュージーランド、ノルウェー）など様々であり、ITP採用で独立性を強めることが強調されることはなかった。実際独立していないし、それはITP採用によっても変わらないとの意見を政府サイドから聞くこともあった。

こうなると、ITP国か非ITP国かの区別に意味がないということになり、そうであるからこそ、私自身日銀がどちらに分類されようが、その人の判断でよいと考えるようになっていった[9]。

物価安定にかかわる数値の公表については次節で述べるが、量的緩和政策の解除を決定した2006年3月に提示した「新たな金融政策運営の枠組み」（第5章参照）は、経済物価の最も蓋然性が高いシナリオを、政策目標を達成しているかという観点から点検するとともに（第1の柱）、金融政策運営にあたって重視すべき様々なリスクを点検し（第2の柱）、当面の金融政策運営についての考え方を示すというものである。これは、私の定義によるITPの枠組みと比較すると、物価の安定につ

表8－2　金融政策の運営における物価安定の位置づけの変遷について

◆2009年12月1日、18日～
日本経済がデフレから脱却し、物価安定のもとでの持続的成長経路に復帰することがきわめて重要な課題であると認識している。そのために、中央銀行として最大限の貢献を続けていく方針である。金融政策運営に当たっては、きわめて緩和的な金融環境を維持していく考えである。
◆2010年10月5日～
「中長期的な物価安定の理解」に基づき、物価の安定が展望できる情勢になったと判断するまで、実質ゼロ金利政策を継続していく。ただし、金融面での不均衡の蓄積を含めたリスク要因を点検し、問題が生じていないことを条件とする。
◆2012年2月14日～
当面の「中長期的な物価安定の目途」である消費者物価の前年比上昇率1％を目指して、それが見通せるようになるまで、実質的なゼロ金利政策と金融資産の買入れ等の措置により、強力に金融緩和を推進していく。ただし、金融面での不均衡の蓄積を含めたリスク要因を点検し、経済の持続的な成長を確保する観点から、問題が生じていないことを条件とする。
◆2013年1月21日～
日本銀行は、物価安定の目標を消費者物価の前年比上昇率で2％とする。日本銀行は、物価安定の目標のもと、金融緩和を推進し、これをできるだけ早期に実現することを目指す。その際、金融面での不均衡の蓄積を含めたリスク要因を点検し、経済の持続的な成長を確保する観点から、問題が生じていないかどうか確認していく。
◆2013年4月4日～
日本銀行は、消費者物価の前年比上昇率2％の「物価安定の目標」を、2年程度の期間を念頭に置いて、できるだけ早期に実現する
「量的・質的金融緩和」は、2％の「物価安定の目標」の実現を目指し、これを安定的に持続するために必要な時点まで継続する。その際、経済・物価情勢について上下双方向のリスク要因を点検し、必要な調整を行う。

資料：日本銀行「金融政策に関する決定事項等」（ホームページ）から著者作成

いて数値化し、見通しを示すというところだけでなく、物価の「目標」と「見通し」との関係を軸にして金融政策を運営していくという面でも、もともとITPの枠組みに類似していることがわかるだろう。その後、表8－2にあるように、「目標」と政策運営について、ITPの枠組みにますます近づいていってお り、これらが外部からみて実質的にITPを採用しているとの評価につながっていったと思われる。

しかし、ITPに思いを寄せているものからすれば、物価目標を公表してい

るかどうかによって大きな違いがあるということなのかもしれない。リーマン・ショック後、選挙公約に物価安定目標やＩＴＰを組み込んでいる政党が多かったが、日銀の既存の枠組み（新たな金融政策運営の枠組み）とＩＴＰは異なるものだと認識していたことになる。もっとも、求めていたのは制度的な枠組みの変更というよりは、緩和政策を継続させるため、目標とするインフレ率の水準をもっと上げるべき、あるいは過去のものとなった厳格なＩＴＰの採用ということだったのかもしれない。

3　物価安定の数値化と「中長期的な物価安定の理解」の公表

(1)　物価の安定の重要性

前出表８－１に示されている「物価の安定についての考え方」は、２００６年3月9日、金融政策決定会合で全会一致で決定されたので、当時の政策委員共通の考え方であった。物価の安定が重要なのは、一般物価が変動すると、相対価格の変動との区別が困難になり、相対価格が持つシグナル効果が低下し、価格変動の不確実性がもたらすリスクプレミアムや税制を通じる歪みが発生し、メニューの書換えといった資源の無駄遣いも生じ、資源配分の効率性が阻害されるからである(10)。物価が安定していないと債務者と債権者の間で予期しない所得分配が生じ、それが社会的公正に対する国民の信頼を低下させ、中長期的な経済成長に悪影響が及ぶことも懸念される。

物価変動について、特に下方向の変化である物価下落を回避すべきであるとされるのは、一般的に、物価下落には特有の弊害があるからである。デフレが経済に悪い影響を及ぼす経路としては、一般的に、名目賃金の下方硬直性、過去に契約した債務の実質負担の増大、および実質金利の上昇・高止まりが指摘されている。

名目賃金は製・商品価格の低下に対して速やかに調整できず下方硬直的であるが、それが企業収益を圧迫し、企業の投資やその他の支出がさらに削減されるという経路が考えられる。債務は名目で契約されているため、物価の下落で実質の債務負担が増すことになる。また企業の将来キャッシュフローが悪化するので、債務負担の大きい企業の倒産可能性が高まる。それは企業の資金調達コストを高め、企業は、リスクテイク意欲を後退させ、設備投資を抑制するようになる。

一般に、企業の設備投資や家計の住宅投資などに影響を及ぼすのは、名目金利ではなく、物価の予想変化率を差引いた実質金利だ。したがって、名目金利が一定であっても、物価の下落が予想されれば、実質金利は上昇し、設備投資などを抑制する要因になると考えられる。資産価格の下落を誘発する可能性もある。支出の先送りも考えられる。

また、巨額の債務を抱えている政府からみると、たとえ前年比１％の物価下落でも、その実質負担の増加および実質金利の高止まりによる影響は大きなものになる。

ただ、実質債務負担の問題を議論する場合には、物価下落率の大きさが重要な意味を持つ。物価下落率がゼロに近いマイルドなデフレと年率10％という恐慌的なデフレでは、実質債務負担に及ぼす影響がまったく異なることをきちんと認識する必要がある。

また、金融システムのセーフティ・ネットの整備や流動性の多寡によってその影響も異なる。米国の１９３０年代の大恐慌のデフレと日本のデフレを単純に結びつけたり、あるいは、教科書的な世界でデフレが経済に悪影響を及ぼすと考えられるメカニズムが現実の経済でもそのまま働いていると決めつけるのではなく、マイルドなデフレのコストをしっかりと分析する必要がある。実際、実質金利がわずかに低下したからといって、設備投資が目に見えるかたちで増えていくとは考えられないし、デフレで消費が後ずれしたというためには、物価の上昇期待で巻戻しが発生する必要があるが、そのような動きもみられていない。

(2) 物価安定の数値化をめぐる議論

日銀は物価の安定を目的に金融政策を行っているので、それが重要であることはいうまでもないが、それを数値で示すのは難しく、私自身は、なかなか当時の岩田一政副総裁や中原眞審議委員のようには数値化に積極的にはなれなかった。数値を出すとしても、目標、参照値、定義といったように位置づけをどうするかも大きな課題であった。

日銀の審議委員になってすぐ、専門家を含めて物価の研究会が日銀で開催され、そこでも望ましいインフレ率をはじき出す難しさが示された。決めの問題であるとの感想も持った。機会があるごとに数値化について考えたが難しく、物価の安定の数値化は時期尚早との判断であった。グリーンスパン議長（2001）も、「『物価の安定』という状態を特定の指数の具体的な数値で示すことは非常に困難である」と述べていた。2005年10月に来日した際、日銀でも簡単なスピーチをしてくれたが、その際ＩＴＰに賛成かどうか質問したところ、金融政策は物価安定の達成のためにやるのだから、ＩＴＰには賛成であるが数値の公表には反対という答えが返ってきた。当時、私は物価安定について数値で示すことはまだできないと考えていたので、その解答に安心した覚えがある。

しかし、量的緩和政策からイグジットするときに、それまでのコミットメントがなくなるので、その後の金融政策の道しるべをどうするかはひとつの課題であった。そこで決定されたのが新たな金融政策運営の枠組みの提示と「中長期的な物価安定の理解」という数字の公表であった。いずれ数値を出さなければならないだろうという判断があり、また日銀が望ましい物価安定の数値を決定するのではなく、各政策委員が各人の判断で数字を出しその和集合を出すというかたちで数値を公表することに全員で合意できたので、この機会にとにかく数字を出すことを考えようと、気持ちを切り替えた。

それまで「あなたの物価の安定の数値はいくつか」と問われると、理念的には物価上昇率がゼロと答えていた。グリーンスパンもＦＯＭＣ（１９９６年7月）の中で、「インフレ率が正確に測れるならば、ゼロである」と答えているし、プール・セントルイス連銀総裁（２００５）もそのような考え方に賛成している。バーナンキもかつてはそのように答えていたが、物価だけが目的であるならばゼロだというような答え方もしている。問題はそれを具体的な数値に置き換えることが難しいことである。

国民にとっての物価としては、国民の実感に合い、統計の速報性もある消費者物価、しかも消費する財をすべて含んだ総合指数で考えるのが基本だ。ＩＴＰを採用している国の多くも、消費者物価総合指数を採用している。

ただ、消費者物価といっても一つではない。英国では物価目標の消費者物価指標をＲＰＩＸからＣＰＩ（消費者物価指数）に変えるとともに、目標値も2・5％から2％に下げた。新たな指数でみると、それは図8－1にあるように、許容範囲と想定される1から3％の範囲にほぼ入っているにもかかわらず、国民の実感に即した物価指数はＲＰＩＸのほうであり、それが大きく上昇したため、ＢＯＥの仕事への満足度合い（満足－不満足）は大きく悪化した。

図8－1　英国民の物価観と中央銀行に対する評価

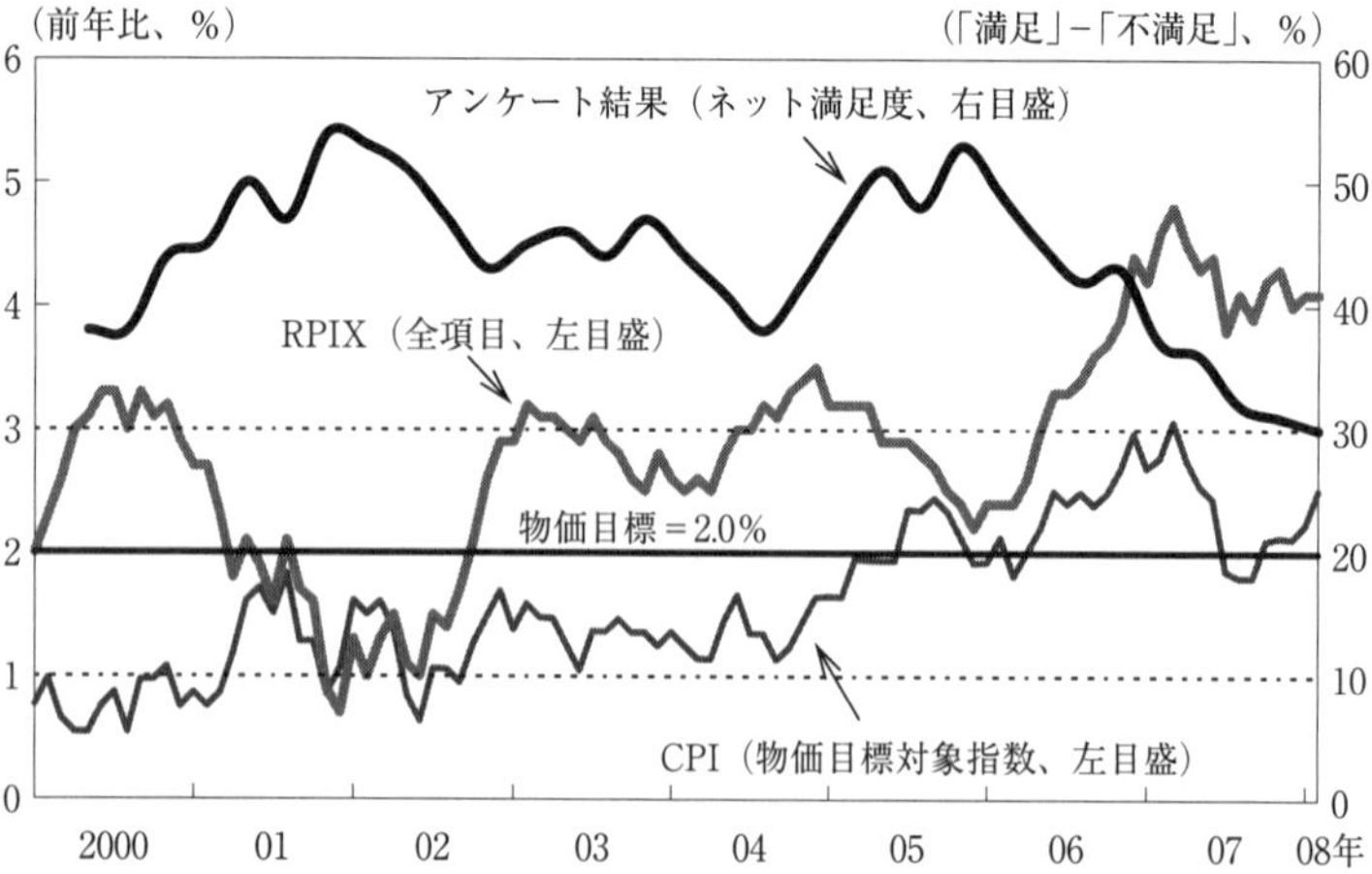

資料：Bank of England, National Statistics.
出所：須田（2008a）

キングBOE総裁は2008年2月のインフレーション・レポート公表時の記者会見で、「人々の予想インフレが上昇している背景には、CPIをインフレーション・ターゲティングの基準としている一方、人々は生活水準に関心があるため、生計費の上昇を反映しているRPIXないしはRPIを重視しており、両者間の格差が拡大していることがある、という指摘はわかる」と述べている。

また、米国は個人消費デフレータ（PCE）を重視してきたが、CPIの動きとの間にギャップが発生しており、問題をはらんでいる。つまりFOMCが重視するコアPCEデフレータは彼らがデフレを気にするようになる1%程度まで低下してきているが、他方、コアCPIは2%からさほど低下していない。これは金融政策の目標とする物価の選択如何で、国民のインフレ予想への働きかけがうまくいかない可能性があることを示唆している。

(3)　上方バイアスと糊しろ

望ましい数値を求めるには、指数の上方バイアス（物価上昇率が正しく測定された物価上昇率を上回る傾向）の問題、糊しろ（デフレには特有のコストがあるので、それを回避するためのインフレ率のバッファーを持っておく）の問題を考える必要がある。

上方バイアスについては、白塚（１９９８）が示した０・９％が独り歩きし、ＣＰＩの上方バイアスは縮小方向にあり、固定的にとらえるべきでないとの白塚の分析（２００５）が無視されている感もあった。しかし、物価作成部局の総務省は基準改定を5年ごとに行うだけでなく、その中間年に、新製品の急速な普及や消費パターンの急激な変化などがあった場合には、指数の精度維持・向上等の観点から、品目の見直しを行うなど、消費者物価指数のバイアスを少しでも取り除く努力を続けており、白塚の分析にあるように、上方バイアスは、低下していると考えられた。

ただ、量的緩和政策解除の条件にかかわるので注目されていた２００5年基準改訂では、バイアスは低下していたものの想定よりも大きかった。それは移動電話通信料の指数計算方法について想定外の変更（すべての人が最も低い料金体系にすぐに移るというかたちに変更）があったからで、この1品目の計算方法の見直しだけで消費者物価指数を０・15％ポイント程度押し下げた。現実はそのようなことはなく、行きすぎた改訂であったといえる。[11]

糊しろに関しては、金融政策運営上、デフレに陥るリスクを小さいものにするためにはある程度のインフレ率の糊しろ（バッファー）が必要だという考えが現在の学界の主流であり、たとえば、バーナンキＦＲＢ議長は理事時代（２００３b）に「糊しろは少なくとも1％だ」と述べている。

この糊しろについては、後述のように様々な要因がかかわってくるが、理論的にあるいは定量的にもこれまでいろいろ議論されてきた[12]。しかし、これら要因をひっくるめてトータルで必要な糊しろを量的に把握することは困難であった。ただ、これについても日本においてはかつてよりも低くなりつつあるとは考えた。

その理由は、一つには物価をめぐる環境が変化したことである。「物価の安定についての考え方」の背景説明では、糊しろに関係する要因として、名目賃金の下方硬直性の度合い、潜在成長率の水準、金融システムの頑健性、財政政策の発動余地、金融政策の有効性の5つが挙げられている。これらについては財政政策の発動余地は別にして、残りの4つの要因については糊しろを小さくする方向に変化していた。つまり、雇用・賃金の柔軟性を高め雇用コストの抑制が図られ、名目賃金が伸縮的となり、名目賃金の下方硬直性は観察されなくなったのである。潜在成長率も回復しつつあったし、金融システム不安も解消され、ゼロ金利制約のもとでも金融政策は時間軸効果を働かせることなど政策余地があることがわかった。

もう一つの理由は、物価下落回避への関心をこれまでほど強く持ち続ける必要性が低下したのではないかということだ。ゼロ近辺の物価変動に国民が慣れてきた、つまりそれはサプライズではなくなってきたということである。

現代経済において19世紀の経済よりもゼロインフレや緩やかなデフレが危険である可能性が高まった理由の一つとして、現代経済では「物価上昇が当たり前」という状況にあったことが挙げられる[13]。同様に、賃金の下方硬直性がみられなくなった理由の候補として「賃下げはめったに起こらないという社会規範」が徐々に崩壊して現在に至っているからという解釈があり得るとの指摘もある[14]。実際、日本においては物価についての目線が低く、かつ競争の激しい社会の中で、物価上昇や賃上げが当たり前という経済にはなかなか戻りにくいのではないかと思う。

ホワイトＢＩＳ金融経済局長（２００６）は、「デフレを回避するための積極的かつ持続的な金融緩和が、実体経済のブームとともに、債務残高、資産残高などの金融面の不均衡をもたらし、これらの不均衡の累積が、ブームの破裂後に深刻な不況・デフレをもたらす可能性がある」と述べ、「デフレを回避しようとすることに対する近年の関心は強すぎるのかもしれない」としている。バーナンキも理事時代（２００３ｂ）に「経済へのコストという観点からは物価の変化率がプラスからマイナスになっても大きな段差があるわけではない」と述べている。

以上のことから、糊しろの確保を優先しすぎることは適当ではないと考えたが、執行部による実証分析もモデルの構造などによって幅があるものであり、それを参考にしてもそれを数値化することは依然として難しく、望ましい物価上昇率はスモール・バット・ポジティブというところから進まなかった。結局頼ったのは国民の物価観とバブル期のインフレ率のレベルであった。

(4) 中長期的な物価安定：私の理解

私には、物価安定についての数字が国民の物価観から離れたものになると、国民の物価の先行きに対する見方に混乱を引起こし、経済が不安定化しかねないとの思いがあった。また、今回の物価安定の数値化を政策委員と国民が物価の安定をめぐって、効果的なコミュニケーションを行うことを可能とするための一つの方法と位置づけ、その第一歩としてまずは国民の目線を大事にしたいということでもあった。また、中長期的な物価安定のためにはバブルを放置すべきではなく（第10章参照）、バ

図8－2　消費者物価前年比と物価は前年から「ほとんど変わっていない」との回答の割合

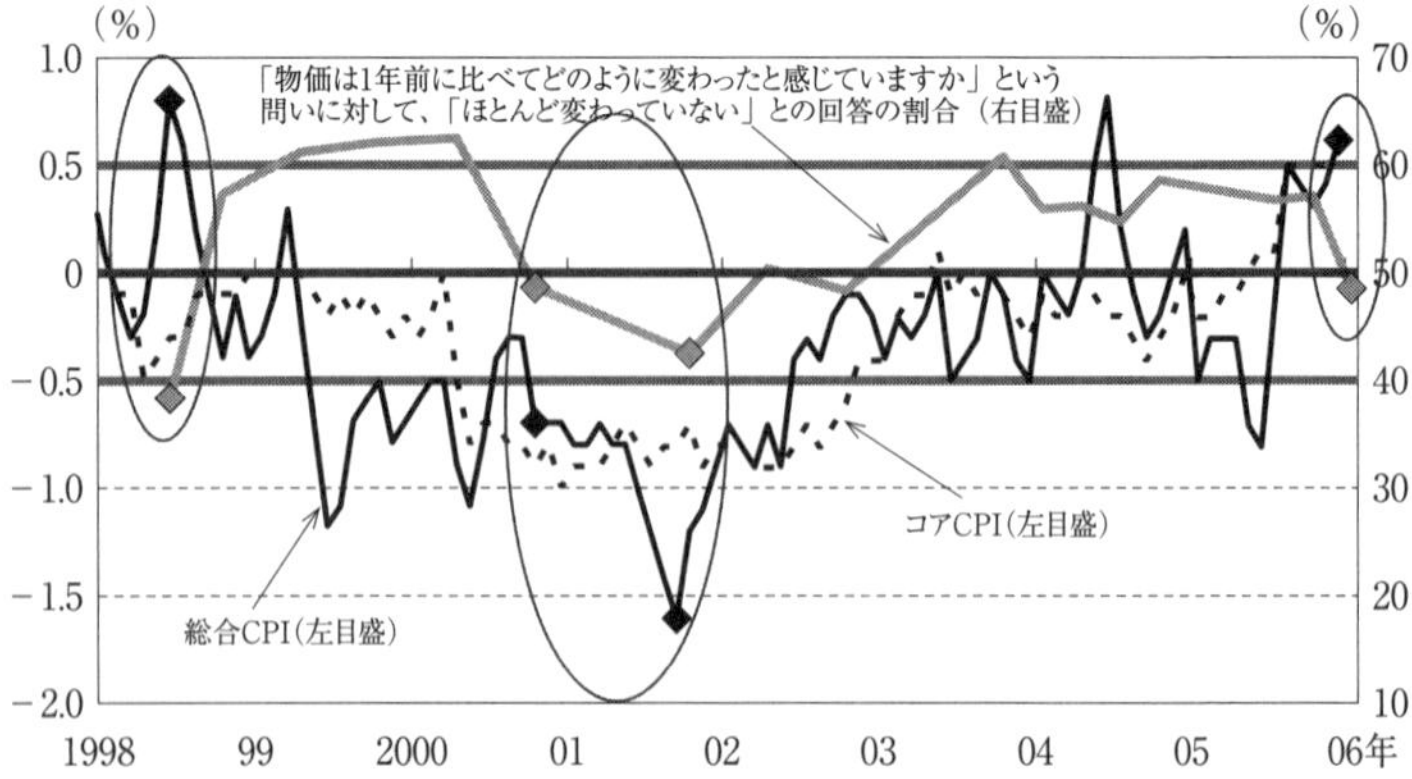

資料：総務省「消費者物価指数」、日本銀行「生活意識に関するアンケート調査」。
出所：須田（2006）

ブルのときに金融引締めを阻害しないようなインフレ率はどれほどかを考えて、数値を提出した。

日本銀行が四半期ごとに行っている「生活意識に関するアンケート調査」によると、具体的な数値も調査するようになって以来、多くの調査時点で過半数の人が過去1年間、物価はほとんど変わっていないと答えていた。そこで過半数の人が物価安定だと考えている時期を実際の消費者物価に対応させてみると、消費者物価の前年比においてコア、ヘッドラインでみてプラス0・5%～マイナス0・5%程度のときに、過半数の人が、物価が安定していると思っていたことがわかる（図8－2参照）。また、具体的な数値を質問項目に加えるようになって以降、「1年前比」と「1年後予想」について、物価が「ほとんど変わっていない」、「ほとんど変わらないと思う」と回答した人のほとんどがインフレ率も主観的には「ゼロ%」と回答している。[15] 現時点では、このようなインフレ率を国民は物価が安定している状態ととらえているということになる。

さて、主観的に「物価が上がっている」と思っている人の物価上昇についての感想は、「どちらかと言えば、困ったことだと思う」という答えが8割を占めていた。それは現在も変わらない。他方、主観的に「物価が下がっている」と思っている人の物価下落についての感想は、「どちらかと言えば、好ましいことだと思う」という答えが一番多くなっており、国民は物価上昇を望んでいないことがうかがえる。2013年6月で5割、9月で47・4%、12月は35・4%と下がっているが、この点も変わりはない。ただ、個々人は自分の名目所得を与件として答えている可能性がある。

もう一つのバブル対応の視点については、バブルのとき引締めできなかったことが反省材料となっているが、それをできるようにするには、そのときの物価上昇率を物価安定の理解の中に取り込むほうがよいと私は考えた。日本銀行に対する信認が十分あれば物価安定の数値よりも物価上昇率が低くても金融不均衡の蓄積に対して引締めができる可能性があるが、それは難しいと考えたからだ。

1980年代後半のバブル生成期を振り返ると、前期比年率で8・5%、9・5%と実質成長率が伸びを高めていった87年後半から88年末にかけて、CPI上昇率は0・55%程度――より詳しくは、0・2〜0・7%――で推移してきた。後から振り返ってみれば、当時、金融引締めが望ましかったと思うが、たとえば物価安定の数値が1%とか2%ということであれば、日銀が独立していたとしても機動的な引締め政策は容易ではなかったであろう。

以上のような考察から、「中長期的な物価安定」の私なりの理解については、物価上昇率の中心値は0・5%よりも低いが、スモール・バット・ポジティブであることには変わりないというものであった。もちろん私の物価安定の理解にかかる数字は国民の物価観に依存するので、インフレ率が上方に変化していったときにそれを国民がどうとらえるかによって数字を調整する可能性があることを考えていたが、実際には審議委員でいる間に、変更することはなかった。

また、数値を具体化する場合に、国際的な観点も重要であった。日本はこれまで海外よりもインフレ率が低く、為替レートについてはトレンドとしては円高基調にあった。物価目標に内外で格差があり日本のほうが低いということを明確にすると、為替レートはトレンドとして円高が続くことがより明確になる。日本では円高メリットの評価が十分に行われておらず、円高がしばしばマインド低下につながるが、そのようなバイアスがある間は、このようなかたちで物価目標を明確にするのは望ましくないということになる。

ただ、世界のインフレ率は低下傾向にあり、BIS76回年次報告（2006）によると、1970〜89年の平均から1990〜2005年平均で、OECD22カ国が消費者物価インフレ率は5・6%（8・3%から2・7%へ）低下した。日本は5%で（5・6%から0・6%へ）、日本のほうがわずかだが低下幅が少なかった。そしてその大部分が共通要因（OECDで5・2%、日本で5・3%）で説明されており、そこにグローバル化という共通要因があったことは否めない。

BISは、共通要因として、経済政策の同期化ということに加えて、グローバル化、新興国の台頭を取り上げ、国内のインフレを動かすものとして、グローバルな経済のslack（緩み）を表す指標の重要性が明らかに増しているのは、インフレの決定においてグローバルな特徴の影響が大きくなっていることを示唆していると記している。

2006年4月のIMF世界経済見通しでは、過去10年間において、グローバル化が石油を除く輸入品価格を通じて先進国の物価上昇率を平均で年0・25%ポイント低下させたと分析している[16]。また、コーンFRB副議長（2006b）は、グローバル化が米国のインフレに何らかの下方圧力を与えたとみるのは自然だが、その大きさについては不確かだと述べている。

もちろん、国際商品市況高が新興国経済の台頭により持続し得るので、インフレ率への影響は競争激化と国際商品市況高の綱引きになり定かではないが、当時、グローバルにみてインフレ率は低くなっていく、あるいは低位安定する可能性も否定できないと想定していた。グローバルにフィリップス曲線がフラットになってきているという分析もみられ、高いインフレ目標を出すと、なかなか目標が達成できない状況になりかねないとの思いもあった。

このように様々な論点を考慮に入れると、国民の信認を得るようなかたちで、ピンポイントで物価安定の数値化をすることは非常に難しいといわざるを得ない。政策のわかりやすさという点からはピンポイントのほうが望ましいと思うが、物価安定の数値化はある一定の幅を持ったものとならざるを得ないのではないかというのが当時の私の考えであった。

(5)　中長期的な物価安定の理解

各政策委員がそれぞれの判断から数値を出し持ち寄り、その和集合が「中長期的な物価安定の理解」である。それは表8－1にあるように、「消費者物価指数の前年比で表現すると、0～2％程度であれば、各委員の『中長期的な物価安定の理解』の範囲と大きくは異ならないとの見方で一致した。また、委員の中心値は、大勢として、おおむね1％の前後で分散していた」ということであった。

これはボードメンバーが変わると変化し得るし、また毎年の見直しでも変化し得るものであり、インフレ予想のアンカーとしては万全のものではなかった。しかし数値を出すのに消極的なメンバーがいる中で、公表を可能にした方法であったし、結果的には数字はグローバルな観点からみて大きくはずれたものではなかった。

また、この範囲以外は物価の安定ではないということに政策委員が全員で合意したということであり、もちろん可能性はあるが実際には「0～2％程度であれば」というところが委員の変更で大きく変わることはあまり考えられなかった。この数値は企業が考える望ましい物価上昇率に見合ったものであった。2002（平成14）年度の「企業行動に関するアンケート調査」（2003年4月公表）には企業の望ましい物価上昇率が示されていたが、0％前後～1％程度で合計55％（0％前後が30％弱、0～1％が25％強）、それに1～2％も加えると85％強であった。

物価安定の数値に対して「理解」という耳慣れない言葉が使われたこともあるが、その意味するところが十分伝わらず、これを他国の目標値と同列に並べて比較された。たとえばOECD（2006）で、下限が低すぎるのではないかとの批判が聞かれたが、他からも下限にゼロが含まれていることに対して批判があった。中長期的な物価の安定は0～2％程度に含まれることは示したが、これであれば十分であると示したわけではなかったし、私自身ゼロインフレは排除していたので、そのような批判に戸惑いも感じた。

4　物価安定目標への道のり

中長期的な物価安定の理解については、基本的に毎年見直すことになっていたので、ボードメンバーの考えが明らかになるにつれて少しずつ明確化されていった（第9章表9－2参照）。まず、2

007年4月には、消費者物価指数の前年比で「0～2％程度の範囲内」と微調整され、08年4月には、中心値がおおむね1％前後から1％程度と修正された。これはボードメンバーが交代したことも影響したと思われる。

そして次章で述べるように、2009年11月から12月にかけて「デフレ宣言」した政府と日銀との意思疎通が必ずしも十分でないとの見方が拡がった際には、「中長期的な物価安定の理解」について、ゼロ％以下のマイナスの値は許容していないことを明確に表現するため、「2％以下のプラスの範囲」とした。また、ピンポイントのメリットもより生かすべく、委員の大勢は1％程度を中心と考えているという言い方に改められた。私にとってこの変更は私の「理解」の修正をまったく必要とせず、まさに明確化ということであった。ゼロを外したことが評価されたが、ここでゼロを含むかどうかが大きな意味を持つとは思っていなかったので、この評価には驚いた。

次の変更は私が退任した直後の2011年4月であり、「中心は1％程度である」と修正されている。低い値であった私が退任したので「大勢として」がなくなるとともに、委員という言葉も消えた。組織決定への準備がなされたとの感想を抱いた。2012年2月に、前述のとおり、「中長期的な物価安定の目途（goal）」を決め、消費者物価対前年上昇率で当面1％としたのち、13年1月に、物価安定目標を2％と決定した。

物価の安定についてどのような数字が望ましいのか、潜在成長率が変化する中で必ずしも明らかではなく、物価の安定について、より柔軟な姿勢を保てるように、政策委員の和集合といったやり方をもう少し続けてもよかったのではないかとも思う。他方で、委員会で金融政策が決定されるもとでは、個々のメンバーが物価の安定について異なる数値をイメージしつつ対外発信すると、評価の基準がみえない中ノイズとなり得るが、共通の目標を設定することでいくばくかノイズを生じさせる可能性を減らすことができるだろう。インフレ予想への働きかけも容易であろう。新メンバーが数値を変更できるということならそうはいえないかもしれないが、一度組織決定してしまったものを変更するのは、そう簡単ではないように思う。

２０１３年1月、日本銀行は物価安定の目標を、みずからの責任で、消費者物価の前年比上昇率で２％とした。もともと当面１％ということで、潜在成長率の高まりとともに将来２％とすることが意識されていなかったわけではないが、その採用は想定よりも前倒しされた。物価安定目標は中長期的なものであるべきであるが、その枕詞が除かれたところに政府の意思を感じた。

もっとも同年4月、黒田総裁になっても政府と日銀との共同声明はそのまま維持されており、共同声明では「物価は短期的には様々な要因から影響を受けることを踏まえ、持続可能な物価の安定の実現を目指している」とされ、短期的な実現ではないことが示唆されている。問題は達成期限であり、共同声明では「できるだけ早期に実現」ということで決着した。黒田日銀総裁になって、それは「２年程度の期間を念頭に」と具体化され、まさに達成期限を明確化した典型的なＩＴＰの採用国に分類されることとなった。

もっとも、共同声明では、「金融面での不均衡の蓄積を含めたリスク要因を点検し、経済の持続的な成長を確保する観点から、問題が生じていないかどうかを確認していく」とも記されており、その限りで、目的達成至上主義ではない。

5　期待の安定化と金融政策——原油価格の高騰に直面して

(1)　予想インフレは物価の安定をもたらすか

中央銀行が金融政策運営で物価安定のためにどれだけ本気なのか、そしてそれが実現できるのか。予想の安定化は中央銀行の仕事に対する信認にかかっている。そして信認が得られていれば、少々「物価の安定」からインフレ率が乖離するような柔軟な政策を行っても、中長期の予想インフレは安定したままだろう。このような状態が維持できることを金融政策の担当者は常に求めている。

しかし、特に原油価格の上昇といった、物価と実体経済に逆の影響を与えるショックが生じた場合には、そう簡単ではない。インフレ抑制を強く意識し引締め政策をとれば実体経済の下押し圧力を強めることになるし、インフレを放置すれば予想インフレ率が上昇してしまう可能性があるからである。リーマン・ショックが発生する前、原油価格の高騰があり、ＩＴＰ採用国では物価安定目標の上限を超えている国が少なからず見受けられた[17]。数値が明示されているがゆえ、目標からの乖離が明確であり、金融政策運営の難しさはより大きいものであったであろう（須田［２００８ａ］参照）。

キングＢＯＥ総裁（２００５ｂ）は前述のようにＩＴＰのメリットは予想インフレの安定化にあると強調する一方で、英国ではインフレ率が安定的であるが、油断大敵で、大きなショックが起こった場合に実際のインフレ率が物価安定レンジから飛び出ると、予想インフレ率が安定し続けるとは限らないと発言をしている。実際、その後英国は長い間、目標を大きく超えたインフレ率に悩まされることになったが、キングの発言は予想インフレ率の安定がＩＴＰを採用すれば自動的に手に入るわけではないことを示唆している。

人々は、経済モデルがしばしば示唆するように、遠い均衡を模索し、そこへ経済が行き着くことを前提に現在の行動を決めるということでは必ずしもない。そのように行動するものが多ければ、政策手段を十分備えている中央銀行が物価の安定目標を設定すると、人びとの予想インフレは物価安定目標値に吸い寄せられていくだろう。しかし、現実はそうでなく、短期的な予想インフレは足許の物価動向を学習し、それから影響を受ける。足許の動きが持続すると中長期的な予想インフレにも影響が及ぶ。

原油価格の上昇はガソリン価格の上昇などを通じて短期的な予想インフレを高める。原油価格の上昇は一時的であるというのなら、足許の物価上昇を放置していても問題は起こらない。しかしエネルギー消費量の多い新興国の経済成長率が高く、かつグローバル経済におけるウエートも高まっている中では、資源や食糧の価格が上昇トレンドを持つことも否定できない。また、投機的な資金移動がその動きを一時的に加速化させる可能性もある。このような状況下で、政策判断の際の物価指数（物価安定目標に設定された物価指数）と国民の実感に合った物価指数とが異なる可能性があるのはやっかいだ。この点、先にＢＯＥのケースについて言及したとおりである。

総務省は現在、消費者物価指数を、総合指数、生鮮食料品を除く指数（コア）、さらにエネルギーと食料品を除く指数（コアコア）の三つの系列を公表している。物価の安定は総合指数で定義するとしても、消費者物価の総合指数は、生鮮食料品等が天候要因によりかなり変動するので、政策判断の際には、振れの激しい生鮮食料品を除いたコア指数でトレンドを把握するのが適切だといえる。図8

図8－3　日本の消費者物価指数：総合とコア、コアコア

（1）総合とコア

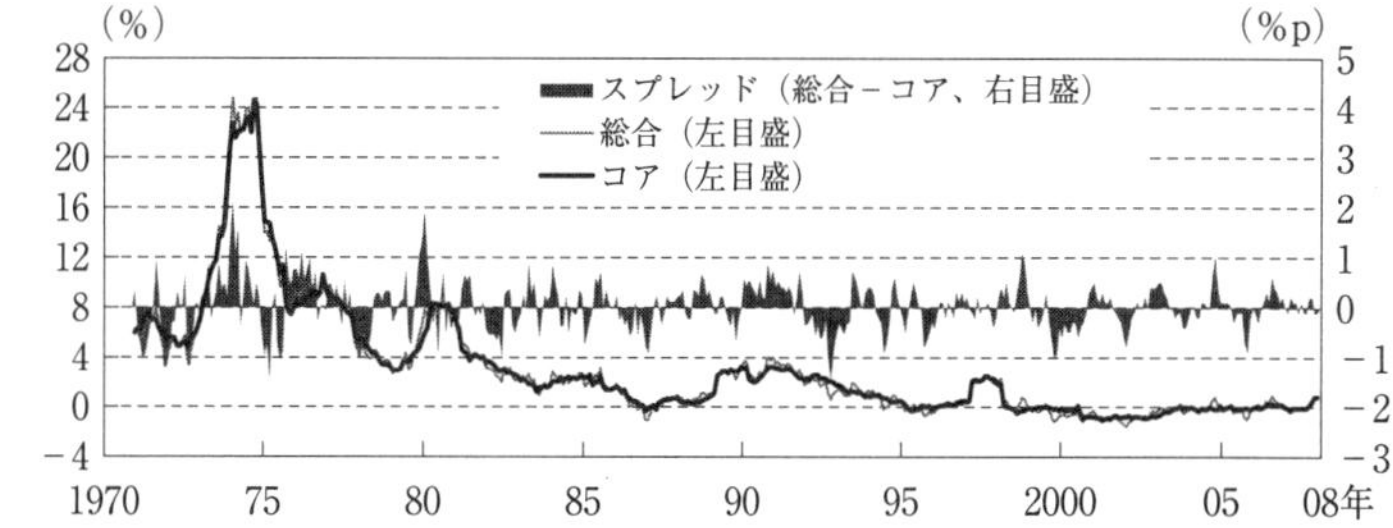

（2）総合－コアコア

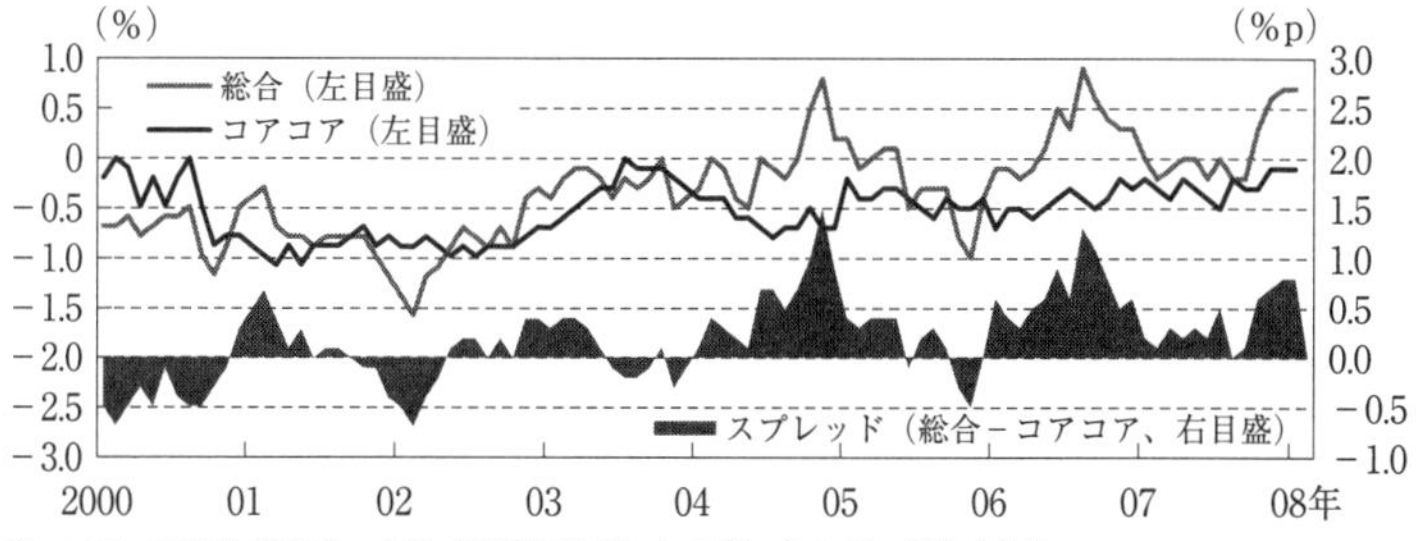

注：コアコアは生鮮食品、食料（酒類を除く）およびエネルギーを除く総合。
資料：総務省
出所：須田（2008a）

－3によれば、コア指数と総合指数との乖離が上下に分散しており、日本ではコア指数がやや長い目でみれば、総合指数をよくトレースしているといえそうだ。

　政策判断の際に用いる消費者物価について、消費者物価のコアの部分からエネルギー関連品価格を排除すべきとの議論もある。しかし、今日の原油の高騰は必ずしも一時的な要因とはとらえられず、実際それが人々のインフレ期待や消費行動に影響を与えていることを考えると、政策判断の際に使う物価指数としてエネルギー価格を除いて考えればよいと簡単にいうわけにはいかない。事実、日本ではコ

アコアと総合との間に、数年タームではかなり持続的な乖離がみられている（図8－3）。

米国も総合とコアとの乖離も同様である。ガソリンや食料品といった生活必需品の価格が持続的に上昇しているような局面では、コアコア指数を対象とする政策をとると、金融政策は緩和しすぎとなり政策判断が誤っているのでは、との批判が高まる可能性がある。FRBがFOMCメンバーの予想インフレ率をコアだけでなく、総合についても公表することとした背景には、こうした批判への対応という意味もあったようだ[18]。フィッシャー・ダラス連銀総裁（2008）は、パリでのシンポジウムで、持続的な商品相場上昇がコアインフレ率という伝統的尺度に厳しい疑問を投げかけているとし、さらに、インフレのデータからノイズとシグナルとにえり分けることの難しさも増していると述べ、執拗な商品価格上昇によって、正確にインフレ率を予測することが難しくなったと述べている。

結局のところ、エネルギーや食料品を含んだインフレ率と含まないインフレ率を、バランスよく観察しながら、総合的にインフレの基調的な動き、そして予想インフレ率を見出していくしかないということだと思う。

(2) 期待の安定化のために——セカンドラウンド効果回避の重要性

原油価格の上昇は、それが需要要因によるのか、供給要因によるのか、または投機的な要因によるのか、どの程度持続するのか、所得のトランスファーを受けた資源国がどの程度それを輸入に向けるのか、もともとの経済物価情勢はどうだったかなどによって、マインドや実体経済、物価への影響が異なり、政策対応も異なってくる。したがって政策対応を考える場合には実態の把握が何よりも重要である。ここで重要なのがセカンドラウンド効果と呼ばれている二次的な効果である。

インフレ予想が高まることによって価格転嫁が進み、高い賃金上昇が実現し、それがさらなるインフレ予想の上昇につながるという悪循環が発生すれば、それを沈静化するためにかなり強めの引締め策が必要になる。その結果景気悪化と高インフレという、対応が難しい状況に陥りかねない。また、実体経済に下振れリスクがあり、金融緩和基調をとらざるを得ない中で、インフレ予想が高まると、長期金利が上昇し、金融緩和政策の有効性が低下してしまう。

このように、賃金の上昇といったセカンドラウンド効果が気になる場合には、インフレ予想を安定化させるため物価の安定を重視した政策を行わざるを得ない。実際、物価安定を重視するＥＣＢやスウェーデンはリーマン・ショックの直前に利上げを行った。ＢＯＥにおいても、ロマックス英中銀副総裁（２００８）は、高いインフレ予想が続くようであれば、インフレを目標値に抑えるために、さらなる景気減速を容認せざるを得ない、と述べている。

かつての日本では第一次オイルショックよりも第二次オイルショックのほうが、インフレ率が低く、かつ経済成長率の落込みが軽微なものとなったが、その理由についての一つの仮説は、日本銀行が第一次オイルショック時の失敗は二度と繰り返さないという確固たる政策運営を実施したことが、インフレファイターとしての信認を獲得し、人々のインフレ予想の安定化につながった、というものである[19]。

しかし、実際のところ、エネルギー価格上昇に伴うインフレ上昇に対して実体経済が弱く、実体経済への影響を重視する場合、引締め政策は簡単にとれるものではない。日本銀行でもコアＣＰＩは一時的であれ、２・４％まで上昇したが、それは一時的な動きであると判断して、引締め政策はとらなかった。そういった場合に重要なのは中央銀行からの情報発信である。

鎌田（２００８）の分析によると、家計が日銀の活動に関心があるほど、また日本銀行に対する信頼が厚いほど、予想インフレ率の上昇が抑制されるという関係がみられる。つまり、家計の予想インフレ率を低位安定化させるためには、金融政策について国民の関心と信頼を高めておくことが必要であり、中央銀行はインフレリスクに対する警戒を常に怠るべきではなく、人々のインフレ予想に不断に働きかけておくことが、信認獲得・維持のためには重要であるということだ。

バーナンキＦＲＢ議長（２００８ａ）が、２００８年1月10日のワシントンにおける講演で「インフレ予想が高まったり、ＦＥＤのインフレファイターとしての信認が損なわれたりするいかなる気配も、物価安定を維持させることを困難にする」と言ったり、同年2月の議会証言（２００８ｂ）で、「最近数週間のエネルギーと他の商品価格のさらなる上昇は、消費者物価の最新データと相俟って、総合とコアインフレ双方の見通しに対するアップサイド・リスクが先月よりも若干大きくなっていることを示している。総合インフレの高い上昇が続く場合には、インフレ予想がうまく抑えられなくなる可能性がある」と警告を発したのは、まさに物価安定に対する姿勢を積極的に示すことで、予想インフレの上振れないしセカンドラウンド効果を抑えることを狙ったと思われる。実際、この賃金への波及からくるセカンドラウンド効果は、政策担当者の間で警戒すべきキーワードであった。そこへの波及効果が顕現化したら、インフレ予想を抑えるためにも、実際に引締め政策をとらざるを得ないという認識であった。

6　物価安定の上方修正は可能か

以上では金融政策の効果を高めるためにも機動的な政策を可能にするにも、中長期的なインフレ予想の安定化が必須であることを強調した。ただ２００８年の金融危機の発生後、インフレ目標を上方にシフトさせるなど、高いインフレとインフレ予想に働きかけることで問題解決の一助としようとする政策提案が出されるようになった。

たとえば、債務問題の緩和のため、ロゴフ（２００８）は、6％程度のインフレを2年間実現させ、その後数年かけて元に戻すことを提案している。その際、インフレが20～30％になる可能性があるが、中央銀行の対話によってインフレ予想を抑え、すぐに元に戻せると述べている。またブランシャールＩＭＦ調査局長は、ＩＭＦスタッフ論文（Blanchard, Dell'Ariccia and Mauro［2010］）で、ゼロ金利制約に陥ったのでこれまでの糊しろは不十分であったとして、糊しろを増やすために物価目標を2％から4％へ引上げることを提案した。

しかしロゴフの議論は、市場との対話に苦戦している中央銀行からみると、中央銀行の対話力をあまりに過大評価しすぎているように思われる。また、ブランシャールのような議論に対して、２０１0年のジャクソンホール・コンファレンスでは、多くの中央銀行関係者が批判を重ねた。トリシェＥＣＢ総裁は、恣意的に富が再配分され、特に弱者の負担が大きいことを指摘した。また、中央銀行の信認を毀損することになるし、信認の喪失・インフレの不確実性の高まりはボラティリティやリスクプレミアムを上昇させ金利水準を高めるとし、この選択はあり得ないと述べた。ＢＯＥのビーン副総裁やバーナンキＦＲＢ議長も同様の議論を行って反対した[20]。

今日、黒田日銀総裁のもとで、期待を抜本的に転換させて、予想インフレ率を上昇させるべく、異次元といわれる金融緩和に取り組んでいる。しかし、非伝統的な金融政策の波及メカニズムが不透明な中、これまで、市場のインフレ予想を思ったようには高めることはできていない。現行の金融政策について中曽副総裁（２０１３ｂ）は、金融政策によって予想インフレ率を引上げることは未踏の領域におけるきわめて野心的な取組みであると認識していると述べている。

構造問題を背景として潜在成長率が低下傾向をたどり、ユニット・レイバー・コストが低下し、人々の予想物価上昇率が低い状態で、日本銀行がインフレ目標値をそれよりも高めに設定したとしても、それだけでは企業の将来に対する期待や価格設定行動に有意な変化が生じるとは思えない。これまでなかなか物価が上昇していかないことに対して、日本銀行の通貨の信認維持の姿勢が強すぎると批判されたが、通貨に対する信認やインフレ予想を中央銀行がコントロールしたりマネージしたりできるとは思えないからこそ、インフレ目標を上方にシフトさせる提案に中央銀行総裁がこぞって大反対した。インフレのコストの問題ももちろんあるが、安定していたインフレ予想を一度変化させたら、そこで止まる保証はないからである。

日本の場合、今のところはもともと日本銀行が物価の安定の範囲内と考えていた上限を、新たな目標にしているのでインフレ目標を大きく変更させたということではないが、インフレ予想に働きかけることに違いはなく、そこで止められればよいが、日本は非常に大きな財政問題を抱えているので、政府全体として、２％で止めようとの強い力が働かない（場合によってはもっと高めるべきとの意見が出てくる）のではないかと懸念される。

たしかに今回の金融危機によって、主要先進国の政策金利はゼロ金利制約に陥り、非伝統的な政策への移行を余儀なくされた。しかし、これはある程度糊しろがあっても役に立たないということの証でもある。今回の危機においては市場機能が大きく損なわれたため、政策対応としてあと2％分金利のバッファーがあれば対応できたとは思えない。めったに起こらない大きな金融危機を意識して糊しろを高めに保つことは、その十分性について定かでないことと、インフレ予想のアンカーを弱めてしまう可能性、インフレのコスト——資源配分の歪みやインフレの変動リスクの増大など——を考えると、望ましいとは思えない。期待や信認については維持するための努力は必要であるが、それを動かし、望んだところに着地させることは至難の業である。

[注]

（1）Levin, Natalucci, and Piger（2004）や Gurkaynak, Sack, and Swanson（2005）など。
（2）ＩＴＰの理論的背景について、たとえば白塚・藤木（１９９７）や上田（２００９）を参照。
（3）日本銀行（２０００）参照。
（4）英財務大臣 "Stability and Investment for the Long Term Economic and Fiscal Strategy Report 1998" June 1998 や英財務省 "The Government's fiscal framework" 2008 を参照。
（5）Faust and Henderson（2004）.
（6）Meyer（2004b）やGramlich（2005）、２００５年2月のＦＯＭＣの議事要旨を参照。
（7）Svensson（1997）.
（8）Greenspan（2004b）. また、カンザス連銀シンポジウム「グリーンスパンの時代」の終わりの言葉で、グリーンスパンＦＲ

Ｂ議長は、目標を数値化したＩＴＰが世界の中央銀行を識別する重要な特性だという考えには依然として納得がいかないと述べている。Greenspan（2005a）参照。

（9）須田（２００９ａ）を参照。

（10）白川・門間（２００１）および白塚（２００１）を参照。

（11）経済・物価情勢の展望（２００６年10月）２００６年10月31日参照。

（12）白塚（２００１）、須田（２００６）などを参照。

（13）Bernanke（2000）を参照。

（14）黒田・山本（２００５）を参照。

（15）詳しくは須田（２００６）を参照。

（16）IMF（2006）第3章。世界的なディスインフレの要因分析については、森本・平田・加藤（２００３）を参照。

（17）たとえばカナダ、スウェーデン、ノルウェー、ニュージーランド、韓国、インドネシアなど。須田（２００９ａ）を参照。

（18）Mishkin（2007b）を参照。

（19）第5回国際コンファランス（１９９２）の「コンファランスの模様」におけるBeebeサンフランシスコ連銀上級副総裁やテイラー・スタンフォード大学教授の発言を参照。

（20）２０１０年8月の米カンザス連銀主催シンポジウム（ジャクソンホール）におけるトリシェ（２０１０）、バーナンキ（２０１０ａ）、ビーン等（２０１０）を参照。

第9章　コミュニケーション・ポリシー

1　情報発信の枠組み

(1)　透明性の必要性

第2章で述べたように、中央銀行が独立して金融政策を行うには、説明責任が伴い、そのためには金融政策の透明性を高めることが必要である。FRB議長としての最後の講演（2014）からわかるように、金融危機を経て、バーナンキFRB議長もこの点からの透明性の必要性を大いに認識したようである。この意味での透明性は、新日銀法の重要な柱であったことから、日本銀行はその向上を早くから強く意識していた。それはIMFが1999年に策定した「金融政策の透明性基準」に関する日本銀行の自己評価の公表からもうかがえる。(1) もちろんその努力は持続的に必要であるが、ここでは透明性向上のもう一つのメリットである金融政策の有効性の高まりに焦点を当てる。

今日、主要中央銀行がゼロ金利制約に陥っており、先行き金利への働きかけにつながるコミュニケーション・ポリシーに関心が集まり、BOE、ECBも2013年夏から日米に遅れて先行きの金融政策について何らかの言及を行っている。このようなガイダンスは日本銀行が真っ先に、ゼロ金利時代に「デフレ懸念が払拭するまで」ゼロ金利を継続するというかたちで導入した。01年3月導入の量的緩和政策でも、消費者物価（除く生鮮食品）対前年比が「安定的にゼロ%以上になるまで」量的緩和政策を継続するとのコミットメントを行った。このコミットメントの長めの金利への効果（時間軸政策）は実証的にも有効であったというのが一般的な見解である(2)。

このようなコミットメントだけではなく、市場や国民とのコミュニケーションについては、金融政策担当者として在籍中は、難しさをずっと感じてきた。このことはこれまでの章でも垣間見られたと思う。この章では、金融政策の有効性を高めるためという視点から、コミュニケーション・ポリシー全体の課題を取り上げる。様々な難しい問題があるが、今後も改善をしていかなければならない最重要課題の一つであるからである。

(2) 包括的な情報の重要性

透明性を高めるには、まず情報発信の枠組みを整備することが必要である。情報の非対称性をなくすためには、そして一部の人が情報を獲得してそのメリットを享受することがないようにフェアネスを確保するためにも、皆が同じ情報に同じ時点でアクセスでき、かつそのことをお互いに知っていることが大事である。したがってそのような情報発信の枠組みの構築がまず重要である。

これを構成するものとしては、日本銀行についていえば、金融経済月報、「展望レポート」、金融政策決定会合議事要旨、総裁の定例記者会見などが挙げられる（表9－1参照）。これらの情報発信は定期的であって、かつ含まれる情報が断片的でなく包括的だというところに特徴がある。こうした情

表9－1　公表が決まっている情報

決定会合の日程（2007年6月より、6、12月の決定会合後1年分公表）
決定会合後の声明文（決定会合終了後ただちに公表）
金融経済月報の公表（決定会合の翌営業日）
議長（総裁）記者会見（会合後即日開催）
議事要旨（08年7月公表の早期化。原則次回会合で承認を経て公表）
展望レポート（4月と10月。数値は中間評価時にも公表。基本的見解は即日公表。全体は翌営業日公表）
国会報告（年2回。ただし時期などが明確でなく、注目度は今一つ）
各委員の講演、記者会見（ほぼ年2回、ただし時期は不定期）

出所：日本銀行ホームページより著者作成

報発信のフレームワークをガイ＝シン（2003）は「事前のコミュニケーション」と名づけ、その重要性を指摘している。

このような情報発信は、市場にとって金融政策決定会合での対外公表文に含まれる中央銀行の意図や目的を理解しやすくする。政策の意図や目的を明示すれば、中央銀行としては、みずからのレピュテーションを守るために明示した意図や目的に沿った行動をとる必要があり、それは結果的に中央銀行への信認を高めることにつながる。また、情報を手にした人が、自分だけでなく、他のすべての人もそれと同じ情報を手にしていると確信できる、つまり「共有知識」につながることが意味を持つ。情報の影響力はどれだけ多くの市場関係者の間で共有されているかに依存するからである。

なお、日本銀行も情報の公表にあたっては、皆に平等に同時にということで、たとえば短観についても、ボードメンバーであっても外部の人と同じ扱いである。また決定会合前の事前報道が盛んで、それに悩まされた10年でもあったが、事前の外部とのコンタクトを自粛するためにブラックアウト・ルールがある。「各金融政策決定会合の2営業日前（会合が2営業日以上にわたる場合には会合開始日の2営業日前）から会合終了当日の総裁記者会見終了時刻までの期間は、国会において発言する場合等を除き、金融政策及び金融経済情勢に関し、外部に対して発言しない」ことを政策委員の間で申し合わせているのだ。実際この期間は会合のための準備で忙しいということもあるが、たとえ金融政策に関係なくても、外部の人との接触は避けるようにした。

(3) 情報の質の重要性

有効な情報発信を行うためには、情報発信のフレームワークの構築とともに、そこで発信される情報の質を高める必要がある。裏返せば情報発信のメリットは、質の高い情報、つまりノイズのない情報の存在が前提であって、情報の質が悪ければ情報発信は益よりも害をもたらす可能性が高いといえる。たとえば、景気や物価についての判断にかかる情報発信を行ったとしても、その内容が正確でなければ、かえって市場の混乱を招いてしまうといったことだ。

情報の質については何よりも物価経済の見通しについての質が重要だと思っているが、それは最後に述べることにして、ここでは議事要旨について少し述べておく。

議事要旨は次の金融政策を占う上でも非常に重要な情報であり、FRBは検討の結果、次回会合の前に議事要旨(ミニッツ)を出すようになった。次回会合について考える上で非常に参考になる情報を得られることから、日本銀行にももっと早く議事要旨の公表を、という要求がある。しかし、日銀法によって議事要旨は決定会合で承認の上で公表することになっているので、今以上に大きく早めることは困難だ。しかも日本の場合には会合が多いので、早く公表するには事務負担が大きい。

議事要旨は執行部が全体の議論を聞いて、量のバランスをとりながら要旨案を出してくるが、自分の発言、他のボードメンバーの発言も含めて、バランスがとれているかをチェックして、自分の思いも含めてコメントを提出し、納得がいくまで調整を行う。

承認の署名をするのがFOMCのように事務方1人ではなく、各委員がサインをするので、それぞれが承認できるまで調整が続く。その結果、委員のこだわりの強さに違いがあるので、必ずしも委員全員が平等な扱いになっているとはいえない。また、実体経済や市場の変化とともに重要事項が変化することもあるので、会合時と議事要旨作成時で重要な論点の扱いが微妙に異なってくることもある。したがって、議事要旨の内容は、外部環境の変化から中立とは言いきれないように思う。

また、議事要旨は、「一人の委員は」とか「複数の委員は」というようなかたちで書かれているが、メンバー全員が発言時にそれを意識し、たとえば、他のメンバーと同じ意見であってもあえて繰り返したりすれば、そうした表現は意味を持つことになる。しかし、発言順は毎回異なる[3]が、発言には時間的な制約もあるため、執行部の説明や他のメンバーの意見が自分と同じであれば、自分はそれに言及しないということもある。つまり、その話題に言及した人数の多少が必ずしもメンバーの関心の強さに比例しているわけではないので、その数に関心が寄せられすぎると、議論の内容や方向が誤って伝わる可能性がある。あえて議論を伏せるということもあり得るので、議事要旨が薄いからとか、行数が少ないから議論がなかったということでもない。そういう意味でも、議事要旨で各委員が持つ意見の全体像を示すのはなかなか難しい。そのように制約があることを踏まえて、読んでいく必要がある。

(4) 透明性の強化

透明性は新総裁の就任とともに強められる傾向がある。福井総裁も白川総裁もバーナンキFRB議長も、就任にあたって考えることの一つが透明性の強化であったとうかがわれる。これは永遠の課題であるからである。

現在の情報発信の主なものは表9－1のとおりであるが、第2章の表2－1で示したように、時とともに改善されてきている。これらの多くは福井、白川総裁就任とともに検討が進んだ、ないしは実現した。

福井総裁は2003年3月25日、就任してすぐに臨時決定会合を開いた。インフレーション・ターゲティング導入を求める声が外部で高まっていたが、さっそく会合で金融政策運営の基本的な枠組みの検討を進めることにし、幅広い観点から金融政策の透明性向上に関する論点を次の決定会合で報告するよう執行部に指示した。

その結果、まずは2003年4月展望レポートから、金融政策運営と金融環境等に関するパートを新設するとともに、政策委員の見通しにおいて、中央値も公表することにした。03年10月には量的緩和政策継続のコミットメントを明確化するとともに、月報の基本的見解を即日公表することとし、記者会見をすべての会合後即日に行うことにした。

また、見通しの中間評価を04年1月より行い、05年4月の見通しから、見通し期間を延長し翌年度の見通しも公表ことにした。展望レポートにおける政策金利の考え方については、06年4月からそれまでの「一定」から、市場金利に織り込まれたとみられる市場参加者の予想を各メンバーが参考にしつつ、見通しを作成することになった。

白川総裁になってからは、2008年4月展望レポートからリスクバランスを公表し、7月に情報発信の充実を行った。経済・物価の現状と先行きおよびリスク要因について、枠組みに沿って、適時かつ丁寧に、説明する体制を整えること、月報の基本的見解をコンパクトにして毎回公表の声明文に入れ、2つの柱に基づく検討結果も入れて即日公表すること、中間評価時にも数値を公表し、議事要旨公表も前倒しして、10月展望レポートから見通し期間を延長し、翌々年度の見通しも公表することを決めた。(4)

(5)　透明性強化の効果について

ここで示したような日本銀行の情報発信について、中島・服部（2010）は、市場金利のボラティリティに与える影響を分析し、展望レポートや金融政策決定会合の議事要旨の公表は市場金利のボラティリティを低下させ、政策金利の変更や決定会合における採決反対者の増加はボラティリティを上昇させるとの結果が得られている。しばしば反対を表明してきた私としては、気になる結果である。

また、講演や記者会見による情報発信の影響は、そのタイプによって異なる結果が得られているが、ゼロ金利政策、量的緩和政策のもとで、コミットメント効果が機能していた時期には、こうした情報発信による市場金利のボラティリティへの影響が顕著に低下していたとある。後にコミットメントの効果をみていくが、これは日銀のコミットメントが強かったということを示唆しており、それ自体興味深い結果である。

2　金融政策の枠組みの透明性

(1)　フォワード・ルッキングな視点

金融政策は、効果が発揮されるのに時間がかかるので、現在の政策は将来の経済を見極めながら決定する必要がある。つまり政策はフォワード・ルッキングである必要がある。フォワード・ルッキングな政策運営を行うには、経済・物価の先行きについて的確な見通しがなければならない。そのためには、金融政策のベースとなる日本経済の先行き見通しを、現在得られる情報をすべて駆使して、確度の高いものにつくり上げ、信頼が得られるよう努力する必要がある。

ただ、現実には、経済データのノイズや構造変化の見極めの難しさなどによって、経済・物価見通しに、不確実な要素が含まれていることは否めない。したがって、その見通しが、現時点で想定され得る最も蓋然性の高いシナリオであったとしても、それだけに依存して金融政策を行うわけにはいかない。それが上振れたり下振れたりするリスクを無視することはできないし、それらが生じる確率の高さと、それらが顕現化したときの経済に与えるコストなどを考慮に入れて、望ましい政策パスを選択する必要がある。

グリーンスパンＦＲＢ議長（当時）が「民主的な社会における中央銀行の挑戦」というタイトルの講演（１９９６ａ）で、次のようなことを述べている。

金融政策は効果が出るまでに時間がかかるので、金融政策はフォワード・ルッキングである（先を見越す）べきだ。目に見えるようになるまでかなりの期間を要するかもしれない不均衡に対して、先んじて行動をとらなければならない。そのためには予測に基づいて行動するしかないが、これは、政策変更が必要だということが一般国民に明らかになる前に、行動しなければならないことを意味する。金融政策の使命達成には国民の支持が必須であるが、このことを国民に伝えるのが難しいことがしばしばある。

また、バーナンキ（2004a）も、予測をベースにした政策に軸足を置いた政策運営が重要であるが、そのもとでは先行きの政策対応が市場参加者にはわかりにくいので、対話政策が一段と重要になると、強調している。

(2) 透明性と金融政策の有効性

金融政策の透明性向上のための考えるべき視点は四つある。①政策目的の提示、②現状先行きの経済金融情勢判断とその伝達、③①と②をもとに政策運営の考え方を明確化、④見通しや政策効果の評価、見通しと金融政策の関係の伝達、である。

中央銀行の政策運営に関する透明性向上で不確実性が小さくなると、長めの金利形成についても、中央銀行の政策意図がより反映されることになり、期待が安定化しリスクプレミアムも縮小し、経済主体も中央銀行が望んだ方向に反応すると想定できる。

(3) 「新たな金融政策運営の枠組み」と物価の安定

このような視点を考慮に入れて、2006年3月量的緩和政策解除時に導入したのが「新たな金融政策運営の枠組み」である。第5章で示したように、これは①物価の安定について明確化し、②2つの柱に基づいて経済物価情勢見通しを点検し、③当面の金融政策運営の考え方を整理するというものである。これはフォワード・ルッキングな枠組みであることはいうまでもない。ここで、第1の柱で、金融政策の目標「物価安定のもとでの持続的な成長」を達成しているかどうかという観点から、蓋然性の高い中心的見通しを点検し、第2の柱で、時間的な視野を展望レポートよりも長く持ち、金融政策の目標を達成するとの観点から、金融政策運営にあたって重視すべき様々なリスクを点検する。

物価安定の明確化については、この枠組み導入で初めて物価安定の数値を「中長期的な物価安定の理解」として出したことは前章（第8章）で述べたとおりである。それは、表9-2にあるように、ボードメンバーの考え方の変化やメンバーの変更によって微調整されたのち、最終的には物価安定目標に変更された。

望ましいインフレ率を求めることが難しく、私は数値公表に慎重であったが、全員の合意を得て公表したいという委員会の思いがあり、日本の実態にふさわしい数値の出し方を模索し、各委員の数値の和集合という、海外には例をみない数値の出し方が考え出されたので、私も数値を出すことに前向きになれた（第8章参照）。この数値の出し方は日銀独特のものであるので、既存の言葉で表すのは適切でなく「理解」を使うこととなった。この方法はFRBも関心を示し、2009年1月にはFO

表9－2　「中長期的な物価安定の理解」から「物価安定目標」へ

2006年3月9日
消費者物価指数の前年比で表現すると0～2％程度であれば、各委員の「中長期的な物価安定の理解」の範囲と大きくは異ならないとの見方で一致した。また、委員の中心値は、大勢として、おおむね1％の前後で分散していた。

2007年4月27日
「中長期的な物価安定の理解」は、消費者物価指数の前年比で0～2％程度の範囲内にあり、委員ごとの中心値は、大勢として、おおむね1％の前後で分散している。

2008年4月30日
「中長期的な物価安定の理解」は、消費者物価指数の前年比で0～2％程度の範囲内にあり、委員ごとの中心値は、大勢として、1％程度となっている。

2009年12月18日
「理解」については、「消費者物価指数の前年比で2％以下のプラスの領域にあり、委員の大勢は1％程度を中心と考えている。

2010年4月30日
同上

2011年4月28日
「消費者物価指数の前年比で2％以下のプラスの領域にあり、中心は1％程度である。

2012年2月14日
「中長期的な物価安定の目途」は、日本銀行として、中長期的に持続可能な物価の安定と整合的と判断する物価上昇率を示したものである。この「中長期的な物価安定の目途」について、日本銀行は、消費者物価の前年比上昇率で2％以下のプラスの領域にあると判断しており、当面は1％を目途とすることとした。

2013年1月22日
日本銀行は、今後、日本経済の競争力と成長力の強化に向けた幅広い主体の取り組みの進展に伴い、持続可能な物価の安定と整合的な物価上昇率が高まっていくと認識している。この認識に立って、日本銀行は、物価安定の目標を消費者物価の前年比上昇率で2％とする。

出所：日本銀行ホームページより著者作成

ＭＣも各メンバーの長期的なインフレ率をそれぞれ出すようになった。

なお、この物価安定についての数値化については、２０１２年２月14日に中長期的な物価安定の目途を導入したときに組織決定された。この組織決定については、ＦＯＭＣが12年1月にインフレ率の長期のゴールを2％と組織決定したため、先を越された感が政策委員にあったのではないかと推測する。というのは、私が退任してすぐの4月の展望レポートで、理解の「中心は1％である」と変更され、「大勢として」と「委員」という言葉もなくなっていたので、12年4月の展望レポートでの定例見直しの時期に、組織決定に変更するのではないかと考えていたからである。1月は展望レポートの中間評価の月であるので、やれることはできるだけ前倒しでということであれば、そこでできなくもなかったということなのだろうが、運悪く、1月のFOMCの決定を受けてあわてて導入したというかたちになってしまった。

また、中長期的な物価安定の理解の数値が低かった元政策委員としても、この際ゴールを導入するのであれば、長期ということでFOMCと同じにすることはできなかったのだろうかという感想も抱いたが、なかなか2％実現へのパスが描けない中では、難しかったということだろう。実際、2013年の1月に2％の物価安定目標を設定したが、審議委員2人が反対している。もしそれまでのように全会一致で数値を考えていくというスタンスを維持していたら、2％の設定はできなかったのかもしれない。重要な課題であるが、多数決で決めたというところに、日銀が厳しい環境に置かれていたことが表れているのかもしれない。

(4) 当面の金融政策運営の考え方

次に、金融政策運営の考え方についてであるが、量的緩和政策解除前から利上げ局面における先行きの金融政策についての考え方は表9-3のとおりである。量的緩和解除から利上げに向けて、「余裕をもって対応」とか「徐々に金利調整」とあるように、時間をかけてゆっくり調整していくとの方針を早くから示し、急な金利上昇が織り込まれないように心掛けた。条件が満たされれば量的緩和政策から早めに一歩出て、そのあとゆっくり対応すべきと私自身は考えていたが、そのような私のスタ

表９－３　先行きの金融政策についての考え方：量的緩和政策から利上げ局面

（2004年10月展望レポート）

2005年度内に現在の金融政策の枠組みを変更する時期を迎えるか否かは明らかではない。今後の金融政策運営については、…余裕をもって対応を進められる可能性が高い。


（2005年４月展望レポート）

今回の展望レポートが対象とする期間において、量的緩和政策の枠組みを変更する時期を迎えるか否かは明らかではないが、…2006年度にかけてその可能性は徐々に高まっていく。枠組みの変更やその後の金融政策運営については、…余裕をもって対応を進められる可能性が高い。


（2005年10月展望レポート）

現在の金融政策の枠組みを変更する可能性は、2006年度にかけて高まっていく。枠組みの変更は、日本銀行当座預金残高を所要準備の水準に向けて削減し、金融市場調節の主たる操作目標を日本銀行当座預金残高から短期金利に変更することを意味する。…枠組み変更後のプロセスを概念的に整理すると、極めて低い短期金利の水準を経て、次第に経済・物価情勢に見合った金利水準に調整していくという順序をたどることになる。

こうした枠組みの変更やその後の短期金利の水準・時間的経路については、…全体として、余裕をもって対応を進められる可能性が高い。


（2006年４月展望レポート）

先行きの金融政策の運営方針については、…現時点では、無担保コールレートをおおむねゼロ％とする期間の後も、極めて低い金利水準による緩和的な金融環境が当面維持される可能性が高い。そうしたプロセスを経ながら、経済・物価情勢の変化に応じて、徐々に金利水準の調整を行うことになると考えられる。


（2006年10月展望レポート）

先行きの金融政策の運営方針については、…極めて低い金利水準による緩和的な金融環境を当面維持しながら、経済・物価情勢の変化に応じて、徐々に金利水準の調整を行うことになる。


（2007年４月展望レポート）

今後の金融政策運営においても、…経済・物価情勢の改善の度合いに応じたペースで、徐々に金利水準の調整を行うことになる。

出所：日本銀行展望レポートから著者作成

ンスに合った言い方であった。

2008年秋にリーマン・ブラザーズが破綻した後、日銀は「米国金融機関を巡る情勢とその影響を注視し」、「円滑な資金決済と金融市場の安定確保に努めていく方針」との総裁談話を公表し、資金供給を大量に行った。金融政策は緩和方向に舵が切られたが、当面の金融政策についての考え方は、中央銀行として最大限の貢献、きわめて緩和的な金融環境を維持、強力な金融緩和の推進、中央銀行としての（最大限の）貢献を粘り強く続けていく、間断なく（緩和を）推進する、適時・適切に政策対応など様々な言い方で強力な緩和姿勢を伝えようと努めた。また、欧州債務問題をめぐる懸念などから、海外金融資本市場が神経質な動きをしていたときには、金融システムの安定確保に万全を期していくことも付け加えた。

(5) 時間軸の明確化

このような金融政策についての考え方を示すことを通じて、かなりの期間実質ゼロ金利が続くという政策見通しを市場と共有できているとみていたが、それは必ずしも明確ではなかったので、2010年10月5日の包括的な金融緩和政策の導入とともに、時間軸の明確化を行った（第6章参照）。

ここで強化ではなく明確化といったのは、想定していた時間軸をできるだけシンプルな言葉で表したということであった。その後、2012年2月の物価安定の目途の導入と同時に、1％が「見通せるようになるまで」と時間軸政策が強化された。また、それまでは実質的なゼロ金利についてのみのコミットメントだったが、「金融資産の買入れ等の措置」も加えられた。最終的に物価安定目標が導入されることになるのだが、このように次第に物価の安定という目標の実現を重視する姿勢を示すと

表9－4　金融政策の先行きについての考え方：時間軸の明確化

(2010年10月5日包括的な金融緩和政策の導入時) 日本銀行は、『中長期的な物価安定の理解』に基づき、物価の安定が展望できる情勢になったと判断するまで、実質ゼロ金利政策を継続していく方針である。ただし、金融面での不均衡の蓄積を含めたリスク要因を点検し、問題が生じていないことを条件とする (2012年2月14日中長期的な物価安定の目途（ゴール）の導入時) 当面の『中長期的な物価安定の目途』である消費者物価の前年比上昇率1％を目指して、それが見通せるようになるまで、実質的なゼロ金利政策と金融資産の買入れ等の措置により、強力に金融緩和を推進していく。ただし、金融面での不均衡の蓄積を含めたリスク要因を点検し、経済の持続的な成長を確保する観点から、問題が生じていないことを条件とする。 (2013年1月22日物価安定目標の導入時) 物価安定の目標のもと、金融緩和を推進し、これをできるだけ早期に実現することを目指す。 物価安定の目標の実現を目指し、実質的なゼロ金利政策と金融資産の買入れ等の措置を、それぞれ必要と判断される時点まで継続することを通じて、強力に金融緩和を推進する。金融緩和の推進に当たっては、…金融面での不均衡の蓄積を含めたリスク要因を点検し、経済の持続的な成長を確保する観点から、問題が生じていないかどうかを確認していく。 (2013年4月4日量的・質的金融緩和政策導入時) 日本銀行は、消費者物価の前年比上昇率2％の「物価安定の目標」を、2年程度の期間を念頭に置いて、できるだけ早期に実現する 2％の「物価安定の目標」の実現を目指し、これを安定的に持続するために必要な時点まで、「量的・質的金融緩和」を継続する。その際、経済・物価情勢について上下双方向のリスク要因を点検し、必要な調整を行う。

出所：日本銀行ホームページより著者作成

ともに、それに伴うリスクである金融不均衡の蓄積（バブル）への目配りの必要性をも指摘するという、シンプルなかたちで情報発信するようになっていった（表9－4参照）。

ただ、時間軸については2％の物価目標の設置とともに、「必要と判断される時点まで」、あるいは「必要な時点まで」という曖昧な表現となり、不透明感が漂う。2年程度で2％の物価安定目標実現を目指すというものの、不確実性が高い中、日本銀行と市場の物価見通しに1％近く乖離がみられるため、そもそも物価安定目標に到達する時期に大きなギャップがあること、「安定的に持続するために必要な時点まで」という記述が時間的に明確ではないことがあって、現時点では、時間軸という意味では明確ではない。グローバルな金融緩和が継続する中、今後ますます注意が必要な金融不均衡の蓄積の問題も考えると、なおさらである。

このように、物価の安定そのものには変化がみられ、物価の安定到達までの時間的なパスに不透明感が強いが、2006年3月に新たな金融政策運営の枠組みが導入されてから今日まで、メインの見通しとその上振れ・下振れ要因を考え、マクロ・プルーデンスの視点も重視し、金融政策を行うという枠組みは今日まで変わっていない。

3　非伝統的な政策の発信の難しさ

さて、グローバルにみて需給ギャップがなかなか埋まらず、インフレ率も低位にあり、財政出動も難しい中、おのずと負担は金融政策にかかってきた。主要先進国・地域はほぼゼロ金利制約に陥っており、追加緩和を考えるなら、金融資産の購入増か、中銀マネーの供給増か、あるいは時間軸効果の強化のどれか、ないしは合わせ技の採用ということになろう。

このうち、資産買入れについては、バーナンキ議長がロンドンでの講演（2009a）で指摘したように、中央銀行のバランスシートの資産サイドを利用して緩和効果の浸透を図る際には、コミュニケーションへの配慮がきわめて重要になる。バーナンキ議長は資産サイドを利用する政策アプローチを信用緩和（credit easing）と呼んだが、負債サイドを利用する量的緩和（quantitative easing）との違いは、政策スタンスを一つの数字に要約することが困難な点であり、中央銀行としてコミュニケーション上の重要な挑戦だと指摘している。また、金融緩和の度合いや目標を表すターゲットが示せないため、バランスシートの利用状況、先行きの利用計画、判断基準を可能な限り開示するとコミットしている、とも述べている。

マネーサプライのようなシンプルな指標が金融緩和度合いを表し、またその動きが経済物価の動きに対して先行指標となり、かつ両者に安定的な関係があるのであれば、国民との対話はそれを通して、より簡潔にできる。しかし、今日ではその関係が安定的ではなくなっているため、そのようなシンプルな指標で国民と対話をすることは難しくなっている。

マネーは情報変数としての位置づけだ。バーナンキは、前述したように、金融政策のガイドとしてマネーを重視しすぎるのは米国においては賢明でない（unwise）とした。2009年2月にはバランスシートとインフレについて、準備預金そしてマネタリーベースが積上がっているだけで、当面インフレ率は低いだろうと述べている。⑤

日銀のバランスシートの大きさと金融緩和との関係については、まず、①日本では財政や銀行券の受払いなど当座預金を変動させる要因の振れが大きいため、政策金利を適切に目標水準に誘導するためには、比較的大きな短期資金を資金需給に応じて機動的に調節することが必要であり、平時でもバランスシートは大きくならざるを得ない面があること、②市場機能不全で資産買取りなど中央銀行の肩代わりによって生じたバランスシート拡大については、機能回復によるプレミアムの低下に伴い民間に取引が戻っていくことになると、残高減少がプレミアム低下による金融緩和を示唆すること、③

超過準備付利もあって、たとえ膨大な超過準備が存在していても、貸出しの増加やレバレッジの拡大にはつながるとは限らないということがある。

一方、景気が回復し、付利金利よりも高い収益機会が他に期待できるようになったときに大量の超過準備が残っている場合には、景気やインフレに大きな影響が出てくることが想定され、コントロールが難しくなる。したがって量一つとっても説明は簡単ではない。

もっと大きな問題は、資産買入れや量的緩和政策の効果が明確でないことである。第6章で資産買入れの効果に関して、長期金利への影響について実証分析結果を示したが、長期金利低下効果はあったものの、それが経済や物価に与えた効果はあまりみられないというものであった。米国で最も効果があったのは最初のLSAP（資産購入政策）であり、金融市場が機能不全に陥った中で、最後のマーケットメーカーとして登場したときであった。その後のいわゆるQE2、QE3については、効果が次第に減衰しているともいわれている。それは大量の資産購入をしても物価目標や雇用の最大化目標になかなか到達していないことからもうかがえる。

このように、金融政策のトランスミッション・メカニズムが明確でない場合には、期待に働きかけて金融政策の効果を高めることができるとは言い難い。日本銀行が量的緩和政策の効果があまりないと言いつつ量的緩和を強めていたことに対して、効果を削ぐと、しばしば批判がなされた。しかし私自身は効果があるかもしれないから試すというスタンスであって、効果が確認されていない中では、効果があると言いきることもできなかった[6]。いずれにしても、国民が納得するようなトランスミッション・メカニズムがない中では、資産購入についての情報発信如何でその効果が大きく異なるということではないと思われる。

図9－1　テイラー・ルール、バランスアプローチと最適ルール

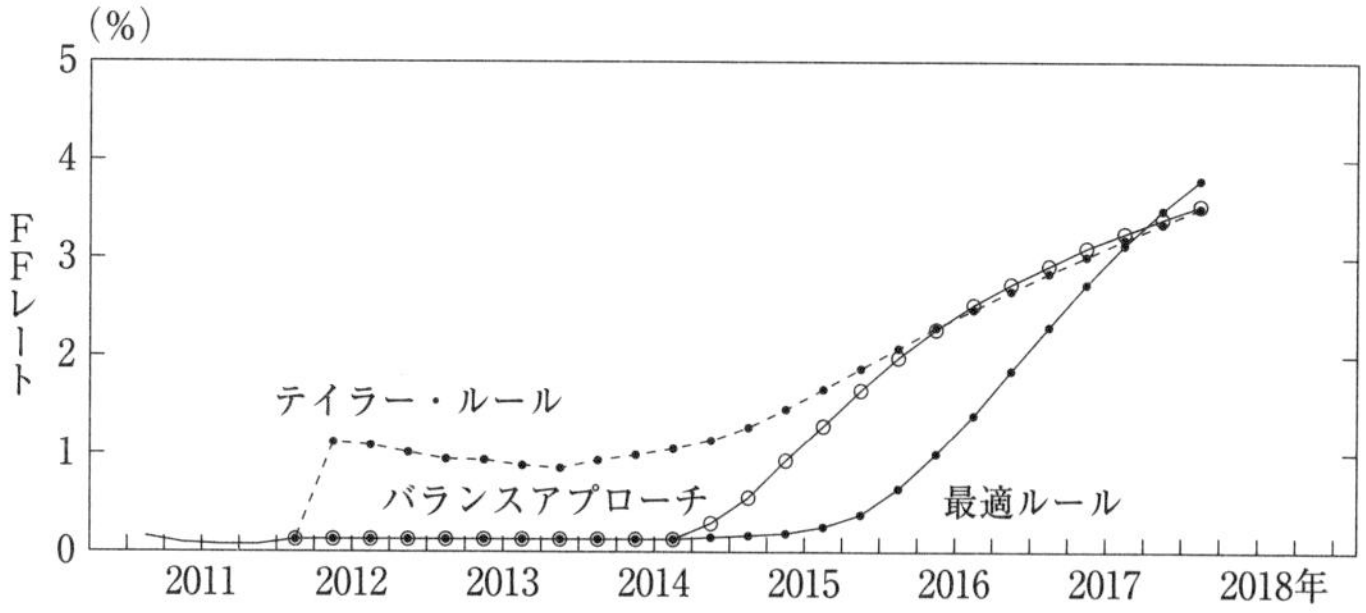

図9－2　代替的な政策のもとでの経済見通し

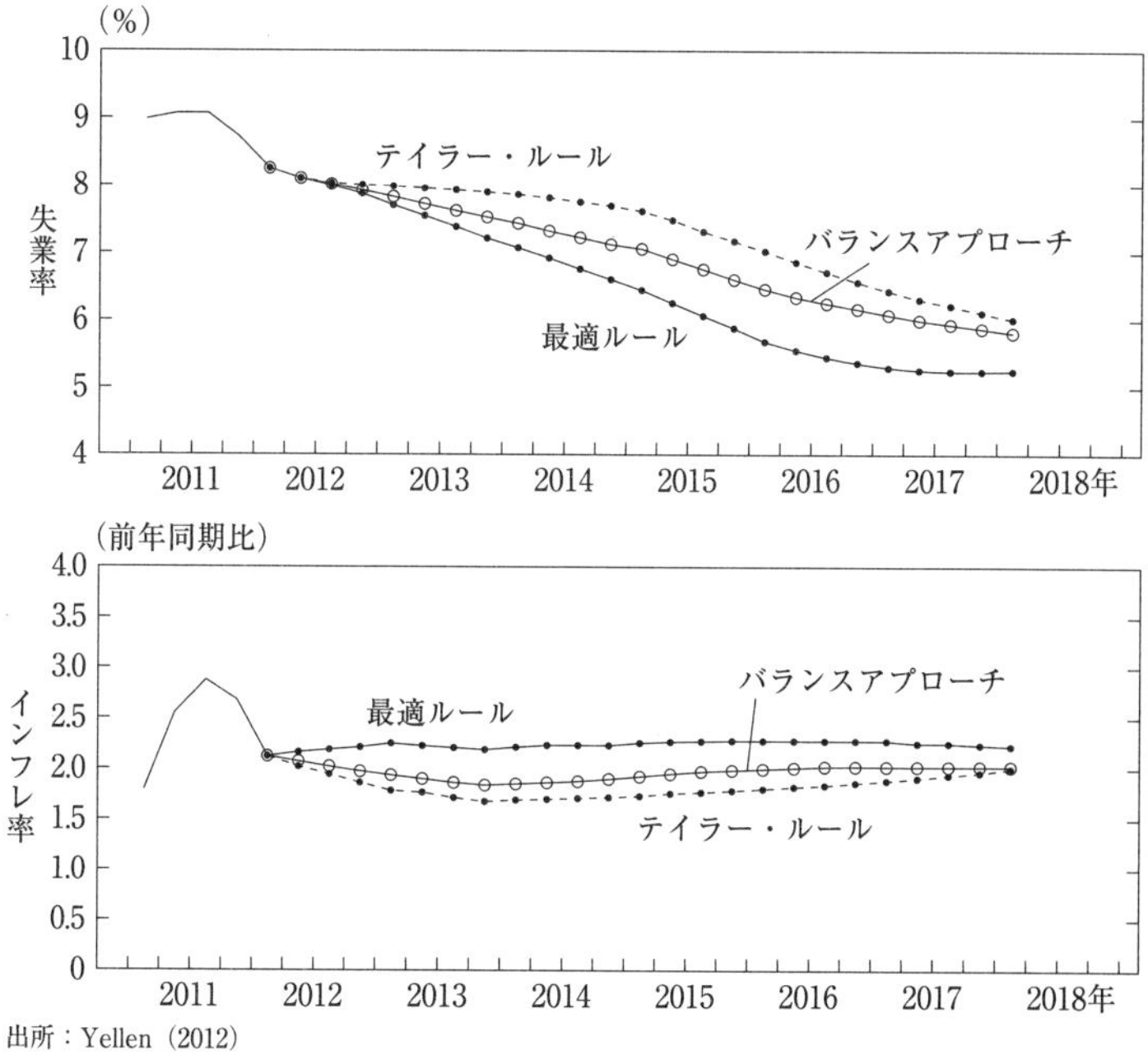

出所：Yellen (2012)

非伝統的な政策の国民への情報発信の難しさを実感したのは、実はわずかであるが金利のある世界に戻ったときであった。金利を上げてくれ下げてくれという議論はわかりやすく、金融政策についての国民との対話が非常にやりやすかったことを覚えている。波及メカニズムが明解だからである。

金融危機の経験を経て、金融政策は万能薬ではないとの見方が中央銀行関係者の間で共有されつつあるが、非伝統的な金融政策を用いても、目標達成までに時間がかかることを国民に納得してもらうことは簡単ではない。このような場合、アグレッシブな政策を求める声が大きくなる。実際、米国においてもイエレンが示した図（本章では図9－1および図9－2）にあるように、失業率が長期的な水準に到達するには非常に時間がかかり、クルーグマンなどからもっと緩和政策をとるべきとの批判が出てきた（第10章参照）。しかし、そのような政策をとった場合に、効果は不透明であるか出口が非常に難しくなること、より長い目でみると、経済物価の変動が大きくなる可能性が高いことについて十分説明できていない。

まだ緩和を強める方向にある日本では、そのような政策コストについて当事者が指摘を行うと、本気でデフレ克服をやる気があるのかとの批判を浴びることになり、かえって人々の期待を下げることにもなりかねず、そのような指摘をしづらい「空気」が漂っている。しかし、信認・安心感を国民に与えるには、遠い将来の話であるとの認識がある間にしっかりと出口についても議論をして、技術的な出口戦略について市場と共有しておくことが何よりも必要だ。

いずれにせよ、政策についての市場との対話が難しくなり、追加緩和の理由として政府や政治の圧力や円高・株安が持ち出されるような状況は望ましくない。過大な期待を生じさせずに、目的達成に向けての金融政策のスタンスをどう正確に伝えられるか、まだまだ試行錯誤が続くことになろう。

４　金融政策のガイド：時間軸効果

(1) 当面の金融政策のガイド：言葉による誘導

不確実性が高い中にあって、どのような政策の枠組みを採用しても、政策運営において裁量的な部分がかなりあるので、当面の政策の予測がしやすいように、各国は様々な工夫をしている。ＦＯＭＣやＥＣＢでは金融引締めを示唆する言葉を議事要旨や記者会見で出すことによって、政策変更を予測しやすくしようと試みてきた（表９－５）。

日本銀行でも記者会見や議事要旨は重要な情報発信手段であるが、それを使って当面の政策変更時期を直接示唆するような方法はとってこなかった。「新たな金融政策運営の枠組み」のもとで、金融政策についての基本的な考え方や経済・物価情勢全般についての対話から、市場の自律的な予想形成を促しながら、一緒に利上げ時期を見出していくという戦略を採用していた。後に、利上げをめぐってかなり混乱がみられたことを指摘するが、情報発信力を高める努力を続けても、このような織込み方法では政策変更時期をピンポイントで見通せるものではない。

他方、金融政策を織込ませる上で、誰でも瞬間的にその意味を読み取れるような直接的な情報発信は、市場を一方向に大きく動かしかねないし、マーケットはみずから考えることを放棄しかねない。そうすると、経済指標の評価等による市場とのコミュニケーションを通じて、政策を考えていくことも難しくなる。また力づくで織込ませておいて、不測の事態で撤回するとか、具体的なアクションを

表9－5　欧米中銀の引締め時の情報発信例

FRB	2003年8月 ～ 2003年12月	FOMC公表文	「金融緩和はかなりの期間（for a considerable period）継続され得る」との表現を継続。
	2004年1月 ～ 2004年4月	FOMC公表文	「金融緩和を取り除くにあたり、辛抱強くいられる」に変更。同表現を4月まで継続。“it can be patient in removing its policy accommodation”
	2004年5月 〈2004年6月利上げ開始〉 ～ 2005年11月	FOMC公表文	「金融緩和はmeasured paceで取り除くことができる」に変更。“measured pace”との表現を、05年11月まで継続。“policy accommodation can be removed at a pace that is likely to be measured”
ECB	2005年10月	政策理事会後の記者会見	10月政策理事会から、理事会後の記者会見・導入発言において、インフレの上振れリスクに関して、“strong vigillance”（強く警戒している）という表現を使用。
	2005年11月	政策理事会後の記者会見	「2回連続して“strong vigillance”という表現を使用した。今回は利上げと現状維持の双方を検討した」と表明。
	〈2005年12月利上げ〉		
	2006年2月	政策理事会後の記者会見	理事会後の記者会見において、「“vigillance”（警戒）している」と発言。
	〈2006年3月利上げ〉		
	毎回実施月の前月	政策理事会後の記者会見	理事会後の記者会見において、「“strong vigillance”（強く警戒）している」と発言。
	〈2006年6、8、10、12月利上げ〉		

出所：須田（2007b）

起こさないとするならば、中央銀行としての信認を失うことにもなりかねない。

対話力を高める一つの方法は、リスクバランスについての情報発信だ。たとえばデフレ懸念を強めた2003年のFOMCの声明文におけるリスクバランスの説明ぶりをみると（第5章表5－2参照）、03年1月の会合までは、「物価の安定と持続的な経済成長という二つのゴールに関する、予見可能な将来の見通しについてのリスクはバランスしている」とあったが、3月会合では、イラク情勢の悪化で不透明感が高まり、リスクバランスについての記述を一度休止した。5月会合では、それをどのように復活させるのか、あるいはそのまま廃止にしてしまうのかが改めて議論され、その結果、二つの目標に関するリスクを別々に記述し、その後全体のリスクバランスについて記すという方法が採用され、「持続的な経済成長のリスクは、今後数四半期にわたってほぼバランスしている。これに対して、同じ期間のインフレリスクは、可能性は低いが、好ましからぬ大幅な低下となる可能性のほうが上振れる可能性よりも高い。まとめると、リスクバランスは、予見し得る将来において、弱含みの方向に傾斜している」とした。

このように、リスクを書き分けることにしたのは、統合したままの文章では、非常に低い確率でFOMCが想定しているインフレ率のさらなる低下を、経済成長とともに記述するのは難しい、との判断からであった。この5月のリスクバランスに関する表記の復活で、インフレが大きく下振れるリスクをFOMCが意識していることが伝わり、長期金利が低下するなど、市場は大きく反応した。なお、リスクについての総合的な判断は、12月には取りやめられた(7)。

市場や国民の意思決定におけるタイムスパンは、短期から長期まで様々だ。リスクバランスの微妙な変化に関する情報発信で、そうしたタイムスパンのズレを補うことが可能だと思う。たとえ中央銀行の中心的シナリオに変更がなくても、リスクバランスを微妙に変化させることによって、政策判断の変化の兆しを市場は読み取ることが可能になる。リスクバランスの微妙な変化を丹念に分析し、それを的確に情報発信していくことが、コミュニケーションの向上につながっていくものと考えている。

(2)　量的緩和政策におけるコミットメントについて

次に時間軸効果についてであるが、これは、もっと長い期間にわたって金融政策をガイドすることで期待される効果である。この問題を考えていく上では、日本の経験を評価軸にするとわかりやすいので、まずは日本の経験についてみておく。

量的緩和政策は2001年3月19日に導入されるとともに、それを「消費者物価指数（除く生鮮食品）の前年比上昇率が安定的に0％以上となるまで」継続することをコミットした。量的緩和政策は第4章で説明したように、ゼロ金利が実現されていたので、ゼロ金利継続のコミットメントでもあり、それは2006年3月9日まで続いた。

このコミットメントの「安定的に0％以上」ということが具体的に何を意味するか不明瞭であったので、出口が頭の片隅に置かれるようになったころである2003年10月に明確化することにした。それは、第5章表5－1にあるが、

① 直近公表の消費者物価指数（除く生鮮食品）前年比上昇率が、単月でゼロ％以上であり、数カ月均してみても同様。

② 展望レポートにおいて、政策委員の多くが、見通し期間において、消費者物価（除く生鮮食品）の前年比上昇率がゼロ％を超える見通しを有していることが必要。

――ただし、条件を満たしても、経済物価情勢によっては、量的緩和政策の継続が適当と判断する場合もある。

というものであった。

この時期の市場との対話については第5章で詳細に述べているが、決めたコミットメントを変更す

るつもりは、私にはまったくなかった。不確実性が増し、また、信認にかかわるからである。したがって、この条件を設定する上では、この条件があるがゆえに最適な金融政策パスに乗り遅れる可能性がどの程度あるかなど、様々な検討を行った。もちろん最適な金融政策は多様な考え方があるので、厳密な線引きをしたわけではないが、あまりにも長くゼロ金利を続けるコストを意識していたので、私は解除が遅れすぎるケースのほうを排除したいと思っていた。

物価は遅行指数なので、足許のインフレ率に条件を設定するとコミットメントは非常に明確になる一方、制約条件としてはきついものになる可能性があった。

ただ、物価と実体経済の動きが同方向の場合は二条件でよいが、そうでない可能性もあるので、結局は解除は総合判断によるとした。出口のための必要十分条件を出せれば出口の不透明性はなくなるが、それを決めることは困難だった。この二つの条件が満たされたからといって、それが自動的なトリガーになるわけではないということである。この但し書について、メディア等では第三条件という言い方がされていた。

出口が近づくにつれて、この第三条件は何なのか、それをより明確にしてくれとか、もう少しハードルを上げるべきといった議論も出てきたが、最初に決めたことに何も手を加えることはしなかった。コミットメントに手をつけると、いつ変更が起こってもおかしくなくなるからである。

実際は、足許の物価上昇率が0・5％程度になり、また需給ギャップもプラスになっていくことが見込まれ、指数改訂が8月に予定されていたので、それを考慮に入れても必要条件が満たされたと判断して、3月9日に量的緩和政策を解除した。もし、必要条件は満たすが、それでは解除できないということになると、解除をめぐって不透明となるので、実際のところ、出口を決めるときに必要条件と総合判断にギャップがなかったのは幸いであった。市場に混乱を起こすことなく出口をクリアできたのは、この点も大きかったと思っている。

また、ゼロ金利解除後の金利調整パスについても最初は余裕を持って対応できる、解除後は徐々に調整するというかたちで、金利の急上昇が起きないように、情報発信を行っていった。

コミットメントによる時間軸効果には、ビルトイン・スタビライザー機能が備わっていた。景気情勢が厳しくなるにつれて市場参加者は現在の金融緩和が持続する期間がどんどん長くなると期待するなどして時間軸効果が働き、金利が低下することになる。日本銀行のこの量的緩和政策のコミットメント――短期金利の将来経路に対するコミットメント――効果は、白塚・寺西・中島（2010）によると、民間部門の期待を、金融市場だけでなく、家計、企業においても前向きの方向に変化させたものの、物価や生産といった実体経済活動まで及ぶには至らなかったということであった。

(3) フォワード・ガイダンス

資産買入れの効果が減衰する一方でコストが上昇している中で、コミュニケーション・ポリシーはフォワード・ガイダンスにシフトしつつあるようだ。フォワード・ガイダンスという言葉は誰が使い始めたのかは定かではなく、また、定義も人それぞれである。フィラデルフィア地区連銀のプロッサー総裁（2013）は、「フォワード・ガイダンスとは将来の政策運営――政策金利、あるいは、より一般的に金融政策の蓋然性の高いパス――についてのコミュニケーション」であると、非常に幅広く定義している。

バーナンキ時代の米国のフォワード・ガイダンスは、「例外的に低い範囲のFF金利（0～0・2

5％）は、少なくとも、以下の条件下にあるのであれば適切であると、現時点では見込んでいる」というものであった。そしてその条件は、①失業率が6・5％を上回る状態にあって、②1年から2年先の間のインフレ率が2％を0・5％を超えて上回らないと予想され、③長期的なインフレ期待が引き続き十分にアンカーされている、の三つであった。

これを日本の場合と比較すると、必要条件を示している点は同じであるが、コミットメントではない点が大きく異なる。しかも日本では決めたコミットメントは最後まで維持したが、米国ではこのガイダンス（12年12月）の前に設定されたガイダンスは、例外的に低いFF金利が正当化されるのは「少なくとも13年央まで」（11年8月）というものから「少なくとも14年終わり頃まで」（12年1月）、「少なくとも15年央まで」（12年9月）と、期限が延長されていった。また、このコミットメントについても失業率を下げたほうがよいという分析が示されるなど[8]、コミットメントからはほど遠いものであることがわかる。したがって、フォワード・ガイダンスが持つ金利とリスクプレミアムを下げる効果は、日銀の場合ほどには強くないと想定される。

ただ、ゼロ金利が続く期間の求め方についていえば、日本銀行とFRBに共通点があると思う。FOMCの現在の閾値は、イエレン副議長（当時）が2012年4月、6月と示したテイラー・ルールや最適化ルールなどに基づき導かれたと考えられるからである。期限を区切ったガイダンスを出すことができたのも、このような分析が背後にあったからだと思われる。日銀においても前述のとおり、必要条件を具体化する際に、最適化政策のパスを参考にした。

図9－1、図9－2はイエレン副議長（当時）が12年6月に示したものであるが、最初に同様の図を示した4月の時点では、バランスアプローチに依存した説明をしていた。しかし6月には最適化政

策について重点的に説明しており、12年9月にゼロ金利期限が延長された主たる理由は、最適化政策のほうへＦＯＭＣの軸足がシフトしていったということではないかと思われる。これらの図によると、ゼロ金利が解除されるのは失業率が６％程度にみえるが、ＦＯＭＣでの合意や必要条件であることを考えると、６・５％という閾値がこのような分析を参考に導かれたとしても不思議ではない。

なお、しばしばフォワード・ガイダンスは低い金利を通常の場合よりも長く維持すると説明されることがあるが、最適化政策で考えている限り、それが最適な時間軸であって、望ましい時間以上にゼロ金利を維持するというインセンティブは、現在の各国のフォワード・ガイダンスにはない。イエレンの図（図９－１）からもわかるように、それはある基準たとえばテイラー・ルールに比べればゼロ金利を長く維持するということになるが、それはテイラー・ルールが最適な政策に一致していないからである。

ただ、これまでの説明は憶測であるが、フォワード・ガイダンスをこのようなモデル分析に依拠しすぎるのは避けるべきである。市場がＦＲＢのモデルに基づき行動するようになりかねないからである。問題は、モデルの現実経済の説明力が、構造変化や様々なショックがある中、思いのほか早く低下するかもしれないということである。実際、インフレ率についての米国の見通しは現実とはまったく異なっている。

国民にとっては、政策の先行きを見通す上で中央銀行の情勢判断を知ることは必要であり、中央銀行はそれをできるだけ明らかにすることが必要だ。ただし、みずからの情勢判断を中央銀行の判断にすべて任せてしまうと、中央銀行の発出する情報に過大に反応し、ノイズのインパクトが大きくなる可能性がある。(9) 情報獲得にはコストがかかるため、その可能性も否定できない。

いずれにせよ、時間軸効果はその期限が近づいてきたときに最も大きな効果を発揮する。また、ゼロ金利解除後、どのような金利パスを想定していくのか。イエレンの図（図9－1、図9－2）によると最適化政策の金利は他の政策ルールよりも高いところまで上がると図示されているが、出口後の金利形成への発信も高めていく必要があると思う。

またFOMCでは利上げについての必要条件と十分条件がかなり乖離することになるので、必要条件が満たされた後のコミュニケーション・ポリシーが難しくなる。バーナンキ（2013）は失業率の閾値を超えたら、雇用者数、労働参加率、就業率や離職率などその他の多くの指標が労働市場の健全性の総合判断に適切であると述べている。またFRBホームページFAQsには、2013年12月現在として、非常に緩和的な金融政策をどこまで維持するかを決定するに際して、労働市場のその他の指標、インフレ圧力、予想インフレ、そして金融の動向などを考慮するとある。実際には総合判断ということにならざるを得ないということだと思う。

5　委員会制度：ワンボイスか個々の説明責任か

(1)　委員会全体と個人の意見の折り合い

BOE（イングランド銀行）では、委員会メンバー間の対立が顕在化し、MPC（Monetary Policy Committee：金融政策委員会）の運営に関して問題が生じたこともあって、2000年に委員会の運営方法について、FRBのコーン局長（後のFRB副議長）に論評を委託した。その報告に対するＢＯＥ側の回答において、「提出されたレポート（コーン・レポート）全体を貫いている一つの重要な課題、つまり、委員会の決定についての集団的なメッセージを示す必要性と、委員会メンバーの個々の説明責任とに折り合いをつける問題に、簡単な答えはない」と述べている[10]。

ラインハートＦＲＢ元局長は「議長やその他の理事の公式の証言は、普通、ボードでレビューするため、そうした証言を除く政策担当者のスピーチは、その人の個人の意見を表している」ことを強調している[11]。

このように、個々の意見がばらばらに出ることは、意見の多様性という意味では評価できる面もあるが、「個々のメンバーからなる委員会の見解を説明する場合に、メンバー間の意見の相違を開示することが市場を混乱させ、害をもたらすかもしれない」という指摘もある[12]。それがノイズになる可能性があることは中島・服部（２０１０）の実証分析でも示されたとおりである。

各ボードメンバーは、金融経済情勢判断や政策の考え方が異なるが、それをどれだけ表に出すべきかについては、意思決定のあり方にもかかわってくる。議長のリーダーシップが強い場合や決定前に合意形成が図られる場合には、個人の考えを表に出す意味はあまりない。実際、合意形成が行われているとされていたＥＣＢでは、かつては個々のメンバーの発言はあまり報道されなかったが、多数決で決まったことが示唆されるようになると、誰が反対したかに関心が集まり、個々のメンバーの顔が見え始めてきた。つまり、各委員の多数決で政策が決定される場合には、個々のメンバーが何を考えているかを市場は知りたくなる。

他方で中島・服部（２０１０）で示されたように、コミットメントが強く個々のメンバーの発言によって金融政策の見通しが変化しないというのなら、安心して個々の意見を発言できるということもあるかもしれない。もちろん発信内容や相手にもよる。啓蒙が目的の場合には、個人の意見よりも委員会としての見方を説明することが大事である。他方、市場やメディアには委員会の意見のみを言っても何の情報にもならない。

(2) 全会一致か投票か

政策委員会はすべて多数決で議決することになっているが、ものによっては全会一致のほうが望ましいとされ、少数意見が尊重された。実際、基本的な重要事項については全会一致を前提に議論を進めていたように思う。その代表例が、物価安定の数値化、声明文、展望レポートの中心的見通しなどであった。

これらについてはできるだけ合意しようということで、意見を戦わせながら着地点を探っていった。その分表現が曖昧になる面もあった。できるだけシナリオで合意し、違いをリスクに落としていくというかたちで、調整をしながら頭を整理していくのが常であった。

皆がばらばらの経済物価見通しを持っていて、それをもとに政策について語ると、委員の考え方を全体的に位置づけることが難しくなり、情報発信がノイズとなりかねない。中心的見通しという共通項があるからこそ、そこからの乖離に意味がある。

もっとも価値判断の部分はもともと合意形成が無理である。政策判断に関しては、本来は下振れ・上振れの確率だけでなくその評価も関係してくる。通常は簡単化のためにとりあえず確率で議論しているが、本来はその評価も含めて政策対応を考えていくことが必要になる。見通しと上振れ・下振れ要因が同じでも、政策提案は異なってくる可能性があるということだ。

(3) 審議委員としての説明責任

決定会合では、私はときには議長案に反対したり、議案を提出したりしたが、みずからの投票行動がいつでも説明できるようにと、いつもじっくりと考えた上で反対票を投じていた。反対したらそれは一回限りのことではない。もちろん多数決で決まったことは尊重し、次の会合からはそれを前提にまた考えていくことになるが、なぜ反対したか、その理由が生きている限り、その後も同様の提案に反対し続けることになる。

実際、金利に働きかける政策については効果が限定的である一方で、コストも大きいので、国債買入れや長めの資金供給オペの増額には反対し続けた。時間を通じた整合性を意識するので、将来の自分の行動も考えて現在の決断をしていた。10年後の議事録公開は意識せざるを得なかった。

政策決定においては、マーケットが見通しやすいようにする必要があるとの思いも強かった。たとえば2008年10月31日、政策の変更幅を20bp（ベーシスポイント、以下同）とするか25bpとするかで議論があった。たかが5bpの違いではあったが、様々な幅で変更されるようになると、変更時と変更幅の二つを決定しなければならないことが不透明性を高めるから25bpを主張した。

また、各会合では、その時どきの情報のもとで最適な意思決定がなされていると自負していた。したがって次の決定会合では、メインシナリオの下振れ、ないしは下振れリスクの高まりが政策の緩和方向へのシグナルとなる。リスクも含めて上振れ気味のときに追加緩和が行われると、その理由が説明できないし、次の政策変更が見通せなくなる。したがって、このようなときは議案に反対した。

(4) 政策委員会の一員として

このように10年間で反対意見を時どき出したが、基本的な姿勢はできることなら合意形成を、と考えていた。ボード全体としての共通認識を理解した上で、自分の見方がこの中にどう位置づけられるのか、どの程度外れているのかを考えていた。投票する場合にもボード全体としてみて反対が出ることの意味も同時に考えた。

政策委員会としての考え方も重視していると、政策委員の一人がやや極端な意見を公に出すと、それが委員会の総意と受け止められることを恐れて中立化したいとの思いにかられた。

政策委員会としてワンボイスで発信することは、政策委員としての顔が見えず、仕事ぶりもわからないということになるので、常に望ましいとはいえないだろう。ただ、たとえば量的緩和政策からのイグジット前後においては、ワンボイスが重要だと考えていた。大きな変化があったときには委員会全体で考えていることが、ある程度マーケットで消化されるまでは、なるべくあまり個人的な意見を言わないほうがよいと考えていた。そのほうが市場の理解が進むと考えていたからである。

(5) 合意形成から投票重視へ

ＥＣＢはかつては合意形成の中央銀行といわれていたが、政策理事会の参加人数が多くなり（現在24名）、全員の合意形成は難しくなっていると思われる。したがってＥＣＢの投票重視は自然の流れであるといえる。もちろん人数だけの問題ではない。メンバーのばらつきが大きいのであれば日銀でも全会一致は難しい。しかしできることなら全会一致が望まれていた展望レポートの経験では、だんだんページ数が増えていく過程で特にリスク要因を入れることについては要求が通りやすくなり、調整に時間と労力をかけることがなくなっていったように思う。その結果、合意のためにいざ調整をといったときに、わずかな調整をも受け入れてもらえなくなったとの印象がある。私が展望レポートに反対したのは最後の一回だった。

2013年10月の展望レポートに3人が反対したのは驚きであった。展望レポートの大勢見通しは、数値の最大・最小をひとつずつ除いた数値なので、中心的な見通しも7人が合意できるようなものにつくり上げられていると思っていた。反対がほとんどないのでその点ははっきりしないが、政策委員会が合意形成よりもBOE型、つまり個々を重視する方向に変わりつつあるのかもしれない。

その点からみると、リスクバランスは全員のものを単純平均しているとすると、出されている情報が、大勢見通し、リスクバランス、そして中心的な見通しとも母集団が別々ということになる。リスクバランスは一人、外れ値があると、全体が歪むことをもともと懸念していたが、情報発信としては展望レポートの明確化に向けてもっと改善の余地がありそうである。FRBのようなかたちで全員の見通しをプロットするとか、見通しの前提条件をもっと明らかにするとか、将来の金利パスについての情報も含めて、検討材料は多くありそうだ。

投票重視の姿勢へとのスタンスは、物価安定目標の導入時に感じたことでもあった。2013年1月の2%目標設定は、2人反対があったものの決定されたことは前に述べた。これについてまで多数決で決めることになったのは驚きであったので、追い込まれていた可能性を示唆したが、全体の流れからいえば、驚くべきことではなかったのかもしれない。

6　信認を失わないために——多様な人々にどう向き合うか

生活意識に関するアンケート調査によると、日銀の外部に対する説明は、「わかりやすい」は5％程度で、「わかりにくい」という答えが過半数である。また、日本銀行が消費者物価の前年比上昇率2％の「物価安定の目標」を掲げていることについては、2013年12月調査（括弧内は同9月調査）によると「知っている」との回答は29・4％（36・9％）「見聞きしたことなし」は38・9％（21・7％）であった。また、日本銀行が、「量的・質的金融緩和」を行っていることについては、「知っている」との回答は30・2％（29・4％）、「見聞きしたことなし」は30・9％（26・8％）であった[13]。このように金融についての理解がなかなか深まらない中で、コミュニケーションで国民に語りかけることは非常に難しい。金融教育がぜひとも必要との思いが、このアンケートを見るたびに強くなる。

以下では、実際にコミュニケーションの難しさに直面したいくつかのケースを取り上げておきたい。

(1)　市場・メディアとの対話：利上げをめぐって

2006年7月に金利のある世界に復帰して以降、12月会合、2007年1月会合と、決定会合のつど、利上げ実施をめぐる報道が過熱した。そしてその内容等によって、短期金融市場における利上げの織込み具合が大きく変動した。結果的には両会合とも現状維持となり、利上げは2月に実施されたが、市場との対話の難しさを思い知らされた。

２００６年12月に入り、政策委員の発言が利上げに前向きと受け止められると、年内利上げとの見方が強まり、政策金利の先行きについての市場の見方が測れるＯＩＳ市場は6割までそれを織り込むかたちとなった。その後、経済指標の下振れに反応することなく、年内利上げ観測はさらに7割まで織り込まれた後、「日銀幹部報道」で急速に利上げ観測が後退した。その後はよい指標にも市場はまったく反応しなかった。こうした事態は、市場の金利形成から得られるはずの貴重な情報を歪めるばかりでなく、「新たな金融政策運営の枠組み」で目指す市場との対話方法とは、かなりかけ離れたものであり、金融政策のクレディビリティを失うことにもつながりかねない。

日銀側も対話力を高める努力をする一方で、市場側も日本銀行からの情報発信について、ただヘッドラインに受動的に反応するのではなく、みずからの責任でその発信された情報を判断し、またじっかりと分析を深め織込み度合いを調整していく力を高めることも必要だ。

２００７年を迎え、新聞各社による観測記事によって、短期金融市場は前月にもまして右往左往した。一時はＯＩＳでは、1月の25bp利上げを8割方織り込んだ格好となった。しかし、その日の夕刻から翌朝にかけての利上げ見送り報道で、再び政策変更に対する市場の見方が急速に後退し、ＯＩＳでみた織込み方は3割程度にまで急落した。

このように政策変更が意識され始めると、マスコミによる報道合戦はエスカレートする。憶測記事が止むことはない。政策金利を読もうとする市場参加者にとっては、経済指標のみならず、政策当局に関する報道もきわめて重要な情報のひとつとなる。根拠の薄い観測記事によって市場が右往左往するのは、政策当局にとって非常に煩わしいことだし、金融政策を行う上でも非常に難しい舵取りを迫られることになるが、なかなか改善策がないのは残念なことである。

なお、私は1月に野田、水野委員とともに利上げを提案し否決されたが、2月には利上げが行われた。その違いは、中心的見通しの確信度合いであったとみているが、そうであるならば、国民にとって納得のいく説明は非常に難しい。大まかにこの時期に利上げをしたほうがよいという決断は下せるが、ピンポイントでこの月であると確信をもって断定できる場合のほうが少ないように思う。2月の利上げ後、ニューヨークやワシントンに出張してその説明を行ったが、なぜ1月でなくて2月なのだと詰め寄られたことを思い出す。

(2) 政府との意思疎通の重要性：デフレ問題

審議委員は直接政府関係者と議論する機会はあまりないが、決定会合という舞台が用意されている。政府関係者の発言を聞いて、ボードに求めていることを知るが、他方、政府関係者は会合でボードメンバーの議論を聞くことで、考えていることがわかる。直接質疑応答することもある。決定会合は政府との意思疎通の非常に大事な場である。

そうした中、私がもっと政府との意思疎通の必要性を感じたのが、２００９年11月から12月にかけて大きく取り上げられたデフレ問題であった（第2章参照）。

２００９年11月20日の決定会合では議事要旨にあるように、展望レポートで２０１１年度まで物価下落が続くとの見通しが示され、「デフレ」に関する議論が高まっていたため、決定会合でもデフレをめぐって議論が行われた。

会合では、デフレーション（以下、デフレ）は、物価下落だけでなく、景気の悪化や資産価格の低下にも用いられ、デフレということがマインドの低下をもたらしかねないということもあって、中央銀行がデフレという言葉を使うときには、細心の注意を払う必要があるとの見方を多くの委員が示した。

このような議論に対して内閣府の出席者は「デフレ的な状況に入りつつあるのではないかと思っている」と述べたが、当日の月例経済会議で「物価の動向を総合してみると、緩やかなデフレ状況にある」と、3年5カ月ぶりにデフレと認定した。

実際、政府による「デフレ宣言」は、メディアでデフレ・スパイラルの議論が盛んになされたこともあって、マインドを大きく悪化させた。２００９年11月25日にドバイ政府系企業が債務返済の繰り延べを要請し、グローバルな株価下落を引き起こしたドバイ・ショックもあったため、12月1日に臨時会合を開くことになり、新しい資金供給手段の導入を決めた。次の12月17～18日の決定会合では中長期的な物価安定の理解を明確化し、下限にはゼロを含んでいないことを示すとともに、デフレを望まない姿勢を示した。私は12月2日に山梨で金懇を控えていたので臨時会合後すぐに山梨に出かけたが、集まった有識者の関心は、白川総裁がいつ鳩山総理と会うのかということであった。

挨拶ではデフレについても語ることにした。当然国民は両者がいがみ合うことを望んでいない。臨時会合開催について、政府に屈服との声もあったが、それまでの決定会合で議論していたことが十分政府に伝わったのかが疑問であり、意思疎通不足は否めなかった。私自身、これまで持続的な物価下落を軽視していたわけではなく、当時はそれを単純に「デフレ」という言葉で置き換えることに消極的であったのは、当時はまだ資源価格の急落の影響が大きかったし、その言葉が一人歩きをして国民のマインドに悪影響を与えることのないよう配慮してのことであった。

デフレという言葉の使用をめぐって、「政府のデフレ宣言によって日銀もデフレを認めざるを得なくなった」とか、「政府の圧力に屈して政策対応を行った」というコメントがみられたが、こうした誤った見方を通じて日銀の独立性に対する疑念が高まれば、通貨に対する信認失墜につながりかねない。一方、日銀と政府との意思疎通に対する懸念が高まることも、国民のマインドに悪影響を及ぼす可能性がある。独立性を尊重した上での日常的な意思疎通が、信認維持に欠かせない。

(3) 多様な人々との対話の難しさ：2012年2月14日

金融・経済のプロフェッショナルから、普段そうした世界に接したことがない人々まで、日銀のコミュニケーションの相手となる人々は非常に幅広いため、情報発信についてはいろいろな工夫を凝らしながら、よりわかりやすく説明していく努力が必要であるのは言うまでもない。審議委員は年二回か、経済金融懇談会を行うために地方に出張するが、その際に準備する挨拶文を誰に向かって用意するか、実は悩ましいところがあった。地方の有識者の方々は主として金融政策よりも経済、特に地方経済について意見交換をしたいと思っており、他方、記者会見ではその後ろに市場関係者がいるので、それも意識しながら挨拶文を用意する必要があった。次第に相手に合わせて挨拶することができるようになったが、記者会見での質問の幅をみても、同じ場にいても同じように理解してもらうことは非常に難しいことであった。

日本銀行の説明は難しいので、どうもやっていることが伝わらない、したがって誤解を解くために明確化するということが先のデフレ問題への対応も含めて何度かあったが、対話は必ずしもうまくいってなかったのではないかと思う。明確化は明確化であって変更ではない。しかし、これまで誤解をしていた人の誤解が解けたとしたら、それは変化である。ところがその人たちにも日銀の方針は変わっていないと説明すると、また誤解の世界に引き戻すことになる。そういうやり取りが日銀の積極的な緩和姿勢が伝わらない理由の一つではなかったかと現在では思っている。そのように感じたのは私の退任後の2012年2月14日、中長期的な物価安定の目途の導入の時であった。

日本銀行は「金融緩和の強化について」を公表し、「当面、消費者物価の前年比上昇率1％を目指して、それが見通せるようになるまで、実質的なゼロ金利政策と金融資産の買入れ等の措置により、強力に金融緩和を推進していく」とした。目途の導入やそれを目指すとしたことなどから、日本銀行が変わったのでは、と市場関係者が受け取ったが、その後、当事者による変わっていないと受け取れる発言などによって、[14]その期待がはがれていった。なぜそのようなことが起こったのか。情報発信の観点から二つ理由を挙げておきたい。

一つは、世の中の情報格差が大きく、日本銀行の政策をよく理解していない人々に今回はわかりやすく説明したいということで、よりクリアな言い方をしたことが変化と受け止められた可能性である。もう一つは声明文と議事要旨とのギャップである。議事要旨では時間軸の表現見直しによる政策姿勢の明確化を、政策運営に関する情報発信のあり方の見直しとまとめていたが、それを含む当日の声明文のタイトルが金融緩和の強化であった。

情報発信のあり方という言い方であれば、政策の考え方まで変更を加えたわけではないことが、最初から伝わったであろう。白川総裁も政策姿勢の明確化を金融緩和の強化に含めていないことから[15]も、この議事要旨のとらえ方が正しいように思うので、声明文のタイトルが誤解を招くような書き方であったということである。このケースも、明確化であってもこれまで日銀の姿勢が消極的だと思っていた人にとっては変更であり、変わっていないというよりも、やっとわかってくれたのかというような対応ができれば、もう少し積極的な緩和姿勢が伝わったかもしれない。これは自分がやってきたことに対する反省の弁でもある。

7　先行きを見通す力の重要性

政策に対する信認を得る最短の近道は、経済物価情勢についての現状・先行き判断をできるだけ正しく行い、それをマーケットと共有することであるとみている。そのためには情報収集力、分析力、そして情報発信力が重要だ。

情報収集力については、日本や米欧経済物価情勢だけでなく、国際金融市場の展開、金融技術の発展、金融制度、新興国・資源国経済の動向に至るまで、幅広い分野にわたって、迅速に情報を収集することが必要である。先行きの判断が次第に重要視されるようになってきているので、マクロのデータだけでなくミクロやヒアリング情報、サーベイデータなどの質的情報も重要だ。将来のシナリオを確認するため、もちろん足元のデータも欠かせない。

分析力では、情報をその癖などを理解しノイズかどうか判断でき、かつ学界や中央銀行界、また市場などで行われている議論を踏まえて分析ができることが望ましい。現在の日本銀行においては、何よりも経済物価見通しの蓋然性について説得力をもって説明することである。納得感がないもとでは、政策についての発信は政策の有効性を高めることにつながらない。市場との認識ギャップを解消すべく努力が望まれる。

情報発信力では、コミュニケーションの相手は全国民であり、相手に合わせた発信が必要であるが、常に全国民を意識しておく必要がある。また、日本経済の抱える構造問題や政策運営の実態についての認識を国民と共有することも必要だ。メディア等では「空気」や情緒的で漠然とした議論が横行しがちである。海外の動向も踏まえた、地に足のついた議論が必要であり、そのための情報発信を地道に行っていく必要がある。

コミュニケーション・ポリシーは、それぞれの国の制度や市場の慣習、市場参加者の特性に合った方法があるはずだ。ブラインダー等（2008）は、「中央銀行のコミュニケーション・ポリシーにおいて、何がベストプラクティスであるかについてのコンセンサスは、いまだ出来上がっていない。実際、プラクティスはかなり多様であり、発展の途上である」と述べている。

金融政策運営の枠組みもこれで完成ということではない。物価安定目標、金融政策のガイダンスの部分、物価安定目標と金融政策との関わり、それから見通しの公表の内容など、これからも改善の努力が行われるだろう。不断に透明性の向上を図りながら政策に対する国民の信認を確保し、人々の中長期的なインフレ予想を安定化させるというのが金融政策の本質であり、それは時代や国を問わず、普遍的なものである。そのためにも対話力の強化が必要である。

［注］

（1）ＩＭＦによる「金融政策の透明性基準」は①中央銀行の役割・責任・目的に関する透明性、②金融政策決定、公表過程の公開、③金融政策に関する情報へのアクセス、④説明責任及び業務の適正性、から成るが、日本銀行は2002年8月16日にそれに基づいた自己評価を取りまとめ、公表している。須田（２００４ａ）、日本銀行『「金融政策の透明性基準」に関する日本銀行の公表』（２００2年8月16日）参照。

（2）鵜飼（２００６）によると、短中期を中心にイールド・カーブを押し下げる効果（時間軸効果）は、明確に確認された。同論文の図表5を参照。

（3）議事録が公開されていないイングランド銀行では、Bean（2001）によると、最初（金融政策担当の副総裁）と最後（総裁）を除いて、発言順はランダムとある。

（4）決定会合の議事要旨は、会合の日程に応じて、次回または次々回の会合で承認してきたが、今後は、次回会合で承認のうえ公表することに変更。

（5）Bernanke（2009c）を参照。

（6）浜田宏一イエール大学名誉教授は、「では、金融政策のチャンネルというのはどのくらい効くのかということをお話しします。新聞・雑誌に書くとインパクトがなくなるので、つい単純化してしまうんですが、きょうは本音のところで、いろんなところはわからないところがあるということです」と述べている。経済企画協会『ＥＳＰ』２００３年1月号71－72ページ。

（7）須田（２００９ｄ）を参照。

（8）English, López-Salido and Tetlow（2013）。なお、最適化行動をしている中央銀行は、過去の約束を破る可能性があるが（時間的不整合性の問題）、不確実性が高い中、その時どきで常に最適な政策を行っているとの評価がある限り、それが信認をなくすことにはならないだろう。

（9）Amato, Morris and Shin（2002）を参照。

（10）詳しくは、「コーン・レポート」（2000）と「コーン・レポートへの回答」（2000）を参照。

（11）Reinhart（2003）。Ferguson（2002）も参照。

（12）Amato, Morris and Shin（2002）を参照。

（13）「生活意識に関するアンケート調査」第55回、56回　13年9月、12月調査。第57回（14年3月）では、「物価安定の目標」や「量的・質的金融緩和」を「知っている」との回答は減っている。

（14）たとえば「今まで日本銀行の政策意図に関する情報発信が不十分であったため、日本銀行の政策意図が十分に伝わっていなかったことが、結果的にサプライズに繋がった一因であるように思われます。『目途』の導入は、まさにこの情報発信の問題を是正しようとすることが目的であった訳です」。西村（2012）参照。

（15）白川総裁（2012）は2月14日の対応を「日本銀行の政策姿勢をより明確化するとともに、金融緩和を一段と強化するため」と述べている。

第10章　政策運営をめぐる今後の課題——問われる政府との距離

物価安定のもとでの持続的な成長目標達成のために、金融政策は十分ではないとの発言が内外の金融政策担当者から出ている中、日銀は政府とどのようにかかわっていったらよいのかという悩ましい問題が生じている。目標達成には円安が必要との意見はよく聞かれるが、日本では、為替政策は政府が一元的に責任を持っている。とはいうものの、これまで金融政策が為替レートに振り回されてきた感があり、最初に為替レート政策を取り上げる。

次に、金融政策の目標達成に有効な政策だと唱えられている財政政策との協調（ヘリコプターマネー政策）を取り上げる。

最後にマクロ・プルーデンスの問題について検討する。プルーデンス政策は最終的には政府に責任があるが、金融危機後、マクロ・プルーデンス政策の重要度が高まり、欧米ではそれに関して中央銀行の役割が拡大しつつある。そこで今後まだまだ金融緩和政策が続く中、バブルの発生懸念は否定できず、今後より重要となると思われる金融政策とマクロ・プルーデンスとの関係を取り上げる。

1 為替レート政策

(1) 為替レート効果を通じた処方箋

日本がデフレから脱却できない中、海外の学者から、為替レートを用いた処方箋がいくつか出された。一人は当時大学教授であったバーナンキの提案（2000）であり、処方箋の一つとして、アグレッシブな外国為替市場介入により円相場を減価させることを提案した。マッカラム教授（2000）は、為替市場介入によって為替レートを操作し、インフレと生産の目標値からの乖離に応じて変化させる政策ルールを提案した。スヴェンソン（2001）は、(1)上昇トレンドを持つ物価水準目標経路を宣言、(2)定常状態よりも実質ベースで円安水準に為替レートをペッグ、(3)物価水準目標経路に到達した段階で、物価水準ターゲティング（ないしインフレーション・ターゲティング）に移行し、為替レート・ペッグを放棄すると宣言することを提案した。[1][2]

これらの政策については、介入政策が為替レートに有効かどうかという問題もあるが、そもそも論として為替政策は政府の所管事項であるのにこのような主張が日本の金融政策をめぐる議論の中でなされたのには違和感があった。

(2) 日銀による外債購入をめぐって

日銀のスタンスを明確に

政策手段としての外債購入については、日銀内でもかつて中原伸之審議委員の提案があった。中央銀行研究会ではそれは否定されたものの、できあがった法の解釈は必ずしも明確ではなく、また、財務省が認可すれば可能であるので、それについて検討しておくのが望ましいと考え、それを2001年11月16日の決定会合で披露した。

外貨とか外債を購入するというのを資金供給手段として行う場合は、他の資産、長期国債とか社債とか株式等と比較して次のようなメリットがあると思う。すなわち、第一に国債と異なりベースマネーとの代替性が低いために、当座預金を供給しやすいこと、第二に長期国債買切りオペ増額とちがって、財政規律をめぐる市場関係者の懸念を刺激するおそれがないこと、第三に株式や社債等を購入する場合と比較して中立性を確保しやすいこと、などである。

しかしながら、日銀が金融調節手段として、外貨および外債を購入するには、日銀の考え方を十分に固めなければならないことがいくつかあるというふうに思う。まず、金融調節手段を拡充するためということであるが、そもそも現在短期の円資金を供給する上で、外債の購入という手段を取らざるを得ないような状況なのかということである。

現在、短期の資金供給オペの応札倍率は比較的高い水準が続いているし、市場関係者が担保の制約を意識しなければならない状況でもないと思う。もっとも、この点に関して、将来札割れが頻発するような事態に、今から備えるべきということなのかもしれない。

しかし当面ということではなく、やや先を見て検討しようという場合であっても、なお直面する重要な論点があるように思う。それは、そもそも日銀による外債の購入というのが日銀法において認められるのかという点である。金融政策の目的は日銀法第2条にあるとおり、為替レートの安定を含めた通貨価値の安定ではなく、対内的な通貨価値である物価の安定とされている。これは日銀法改正をめぐり、中央銀行研究会とか金融制度調査会で非常に大きな議論となったテーマであるが、最終的には、為替レートの安定と物価の安定との間にコンフリクトが生じる可能性があるため、金融政策の目的を通貨価値の安定とするのではなく、物価の安定とし、為替レートの安定にかかる為替介入は政府が一元的に行う、という考え方に落ち着いたと理解している。

また、日銀法改正をめぐる政府および日銀の国会答弁も、こうした考え方を強調している。ちなみに、中央銀行研究会では、介入とは為替レートに影響を与えることを目的にして外貨を売買すること、と定義された上で議論が進んだ。私自身、当時は、大蔵省の方々が、日銀による外国為替の売買が、為替相場に与える影響を非常に強く懸念していたことを鮮明に記憶している。現在、財務省の認識が当時と大きく異なっているのか否かという点は非常に重要であり、かつ、大いに気がかりな点である。

いずれにしても、こうした日銀法改正等での議論等を踏まえると、日銀が金融調節の一環として外債を購入する場合には、為替レートに影響を与えない、少なくともその意図はないことが不可欠な要件になると思う。さらに、仮に財務相が日銀による外債購入を認めると仮定しても、金融政策は事実上、物価の安定ではなく為替レートを含めた通貨価値の安定を追求せざるを得なくなり、ひいては日銀法改正をめぐり、非常に大きな議論があったように、政策目標の相互矛盾という事態に直面するおそれがあるのではないかと思う。介入政策との関係も見逃せない。日銀法第40条において、日銀は国の事務の取扱者として外国為替の売買を行うことが規定されている。

ところで、今後の為替相場の動き次第では、政府が円買い外貨売り介入を行うことがまったく考えられないわけではない。その際、日本銀行は、金融調節のために外貨・外債を購入する一方、政府の事務取扱者として円買い・外貨売りを行うという事態に直面することになる。これは起こり得る事態である。したがって、このような場合に市場の混乱をどのようにして未然に防ぐのか、という点もあらかじめ詰める必要があると思う。

さらに、いったん金融調節のための外貨・外債購入と位置づけて始めるからには、少なくとも現行の金融市場調節方針を継続する間は、為替レートが想定以上に円安方向に進む場合であっても、淡々と外貨を購入し続けるという覚悟が必要であるように思う。なぜなら、円安が大幅に進行したことを理由として、外債購入を停止すれば、日銀は外債の購入が為替レートに影響を及ぼすこと、そしてそれを意図したものであることをみずから認めることになるからである。

最後に、日銀が外債を大量に購入する場合には、近隣諸国、および米ドル建てを念頭に置くとすれば、少なくとも米国の通貨当局の理解を十分に得る必要がある。その際には、やはり政府、特に財務省の協力が不可欠であるように思う。仮に政府が日銀による外債購入をサポートするにしても、政府が円安の進行を促すような施策はとらないか、あるいはそういうことをとるのが適当ではないという考え方を持っているとすれば、そのような協力は得られるわけではなく、そうした中で日銀が外債を大量に購入することが可能なのか、あるいは適当なのかという疑問がわいてくる。

こうした論点を煎じ詰めると、やはり現在の金融経済情勢のもとで、銀行券に対する信認を守りながら、金融政策だけで物価の下落を食い止めることは非常に難しいという点を改めて確認することになると思う。なお、私は、日銀による外貨ないし外債購入について、今回、非常に重要な問題を提起していただいたと思っている。その上で私なりにクリアしなければならないと思われる論点を改めて整理し、少し発言させていただいた次第である。いずれにしても、本件をめぐる議論が政府と日銀との間の新たな対立点などとマスコミに誤解されることが、厳にないように一段と注意深く取り扱う必要があるように思う。

これに対して、藤井財務省総括審議官（当時）は、以下のように述べている。

まだ私ども詳細に詰めているわけではないが、せっかくの折りであるから一言申上げたいと思う。日銀法第40条で「必要に応じ自ら日銀は外国為替の売買を行うこと」とあり、これを法律上は可能というふうに解釈をされていると思う。ただ一方で、「本邦通貨の外国為替相場の安定を目的とするものについては財務省が行うこと、日銀は財務省の指示に基づいて事務の取り扱いを行う」ということが同じく第40条の第2項に規定されている。そういうことから申上げると、円安を通じて物価の安定を図っていくこと、そのために行う外国為替の売買は、いわば第40条第2項の円安を通じて云々ということだろうから、外国為替相場の安定を目的とする外国為替の売買に当たるというふうに読むのが素直ではないだろうかと思う。したがって、そのようなことからいえば、その場合は、外国為替の安定ということでの国の事務取扱いをする者として行っているということが、日銀法の条文であり、あるいは今、藤原副総裁がおっしゃった中央銀行研究会報告の中でも、現在の国際金融システムのもとでは、外国為替の介入については政府が一元的に責任を持つべきであるということだったと思う。その経緯を考えると、指摘されているような点をクリアするためには、この法律上の観点から相当いろいろな面で問題があるというように考えている。(3)

難しい外債購入

金融調節の手段の選択肢として外債購入も可能なのではないかとの中央銀行研究会での私の主張は、実際に政策当局の一員となってみて、介入政策との棲み分けの問題を別にしても、そう簡単ではないという印象を持つ。外債を買っていれば円高による為替差損がもっと大きくなったし、円高が進展していたときに、日銀への圧力はもっと大きくなったと思われるからだ。もっとも、為替レートの問題は政府の専管事項だからといって、日銀はこの問題から解放されたわけではない。

実際、円高になると緩和期待が政府・市場・企業から日銀にかかり続けた。表面的にはそれに応えたようにみえるかたちで金融緩和が行われたことがあることは否めない。日本には円高恐怖症があって、円高によるマインド悪化がもたらす下振れリスクや物価への影響などを考慮に入れた対応であったが、市場は円高が金融政策を動かす重要な要因の一つとみていた。

為替レートへの積極的な働きかけは、現在の国際金融システムの中では、大国はできない。先進主要国の市場介入に対する目線は厳しい。

財務省は2003年1月から04年3月16日まで、35兆円あまりのドル買い円売り市場介入（ユーロもわずかな買い介入）を行った。それはデフレ克服のためという大義名分を掲げての持続的で大量の介入であった。このような介入に対して04年3月2日、グリーンスパンＦＲＢ議長は講演（２００４ａ）で、この介入が為替レートに影響を与えたがその効果の程度については判断が難しいとするとともに、どこかで介入は弱め、そしてやめるべきだとした。デフレ状況は緩和されているので、介入の継続は問題だとし、「現在のレベルでの介入の継続はもはや日本の金融政策のニーズに合わないところに近づいている」と述べた。介入は3月16日に終了した。バーナンキもＦＲＢ理事になって日本で講演（２００３ｃ）したときには、日本に対する処方箋から為替介入政策が除かれていた。

２０１２年末以降、デフレ円高不況から脱却するため、大胆な金融緩和政策を求める安倍政権に対して、13年1月24日のダボス会議でドイツのメルケル首相が「為替操作への問題意識は高まっており、日本に対して懸念を持って見ている」と発言したと報じられるなど、様々な機会に多くの政府・中央銀行関係者から懸念が示された。2月12日のＧ７財務大臣・中央銀行総裁会合では緊急共同声明が出され、「為替レートは市場において決定されるべきこと、そして為替市場における行動に関して緊密に協議すべきことを再確認する。われわれは、われわれの財政・金融政策が、国内の手段を用いてそれぞれの国内目的を達成することに向けられてきていること、今後もそうしていくこと、そしてわれわれは為替レートを目標にはしないことを再確認する」とした。

金融政策に為替レート対策としての圧力がかかり続けると、過去の失敗の二の舞になる可能性も否めない。日銀はかつて次の声明を出した。

「日本銀行は、為替相場そのものを金融政策の目的とはしていません。金融政策運営を為替相場のコントロールということに直接結び付けると、誤った政策判断につながるリスクが高いことは、バブル期の政策運営から得られる貴重な教訓になっています(4)」

(3)　為替レートの決定要因

為替レートの決定と介入

為替レートと金利の間には、一般的に

自国名目金利＝外国名目金利＋予想為替レート変化率＋リスクプレミアム　(1)

が成立する。内外資産の金利（より正確には予想収益率）はリスクプレミアム分を修正すると一致するということだ。ここで簡単化のために、予想為替レート変化率を均衡値に回帰していくと想定し、

予想為替レート変化率＝α（予想均衡為替レート－現在の為替レート）　(2)

と表すと、この二つの式から現在の為替レートが内外金利、予想均衡為替レート、リスクプレミアムによって影響を受けることがわかる。先行き円高予想がある場合には、この予想為替レート変化率はマイナスの値となる。リスクプレミアムは為替レートの変動（ボラティリティ）やリスク回避度の程度（リスクオンオフ）と、民間各資産保有残高によって影響を受けると考えられる。また、経常収支黒字は民間の対外資産残高を増やすのでドル安・円高要因となる。

これらから介入政策の効果をみておくと、ドル買い介入は、民間保有のドル資産を減らし、円建て資産を増やす。より稀少となった資産の価格が上昇するので、ドル高円安となる。ただ、民間部門のドル建て資産、円建て資産が大量にある中で、果たして市場介入がどの程度その残高比に影響を与えることができるのか、そもそもその効果は無視できる程度であろう、というのが私の評価である。

また、為替当局（中央銀行も含む）がドル資産と交換するのが中銀マネーか短期国債かが、不胎化介入か非不胎化介入かの効果の違いとなる。為替当局はドルを買う資金をまずは短期国債の日銀引受で調達しており、ドル買い介入は中銀マネーとの交換となる。しかし、基本的には期限が来れば償還され、介入当局は新たに市場で短期国債を発行して資金をつなぐことになっている。したがって介入の結果は一定期間後に不胎化することが原則である。

金融緩和が強化され中銀マネーと短期国債が完全代替に近づけば、民間部門はどちらで円建て資産を保有しても大した違いはないと考えるだろう。流動性を市場に供給する場合の為替レート効果が高いということであれば、そもそも介入ではなく量的緩和政策で中央銀行と民間で短期国債と流動性を交換することで、為替レートに影響が出ていたはずである。そのような観点からソロス・チャートを見てみると、量を増やし始めた数年は図10－1のような状況であった。

量的金融緩和を始めた時期に、日米のマネタリーベースの比率と円・ドルレートとの間には、マーケット関係者から高い相関関係があると言われていた。しかしながら、2002年から03年にかけて為替は決して円安方向には振れていない。中長期的な金融政策についての期待が為替レートに組込まれているとの判断から、時期によってはマネタリーベースの動きでうまく説明できることもあるであろうが、為替レート決定要因がいろいろとある中で、一部資産のみを取り上げ、その比較で為替レートを説明するのは無理がある。

介入の不胎化に伴う日本銀行批判が最初に出てきたときには、外からこの議論をみていたが、介入非不胎化論が再度登場したときには、私は審議委員になっていた。量的緩和政策を採用していて流動性が政策目標となっていたときであった。不胎化しようがすまいが、短期国債と中銀マネーの代替性

図10－1　ソロス・チャート（日米）

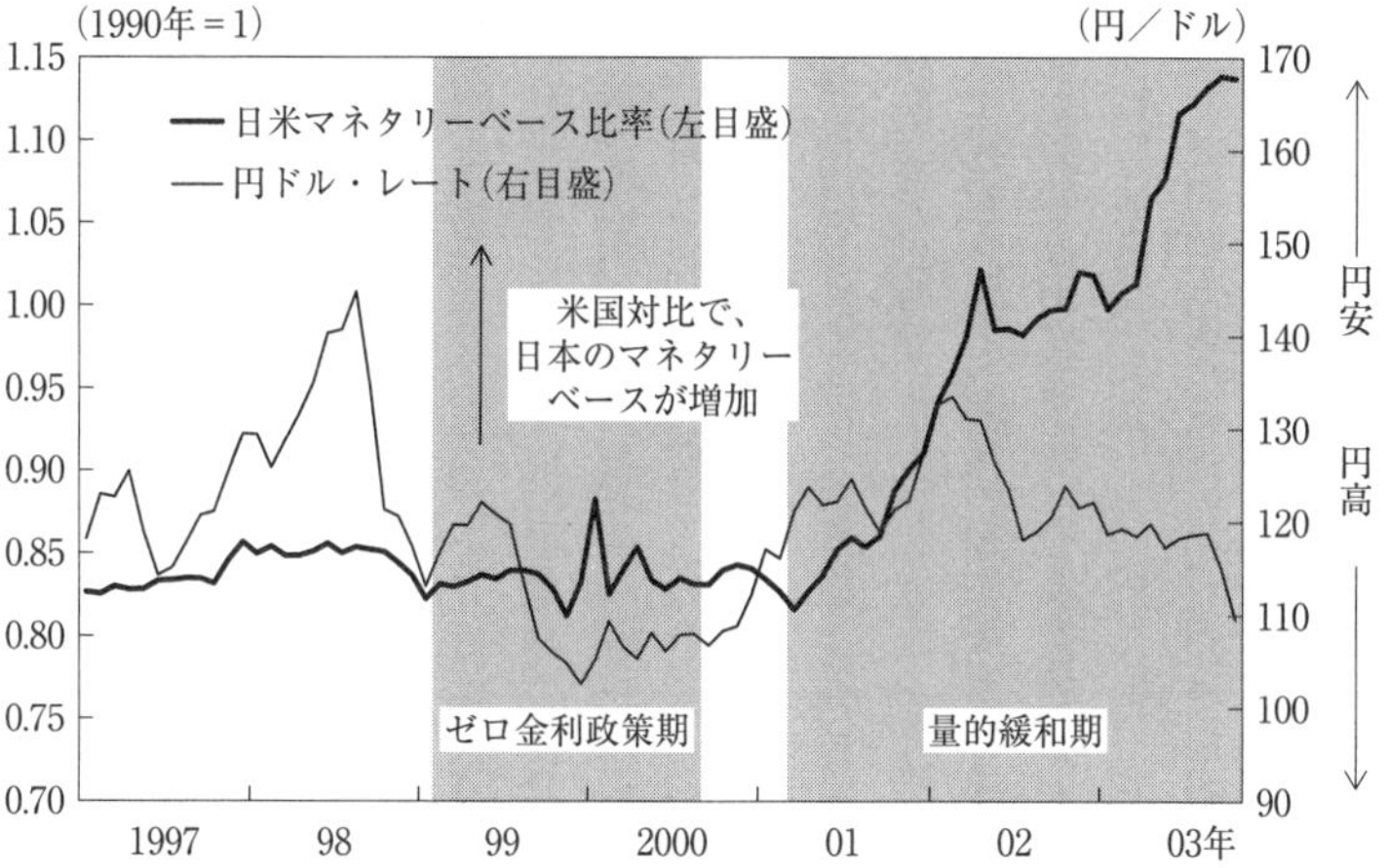

注：日米マネタリーベース比率＝日本のマネタリーベース／米国のマネタリーベース。
出所：須田（2003b）

が強く、かつ全体の流動性供給量は同じであるので、この議論の不毛さを感じていた。

たしかに、スヴェンソン（2001）も指摘しているように、不胎化介入は効果がほとんどないというのが介入の評価であったので、アナウンスメント効果（期待に働きかける効果）としては、介入が不胎化されている仕組みを説明することが、期待を通じる効果を阻害し、為替レートにマイナスの影響を与えるということなのかもしれない。説明責任をという声がある中で、不胎化か非不胎化かということに対してオープンに説明をすること自体避けるようになったが、複雑な気持ちであった。

為替レートと金利

短い期間では前出(1)式の右辺であるドル買いの予想収益の決定要因は、金利よりも先行きの均衡為替レートであり、リスク回避度の変化（リスクオンオフ）である。これらに影響を与える様々なニュースが短期的には為替レートを決定する。

しかし、長い目で見たら、為替レートと長期金利には安定的な関係が想定される。リスクプレミアムの動きは無視することができるからである。つまり、内外金利差を考えれば海外投資が有利であるが、短期的にはキャリー・トレードで儲かっても、長期的には為替レートが大きく変化し、収益の多くを吐き出す可能性があるということだ。海外金利のほうが高いもとで機関投資家が対外投資をやってこなかったのは、最終的な収益が結果的にみて有利であったとはいえないからであろう。

長い目で見てリスクプレミアムをゼロとすると、予想為替レート変化率がマイナスのとき、つまり円高の予想があるときに自国金利が海外よりも低くなり得るということだ。低金利による収益の低さは、円高による収益増で補充されるということである。低金利を望む声と円安を望む声があるが、両立はいつまでも続かない。

この関係は実質金利についてもいえる。(1)式の両辺から予想インフレ率を引き、右辺の最初の項から外国予想インフレ率を引き第2項にそれを加えると、実質についても名目と同様に、内外の実質金利格差が実質為替レート変化率（≡名目為替レート変化率＋外国インフレ率－国内インフレ率）に一致することがわかる。金融緩和で海外よりも実質金利を下げることが緩和効果を高めるために必要だとされるが、その場合には実質為替レートは円高となっている必要がある。実質でみても低金利と円安は両立しない。

実質金利の均等化

基本的なメカニズムを理解するために、長期的には購買力平価の成立を想定し、

インフレ率＝外国インフレ率＋予想為替レート変化率

の関係が成立すると考える。インフレ率の高い通貨の価値が減価していくということであり、これは長期的には実質為替レートが一定となることを意味する。したがって、先に述べた関係から、長期的な均衡では実質金利は内外で均等化することになる。長期的には、名目金利の高さはインフレ率の高さを意味する。インフレ率を上げながら名目金利を低くし続けることはできないということである。

実質金利を下げて設備投資を高めることが望まれているが、実質金利は最終的には内外で一致すると考えられるので、企業が海外よりも低い実質金利だから国内で投資を行うという行動は、グローバルにみた投資の効率性ということからみれば、必ずしも望ましいことではない。

(4) 円安の効果

為替レートの波及効果

円安は輸入物価を通じて物価に影響を与える。円安は需給両面でデフレ克服に貢献するとの判断で、最初に指摘したように、金利がゼロになった後は、為替レートに頼る政策が提案された。

ただ円安に頼る政策にも限界がある。一つは為替レートから物価への波及効果が小さいことである。2013（平成25）年度の年次経済財政報告によると、為替レートが10％変化すると国内企業物価は1・4％程度、消費者物価は0・3％程度変化するとある。円安は、輸入物価を大きく上昇させるが、国内企業物価段階で大きく減殺され、消費者物価への影響はわずかである。一時的な円安では持続的な物価上昇にはつながらない。1930年代高橋財政時代のように金本位制離脱で6割減価というようなことが起これば可能であろうが、そのようなケースは日本が大きく売られるときだろう。

物価への波及は消費財輸入の増大でかつてより高まっている可能性があるが、それでも時間がかかるということは、短期的には実質為替レート（名目為替レート×外国物価／国内物価）も円安で減価することになる。したがって輸出入量が変化するが、問題はその弾力性の大きさである。

図10－2は2013年2月5日の第4回経済財政諮問会議に出された10％の円安（対ドル）の日本経済への影響を示したものである。これを見ると10％の円安で実質輸出は3年経って2・3％しか増えないとの結果となっている。法人企業所得への影響も1％あまりである。

円安による輸出弾力性はかつてよりもかなり低下しているが、それは、海外販売価格を海外市場に合わせて決める輸出価格設定行動や生産拠点の海外シフトの影響もある。しかし、円安のもとでも世界に占める輸出シェアは着実に低下しており、また日系メーカー（半導体、その他IT関連製品、中間財）の世界シェアが低下しており[5]、企業の非価格競争力の低下も否めない。

なお、物価が上昇し実質為替レートが戻っていく過程で、円安による価格競争力の優位性も低下していく。したがって円安がもたらすメリットはかつてほど大きくないことを認識することが必要だ。

円高のメリット

リーマン・ショック後の円高スピードは、過度の円安の反動もあって速く、企業の負担は大きかった。賃金などのコストカットはデフレの要因ともなった。しかし通貨高は交易条件改善につながり、それは海外から国内への所得のトランスファーをもたらし、減税と同じ効果を持つ。金利も低くなり得る。輸入物価も下げられる。特に原油価格が上昇しているときにはそのメリットは大きく感じら

図10－2　円安（対ドル10%）の日本経済への影響

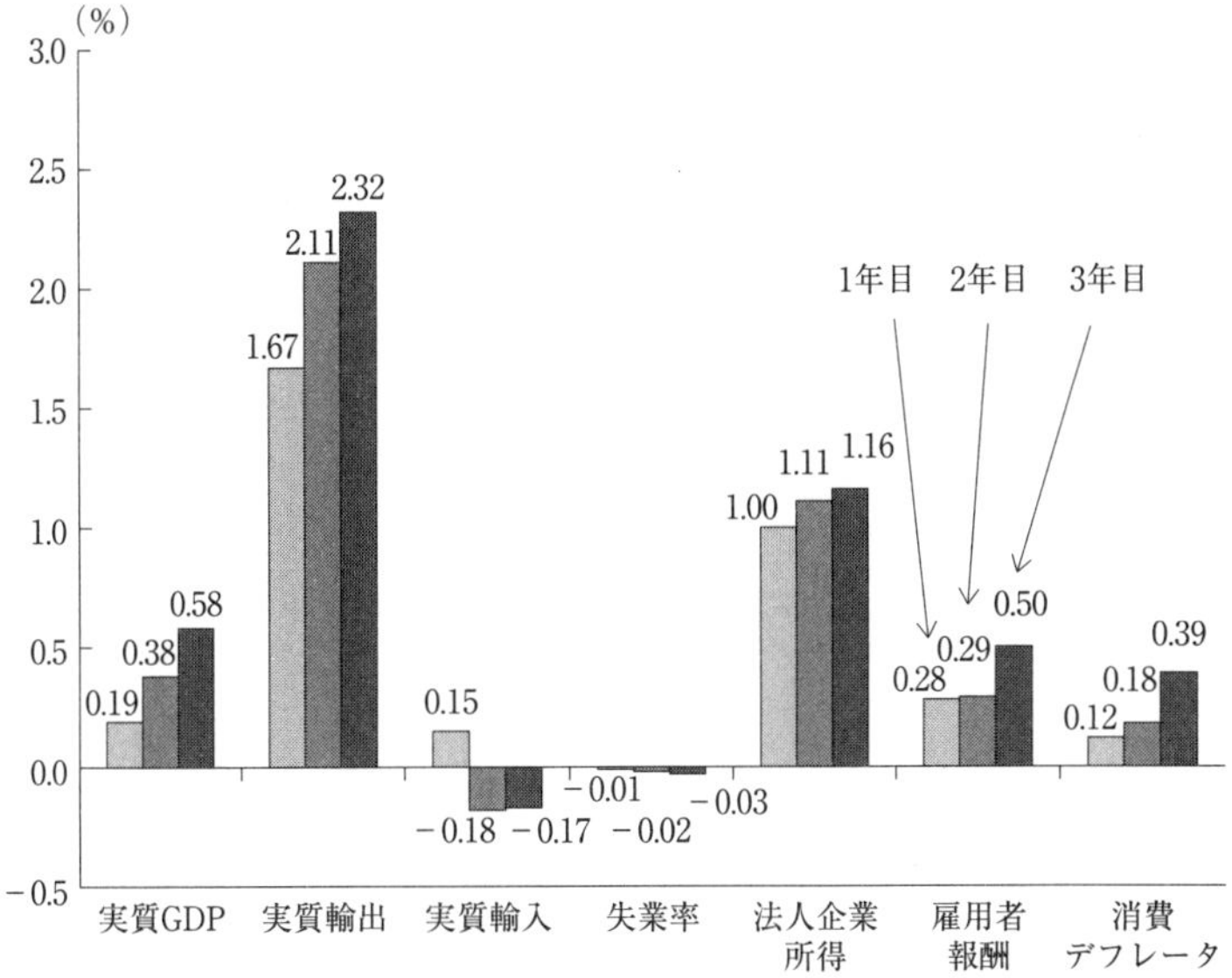

備考：1．内閣府経済社会総合研究所「短期日本経済マクロ計量モデル（2011年度）の構造と乗数分析」により作成。
　　　2．対ドル円レートが標準ケースと比べて10%減価し、その変化が継続した場合の各変数の標準ケースからの乖離率。
　　　3．推計に用いたデータの期間は1990年から2007年まで。
出所：内閣府「デフレ脱出について」第４回経済財政諮問会議提出資料、2013年２月５日

れ、消費財に占める輸入財が増えている中、家計にとっては望ましい。

　世界における発言権が経済の大きさからも影響を受けるというのであれば、円高はドル評価額を増やすので、それを高める方向に作用する。海外企業が安く買えるので、Ｍ＆Ａを行いやすい。企業は円高のもとでの努力で競争力を高めてきた面もある。１９７０年代の後半には円高メリットを活かせという議論が台頭し、円高と物価との相乗作用が好循環といわれた時期もある。グローバルにインフレ懸念があったからである。円高にもメリットがあることを冷静に評価し、円高恐怖症をなくすこ

とが必要だと思う。

(5) グローバルな視点の必要性

為替レートの影響

為替レートについては、円安、円高それぞれにメリットがあるが、経済物価状況でどちらのメリットのほうが高いかが異なり、現時点では全体としてみて円安のメリットのほうが大きいという評価をする人が多いだろう。

ただ、為替レートは海外経済に影響を与える。海外への影響を考え、その反射効果も考慮に入れる必要がある。この点、ＦＲＢはアグレッシブな緩和政策の新興国等への影響について、それを考慮に入れてみずからの政策を決定することに否定的な姿勢を示してきた[6]。しかし、経済がグローバル化し、新興国経済のウエートも高くなると、反射効果も大きくなるので、それを無視して政策を行うと最適な政策から乖離してしまう可能性がある。また、波及効果を相殺するために外国が緩和政策で対応すると、その影響も考えなければならない。

先進主要国の金融緩和政策が続く中、投資家の利回り追求行動（search for yield）が進み、どこか（商品、金融商品、不動産、国・地域）にバブルを生じさせ、長い目で見ればコストが大きくなりかねない。金融市場のグローバルな連関が強まっているもとで、簡単なことではないが、各国がグローバルな視点を持って金融政策を行う必要性が高まっている。

もっとも、米国が海外の影響をいつも無視しているわけではない。２００５年2月、グリーンスパンＦＲＢ議長は議会証言（２００５ｂ）で金融引締めに伴い長期金利が上昇しないことに対して、謎

（コナンドラム）と述べたが、日本と中国による大量介入による米国債の購入説がある中、それだけでなくより広いグローバル化の影響を考慮に入れた議論をしている。その上で依然として「謎」ということであった。

以下、海外経済への影響がないと考えるかどうかで、政策の評価も異なってくることを簡単にマンデル＝フレミングの2国モデル(7)を用いて説明しておく。この場合のキーポイントも為替レートの動きによる波及効果である。

マンデル＝フレミング2国モデル

マンデル＝フレミング小国モデルでは変動レートのもとでは金融政策が有効で財政政策が無効とされる。それは簡単に貨幣市場の均衡条件を考えれば導ける。小国の場合、金利は海外金利に一致し外生となるので、貨幣需要はＧＤＰの関数のみになる。金融緩和で貨幣供給を増やせば、ＧＤＰは増える一方、財政政策は貨幣需給に影響を与えないので、均衡においてはＧＤＰは変化しようがない。その過程では通貨高が純輸出を財政拡大に見合うだけ減少させるということになる。

それを2国に拡大すると、結論は当然異なってくる。

簡単化のため世界に2国あってその構造が同じで、金利も内外一致すると仮定すると、一国の純輸出は他国の純輸入になるので

世界GDP＝世界消費（世界GDP）＋世界投資（金利）＋世界政府支出

貨幣供給の和＝世界貨幣需要（世界GDP、金利）

が得られる。ここで各変数はカッコ内の変数によって影響を受ける。これは世界全体でみれば閉鎖経済と同じであることがみてとれる。これから財政政策・金融政策を定めると世界のGDPと金利が決まるが、為替レートは世界のGDPを決めるのに関係しない。為替レートは両国間での需要・GDPの配分を決める変数となる。

貨幣需要を金利に反応する部分と所得に反応する部分に分けると、金利に反応する部分は二国で同じになるので、二国の貨幣供給の差を求めると、

貨幣供給の差＝貨幣需要の所得に反応する部分の差＝内外GDPの差の関数

となる。

金融緩和で世界GDPは増えるが、同時に通貨安が内外のGDPを自国に有利なように分配させる。一国の金融緩和が世界の金利を低下させる効果が小さい場合には、海外経済はマイナスの影響を受けることになり、金融緩和政策は近隣窮乏化政策となる。また、財政政策の場合には、世界GDPが増え、海外への波及効果で二国の需要は同じだけ変化することになる。財政政策は金融緩和とちがって、自国の通貨高、純輸出の減少（外国の純輸出の増大）を通じて海外経済へプラスの影響をもたらし、その反射効果などもあって、財政政策が無効ではなくなる。

このモデルは一例にすぎないが、大国はしっかりとその波及効果やその反射効果をも考慮に入れて政策運営を行うべきであるということを示唆している。BIS（2012）は新興国の緩和度合が大きく、テイラー・ルールでみてグローバルに緩和しすぎとの分析結果を示している[8]。

また、為替レートへの影響を考えると、前にも指摘したが、先進主要国で金融政策の出口を協調す

ることが望ましいとの意見もあるが、それは世界全体として政策を大きく動かすことになるので、その影響を受ける新興国にとっては受け入れ難いであろう。つまりグローバルにみた金融政策がグローバルな経済にとってどうすれば最適になるかを考えていく必要がある。

グローバルな貨幣供給は国際通貨システムによって影響を受け、国際通貨システムは金融政策の効果にも影響を与える。したがってグローバルにみて最適な金融政策を考える場合には、通貨システムについての検討も避けて通れない。

グローバルな視点の重要性は、国際金融・経済の研究を専門としていた私としては、最初から意識していたことであった。日銀の資料がまずは海外経済、それを与件として国内経済を考えることに違和感があった。したがって、その視点の重要性は最初から感じていたが、資源価格の上昇によって交易条件が悪化したときにこの視点の重要性を強く感じ、石川県での金懇（須田［2008b］）でも取り上げた。資源価格の上昇による交易条件の悪化は資源輸出国への所得のトランスファーとなるが、価格上昇の原因、そして収入を資源輸出国がどう使うかで、日本経済に与える影響が異なってくると考えたからである。

また、私はグローバルな資金の流れにも強い関心を持っていた。量的緩和政策採用時には円キャリー・トレードが注目を浴びたり、海外で円建てローンが増えているとか、日本からの資金流入が反転するかどうか非常に気にした発言を中央銀行総裁から聞くこともあった。そのような資金の流れがもたらす影響も政策を考える上では大いに気になった。

今日、ＩＭＦで、グローバルな視点が強化されていることは心強い。つまり、２０１１年7月以降に、ＩＭＦは5大経済地域の政策が他の国々にどういう影響を与え、またどのような反射効果がある

図10－3　実質実効為替レートとファンダメンタル・レートとの乖離（試算）

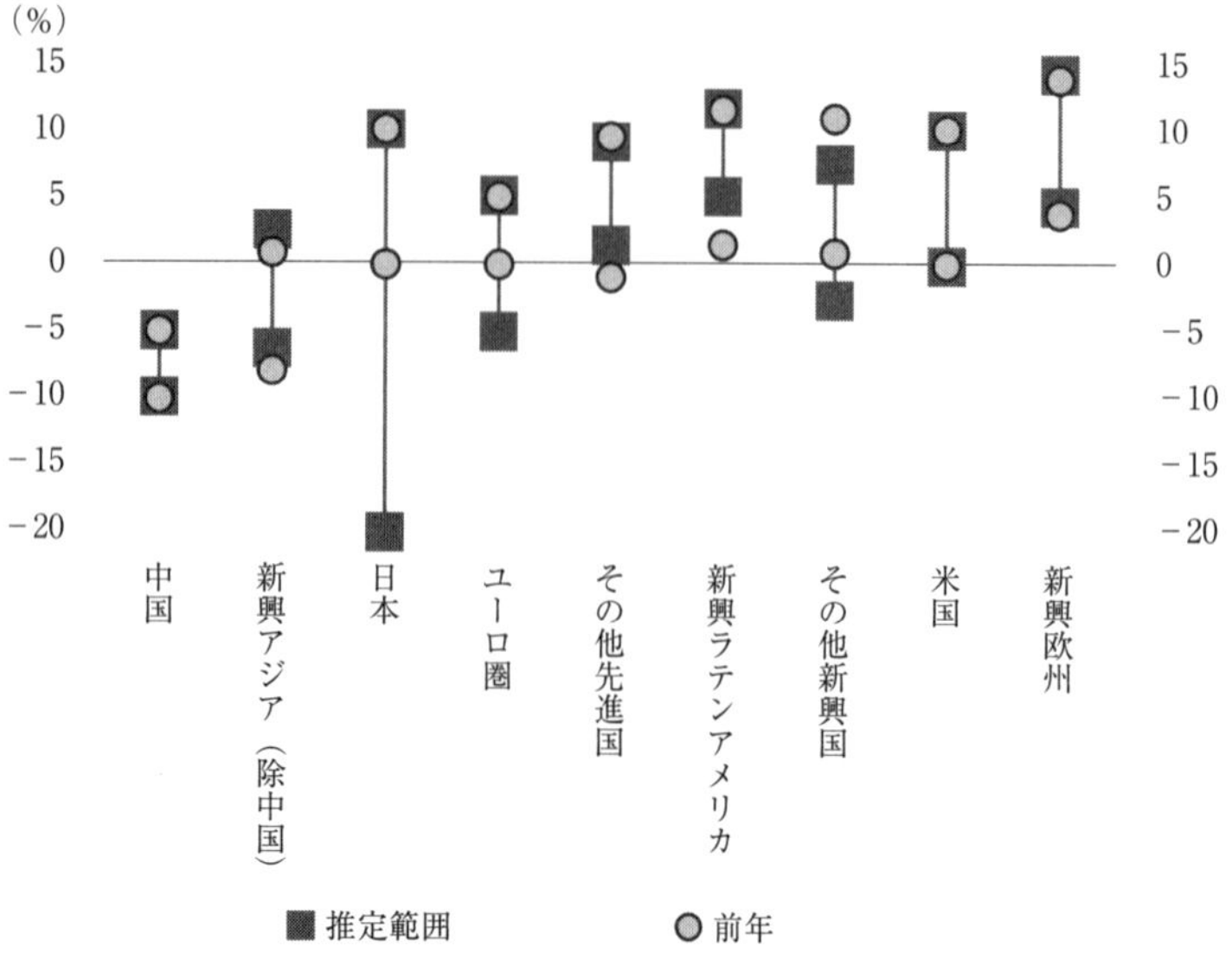

出所：IMF（2013a）

かなどを分析するスピルオーバー・レポートの公表を開始した。

また、対外部門についてのパイロット報告書では、グローバルな視点から各国の均衡経常収支を推計し、それとの比較で、実質為替レートが過大か過小か一つの試算を示している。

図10－3は2013年の結果である。(9)これから12年は日本は円は過大評価とされていたが、13年は不確実であるが、どちらかというと過小評価の領域に入っている。このような分析がグローバルになされ、評価されることは、自国に偏った議論の排除にもつながり得る。こういったIMFの試みは、通貨摩擦解消に向けての価値ある取組みとして、大いにサポートしたいと思う。

2　ヘリコプターマネー政策論の高まり

(1)　ヘリコプターマネー政策とは

お札を空から撒くごとく…

金融政策だけでできることはないのか。究極の政策がヘリコプターマネー政策だ。日本銀行が、何の資産も購入せずに、あたかもヘリコプターから銀行券を撒き散らすようにして貨幣を供給するという政策である。実際には、日銀は何の資産も購入せずに日銀券をばらまくことはできない。しかし、資産価値ゼロとなるだろう資産を購入して銀行券を発行した場合も、所得の移転という意味では、結果的には同じようなものととらえることができる。

このような政策を中央銀行が独自でやれば、銀行券に対する人々の信認を維持することは不可能であり、日銀券の価値が低下し、物価が上昇するであろう。また、日本銀行のバランスシートを損ない、中央銀行の財務の健全性を阻害する。政府は国庫納付金という収入を失う。ヘリコプターマネーという政策は、表向きには日本銀行の姿しかみえないが、その中身は、所得分配という財政政策の機能を通じて経済に影響を与えることにほかならない（須田［２００１］参照）。

日本銀行は、第2章で示したように、日銀法の範囲内で政策手段に関する独立性を得ているが、当然ながらそのような政策は通常の業務として認められておらず、政府の認可なしにはできない。実際、ＥＴＦなど購入に認可を必要とする資産については、購入額を増やすつど、政府の認可をとってきた。たとえそれがデフレ脱却に資するとしても、日銀に発生する損失や信認の毀損を考えると、このような政策を日銀独自でやることを政府が認めることはあり得ない。

中央銀行が単独でこのような政策を行うと考えると荒唐無稽にみえるが、財政当局が減税を国債発行により賄い、中央銀行がその国債を買入れること（中央銀行による減税のファイナンス）は、基本的にはヘコプターマネー政策と共通する性格を有する政策である。日銀と政府を一緒にした統合政府で考えると、マネーを供給してそれで財政政策（あるいはそれに近い政策）を行うという意味では同じである。

主役は財政政策

現在、金利ゼロで資金供給が潤沢であり、国債のファンディングという面ではきわめて緩和的な環境が続いている。このような世界では、国債購入による資金供給増の効果は限定的ないしは不確実であり、減税の日本銀行によるファイナンス政策の効果は財政政策そのものの効果に大きく依存する。言い換えると、緩和的な環境が維持されている限り、つまり出口が意識されていないような状況では、減税政策を政策協調で財政ファイナンスさせるかどうかの問題というよりも、現在のような財政事情のもとで財政政策の発動が有効かどうかという問題であり、主役は財政政策といえるであろう。

このことを第6章で示した「政府は民間からの借金は返済しなければならない」という関係を示す式(1)を用いて説明しておこう。

民間保有国債残高÷物価水準＝財政余剰（利払いを除く）の割引現在価値（実質ベース）
＋中銀マネー残高の変化の割引現在価値（実質ベース）
(1)再録

6章では、まず平時を考え中央銀行が独立して政策（中銀マネーのコントロール）を行い、財政政策（財政余剰）が、(1)式を満たすように調整されるケースを取り上げた。中央銀行が金融政策で物価を決定し、財政政策は財政規律を守るという想定だ。この場合、減税しても将来増税があると民間部門が想定するので、財政余剰の割引現在価値は変わらないので経済に対して中立的な政策となる。このような場合には、金融政策が物価安定のための主役となり、財政政策は従となる。

しかし、金融政策がゼロ金利制約に陥っているもとでは、このような政策割当では物価安定を実現することは難しい。金融政策の効果が限られている中、財政政策に期待するしかないが、そのためには経済に中立的ではない政策を実施する必要がある。そのためには、減税が恒久減税であるとの予想、つまり非中立的な財政政策であると受け止められることが必要である。そのような減税政策をとることができれば、財政政策は物価決定に効果を持つ。

減税を恒久減税とみなすということは、減税政策に伴い(1)式の財政余剰の割引現在価値が減少すると民間は想定することになる。民間にとっては、減税をやっても将来増税を想定しないで済むということは、将来の増税に備えて貯蓄を増やす必要がないので消費が増え、物価は上昇すると考えられる。このような場合は財政が主役で金融政策が従となる。

(2) バーナンキのヘリコプターマネー論

バーナンキはFRB議長になる前の理事時代、先ほど言及した日本での講演で、日本経済に対する処方箋として、マイルドに上昇する物価水準ターゲティングを設定した上で日銀と財政当局の政策協調、つまり、政府が減税を国債発行によって賄い、日本銀行がその国債を買入れること（明確なマネーファイナンス）を提案した。このヘリコプターマネー政策と位置づけられる政策を提案したので、彼はファーストネームを用いて「ヘリコプター・ベン」と呼ばれている。

バーナンキは減税とマネーファイナンスとを一体となって行うことを提案したが、これを(1)式でみると、各期の減税はその分中銀マネーの増加でファイナンスされるので、財政当局は新たに資金調達する必要はなく、したがって民間は減税を恒久減税（＝財政余剰の割引現在価値減少）とみなすことになる。この場合、消費が増え物価が上がることは、前述のとおりである。

バーナンキはマイルドに上昇する物価水準ターゲットを掲げ、目標物価水準と足許の水準とのギャップに依存してアグレッシブな政策をとることで、目標物価上昇率よりも高いインフレ率を実現させ、目標物価水準ターゲットへ早く近づくことを見通していた。このような政策協調をアグレッシブに行うと、たしかに物価は上昇するだろう。

そして、経済物価情勢が平時に戻ったときに、うまく平時の政策運営に戻ることができれば大成功ということになろう。しかしバーナンキは、そこまでのプロセスを明示していない。しかしヘリコプターマネー政策の成否は、その出口政策（exit policy）について民間主体の信認を確保することができるかどうかに大きく依存する。そしてそれは非常に困難な道のりだと思われる。

まず、大きくインフレ率が変動することになることが想定されるが、どうやって定常状態の目標インフレ率に予想インフレをうまく収束させることができるのか、不確かである。もっともバーナンキは当時は予想インフレは政策でコントロール可能だと思っていたのかもしれない。

また、政策のレジームを大きく変更しなければならない。平時は物価安定の実現のためには金融政策が主役で、財政政策は従であったが、ヘリコプターマネー政策ではそれが逆転したので、それを元に戻さなければならない。財政は非中立的な政策運営から財政規律を重んじる政策への変換である。中央銀行は独立性の回復である。このような切替えが物価目標達成がみえたときにできるのであろうか。

デフレ状態を脱却できたとしても、それまではかえって邪魔であった財政規律を急に取り戻すことは非常に難しいだけでなく、財政ファイナンスをやめて中銀マネーをインフレ目標のために動かしていくと独立再宣言しても、信じてもらえるのか。実際に政策転換を実践できなければ信認の獲得は非常に難しいが、結局適切なときに出口対策を実施できず、財政ファイナンスが続くとの予想から、信認されない可能性が高いのではないかとの懸念をぬぐえない[10]。グリーンロー＝ハミルトン＝ミシュキン（2013）は、ITPを導入していても、中央銀行が最終的にはインフレを通じた財政赤字ファイナンスを強いられる「財政ドミナンス」について述べているが、日本がそのような状況に陥る可能性を現状では否定できない。

(3)　重要な財政ディシプリン

このように考えると、財政政策との合わせ技で物価の上昇を促し、その後物価が中長期的に安定的に推移するためには、中央銀行に物価決定を任せるという信認、別の言い方をすれば、中長期的な財政ディシプリン、財政の持続性に対する国民の信認をしっかりと確保することが求められる。

安倍内閣のもと、2013年1月に政府と日銀との間に交わされた共同声明において、「政府は、日本銀行との連携強化にあたり、財政運営に対する信認を確保する観点から、持続可能な財政構造を確立するための取組を着実に推進する」としているが、これまでのところ着実に推進しているとは言い難い。

また、金利を低位安定させているため（金融抑圧ともいわれる）、政府の財政規律の緩みに市場が早期に警戒的なシグナルを発することが難しくなった。財政プレミアムは日銀が金利を維持できなくなったときに表面化するとしたら、そのときには財政問題は大きく深刻化しているであろう。

中央銀行側も大量の国債購入で、ほぼ財政ファイナンスに近いことを行っていることに対する危機感が薄れていないかと気になる。

日本銀行は、量的緩和政策採用時にいわゆる日銀券ルール（日本銀行が保有する長期国債残高の上限を銀行券発行残高とすること）を定めたが、その理由は日銀券の発行の範囲内であれば長期国債購入のほうがかえって金融調節上負担が少ないということに加えて、国債買入が国債価格の支持や財政ファイナンスを目的としているのではないということを明確にすることにより、金融政策の信認を確保するためであった。大量購入は、結果的には財政ファイナンスといわれても否定できないし、財政規律を緩めてしまう可能性、物価安定のための引締め策への転換が困難になること――金融システムの安定のために金融機関のロス回避要請、厳しい財政状況が続く中、政治的に国債保有残高を減らす難しさ（毎月の購入額を減らすことすら困難になる可能性）など――が容易に想定された。

実際は包括的な金融緩和政策の導入で、日銀全体としては日銀券ルールを無視した長期国債購入が進んだが、買入国債は残存期間が3年までに限られたし、銀行券ルールに伴う残高が示されていることで着地点が常にみえているという点では、そこからの乖離を意識することはできた。しかし、量的・質的金融緩和政策では、日銀券ルールを棚上げしてしまい、国債買入れを通じて、財政ファイナンスをしないという意思を行動では示さなくなったということであり、その意味では、かつてほど財政ファイナンスに対する懸念はないようにみえる。

国債買入れオペについて2002年1月16日、発行後1年以内の銘柄を買入対象外とする、いわゆる「一年ルール」を見直し、直近発行2銘柄を対象外にする方式に改めたが、13年、黒田日銀総裁下での大量国債購入計画で直近2銘柄を対象外にする規定は削除された。金融機関が発行市場で国債を購入し、それを日銀へ売るまでの最低必要期間が次第に短くなり、今日では金融機関の保有についてワンタッチとの声も聞こえ、国債引受にかたちの上でも近づいていることは否めない。

ECBは別であるが、海外中央銀行でも財政ファイナンスへの懸念が低下しているように思う。国債購入を増やした際には、FRBやBOEでも、当初、この点に関する懸念が示されていた。たとえばFRBでは、2009年6月のFOMC会合において、「大幅な増額は財政マネタイズとの受け止め方を増やす可能性がある」とか、「マネタイゼーションに対する人々の懸念はインフレ期待に悪い影響を与える」等の意見が表明されていた。BOEでも、6月のMonetary Policy Roundtableで、「国債買入があまりにも財政政策問題に近づきすぎ、独立性についての疑念を生じさせるリスクがある」との認識が示されていた（須田［2009b］参照）。

そうした中で財政ファイナンスをしないという姿勢を貫くためには、物価安定目標が大きな意味を持ち得る。政府や選挙公約で望まれていた2%という目標が設定されたからには、その実現可能性が高まればイグジットへ向けた動きを政府は容認すべきである。それにもかかわらず国債市場の安定化を理由に国債を買い続ければ、それは財政従属であり、財政ファイナンスととらえざるを得ない。そのようなシナリオが金融機関の間で事前に共有されると、国債保有に関する金融機関の出口対応が遅れ、実際に出口がますます困難になる可能性がある。日銀は今から毅然とした姿勢を示しておくことが必要であろう。

もちろん重要なのは政府自身の行動である。財政規律をしっかりと守るとの意思を常に行動とともに示しておくことが必要だ。大量の国債消化が円滑にできているため、財政規律が緩んでいるのでは、との疑念もなくはない。財政状況をみると、財政リスクプレミアムが上昇するようなことがいつ起こってもおかしくはない。財政改革が待ったなしの課題だといっても、症状が出ていない限り、痛みを伴った改革を後ろ倒ししたい国民には伝わらない。実際に問題が顕現化するまでは、無駄な警鐘が続くだけだからだ。症状が大きく悪化するまで国民が気づけないかもしれないことを肝に銘じておくべきである。

問題が顕現化すると、証券化やグローバル化が進展しているため、過去の経験時よりもより大きな影響が及ぶ。それは小さな国であるギリシャのソブリン危機がいかにグローバル問題になったかを考えればわかるであろう。

財政ディシプリンの必要性は認めるが、とりあえずはヘリコプターマネー政策——財政拡大と金融緩和の協調——が必要との見方も依然としてある。もちろん、財政政策について、「景気対策か、財政再建か」という対立軸でとらえるのではなく、中長期的に財政規律を確保する仕組みを確立した上で、経済状況に応じて弾力的に財政政策を活用するということに異論はない。

しかし、問題は中長期的な財政再建計画の具体的姿がみえていないことである。中長期的には財政再建が重要だというものの、それを示せば財政政策の効果も減るからとの考えもあり得るが、それでも具体的な改革シナリオを曖昧なままにしておいてよいということではない。

(4) ヘリコプターマネー論への関心の高まり

政府債務が巨額で問題解決のため取組むべき課題はわかっている。しかし、良好な国債市場環境、財政規律に対する緩みもあって、痛みが伴う改革はなかなか進まない。成長戦略は物価の安定目標達成のためにも、財政問題の改善のためにも必要で、また賃金の上昇をもたらすなど多くのメリットが期待できることもわかっている。

にもかかわらず、なかなか実行に移せないでいるのは、それによって損失を被る人々の抵抗が強いからである。このような痛みを伴う改革が進まないと、せっかく高まった将来に対する期待も剥げ落ちてしまう。実際、政治的に問題解決が難しいため、政府は機動的に動けなくなっており、時間稼ぎのための金融政策に負荷がかかりすぎている。しかし、リーマン・ショックやソブリン危機への対応で、先進主要国の金融政策にも有効な手段はほとんど残っていない。

そうしたもとで実体経済の改善ペースは緩やかであり、各国中央銀行総裁から、金融政策だけでは対応は困難との声がしばしば聞かれるようになった。そこでグローバルにも関心が高まってきたのがヘリコプターマネー論である。

ヘリコプターマネーについては、前述のバーナンキの処方箋が有名であるが、このような主張が最近再び注目をされるようになったきっかけの一つがMcCulleyとPozsarの論文「ヘリコプターマネー」（2013）である。そこでは、デレバレッジの過程にある民間部門を金融政策で刺激することが難しい中、金融財政政策の協調（ヘリコプターマネー）で、マクロ政策が有効性を取り戻せると論じている。

彼らはヘリコプターマネーの是非を論じるものではないが、各国の政策は結果的にその方向に向いており、その先頭に日本がいると指摘している。そして、最終的に伝えたいことは、中央銀行は財政従属を恐れているかもしれないが、それを避けることはできないだろうということだと述べている。また、ヘリコプターマネーの政治的なリスクについては誇張されるべきではないとしている。

ターナーUKFSA長官（当時）も2月の講演（2013）で、ヘリコプターマネー政策を前向きに評価した。ターナーは日本についてはバーナンキの処方箋（2003c）が正しい政策であったとしている。そしてもし日本が10～15年前にヘリコプターマネー政策（明確なマネーファイナンス政策）を行っていれば、今日の日本はよりよい状態、つまり、物価水準、実質GDPはより高く、そしてGDP比でみた債務負担は低く、インフレはプラスだが低いものとなっていただろうと述べている。

ターナーは、ヘリコプターマネー政策は副作用の小さい政策であるとする一方で、政治経済的なリスクは巨大と述べ、誤った使われ方を制約する強いディシプリンが必要だとも述べている。実際、先に指摘したように、一度このような世界に入り込んだら出口に向けてディシプリンを効かせることは困難であり、そこがまさにこの政策の最大の問題点なのだ。そのため物価は上昇するようになったものの、行き過ぎや不安定な経済物価状況となる可能性も無視できない。

このような状況の回避を当局者のディシプリンに頼ることは、過去の経験をみても非常に危うい。

当局者のディシプリンの強さに信頼が置けないから、たとえば国債引受はタブーとされ、法律で禁止されているといえる[11]。

バーナンキはFRB議長になった後、第2章で引用した日銀での講演（2010c）において、「政府は財政赤字のファイナンスが楽になるように中央銀行の通貨発行権を乱用する強い誘惑にかられるかもしれない」「中央銀行の量的緩和決定への不当な政治圧力は、その圧力が政府負債のマネタイゼーションを要求する権利と同等なものになり得るため、非常に大きなものになり得る」と述べていた。

この講演では、金融政策への政府の介入を問題視し、政府のディシプリンについての懸念が見て取れ、かつてのヘリコプターマネー論における中央銀行と政府による政策協調、つまり統合政府で考えるという視点はみられない。米国経済がなかなか思ったように回復していかない中、バーナンキは変わってしまった[12]、バーナンキがかつて提示した日本への処方箋をなぜ米国で採用しないのか、といった批判がクルーグマンなどからなされたことも記憶に新しいが[13]、現実の世界では政策協調とその解消は、そんなに簡単にできるものではない。それは米国の1951年のアコード締結の経験からも明確だ。

米国では、真珠湾攻撃後、戦費の円滑な調達支援などのため、FEDが財務省と合意し国債の価格支持に乗り出した。しかし、国債の民間消化が困難になると、FEDによる長国買入が増え、信用量などの操作が難しくなった。インフレが高まる中、1950年8月に、ついにFEDは価格支持政策の撤廃を提案したが、大統領、財務長官は反対し、両者の対立は泥沼化した。翌年3月にようやくアコードが結ばれ、価格支持策が撤廃されたが、「国債市場の秩序維持のためにFEDが大量に国債を購入したことは国債のマネタイゼーションと銀行準備の創造を通じてインフレをもたらした」[14]。

日本では今のところ政府は財政再建の意志を示し、日銀も財政ファイナンスをしないとしており、マネーファイナンスを正当化するような政策論議に追い込まれていない。したがって金融緩和効果は金利の低下による効果を期待している。

しかし、日本の構造・規制改革が不十分なものでしかなく、信頼するに足る財政再建への道筋も見出せず、また2年で2％のインフレ率を実現ということを明示して金融緩和政策を行っているが、その達成の可能性に疑問が出てきたときに、このような財政との協調を求める議論がターナー論文などを引用しつつ堂々となされるようになること、あるいは米国の1940年代のように国債価格支持政策が出てくるのを私は懸念している。

政府債務の削減には歳出削減か歳入増かインフレ税によるしかなく、痛みを伴わないものはないことを、国民はしっかり理解する必要がある。

今日の日本では、財政支出と収入の差が大きくなりすぎているので、財務省の試算などからわかるようにマイルドなインフレではかえって財政収支を悪化させる。インフレが金利上昇につながると対GDP比での改善も難しくなる。

日本の様々な課題を解決していくには安易な道はなく、期待成長率を高めていくことと財政再建に地道に取組んでいくことである。金融政策は脇役でしかない。

3　マクロ・プルーデンスの視点

(1)　マクロ・プルーデンスとは

マクロ・プルーデンスとは、日本銀行の説明（ホームページ）によると、「金融システム全体のリスクの状況を分析・評価し、それに基づいて制度設計・政策対応を図ることを通じて、金融システム全体の安定を確保するとの考え方」と説明されている。Galati and Moessner（2013）の説明では「マクロ・プルーデンスの目的は金融システムに広がる困難を抑制して金融システム不安に結びついたマクロ経済コストの発生を回避すること」とあるが、そもそも金融システム安定が何を意味するかについて、必ずしも合意はみられていない。

ただ、個々の金融機関にとって合理的な行動であっても、マクロでみれば不均衡につながるリスクがあることは確かだ。また、金融機関の行動や必要な規制や政策も、マクロ経済との関係は無視できない。したがって、もともとプルーデンスについてもマクロの視点が大事であった。証券化技術の進展、プロシクリカリティ、レバレッジの拡大、ＴＢＴＦ（Too Big Too Fail：大きすぎてつぶせない）問題、格付問題、流動性問題などがグローバル経済の相互依存を高め、リーマンの破綻は、広く、深く、速くショックをグローバル経済に伝播させた。またそれは金融システムに跳ね返ってくることとなり、マクロ・プルーデンスの視点の必要性がより強く意識されるようになった。

バブル崩壊後、金融システムの安定化、マクロ的な視野の重要性から、ＬＬＲ（最後の貸し手機能）を担当していること、決済システムを維持し金融調節を行っていること、情報の把握・蓄積の優位性などから、中央銀行の権限・責任がグローバルに強化されることとなった。

もっとも、日本はこれよりも前にバブル崩壊を経験してその準備ができていたので、制度的な変更は必要とならなかった。規制・監督の強化のため、定量的な把握や手段などをめぐって、まだ今後もシャドーバンキングやTBTF問題など様々な議論がなされるが、それらについての議論はその進展を待って行ったほうがよく、ここでは金融政策との関わりのみを取り上げる。

第8章でも引用したが、ホワイトBIS金融経済局長（2006）は、デフレを回避しようとして、金融緩和政策を積極的かつ持続的に行うことが、不均衡の累積（バブル）を生じさせるかもしれないとし、そのような緩和政策は後にバブルの崩壊で、深刻な不況・デフレを発生させ得るので、最近のデフレを回避しようとする姿勢は強すぎるのかもしれない、と指摘している。私もこのような考えを共有しているが、金融政策とマクロ・プルーデンスにどう取組むのがよいのかが、今後の大きな課題の一つであるといえる。

以下では2007年9月の三重での金懇の挨拶（須田［2007a］）で述べた見解が、リーマン・ショック後も現在も変わっていないので、まずそれをもとに考えを示しておく。

(2) 日本のバブル崩壊と金融政策対応のタイミングをめぐって

日本の金融政策に対する批判

日本経済は、バブル崩壊後長い調整過程を経験してきたが、当時の日銀の金融政策については、テイラー・ルールを判断の物差しに使って、1980年代の後半にもっと早く利上げすべきであったとか、90年代前半にもっと早くアグレッシブに利下げすべきであったといった議論がなされてきた[15]。

前者の批判については日本の金融政策はテイラー・ルールに沿ったものであったとの分析結果も出され、バブル期における日本の金融政策の問題は、90年代前半に利下げをアグレッシブに行わなかったことにあるという結論がＦＲＢから導かれた。実際、ミシュキン理事（２００７ａ）は、日本の経験から引き出されるべき教訓は、バブルに立ち向かう中央銀行の仕事はそれを止めることではなく、破裂した後に素早く対応することであると述べている。

批判を浴びた米国の金融政策

日本のバブル期に受けたのと同様の批判が住宅バブルを経て、米国にも向けられた。２００７年８月末に開催されたカンザスシティ連銀主催シンポジウムは、住宅市場の調整が進む中、「住宅、住宅金融と金融政策」というホットなテーマで開催されたため、多くの注目を集めた。そこでテイラー教授（２００７）は、テイラー・ルールからみて米国の利上げが遅すぎた、もっと早く利上げをしていれば住宅の調整問題はここまで大きくはならなかっただろうと論じた。リーマー（２００７）は２００３年から２００５年にかけてより積極的に利上げをすべきであったし利下げも遅れていると批判した。プール連銀総裁（２００７）も、米国金融政策をテイラー・ルールを基準に論じているが、この図（図10－４）からも当時の金利が低いことがうかがえる。

これに対してＦＲＢサイドは、住宅価格下落が経済に及ぼす悪影響を抑える手段を持っており、「もし住宅価格が下落したら、米政策金利をテイラー・ルールよりも大胆かつ相当早く引き下げるということだ[16]」とあるように、日本から得た教訓を活かし、事後的、かつ的確に対応する姿勢を示して

図10－4　グリーンスパン時代：FFレートとテイラー・ルール

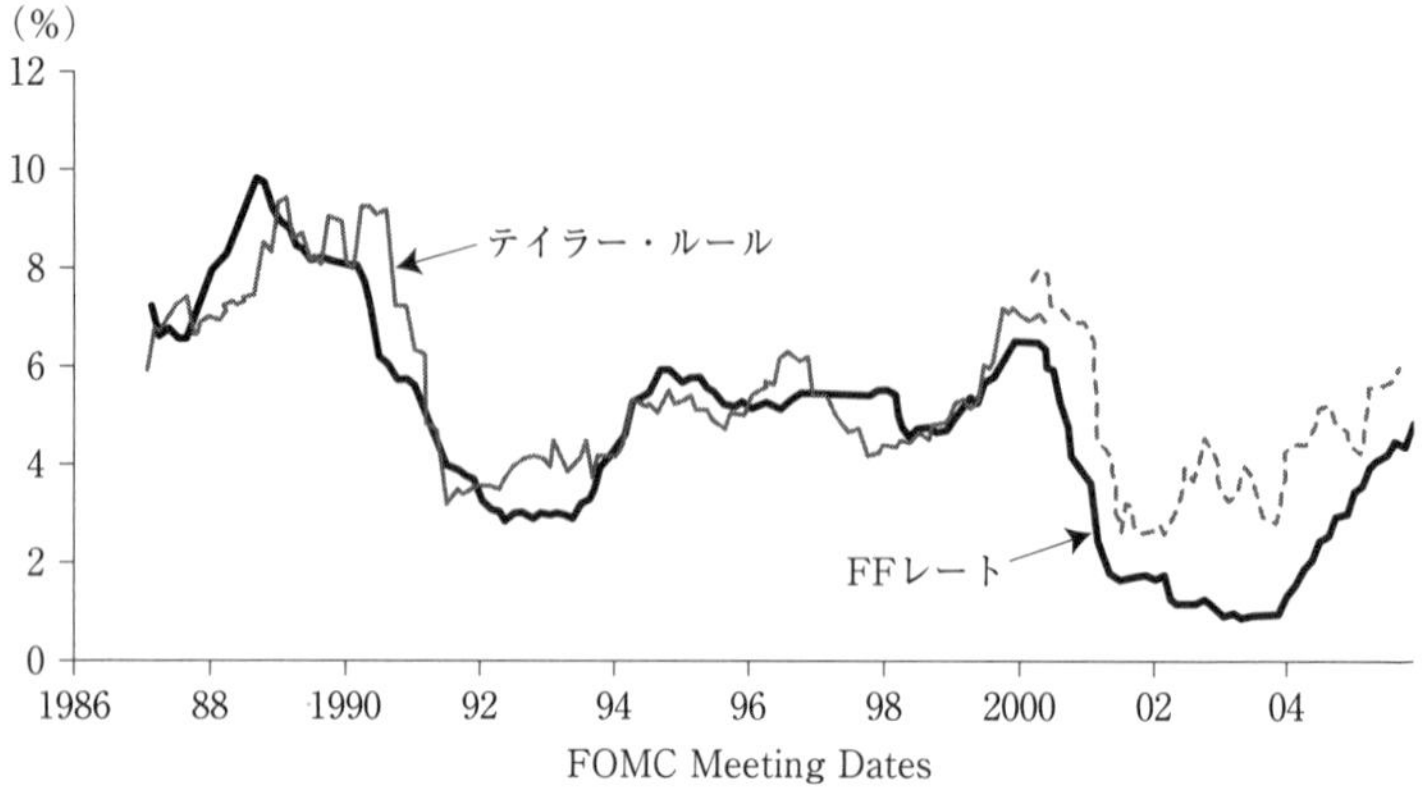

注：テイラー・ルール導出に用いる需給ギャップは、2000年10月まではその時どきにFOMCに示されたFRBスタックによる推定値。その後はCBOによる。インフレ率はCPI。
出所：Poole（2007）

いた。

実際、２００４年12月のＦＯＭＣの議事要旨には、ＯＦＨＥＯ（米連邦住宅公社監査局）住宅価格の急騰を背景に「一部の参加者は、金融緩和の長期化が流動性の大幅な増加を促し、クレジット・スプレッドの縮小や一戸建て住宅及びマンション市場で投機的需要が顕在化し始めたとの事例報告などにみられるように、金融市場における潜在的に過剰なリスクテイクの兆候が顕在化している可能性がある」との見解が示されている。

また、２００５年６月の議会証言では、グリーンスパン議長は「低い長期金利および住宅ローン金利は、最近の住宅建設や売買の増加、住宅価格の上昇の主要な要因となっている。米国全体として住宅価格の『バブル（bubble）』が生じているとはみられないが、いくつかの地域で、住宅価格が持続可能でないような水準まで上昇するといった『小さな泡(froth)』の兆しは生じているようにみられる」「最近の住宅取引の増加は、かなりの程度セカンドハウスの取引増によるとみられ、このことは、最近の住宅価格の上昇が、かつてに比べ、より投機的な動きを反映したものである可能性を示唆している」と述べているが、[17] その後も淡々とメジャードペースで（0・25％ずつ）利上げを継続させ、バブル的な状況という認識があっても金融政策をよりアグレッシブに対応させることはなかった。

同議会証言で、「住宅価格が――とりわけ一部の地域で――反落する可能性は否定できないが、仮にそうした反落が起こっても、マクロ的な影響は大きなものとはならないだろう。銀行業務の範囲が米国全土に広がり、住宅ローンの証券化も広範に行われていることは、かつてに比べ、地域的な住宅価格の修正が金融仲介機能に及ぼす影響を小さくする方向に働くと考えられる」と、かなり楽観的な見方を示していた。

(3)　資産価格をどう金融政策に織り込むか

政策目標と資産価値との関係

このような経験を経て、金融政策は住宅価格などの資産価格をより配慮すべきなのだろうか。テイラー・ルールでいえば、先に示した式の右辺に資産価格の動きを付加すべきだろうか。

理論的な観点からは、金融政策ルールを資産価格にも反応させることによって、景気や物価を追加的に安定できる場合もあり得る。たとえば、資本市場が不完全で、それによって引起こされる短期的な資源配分の歪みを考慮すると、資産価格を参照しながら金融政策運営を行うことが望ましいという分析結果が得られている。[18] しかし、資産価格を政策目標に取込むのは望ましくないというのが一般的な意見だ。[19] この際には、物価安定下での資産価格上昇にどう対応するかが難しい課題になる。

たしかに、米国における金融政策の運営を難しくしたのは、サブプライム問題をきっかけにした金融危機による先行き不確実性の高まりであり、その根本的な原因は米国の住宅市場のバブルとその崩壊にある。

もっとも、ＦＲＢは資産バブルに金融政策で直接対応することに対しては、前述のようにバブルの認識が難しいことなどから、かなり批判的であった。中央銀行は住宅価格が総需要と資源の稼働状況に影響を与える場合に、その程度に応じて、住宅価格に対応すべきだという考え方はＦＲＢで共有されているようであった。そして、テイラー・ルールに直接資産価格の変動を組込むべきではないという立場を明確にしていた。たとえばファーガソンＦＲＢ副議長（２００５）は、２００５年1月に「資産価格のブームと破裂はリセッションにしばしば関連するが、市場の熱狂が疑われる状況に対して明確な政策対応をとることは提唱できない」と述べている。バーナンキ議長は理事時代に、金融政策は物価の安定に、プルーデンス政策は金融システムの安定に、役割分担をすべきだと述べている。コーン副議長もバブルに対して特別の行動をとることは望ましくないと結論づけている。[20]

事後的対応では不十分：日本の経験からの教訓

日本のバブル期の経験を振り返ってみると、ＦＲＢが主張するように、バブルが弾けた後に、日本がアグレッシブな政策がとれたかどうか疑問もなくはない。政策効果（政策乗数）の不確実性を考慮すると、バブル崩壊後の金融政策運営はおおむね最適圏内にあったとの分析もみられる。一方、当時の政策担当者がインフレ見通しの不確実性を強く意識していれば、より積極的な金融緩和を行うべきだった――つまり、テイラー・ルールのインフレの係数を高めに設定した政策が望ましかった――という分析も示されている。ただ、その場合でも、インフレ率や実質成長率はある程度下支えされるが、効果は限定的で、早めの金融緩和だけでは90年代の長期停滞という全体的な姿を変えることはできなかったことが示されている[21]。

このように、バブル崩壊の懸念が強まった後に、金融政策対応だけでうまく経済をソフトランディングさせることはなかなか難しい、というのが、日本の経験がわれわれに語っていることだ。翁・白川・白塚（2000）は、「中央銀行にとってバブルの経験から得られる最大の教訓は、経済が抱えるリスクを極力、潜在的段階で把握する『先行きを展望した（フォワード・ルッキング）金融政策』の重要性である」と述べている[22]。

将来に対する経済主体の期待が著しく強気化した後では政策対応が大変になる。したがって、バブルの発生を未然に防止するよう努めることも、重要だと思う。

金融不均衡の蓄積に目配りを

ところで、98年の新日銀法の制定に向けて、金融制度調査会「日本銀行法の改正に関する答申」の答申理由書には、次のような指摘がある[23]。

日本銀行の金融政策（通貨及び金融の調節）の最も重要な目的は「物価の安定」を図ることにある。その際、日本銀行の金融政策の運営は、物価の安定を図ることを通じて、「国民経済の健全な発展」に資することを基本とすべきである。ただし、日本銀行は、ただ物価の安定にのみ専念すれば足りうるのではなく、物価の安定を基本とし、国民経済の健全な発展に資するよう、機動的かつ的確な金融政策を遂行することが求められている。さらに、一般物価水準が安定している中でも、地価・株価等の資産価格の高騰・急落が生じ、国民経済に深刻な影響を与える可能性があることは、過去の経験が示すところであり、日本銀行は、資産価格の変動にも留意していく必要がある。

これをどのように解釈すべきか。資産価格に対して直接的に政策対応を行うべき、つまりテイラー・ルールでいえば資産価格の変動を政策ルールの右辺に付加すべきという考え方があるが、私は、その意図するところは、そういうことではないと解している。「持続的な」物価安定を図り、国民が物価の変動に煩わされることなく経済活動にかかる意思決定を行えるような環境を整えることが、金融政策の目標なのであって、将来を見越して（フォワード・ルッキングに）リスクの蓋然性が高まったときに予防的な金融政策をとることが求められているということだととらえている。

２００６年3月に採用した「新たな金融政策運営の枠組み」では、「中長期的な物価安定の理解」を定め、それを念頭に置いて、最も蓋然性の高い標準シナリオが物価安定のもとでの持続的な成長の経路をたどっているかどうか（第1の柱）ということに加えて、より長期的な視点を踏まえつつ、確率は高くなくとも発生した場合に生じるコストを勘案して、金融政策運営の観点から重視すべきリスクを点検する（第2の柱）ことにしたが、これはまさにこのような考え方によるものだ。

過去のバブルや金融危機の教訓によれば、短期的な物価動向に過度な関心が集まり、資産価格や信用量などにおける行き過ぎが看過されてしまうと、結果として経済の大幅な変動を招き、中長期的な物価安定が損なわれるという事態が生じることがある。こうした点を踏まえ、日本銀行が金融政策運営にあたって2つの「柱」に基づく経済・物価情勢の点検を行う際には、先行き2年程度の経済・物価情勢の点検に加え、マクロ・プルーデンスの視点も取り込み、より長期的な視点を持ちながら様々なリスク要因の点検を行うこととしたのである。この視点は、2013年1月22日の政府と日銀の共同声明にも含まれ、黒田日銀にも引き継がれている。

(4) 重要性増す金融政策の役割

今回のバブルとその崩壊の経験は、インフレーション・ターゲティングに大きな課題を突きつけた。かつての日本と同様に、今回のバブルも物価が安定しているときに発生したからだ。IMF（2011c）は2011年3月に「金融危機後のマクロ・成長政策」というタイトルでハイレベル・コンファレンスを開催したが、そこで、金融政策についての考え方がリーマンの破綻前後で変化したかを問うた。金融危機前は、金融政策の枠組みについてのコンセンサスは「フレキシブルITPは金融政策に適している」「マクロ経済と金融監督は基本的に相互に独立である」「資産価格の上昇は金融政策に影響しない」「金融政策と財政政策は、短期・中期においては相互に独立」といったことなどであった。しかし金融危機により、こうしたコンセンサスが揺らいだとしている。[24]

それまでバブルかどうかの識別は難しいし、引締めでバブルを抑えられるか定かではない、そうしようとしたら他への影響が大きすぎるため、金融政策はバブルが崩壊した後、アグレッシブに対応すればよいというのがFRBの見方であった。このような見方はFEDビューと呼ばれている。

これに対してBISビューは、金融不均衡の蓄積が金融システム不安をもたらさないように資産価格の上昇に逆らって（リーン・アゲインスト・ザ・ウィンドで）政策運営を行う、つまり政策を物価や生産だけでなく資産価格も目標変数に組み込んで政策を行うべきというものである。[25] クリーンか

リーンかというような対立の構図で語られることがあるが、2003年BIS関係者がジャクソンホールでこの考え方を発表したときには大批判を受けていた[26]。しかし危機後はバブル崩壊の厳しさから、崩壊後の対応（クリーンアップ）でFRBは問題解決ができなかったため、当事者たちもこれまでのスタンスに疑問を感じるようになった[27]。

バブルに金融政策の責任はなく、バブル防止には規制などで対応するのが望ましく金融政策での対応はバブル崩壊後にアグレッシブに行うとのFRBの考え方は一つの考え方だとは思うが、前述のようにFRBの長きにわたる緩和の継続がバブルにつながったととらえている専門家は少なくない。私の見方もそれに近いといえる。事後的保証がモラルハザードを引き起こすことも指摘されている。

ただ、FRBのスタンスは少し変化したようだ。バブルはわからないということは正しいだろうが、それが意味することはバブルの崩壊もすぐにはわからないということである。実際、FRBはバブル崩壊後の日本の対応の遅れをかつて批判したが、米国が住宅バブル崩壊後、金融緩和政策をとるまでの期間は日本のバブル崩壊のときと大差はないとの指摘もある[28]。

また、崩壊の影響をアグレッシブな金融政策でも相殺できなかったということは、バブルを放置しておいてよいということでもない。コーン（2010）は2010年3月、現時点では金融システムの強化には規制・監督で対応すべきで、金融政策の使用は、不均衡が現に形成されていて、規制が使えない、または効果的でないことが明らかな場合に限定すべきと述べているが、金融政策を用いることを否定しなくなった。

イエレン（2011）も11年6月、危機的な不均衡がもたらされ、かつプルーデンス政策が有効にみえないときには金融政策を使うのを排除しないが、それはラストリゾート（最後の切り札）だと述べている。そしてFOMC2012年1月の声明文には、物価のゴールの公表とともに、FOMCの政策決定は、より長期的なゴール、中期的な見通し、そしてリスクバランスの評価を反映するが、リスク評価にはFOMCのゴールの達成を阻害し得る金融システムに関するリスクを含んでいる、とある。金融システムと金融政策との結びつきに距離をおいていたFRBが日銀の第2の柱と同様の指摘を行っているのだ。

イエレンFRB副議長は13年11月14日の米上院銀行委員会の公聴会で、「資産価格の不均衡への対処に当たり、金融政策を利用することは排除しない。ただ、金融政策は矛先が鈍いツールであり、また、FRBは議会から非常に重要な目標である最大雇用と物価安定の達成に向けこうしたツールを利用するよう要請されているため、議会が我々に受託したこれらの目標の達成に金融政策をまず利用し、その他のツールを金融安定に対する脅威に対処するために利用するべきと考えている」「低金利環境によりリスクの高い行動が触発される可能性がある。金融政策が役割を果たさなければならない可能性は排除しない」（邦訳はロイター）と述べている。

ただ、バブルであるかどうか途中でなかなか判断がつかない中、規制や監督でうまくそれに影響を与えることができるのか定かではない。規制が行き過ぎるか不足するかまったくわからない。規制でリスクを取りにくくすることは効率性の観点から問題も生じ得る。コミュニケーション・ポリシーも含めて、バブルに対して金融政策の出番はFRBが考えている以上にあるのではないかと思う。

これまで何度も指摘してきたように、日本銀行の金融政策の枠組みは、バブルの可能性をリスクとして第2の柱で検討し、金融政策運営に生かすというものであり、日本の経済物価の特徴を踏まえつつ、マクロ・プルーデンスの視点も金融政策の枠組みに取組んでいる。リーマン・ショックが起こっても、日本では制度的な変更をする必要がなかった。新日銀法ではＬＬＲについても法的根拠を定めており、これについても欧米にはみられないものであった。この先進的な枠組みにのっとって、日銀はみずからの役割をしっかり果たしてほしいと思う。

(5) 二つの目標の達成：物価安定と金融システム安定

これまで述べたように、危機前は、金融政策とプルーデンス政策は分離可能であり、別々の政策当局に割当てることが望ましいとの考えが主流であった。バブル対応への支配的な見解であったＦＲＢの考え方は、金融政策は将来のインフレ率や成長率に影響を与える限りにおいて資産価格に対応し、バブル崩壊後は積極的かつ迅速に対応するということであった。

しかし危機時には、第６章でみてきたように、マーケットメーカー（ＬＬＲ）としての役割と金融政策の役割の区別には難しいものがある。金融政策とプルーデンス政策の境界は不明瞭なものとなりがちだ。ミシュキン（２０１１）は、金融危機後、政策に関するみずからの考え方をチェックしているが、その中で、金融政策と金融安定化政策の二分法は間違いであったと述べている。物価安定目標には金融システムの安定が必要であり、補完的な関係にあることは確かであり、目標を二つに分けて、二つの手段で政策割当てという考えは、なじまない。

また、マクロ・プルーデンス政策は透明性や責任の追及が難しい。政府からの介入をなくすためには透明性を高めたほうがよいが、透明性を高めるとモラルハザードが起こり得るという問題もある。しかも指標で目標を設定することも不可能なため、評価基準をつくることも難しい。したがってマクロ・プルーデンス「政策」というよりは、業務・政策すべてにおいて、マクロ・プルーデンスの「視点」を持つということが大事ではないかと思う。

また、将来、国債買入れなどをめぐって、両政策が利益相反となる可能性がある。中央銀行の独立性が阻害されないかという懸念もある。あまりにプルーデンスに入り込むと、マクロであってもミクロの積み重ねの部分やＴＢＴＦの問題もあるので、政治的な介入を受けやすい。政府との間でどう距離をとるか、政府との協働が必要な分野なので難しい問題である。

マクロ・プルーデンスに関してはグローバルな協力も重要である。ＩＭＦは、賛否両論があるもののＬＬＲの役割を強めたいとの思いがスピーチ等からうかがわれる。自国の目的達成にそれがどのような影響を与えるのか、様々なグローバルな規制の影響とともに、国際機関の役割が与える影響も考えておく必要があろう。

4　本書を締め括るにあたって

この章では今後重要性を増すと思われる三つのテーマを取り上げたが、共通点は政府との関わりであった。今後、「独立」にはそぐわない「日銀と一体となって」とか「連携して」という言葉が政府から消えるのはいつであろうか。

望ましくない政策だと判断すれば誰に対してもしっかりとノーといえる環境を、中央銀行は是非とも維持しておくことが大切だ。もちろん独立の意味するところは一定ではなく変化する。たとえば、マクロ・プルーデンス面では政府との協働は平時でも必要であり、それが重視される限り、金融政策運営上、政府との対話はかつてよりも重要となろう。

金融政策のあり方を変える可能性があるもう一つの要因が、グローバル化のより一層の進展である。それは単に内外で経済金融の関わりが強まることだけを意味していない。そろそろ新たな国際金融システムを構築していくことが必要だと考えているからである。

国際金融システテが目指しているのは、経済効率とマクロ経済の安定性である。しかし、流動性のジレンマ、そしてトリレンマの問題（資本移動、為替レート、金融政策の三つのすべてを同時には自由にできないということ）の根本的な解決は不可能といってよい。実際、現在の国際通貨システムのもとでIMF（2011b）は、為替レートのミスアラインメント、為替レートと資本移動の変動、経常収支不均衡の持続、頻発する危機、先例のないほどの外貨基準の蓄積といった問題が起こったと指摘している。

中国をはじめ新興国が台頭している中、問題のグローバルな広がりと問題解決へ向けての努力の必要性が強まっている。しかし、G20の重要性が高まったことからもわかるように、主要国の数が大きく増えたことや、新興国は責任のある国際社会の一員としての自覚がまだ十分に備わっていないこともあって、船頭が多すぎて進路が決まらない状況が続いている。そろそろ新興国には大人の仲間入りをしてもらって、同じ権限と責任とのもとで、国際通貨制度、金融規制、LLR機能などのような協力体制が望ましいのか、新たな国際金融システムを一緒につくっていく必要があると思っている。必要なのはインターナショナルではなくグローバルな視点である。

国際通貨制度の安定化にはIMFの存在は重要である。IMFの主要業務はIMF協定第一条にあり、それは国際的通貨協力の推進、国際貿易の拡大とバランスのとれた成長の促進、為替安定の促進、多国間決済システム確立の支援、国際収支上の困難に陥っている加盟国への（適切なセーフガードを伴う）財源提供である。

ただ、ここでの協力の目的が、安定的な為替相場制度の促進に制限されていることに、ＩＭＦは時代に即していないとの思いがある。ただ、ガバナンスが難しくなっている中、権限を拡大するよりもその責任と権限の範囲内で仕事をしっかりとやってほしいと思う。たとえば為替レートは各国すべてが望むレートは実現できないというｎ－１問題がある。かつては介入についてＩＭＦのガイドラインが形成されたことがあるが有効には機能しなかった。[29] 為替レートはファンダメンタルズに見合ったかたちで安定的であることが望ましいのはたしかである。金融政策への負担を減らすためにも、国際金融システムにおける資本移動規制や介入のあり方について、新興国は大目に見るというスタンスから、先進国も含めたグローバルな問題として一度考えを整理する必要があると思う。

もちろん今後どのようなシステムが構築されるにしても、内外政府・中銀、内外経済金融の結びつきが強まることは確かである。一国の中央銀行が金融政策決定の独立を確保していくことはどういうことなのか、グローバルなシステム構築と同時に考えていく必要があるのではないかと思っている。先進国の金融緩和が続くことが想定される中、とりあえずの現実的な対応としては、ソフトなガバナンス、つまりＩＭＦのサーベイランス機能を活かしながら、各国はグローバルな視点、マクロ・プルーデンスの視点を強化することが重要だと思う。その上で、日本銀行が金融政策を目標達成に向けて、自主的に行っていくためには、目標達成を困難にする財政赤字問題と低生産性問題の改善に、政府だけでなく国民一人ひとりが早急に取り組む必要がある。同じことが10年以上も前からいわれており、金融政策で時間を稼ぐ余裕はもう日本にはない。

[注]

（1） スヴェンソンは自分の処方箋は確実なものだと強調しているが、それは海外金利がプラスである場合であり、米国もゼロ金利となったもとでは、確実なシナリオとは言い難い。

（2） FTは2001年11月15日付社説において、「もっとも望ましい金融政策は、円安をターゲットにすることによって物価水準を引き上げる政策である」と述べている。

（3） 政策委員会・金融政策決定会合議事録（2001年11月15～16日開催）。
http://www.boj.or.jp/mopo/mpmsche_minu/record_2001/gjrk011116a.pdf

（4） 「当面の金融政策運営に関する考え方」1999年9月21日公表。

（5） 日本銀行「経済物価情勢の展望」2012年4月27日参照。

（6） たとえばBernanke（2012a）を参照。

（7） Mundell（1968）を参照。

（8） BIS（2012）第4章。なお、翌年もこの特徴に変化はみられない。

（9） IMF（2013a）を参照。

（10） バイトマン・ドイツ連銀総裁（2013）は「中央銀行は財政政策とあまりに近くでダンスをすべきではない。私の前任者の一人の言葉を用いると、あなたが財政政策とあまりに近くで踊ったら、財政政策はあなたと結婚するだろう。その結末は、より高いインフレと財政節度の緩みとなるのが通常だ」と述べている。

（11） 須田（2011）を参照。

（12） Ball（2012）は、ゼロ金利制約のもとでの金融政策について日本に対してアグレッシブな政策を提案したにもかかわらず、FRB議長となったバーナンキは金融政策についてより慎重な政策を行っているが、その理由はスタッフの分析に影響を受けたからだとしている。私は学者と政策担当者のちがいがここに表れていると思っている。

（13） Krugman（2010）参照。クルーグマンはかつて日本の金融政策を強く批判し、たとえば4％のインフレを15年間続けるといった高いインフレ目標を設定し、これが実現できるまでの罠から脱却できると提言したが、今次危機においては、金融政策よりも大規模な財政出動により需要不足を解消することを提言し、米国のそれが不十分で遅すぎだと指摘している。Krugman（2009）参照。

(14) ＦＲＢ年報（１９５１）、須田（２０１１）および金融政策決定会合議事録２００３年７月15日の須田の発言を参照。

(15) １９８０年代後半については、１９９９年カンザスシティ連銀主催シンポジウムにおけるBernanke and Gertler（1999）と山口泰（１９９９）、翁・白川・白塚（２０００）、翁・白塚（２００２）を参照。また90年代前半については、Aherne, *et al.*（2002）、２００２年カンザスシティ連銀主催シンポジウムにおける山口泰（２００２）を参照。

(16) Mishkin（2007a）を参照。

(17) ２００５年６月９日、上下両院合同経済委員会でのグリーンスパン議長の証言（２００５ｃ）を参照。

(18) 福永（２００６）、斉藤・福永（２００８）を参照。

(19) たとえば翁・白塚（２００２）や白川・門間（２００１）などを参照。

(20) Bernanke（2002）やKohn（2006a）を参照。

(21) 木村・藤原・原・平形・渡邊（２００７）を参照。前掲の山口泰・元副総裁の論文（２００２）も参照。

(22) 白川・門間（２００１）は「バブルは生成されるからこそその崩壊も起こり得るのであることを考えれば、まずはバブルの生成を未然に防止するように努めることが、やはり重要であろう」と述べている。

(23) 金融制度調査会（１９９７）を参照。中央銀行研究会（１９９６）も参照。

(24) IMF（2011a）は課題として①ＩＴＰは今後も有効か、②中銀は金融監督に関わるべきか、③短期金利操作は資産価格のコントロールに有効か、④ゼロ金利制約は金融危機時に大きな制約となったか、⑤金融危機時、金融政策と財政政策の区分は「不透明」となったか、などが示された。

(25) カルアナＢＩＳ総支配人（２０１０）は、２０１０年４月、金融政策は中期的な金融システムの安定とマクロ経済の安定を目的に、信用拡張と資産価格を考慮に入れて運営されるべきと述べている。

(26) Bolio and White（2004）.

(27) Mishkin（2011）, Kohn（2008）。コーンは、バブル崩壊後の経験を踏まえると、バブル抑制のメリットは十分大きいと、それまでの主張（前掲２００６年講演）を変更している。

(28) 翁（２０１１）第６章を参照。

(29) 小宮・須田（１９８３）を参照。

参考文献

Ahearne, Alan, Joseph Gagnon, Jane Haltmaier, and Steve Kamin (2002) "Preventing deflation : lessons from Japan's experience in the 1990s," *International Finance Discussion Papers* 729, Board of Governors of the Federal Reserve System (U.S.).

Amato, Jeffery D., Stephen Morris, and Hyun Song Shin (2002) "Communication and Monetary Policy," *Oxford Review of Economic Policy* Vol. 18, No. 4, pp. 495-503.

Bagehot, Walter (1873) *Lombard Street : a description of the money market*, New York : Scribner, Armstrong, 1873. With new foreword, London : Henry S. King and Co.（邦訳『ロンバード街』日経ＢＰクラシックス，２０１１年）

Ball, Laurence (1999) "Efficient Rules for Monetary Policy," *International Finance* Vol. 2, No. 1, pp. 63-83.

——— (2012) "Ben Bernanke and the Zero Bound," *NBER Working Papers* 17836, National Bureau of Economic Research.

Bank of England (2000) "Bank of England Response to the Kohn Report," December 6. http://www.bankofengland.co.uk/publications/Documents/other/monetary/kohnresponse.pdf.

Bean, Charles and Nigel Jenkinson (2001) "The Formulation of Monetary Policy at the Bank of England," *Bank of England Quarterly Bulletin*, pp. 434-441.

———, Matthius Paustian, Adrian Penalver, and Tim Taylor (2010) "Monetary policy after the fall," *Proceedings - Economic Policy Symposium - Jackson Hole*, pp. 267-328.

Bernanke, Ben S. (2000) "Japanese Monetary Policy : A Case of Self-Induced Paralysis?" in Ryoichi Mikitani and Adam S. Posen eds. *Japan's Financial Crisis and Its Parallels to U.S. Experience*, Washington, DC. : Institute for International Economics, Chap. 7.（清水啓典監訳『日本の金融危機』東洋経済新報社，２００１年）

——— (2002) "Asset-Price Bubbles and Monetary Policy," Before the New York Chapter of the National Association for Business Economics, New York, October 15.

——— (2003a) "Inflation Targeting：Prospects and Problems," Panel Discussion At the 28th Annual Policy Conference, Federal Reserve Bank of St. Louis, St. Louis, Missouri, October 17.
http://www.federalreserve.gov/Boarddocs/Speeches/2003/20031017/default.htm

——— (2003b) "An Unwelcome Fall in Inflation?" Before the Economics Roundtable, University of California, San Diego, La Jolla, California, July 23.
http://www.federalreserve.gov/boarddocs/speeches/2003/20030723/

——— (2003c) "Some Thoughts on Monetary Policy in Japan," May.
http://www.federalreserve.gov/boarddocs/speeches/2003/20030531/

——— (2004a) "The Logic of Monetary Policy," Before the National Economists Club, Washington, D.C., December 2.
http://www.federalreserve.gov/boarddocs/speeches/2004/20041202/

——— (2004b) "Fedspeak," January. Speech at the Meeting of the American Economic Association.
http://www.federalreserve.gov/boarddocs/speeches/2004/200401032/default.htm

——— (2004c) "Gradualism," Speech 540, Board of Governors of the Federal Reserve System (U.S.).

——— (2004d) "Monetary Policy and the Economic Outlook," January 4.

——— (2006) "Monetary aggregates and monetary policy at the Federal Reserve：a historical perspective," Speech 243, Board of Governors of the Federal Reserve System (U.S.).

——— (2008a) "Financial markets, the economic outlook, and monetary policy：a speech at the Women in Housing and Finance and Exchequer Club Joint Luncheon, Washington, D.C., January 10, 2008," Speech 352, Board of Governors of the Federal Reserve System (U.S.).

——— (2008b) "Semiannual Monetary Policy Report to the Congress Before the Committee on Financial Services," U.S. House of Representatives, February 27.

——— (2009a) "The Crisis and the Policy Response," At the Stamp Lecture, London School of Economics, London, England January 13.

http://www.federalreserve.gov/newsevents/speech/bernanke20090113a.htm

——— (2009b) "The Fed's Exit Strategy," *Wall Street Journal* July 21.

——— (2009c) "Federal Reserve policies to ease credit and their implications for the Fed's balance sheet : a speech at the National Press Club Luncheon, National Press Club, Washington, D.C., February 18, 2009," Speech 443, Board of Governors of the Federal Reserve System (U.S.).

——— (2010a) "The economic outlook and monetary policy : a speech at the Federal Reserve Bank of Kansas City Economic Symposium, Jackson Hole, Wyoming, August 27, 2010," Speech 539, Board of Governors of the Federal Reserve System (U.S.).

——— (2010b) "Federal Reserve's exit strategy : testimony before the Committee on Financial Services, U.S. House of Representatives, February 10, 2010," Web Site 79, Board of Governors of the Federal Reserve System (U.S.).

——— (2010c) "Central bank independence, transparency, and accountability : a speech at the the Institute for Monetary and Economic Studies International Conference, Bank of Japan, Tokyo, Japan, May 25, 2010," Speech 524, Board of Governors of the Federal Reserve System (U.S.).

——— (2010d) "Monetary Policy Objectives and Tools in a Low-Inflation Environment," At the Revisiting Monetary Policy in a Low-Inflation Environment Conference, Federal Reserve Bank of Boston, Boston, Massachusetts, October 15.

——— (2012a) "U.S. Monetary Policy and International Implications," At the Challenges of the Global Financial System : Risks and Governance under Evolving Globalization, A High-Level Seminar sponsored by Bank of Japan-International Monetary Fund, Tokyo, Japan, October 14.
http://www.federalreserve.gov/newsevents/speech/bernanke20121014a.htm.

——— (2012b) "Opening remarks : monetary policy since the onset of the crisis," *Proceedings - Economic Policy Symposium - Jackson Hole*, pp. 1-22.

——— (2013) "Communication and Monetary Policy," At the National Economists Club Annual Dinner, Herbert Stein Memorial Lecture, Washington, D.C., November 19.

http://www.federalreserve.gov/newsevents/speech/bernanke20131119a.htm.

——— (2014) "The Federal Reserve : Looking Back, Looking Forward : a speech at the Annual Meeting of the American Economic Association. Philadelphia, Pennsylvania, January 3, 2014," Speech 608, Board of Governors of the Federal Reserve System (U.S.).

——— and Mark Gertler (1995) "Inside the Black Box : The Credit Channel of Monetary Policy Transmission," *Journal of Economic Perspectives* Vol. 9, No. 4, pp. 27–48.

———, ——— (1999) "Monetary policy and asset price volatility," *Proceedings – Economic Policy Symposium – Jackson Hole*, pp. 77–128.

——— and Frederic S. Mishkin (1997) "Inflation Targeting : A New Framework for Monetary Policy?" *Journal of Economic Perspectives* Vol. 11, No. 2, pp. 97–116.

BIS (2006) "76th Annual Report," June 26.

——— (2012) "82nd BIS Annual Report 2011/2012," June 24.

Blanchard, Olivier, Giovanni Dell'Ariccia, and Paolo Mauro (2010) "Rethinking Macroeconomic Policy," *Journal of Money, Credit and Banking* Vol. 42, No. s1, pp. 199–215.

Blinder, Alan S. (1998) *Central Banking in Theory and Practice*, Cambridge, MA : MIT Press,（河野龍太郎・前田栄治訳『金融政策の理論と実践』東洋経済新報社、１９９９年）

——— (2006) "Monetary Policy Today : Sixteen Questions and about Twelve Answers," *Working Papers* 73, Princeton University, Department of Economics, Center for Economic Policy Studies.

———, Michael Ehrmann, Marcel Fratzscher, Jakob De Haan, and David-Jan Jansen (2008) "Central Bank Communication and Monetary Policy : A Survey of Theory and Evidence," *Journal of Economic Literature* Vol. 46, No. 4, pp. 910–945.

Board of Governors of the Federal Reserve System (1951) *Annual Report 1951*.

Borio, Claudio E. V. and William R. White (2004) "Whither monetary and financial stability? the implications of evolving policy regimes," *BIS Working Papers* 147, Bank for International Settlements.

Bryant, Ralph C. (2000) "Comment on Overcoming the Zero Bound on Interest Rate Policy," *Journal of Money, Credit and Banking* Vol. 32, No. 4, pp. 1036–1050.

Buiter, Willem H. (2006) "How Robust is the New Conventional Wisdom? The Surprising Fragility of the Theoretical Foundations of Inflation Targeting and Central Bank Independence," *CEPR Discussion Papers* 5772.

——— (2008) "Can Central Banks Go Broke?" *CEPR Discussion Papers* 6827.

Bullard, James (2010) "Seven faces of the peril," *Federal Reserve Bank of St. Louis Review* Vol. 92, No. 5, pp. 339–352.

Carpenter, Seth B., Jane E. Ihrig, Elizabeth C. Klee, Daniel W. Quinn, and Alexander H. Boote (2013) "The Federal Reserve's balance sheet and earnings : a primer and projections," *Finance and Economics Discussion Series* 2013-01, Board of Governors of the Federal Reserve System (U.S.).

Caruana, Jamie (2010) "Macroprudential Policy : working towards a new consensus," at the high-level meeting on The Emerging Framework for Financial Regulation and Monetary Policy jointly organised by the BIS's Financial Stability Institute and the IMF Institute Washington DC, April 23.
http://www.bis.org/speeches/sp100426.htm.

Dalsgaard, Thomas, Jorgen Elmeskov, and Park Cyn-Young (2002) "Ongoing Changes in the Business Cycle-Evidence and Causes," *Economics Department Working Papers* NO. 315, OECD.

Dudley, William (2010) "The outlook, policy choices and our mandate," Speech 30, Federal Reserve Bank of New York.

Eggertsson, Gauti B. and Michael Woodford (2003) "The Zero Bound on Interest Rates and Optimal Monetary Policy," *Brookings Papers on Economic Activity* Vol. 34, No. 1, pp. 139–235.

English, William B., J. David López-Salido, and Robert J. Tetlow (2013) "The Federal Reserve's framework for monetary policy —recent changes and new questions," *Finance and Economics Discussion Series* 2013-76, Board of Governors of the Federal Reserve System (U.S.).

Faust, Jon and Dale W. Henderson (2004) "Is inflation targeting best-practice monetary policy?" *Federal Reserve Bank of St. Louis Review* Vol. 86, No. 4, pp. 117–144.

Ferguson, Roger W. Jr. (2002) "Why Central Banks Should Talk?" At the Graduate Institute of International Studies, Geneva, Switzerland, January 8.
http://www.federalreserve.gov/BoardDocs/Speeches/2002/20020108/default.htm

——— (2005) "Recessions and recoveries associated with asset-price movements : what do we know? : a speech at the Stanford Institute for Economic Policy Research, Stanford, California, January 12, 2005, and the Rea," Speech 69, Board of Governors of the Federal Reserve System (U.S.).

Fernandez, Adriana Z. and Alex Nikolsko-Rzhevskyy (2007) "Measuring the Taylor rule's performance," *Economic Letter* Vol. 2, No. 6.

Fisher, Richard W. (2006) "Confessions of a data dependent," Speech 59, Federal Reserve Bank of Dallas.

——— (2008) "Comments on stylized facts of globalization and world inflation," Speech 31, Federal Reserve Bank of Dallas. Comments on Stylized Facts of Globalization and World Inflation, March 7.
http://dallasfed.org/news/speeches/fisher/2008/fs080307.cfm.

FRB (2009) *Monetary Policy Report to Congress*, July 21.

——— (2013) "Monetary Policy Report," February 26, Board of Governors of the Federal Reserve System.

Gai, Prasanna and Hyun Song Shin (2003) "Transparency and financial stability," *Financial Stability Review* No. 15, pp. 101-108, Bank of England.

Galati, Gabriele and Richhild Moessner (2013) "Macroprudential policy - a literature review," *Journal of Economic Surveys* Vol. 27, No. 5, pp. 846-878.

Goodfriend, Marvin (2000) "Overcoming the Zero Bound on Interest Rate Policy," *Journal of Money, Credit and Banking* Vol. 32, No. 4, pp. 1007-1035.

Gramlich, Edward M. (2000) "Inflation Targeting," January 13.

——— (2005) "The Politics of Inflation Targeting," At the Euromoney Inflation Conference, Paris, France, May 26.

Greenlaw, David, James D. Hamilton, Peter Hooper, and Frederic S. Mishkin (2013) "Crunch Time : Fiscal Crises and the Role of

Monetary Policy," *NBER Working Papers* 19297, National Bureau of Economic Research.

Greenspan, Alan (1996a) "The Challenge of Central Banking in a Democratic Society," At the Annual Dinner and Francis Boyer Lecture of The American Enterprise Institute for Public Policy Research, Washington, D.C., December 5. http://www.federalreserve.gov/boarddocs/speeches/1996/19961205.htm

——— (1996b) "Opening Remarks," for "Achieving Price Stability," Symposium Sponsored by the Federal Reserve Bank of Kansas City.

——— (2001) "Transparency in monetary policy," At the Federal Reserve Bank of St. Louis, Economic Policy Conference, St. Louis, Missouri (via videoconference). http://www.federalreserve.gov/boarddocs/speeches/2001/20011011/default.htm

——— (2003) "Monetary Policy under Uncertainty," August 29.

——— (2004a) "Current account," *Technical report*, Board of Governors of the Federal Reserve System (U.S.). http://www.federalreserve.gov/BOARDDOCS/Speeches/2004/20040302/default.htm

——— (2004b) "Risk and Uncertainty in Monetary Policy," *American Economic Review* Vol. 94, No. 2, pp. 33–40.

——— (2005a) "Closing remarks : the Greenspan era : lessons for the future," *Proceedings – Economic Policy Symposium – Jackson Hole*, pp. 549–551.

——— (2005b) "Federal Reserve Board's semiannual Monetary Policy Report to the Congress," Testimony, February 16.

——— (2005c) "The economic outlook," Before the Joint Economic Committee, U.S. Congress, June 9.

Gurkaynak, Refet S., Brian Sack, and Eric Swanson (2005) "The Sensitivity of Long-Term Interest Rates to Economic News : Evidence and Implications for Macroeconomic Models," *American Economic Review* Vol. 95, No. 1, pp. 425–436.

Hoenig, Thomas M. (2009) "The U.S. Economic Outlook : The Aftermath of Leverage," January 7. http://www.kc.frb.org/SpeechBio/HoenigPDF/CentralExch01.07.09.pdf

Honda, Yuzo, Yoshihiro Kuroki, and Minoru Tachibana (2007) "An Injection Of Base Money At Zero Interest Rates : Empirical Evidence From The Japanese Experience 2001–2006," *Discussion Papers in Economics and Business* 07–08, Osaka University,

Graduate School of Economics and Osaka School of International Public Policy (OSIPP).
IMF (2006) "How Has Globalization Affected Inflation?" in *World Economic Outlook : Globalization and Inflation* : International Monetary Fund, Publication Services, Chap. 3.
——— (2011a) "How should the crisis affect our views of monetary policy?" Background Note for Session I – Monetary Policy Conference on –Macro and Growth Policies in the Wake of the Crisis, March 7–8.
——— (2011b) "Strengthening the International Monetary System : Taking Stock and Looking Ahead."
https://www.imf.org/external/np/pp/eng/2011/032311.pdf
——— (2011c) "Monetary Policy Conference on –Macro and Growth Policies in the Wake of the Crisis," March 7–8.
——— (2013a) "2013 Pilot External Sector Report," June 20.
http://www.imf.org/external/pp/longres.aspx?id=4789.
——— (2013b) "Unconventional Monetary Policies–Recent Experience and prospects," April 18.
Issing, Otmar (2005) "Communication, transparency, accountability : monetary policy in the twenty-first century," *Federal Reserve Bank of St. Louis Review* Vol. 87, No. 2, pp. 65–83, March/April Part 1.
King, Mervyn (2002) "No money, no inflation? the role of money in the economy," *Bank of England Quarterly Bulletin* pp. 162–177. Summer.
——— (2004) "The Institutions of Monetary Policy," *American Economic Review : Papers and Proceedings* Vol. 94, No. 2, pp. 1–13.
——— (2005a) "Monetary Policy : Practice Ahead of Theory," At the Mais Lecture, Cass Business School, London, 17 May.
http://www.bankofengland.co.uk/archive/Documents/historicpubs/speeches/2005/speech245.pdf
——— (2005b) "Remarks to the Central Bank Governors' Panel," at a symposium sponsored by the Federal Reserve Bank of Kansas City, Jackson Hole, Wyoming, 27 August.
http://www.bis.org/review/r050901c.pdf
Knight, Frank H. (1921) *Risk, Uncertainty, and Profit*, Boston ; New York : Houghton Mifflin Company (奥隅榮喜訳『危険・不

確実性および利潤』文雅堂書店、１９５９年).

Kohn, Donald L. (2000) "Report to The Non-executive Directors of the Court of the Bank of England on Monetary Policy Processes and The Work of Monetary Analysis," October 18.
http://bankofengland.co.uk/publications/Documents/other/monetary/kohn.pdf.

——— (2003) "Remarks," at the National Bureau of Economic Research Conference on Inflation Targeting.

——— (2006a) "Monetary policy and asset prices," At Monetary Policy : A Journey from Theory to Practice, a European Central Bank Colloquium held in honor of Otmar Issing, Frankfurt, Germany, March 16.
http://www.federalreserve.gov/newsevents/speech/kohn20060316a.htm.

——— (2006b) "The effects of globalization on inflation and their implications for monetary policy," in Jane Sneddon Little ed. *Global Imbalances and the Evolving World Economy*, Conference Series, No. 51, pp. 341-350, Boston, Massachusetts : Federal Reserve Bank of Boston.

——— (2008) "Monetary Policy and Asset Prices Revisited," At the Cato Institute's 26th Annual Monetary Policy Conference, Washington, D.C., November 19.
http://www.federalreserve.gov/newsevents/speech/kohn20081119a.htm.

——— (2010) "The Federal Reserve's policy actions during the financial crisis and lessons for the future : a speech at Carleton University, Ottawa, Canada, May 13, 2010," Speech 522, Board of Governors of the Federal Reserve System (U.S.).

Krugman, Paul (2009) "Behind the Curve," *New York Times*, March 8.

——— (2010) "Paralysis at the Fed," *New York Times*, August 12.

Kuroda, Haruhiko (2013) "Quantitative and Qualitative Monetary Easing," Remarks at the International Council Meeting of the Bretton Woods Committee, October 10 (日本語訳「『量的・質的金融緩和』の特徴」).
http://www.boj.or.jp/announcements/press/koen_2013/ko131011a.htm/

Leamer, Edward E. (2007) "Housing is the business cycle," *Proceedings - Economic Policy Symposium - Jackson Hole*, pp. 149-233.

Levin, Andrew T., Fabio M. Natalucci, and Jeremy M. Piger (2004) "The macroeconomic effects of inflation targeting," *Federal Reserve Bank of St. Louis Review* Vol. 86, No. 4, pp. 51–80.

Lomax, Rachel (2008) "The State of the Economy," Speech at the Institute of Economic Affairs : 26 February. http://www.bankofengland.co.uk/archive/Documents/historicpubs/speeches/2008/speech337.pdf

McCallum, Bennett T. (2000) "Theoretical Analysis Regarding a Zero Lower Bound on Nominal Interest Rates," *Journal of Money, Credit and Banking* Vol. 32, No. 4, pp. 870–904.

McCulley, Paul and Zoltan Pozsar (2013) "Helicopter Money : Or How I Stopped Worrying and Love Fiscal–Monetary Cooperation," Global Interdependence Center.

Meyer, Laurence H. (1998) "Come with Me to the FOMC," The Gillis Lecture, Willamette University, Salem, Oregon. http://www.federalreserve.gov/boarddocs/speeches/1998/199804022.htm

——— (2004a) *Term at the Fed–An Insider's View, 2004.*

——— (2004b) "Practical problems and obstacles to inflation targeting," *Federal Reserve Bank of St. Louis Review* Vol. 86, No. 4, pp. 151–160.

Mishkin, Frederic S. (2007a) "Housing and the monetary transmission mechanism," *Proceedings – Economic Policy Symposium – Jackson Hole*, pp. 359–413.

——— (2007b) "Headline versus core inflation in the conduct of monetary policy : a speech at the Business Cycles, International Transmission and Macroeconomic Policies Conference, HEC Montreal, Montreal, Canada, Oc," Speech 332, Board of Governors of the Federal Reserve System (U.S.).

——— (2010) "Monetary policy flexibility, risk management, and financial disruptions," *Journal of Asian Economics* Vol. 21, No. 3, pp. 242–246.

——— (2011) "Monetary Policy Strategy : Lessons From The Crisis," in Marek Jarocinski, Frank Smets, and Christian Thimann eds. *Approaches to monetary policy revisited – lessons from the crisis*, 6th ECB Central Banking Conference, 18–19 November 2010, pp. 67–118 : European Central Bank, October.

Morris, JoAnne and Tonny Lybek (2004) "Central Bank Governance : A Survey of Boards and Management," *IMF Working Papers* 04/226, International Monetary Fund.

Mundell, Robert A. (1968) *International Economics*, New York : Macmillan,（渡辺太郎・箱木真澄・井川一宏訳、『国際経済学（新版）』、ダイヤモンド社、２０００年）.

OECD (2006) "Economic Surveys : Japan,"
http://www.oecd.org/japan/economicsurveyofjapan2006.htm

Oritz, Guillermo (2011) "How should the crisis affect our views of monetary policy?" Background Note for Session I - Monetary Policy Conference on Macro and Growth Policies in the Wake of the Crisis, March 7-8.

Pianalto, Sandra (2004) "The Process of Policy," The Charles J. Pilliod Lecture Series, Kent State University.
http://www.clevelandfed.org/for_the_public/news_and_media/speeches/2004/pianalto_20040113.cfm

Plosser, Charles I. (2013) "Forward guidance," Speech 76, Federal Reserve Bank of Philadelphia.

Poole, William (2005) "FOMC transparency," *Federal Reserve Bank of St. Louis Review* Vol. 87, No. 1, pp. 1-9.

——— (2007) "Understanding the Fed," *Federal Reserve Bank of St. Louis Review* Vol. 7, No. 1, pp. 3-14.

Posen, Adam S. (2009) "Getting Credit Flowing : A Non-Monetarist Approach to Quantitative Easing," Speech presented at the Dean's Lecture Series, Cass Business School, London, October 26.

Reinhart, Vincent R. (2003) "Making monetary policy in an uncertain world," *Proceedings - Economic Policy Symposium - Jackson Hole*, pp. 265-274.

——— (2008) "The Governance, Communication, and Conduct of the Federal Reserve's Monetary Policy," American Enterprise Institute, February 29.

Rogoff, Kenneth (2008) "Embracing inflation," December 2nd, the Gardian.

Sibert, Anne (2003) "Monetary Policy Committees : Individual and Collective Reputations," *Review of Economic Studies* Vol. 70, No. 3, pp. 649-665.

Stella, Peter and Ulrich H. Klueh (2008) "Central Bank Financial Strength and Policy Performance : An Econometric Evaluation,"

IMF Working Papers 08/176, International Monetary Fund.

Stone, Mark R. and Charles Frederick Kramer (2005) "A Post-Reflation Monetary Framework for Japan," *IMF Working Papers* 05/73, International Monetary Fund.

Svensson, Lars E.O. (1997) "Inflation Forecast Targeting : Implementing and Monitoring Inflation Targets," *European Economic Review* Vol. 41, pp. 1111-1146.

——— (1999) "Inflation targeting as a monetary policy rule," *Journal of Monetary Economics* Vol. 43, No. 3, pp. 607-654.

——— (2001) "The Zero Bound in an Open Economy : A Foolproof Way of Escaping from a Liquidity Trap," *Monetary and Economic Studies, Bank of Japan* Vol. 19, No. S1, pp. 277-312.（スヴェンソン，ラルス・E・O（２００１）「開放経済下における名目金利の非負制約：流動性の罠を脱出する確実な方法」*IMES DISCUSSION PAPER SERIES* 第2001-J-6号。）

Taylor, John B. (1993a) "Discretion Versus Policy Rules in Practice," *Carnegie-Rochester Conference Series on Public Policy* Vol. 39, pp. 195-214.

——— (1993b) *Macroeconomic Policy in a World Economy : From Econometric Design to Practical Operation*, New York : W. W. Norton & Company.

——— (2007) "Housing and monetary policy," *Proceedings - Economic Policy Symposium - Jackson Hole*, pp. 463-476.

——— (2009) "The Need to Return to a Monetary Framework," *Business Economics* Vol. 44, No. 2, pp. 63-72.

Trichet, Jean-Claude (2010) "Luncheon address : Central Banking in Uncertain Rimes : Conviction and Responsibility," *Proceedings - Economic Policy Symposium - Jackson Hole*, pp. 243-266.

Turner, Adair (2013) "Debt, Money and Mephistopheles : How Do We Get Out Of This Mess?" February. Cass Business School.

Waller, Christopher J. (2000) "Policy Boards And Policy Smoothing," *Quarterly Journal of Economics* Vol. 115, No. 1, pp. 305-339.

Warsh, Kevin (2010) "It's Greek to me," at the Atlanta Rotary Club, Atlanta, Georgia, June 28.
http://www.federalreserve.gov/newsevents/speech/kevin20100628a.htm

Weidmann, Jens (2013) "Fiscal and Monetary Policy - Dancing too Close?" at the École des Hautes Études Commerciales, February 25.

http://www.bundesbank.de/Redaktion/EN/Reden/2013/2013_02_25_weidmann_paris.html.
Wheeler, Graeme (2013) "Decision making in the Reserve Bank of New Zealand," March. A speech delivered to the University of Auckland Business School in Auckland.
http://www.rbnz.govt.nz/research_and_publications/speeches/2013/5173495.pdf
White, William R. (2006) "Is Price Stability Enough?" *BIS Working Papers* 205, Bank for International Settlements.
Woodford, Michael (1999) "Optimal Monetary Policy Inertia," *Manchester School* Vol. 67, No. 0, pp. 1-35, Supplement.
Yamaguchi, Yutaka (1999) "Asset price and monetary policy : Japan's experience," *Proceedings - Economic Policy Symposium - Jackson Hole*, pp. 171-176（日本語訳「資産価格と金融政策—日本の経験—」).
http://www.boj.or.jp/announcements/press/koen_1999/ko9909b.htm/.
——— (2002) "Monetary policy in a changing economic environment," Proceedings - *Economic Policy Symposium - Jackson Hole*, pp. 241-251（日本語訳「変化する経済環境のもとでの金融政策」).
http://www.boj.or.jp/announcements/press/koen_2002/ko0210a.htm/.
Yellen, Janet L. (2009) "The outlook for 2009 : economic turmoil and policy responses," Speech 65, Federal Reserve Bank of San Francisco.
——— (2011) "Assessing potential financial imbalances in an era of accommodative monetary policy : a speech at the 2011 International Conference : Real and Financial Linkage and Monetary Policy, Bank of Japan, Tokyo," Speech 606, Board of Governors of the Federal Reserve System (U.S.).
——— (2012) "Perspectives on Monetary Policy," At the Boston Economic Club Dinner, Boston, Massachusetts, June 6.
http://www.federalreserve.gov/newsevents/speech/yellen20120606a.htm

岩田規久男（２００４）「日銀のデフレ脱却政策は功を奏した（連続インタビュー４：日本はデフレを脱したか、記事：平野純一）」『エコノミスト』第82巻第46号、40～41ページ。

植田和男（２００１）「流動性の罠と金融政策」『日本銀行調査月報』10月号、17〜29ページ。

――――（２００３）「自己資本と中央銀行」日本金融学会秋季大会における記念講演要旨、10月28日。https://www.boj.or.jp/announcements/press/koen_2003/ko0310f.htm/

上田晃三（２００９）「インフレーション・ターゲティングの変貌：ニュージーランド、カナダ、英国、スウェーデンの経験」『金融研究』第28巻第3号、27〜68ページ。

鵜飼博史（２００６）「量的緩和政策の効果：実証研究のサーベイ」『金融研究』第25巻第3号、1〜46ページ。

遠藤峻介・平形尚久（２０１０）「日本の生産変動：グローバル金融ショックと世界経済の構造変化」『日銀レビュー』第2010-J-05号。

大谷聡・白塚重典・中久木雅之（２００４）「生産要素市場の歪みと国内経済調整」『金融研究』第23巻第1号、95〜１２６ページ。

翁邦雄（２０１１）『ポスト・マネタリズムの金融政策』日本経済新聞出版社。

――――・白川方明・白塚重典（２０００）「資産価格バブルと金融政策：１９８０年代後半の日本の経験とその教訓」『金融研究』第19巻第４号、２６１〜３２２ページ。

――――・白塚重典（２００２）「資産価格バブル、物価の安定と金融政策：日本の経験」『金融研究』第21巻第1号、71〜１１６ページ。

――――・木村武・原尚子（２００８）「『デフレへの保険』を考慮した金融政策の枠組み」日本銀行ワーキングペーパーシリーズ08-J-6、日本銀行。

――――・藤木裕（２０００）「ゼロ金利政策：現状と将来展望――中央銀行エコノミストの視点――」、深尾光洋・吉川洋（編）『ゼロ金利と日本経済』日本経済新聞社、第2章、33〜76ページ。

――――・――――（２００４）「資産価格変動、構造調整と持続的経済成長：わが国の１９８０年代後半以降の経験」『金融研究』第23巻第4号、85〜１１２ページ。

小田信之・永幡崇（２００５）「金融政策ルールと中央銀行の政策運営」『日銀レビュー』第2005-J-13号。

加藤出（２００４）『メジャーリーグとだだちゃ豆で読み解く金融市場』ダイヤモンド社。

鎌田康一郎（２００８）「家計の物価見通しの下方硬直性：『生活意識に関するアンケート調査』を用いた分析」『日本銀行ワーキン

グペーパーシリーズ』第08-J-8号。

木村武（２００２）「物価変動メカニズムに関する２つの見方―Monetary ViewとFiscal View―」『日本銀行調査月報』７月号。

――・種村知樹（２０００）「金融政策ルールとマクロ経済の安定性」『金融研究』第19巻第２号、１０１～１６０ページ。

――・嶋谷毅・桜健一・西田寛彬（２０１１）「マネーと成長期待：物価の変動メカニズムを巡って」『金融研究』第30巻第３号、１４５～１６６ページ。

――・藤原一平・原尚子・平形尚久・渡邊真一郎（２００７）「バブル崩壊期の日本の金融政策：不確実性下の望ましい政策運営を巡って」『金融研究』第26巻第２号、41～86ページ。

金融行政をはじめとする大蔵省改革プロジェクトチーム（１９９６）「新しい金融行政・金融政策の構築に向けて」『金融』第５９２号、17～19ページ。

金融制度調査会（１９６０）『日本銀行制度に関する答申ならびに説明書』金融制度調査会。

――（１９９７）「日本銀行法の改正に関する答申」日本銀行法の改正に関する答申理由書、２月６日。

黒田祥子・山本勲（２００５）「なぜ名目賃金には下方硬直性があり、わが国ではその度合いが小さいのか？：行動経済学と労働市場特性・マクロ経済環境の違いによる説明」『金融研究』第24巻第４号、51～１００ページ。

黒田東彦（２０１３）「デフレ脱却の目指すもの――日本経済団体連合会審議員会における講演――」12月25日。

グッドフレンド、マービン（２００１）「金融の安定、デフレと金融政策」日本銀行金融研究所ディスカッション・ペーパー・シリーズ2001-J-5、日本銀行金融研究所。

小宮隆太郎・須田美矢子（１９８３）『現代国際金融論』日本経済新聞社。

――・日本経済研究センター（編）（２００２）『金融政策論議の争点』日本経済新聞社。

齋藤雅士・福永一郎（２００８）「資産価格と金融政策：動学的一般均衡モデルによる分析と展望」『金融研究』第27巻第２号、１～64ページ。

塩野宏（監修）（２００１）『日本銀行の法的性格―新日銀法を踏まえて』弘文堂。

白川方明（２００９ａ）「総裁記者会見（２月３日）要旨」。

http://www.boj.or.jp/announcements/press/kaiken_2009/kk0902a.pdf

――――（２００９ｂ）「総裁記者会見要旨」12月１日。
――――（２０１０）「日本経済とイノベーション」日本記者クラブにおける講演、５月31日。http://www.boj.or.jp/announcements/press/koen_2010/ko1005b.htm/
――――（２０１２）「デフレ脱却へ向けた日本銀行の取り組み」日本記者クラブにおける講演、２月17日。https://www.boj.or.jp/announcements/press/koen_2012/ko120217a.htm/.
――――（２０１３）「日本経済の競争力と成長力の強化に向けて」日本経済団体連合会常任幹事会における講演、２月28日。
――――・門間一夫（２００１）「物価の安定を巡る論点整理」『第３回物価に関する研究会報告資料』10月。
白塚重典（１９９８）『物価の経済分析』東京大学出版会。
――――（２００１）「望ましい物価上昇率とは何か？：物価の安定のメリットに関する理論的・実証的議論の整理」『金融研究』第20巻第１号、２４７〜２８８ページ。
――――（２００５）「わが国の消費者物価指数の計測誤差：いわゆる上方バイアスの現状」『日銀レビュー』第2005-J-14号。
――――・寺西勇生・中島上智（２０１０）「金融政策コミットメントの効果：わが国の経験」『金融研究』第29巻第３号、２３９〜２６６ページ。
――――・藤木裕（１９９７）「ウォルシュ・スベンソン型モデルについて―インフレーション・ターゲッティングの解釈を巡って」『金融研究』第16巻第３号、33〜60ページ。
シル、フォルフギャング（２００５）「総括パネル・ディスカッション：マクロ経済政策と中央銀行パネリスト報告」『金融研究』第３巻第24号、１２２〜１２９ページ。
須田美矢子（２００１）「最近の金融政策運営について」埼玉県金融経済懇談会、11月５日。http://www.boj.or.jp/announcements/press/koen_2001/ko0111b.htm/#2
――――（２００２ａ）「『量的緩和』政策の暫定的評価と今後の論点」名古屋大学、11月11日。http://www.boj.or.jp//press/koen_2002/ko0211e.htm
――――（２００２ｂ）「企業金融を考える」福島県金融経済懇談会、12月２日。http://www.boj.or.jp//press/koen_2002/ko0212a.htm

――――（２００２c）「構造改革と金融政策：変化の胎動と期待」長野県金融経済懇談会、５月29日。
http://www.boj.or.jp/press/koen_2002/ko0205c.htm
――――（２００２d）「日本銀行と金融政策：今を賢く生きるために」京都大学・琉球大学特別講義、７月22日。
http://www.boj.or.jp/announcements/press/koen_2002/data/ko0207f.pdf
――――（２００３a）「デフレと金融政策」大分大学、７月２日。
http://www.boj.or.jp/press/koen_2003/ko0307a.htm
――――（２００３b）「量的緩和政策について」神戸大学金融研究会、９月27日。
http://www.boj.or.jp/press/koen_2003/ko0309e.htm
――――（２００４a）「中央銀行の情報発信と金融政策」日本金融学会２００４年度春季大会、５月15日。
http://www.boj.or.jp/press/koen_2004/ko0405c.htm
――――（２００４b）「日本経済の現状・先行きと金融政策」沖縄県金融経済懇談会、４月21日。
http://www.boj.or.jp/press/koen_2004/ko0404d.htm
――――（２００４c）「日本経済の現状・先行きと構造調整」山口県金融経済懇談会、10月６日。
http://www.boj.or.jp/press/koen_2004/ko0410a.htm
――――（２００４d）「量的緩和強化に副作用」日本経済新聞「経済教室」４月５日付朝刊。
――――（２００５a）「記者会見要旨」２月10日。
http://www.boj.or.jp/announcements/press/kaiken_2005/kk0502b.htm/
――――（２００５b）「記者会見要旨」９月28日。
http://www.boj.or.jp/announcements/press/kaiken_2005/kk0509e.htm/
――――（２００５c）「日本経済の現状・先行きと金融政策」高知県金融経済懇談会、９月28日。
http://www.boj.or.jp/press/koen_2005/ko0509g.htm
――――（２００５d）「日本経済の現状・先行きと物価」函館市金融経済懇談会、２月９日。
http://www.boj.or.jp/announcements/press/koen_2005/ko0502a.htm/

――（２００５ｅ）「日銀の量的緩和政策　危機モード脱出を視野に」日本経済新聞２００５年3月30日付「経済教室」。
――（２００６）「日本経済の現状・先行きと物価の安定」神戸市における金融経済懇談会、7月26日。
http://www.boj.or.jp/press/koen_2006/ko0607c.htm
――（２００７ａ）「日本経済の現状・先行きと金融政策」三重県金融経済懇談会、9月27日。
http://www.boj.or.jp/press/koen_2007/ko0709d.htm
――（２００７ｂ）「日本経済の現状・先行きと金融政策」佐賀市における金融経済懇談会、1月25日。
http://www.boj.or.jp/press/koen_2007/ko0701b.htm
――（２００８ａ）「日本経済の現状・先行きと金融政策」宮崎県金融経済懇談会、3月27日。
http://www.boj.or.jp/press/koen_2008/ko0803b.htm
――（２００８ｂ）「日本経済の現状・先行きと金融政策」石川県金融経済懇談会挨拶、8月28日。
http://www.boj.or.jp/announcements/press/koen_2008/ko0808b.htm/
――（２００９ａ）「各国のインフレ目標運営が柔軟化　物価以外の目配り必要に」日本経済新聞「経済教室」、8月5日付朝刊。
――（２００９ｂ）「日本経済の現状・先行きと金融政策」山梨県金融経済懇談会、12月2日。
http://www.boj.or.jp/press/koen_2009/ko0912a.htm
――（２００９ｃ）「日本経済の現状・先行きと金融政策」京都府金融経済懇談会、3月4日。
http://www.boj.or.jp/press/koen_2009/ko0903a.htm
――（２００９ｄ）「日本経済の現状・先行きと金融政策」長崎県金融経済懇談会、9月9日。
http://www.boj.or.jp/press/koen_2009/ko0909b.htm
――（２００９ｅ）「記者会見要旨」3月4日。
http://www.boj.or.jp/announcements/press/kaiken_2009/kk0903a.pdf
――（２０１０ａ）「成長基盤強化の重要性と金融政策」東京大学等特別講義、12月1日。
http://www.boj.or.jp/press/koen_2010/ko1012b.htm
――（２０１０ｂ）「日本経済の現状・先行きと金融政策」和歌山県金融経済懇談会、6月3日。

http://www.boj.or.jp//press/koen_2010/ko1006a.htm
――― (２０１０c)「日本経済の現状・先行きと金融政策」山形県金融経済懇談会、12月１日。
http://www.boj.or.jp//press/koen_2010/ko1012a.htm
――― (２０１１)「国債を引き受けてはならぬ」『週刊金融財政事情』９月５日号。
中央銀行研究会（１９９６）「中央銀行制度の改革―開かれた独立性を求めて―」８月。
http://www.kantei.go.jp/jp/singi/cyugin/hokokusyo.html
内閣府（２０１２）「平成24年度年次経済財政報告」。
――― (２０１３)「平成25年度年次経済財政報告」。
―――・財務省・日本銀行（２０１３）「【共同声明】デフレ脱却と持続的な経済成長の実現のための政府・日本銀行の政策連携について」１月22日。
http://www.boj.or.jp/announcements/release_2013/k130122c.pdf
中島上智・服部正純（２０１０）「新日銀法10年間における情報発信に関する一考察」『金融研究』第29巻第２号、１～26ページ。
中曽宏（２０１３a）「金融危機と中央銀行の『最後の貸し手』機能」世界銀行主催エグゼクティブフォーラム「危機は中央銀行の機能にどのような影響を及ぼしたか」における講演の邦訳、４月22日。
https://www.boj.or.jp/announcements/press/koen_2013/ko130423a.htm/
――― (２０１３b)「最近の金融経済情勢と金融政策運営」島根県金融経済懇談会における挨拶、10月９日。
https://www.boj.or.jp/announcements/press/koen_2013/ko131009a.htm/
西村清彦（２０１２）「わが国経済のデフレ脱却に向けて」岡山県金融経済懇談会、４月18日。
http://www.boj.or.jp/announcements/press/koen_2012/ko120418a.htm/.
日本銀行（２０００）「『物価の安定』についての考え方」10月13日。
――― (２００２)「不良債権問題の基本的な考え方」10月11日。
――― (２００４)「中央銀行と通貨発行を巡る法制度についての研究会報告書」『金融研究』第23巻、法律特集号、１～１１６ページ。

――――（２００９）「金融機関の流動性リスク管理に関する日本銀行の取り組み」６月26日。

――――企画局（２００９）「今次金融経済危機における主要中央銀行の政策運営について」７月。

――――（２０１０）「『成長基盤強化を支援するための資金供給』について」日銀レビュー2010-J-13、９月。

――――企画室（２００２）「最近のマネタリーベースの増加をどう理解するか？」８月２日。

――――金融研究所（１９９２）「第５回国際コンファランス：１９９０年代における物価安定：国内・国際両面の政策課題」『金融研究』第11巻第１号、１～36ページ。

――――（２０００）「公法的観点からみた日本銀行の組織の法的性格と運営のあり方」『金融研究』第19巻第３号、１～78ページ。

――――金融市場局（２００４）「２００３年度の金融調節」５月。

http://www.boj.or.jp/research/brp/ron_2004/data/ron0405a.pdf
――――（２００５）「短期金融市場におけるマイナス金利取引」１月。

https://www.boj.or.jp/research/brp/ron_2005/data/ron0501a.pdf
――――（２００６）「２００５年度の金融市場調節」５月26日。

https://www.boj.or.jp/research/brp/ron_2006/data/ron0605a.pdf
――――（２００７）「２００６年度の金融市場調節」５月31日。

http://www.boj.or.jp/research/brp/ron_2007/data/ron0705a.pdf
――――調査統計局（１９９９）「90年代における非製造業の収益低迷の背景について」『日本銀行調査月報』27～52ページ。

馬場直彦（２００１）「リスク管理に関する経済学的考察―理論的・実証的サーベイ―」『金融研究』第20巻第４号。53～98ページ。

福井俊彦（２００４ａ）「金融サービスの高度化―経済の将来を切り開く」日本経済研究センターにおける総裁講演要旨、７月22日。

――――（２００４ｂ）「総裁記者会見要旨」６月15日。

――――（２００５）「総裁記者会見要旨」９月29日。

http://www.boj.or.jp/announcements/press/kaiken_2005/kk0509f.htm/

――――（２００６）「総裁記者会見要旨」２月６日。

http://www.boj.or.jp/announcements/press/kaiken_2006/kk0602b.htm/

福田慎一・粕谷宗久・赤司健太郎（２００４）「デフレ下における非上場企業のデフォルト分析」『日本銀行ワーキングペーパーシリーズ』第04-J-14号。

福永一郎（２００６）「資本市場の不完全性下の金融政策」Technical Report 2006-J-13、日本銀行。

藤木裕（２０００）「財政赤字とインフレーション—歴史的・理論的整理—」『金融研究』第19巻第2号、31～72ページ。

——（２００５）「金融政策における委員会制とインセンティブ問題」『金融研究』第24巻第3号、69～１２０ページ。

古市峰子・森毅（２００５）「中央銀行の財務報告の目的・意義と会計処理をめぐる論点」『金融研究』第24巻第2号、１１１～１６２ページ。

前田栄治・肥後雅博・西崎健司（２００１）「わが国の『経済構造調整』についての一考察」『日本銀行調査月報』7月。

宮尾龍蔵（２００６）『マクロ金融政策の時系列分析』日本経済新聞社。

——・中村康治・代田豊一郎（２００８）「物価変動のコスト」『日本銀行ワーキングペーパーシリーズ』第08-J-2号。

武藤一郎・木村武（２００５）「不確実性下の金融政策」日銀レビュー2005-J-17、日本銀行。

武藤敏郎（２００７）「中央銀行の政策決定と委員会制度」日本金融学会における武藤副総裁講演要旨、5月12日。

https://www.boj.or.jp/announcements/press/koen_2007/ko0705c.pdf
メルツァー、アラン・H（１９９９）「返答：日本銀行にはさらに何ができるのか？」『金融研究』第18巻第5号、２５６～２５８ページ。

森本喜和・平田渉・加藤涼（２００３）「世界的なディスインフレ」『日本銀行調査月報』第5号、１３１～１７５ページ。

山口泰（２０００）「ゼロ金利下の金融政策：日本の経験」『金融研究』第19巻第4号、２０１～２０７ページ。

——（１９９９）「金融政策と構造政策：日本の経験」『日本銀行調査月報』27～52ページ。

ロゴフ、ケネス（２００２）「日本再生デフレ終息から」日本経済新聞「経済教室」11月7日付朝刊。

【著者略歴】

須田 美矢子（すだ・みやこ）

1948年生まれ。71年東京大学教養学部卒業、79年同大大学院経済学研究科博士課程単位取得退学。専修大学経済学部助教授、同教授、学習院大学経済学部教授を経て2001年より2期10年、日本銀行政策委員会審議委員を務める。

現在　甲南大学特別客員教授、キヤノングローバル戦略研究所特別顧問。

土な著書

『現代国際金融論』（理論編、歴史・政策編）小宮隆太郎教授と共著、日本経済新聞社、1983年

『国際マクロ経済学』日本経済新聞社、1988年

『対外不均衡の経済学』編著、日本経済新聞社、1992年

『ゼミナール国際金融入門』日本経済新聞社、1996年

『経済学とファイナンス』共著、東洋経済新報社、2004年　ほか

リスクとの闘い

2014年5月14日　1版1刷

著　者　須　田　美　矢　子

発行者　斎　藤　修　一

発行所　日本経済新聞出版社

http://www.nikkeibook.com/

東京都千代田区大手町1-3-7　〒100-8066

電 話（03）3270-0251（代）

ブックデザイン：坂田政則

カバー写真提供：日本銀行

印刷・製本／シナノ印刷

ISBN 978-4-532-35599-9 Printed in Japan